Woolger · Die vielen Leben der Seele

Roger J. Woolger

Die vielen Leben der Seele

Wiedererinnerungen in der therapeutischen Arbeit

Aus dem Englischen von
Christian Quatmann

Hugendubel

Die Originalausgabe erschien unter dem Titel
Other Lives, Other Selves. A Jungian Psychotherapist Discovers Past Lives
bei Bantam Books (published by arrangement with Doubleday), New York.
© 1988 by Roger J. Woolger, Ph. D.

Die Deutsche Bibliothek – CIP-Einheitsaufnahme
Woolger, Roger J.:
Die vielen Leben der Seele: Wiedererinnerungen in der
therapeuthischen Arbeit / Roger J. Woolger. Aus dem Engl. von
Christian Quatmann. – München: Hugendubel, 1992
  (Kailash-Buch)
  Einheitssacht.: Other lives, other selves <dt.>
  ISBN 3-88034-559-7

© der deutschsprachigen Ausgabe Heinrich Hugendubel Verlag,
München 1992
Alle Rechte vorbehalten

Umschlaggestaltung: Peter Strauss, Traunreut
Produktion: Tillmann Roeder, München
Satz: Uhl + Massopust, Aalen
Druck und Bindung: Spiegel Buch, Ulm

ISBN 3-88034-559-7

Printed in Germany

Inhalt

Vorwort von Ronald Wong Jue	7
Vorrede	10

I. Einführung — 15

1. Ein Skeptiker erinnert sich an frühere Existenzen — 16
2. Die Präexistenztherapie — 35
3. Terra incognita: Die Erforschung unbekannter psychischer Bereiche — 57

II. Eine Synthese ist möglich — 85

4. Reinkarnationserlebnisse in psychotherapeutischer Sicht — 86
5. Die multidimensionale Psyche — 108
6. Unerledigte Affären der Seele: Die Psychologie des Karma — 136

III. Grundelemente der Präexistenztherapie — 157

7. Vergangene Existenzen und physische Krankheiten — 158
8. Der mißbrauchte Eros: Präexistentielle Wurzeln sexueller Probleme — 184
9. Die vielen Leben der Seele — 207

IV. Der größere Kontext — 235

10. Das große Rad: Die Geburt und was davor kommt — 236
11. Das große Rad: Der Tod und was danach kommt — 268

12. Jenseits der Therapie:
    Einige Schlußfolgerungen 293

Ausblick: Der Mensch ist keine Insel 319

Anhang 323

A: Das Vermächtnis der Tiefenpsychologie 323
B: War Jung ein Anhänger der
   Reinkarnationslehre? 329
Glossar 335
Weiterführende Literatur 339
Anmerkungen 343

Vorwort

Unser Bequemlichkeits- und Sicherheitsdenken hindert uns häufig daran, ein tieferes Wissen von den Bildern zu erwerben, von denen unser Leben angetrieben und gelenkt wird. Dennoch sehnen wir uns danach, die Wolken unserer Unwissenheit zu verscheuchen. Wohl jeder von uns, aber auch die Gesellschaft insgesamt läßt sich heute noch weitgehend von Verhaltens- und Wahrnehmungsmustern leiten, die vielleicht schon lange nicht mehr zweckdienlich sind. Diese Verhaltensmuster, die um materialistische Werte und egozentrische Orientierungen kreisen, verursachen ganz augenscheinlich in uns selbst und auf unserem Planeten ein ökologisches Desaster. Andererseits haben diese Standards und Normen eine Krise heraufbeschworen, die den Einzelmenschen ebenso wie größere soziale Gruppen und Nationen zwingt, alte Annahmen, Modelle und Strukturen in Frage zu stellen und zu einer neuen Sicht unserer unaufhörlich drängenden Probleme zu gelangen. Ilya Prigogine beschreibt in seiner – 1977 mit dem Nobelpreis ausgezeichneten – Theorie transformative Prozesse und betont, daß wir an einem Wendepunkt angelangt sind. Nach seiner Auffassung haben wir heute die Chance, von den Belastungen und Konflikten unserer Zeit getrieben, zu einer neuen, höheren Ordnung vorzudringen. Er konstatiert also das, was der Wissenschaftshistoriker und Philosoph Thomas Kuhn als Paradigmen-Wechsel bezeichnet – wobei er unter einem Paradigma ein Weltbild versteht, mit dessen Hilfe sich eine Gemeinschaft von Individuen gewisse Aspekte der Wirklichkeit erklärt. Wir befinden uns derzeit gerade in einer Phase des Übergangs von einem materialistischen, auf Herrschaft und Kontrolle gegründeten, egozentrischen Weltbild zu einem neuen, in dem das Leben als ein Netzwerk untrennbar miteinander verschlungener Beziehungen gesehen wird. Dieses Paradigma öffnet unsere Wahrnehmung für das Wirken zutiefst dynamischer Prozesse (Bewußtseinsformen), in denen die unserem Leben zugrundeliegenden Muster und Strukturen zum Vorschein gelangen. Nur zögernd beginnen wir anzuerkennen, daß die Wissenschaft es nicht mit der absoluten Wahrheit zu tun hat, sondern mit einer begrenzten, lediglich annähernden Beschreibung der Wirklichkeit. Man darf nicht vergessen, daß die persönliche Wahrheit niemals im Gegenstandsbereich der Wissenschaft gefunden wird, sondern immer nur auf einem ganz persönlichen Weg der inneren Offenbarung zu erreichen ist, wie es alle großen Meister der verschiedenen religiösen Traditionen gelehrt haben.

Sobald wir begreifen, daß wir im Grunde auf der Suche nach Transformation sind, wird deutlich, daß es in diesem Buch nicht wesentlich um Reinkarnationstherapie geht, sondern eher um persönliche Wandlungsprozesse. Durch die Verknüpfung seines eigenen klinischen Materials mit den Aussagen bedeutender Philosophen und Dichter, die uns eine Vorstellung von einem offenen, schöpferischen Universum vermitteln, gelingt es Roger Woolger, eine transformative Perspektive zu eröffnen; es geht um die kreativen Möglichkeiten, die darin liegen, daß wir Zugang zu Bewußtseinsstrukturen haben, die über unsere alltägliche Wahrnehmung hinausgehen.

Roger Woolger berichtet in diesem Buch über seine Erfahrungen als teilnehmender Beobachter therapeutischer Reinkarnationserlebnisse. Er schildert dabei auch seine eigenen Zweifel und persönlichen Erlebnisse auf seinem Weg zu einem Verständnis des Materials von präexistentiellen Bildern und Geschichten. Dabei hat er genau wie andere Menschen, die sich jenseits der gesellschaftlich akzeptierten Konventionen bewegen, von etlichen traditionellen Modellen des Universums und der menschlichen Natur Abschied nehmen müssen. Ob wir das von seinen Klienten zutage geförderte Bildmaterial über frühere Existenzen in einem historischen Sinn für authentisch halten oder nicht, ist unwichtig. Durch die Verwendung vieler literarischer und philosophischer Metaphern gelingt es Roger Woolger, uns ein Verständnis jener »präexistentiellen« Bilder nahezubringen, die uns universell miteinander verknüpfen. Er bietet dem Leser eine Reihe neuer Ideen, die als Katalysatoren des persönlichen Wandels dienen können.

Dies Buch erscheint zur rechten Zeit. Vor ein paar Jahren noch wäre es wahrscheinlich als okkultistisch abgetan worden. Heutzutage hingegen braucht der Autor sich vor einer solchen Kategorisierung nicht mehr zu fürchten. In *Die vielen Leben der Seele* beschäftigt Roger Woolger sich mit der Frage nach unserer Beziehung zum Lebensprozeß, unserer persönlichen Identität und dem Zweck des Daseins, soweit wir es verstehen. Dieses Buch zeigt all denen einen Weg auf, die die Natur ihres inneren Wesens ausloten möchten und nach einer Selbsterkenntnis suchen, die eine neue Dimension – über den therapeutischen Prozeß hinaus – erreicht. Die Arbeit mit »präexistentiellen« Bildern öffnet aber auch unser Bewußtsein dafür, daß wir alle, ob wir es nun anerkennen wollen oder nicht, in einem gemeinsamen »geistigen Öko-System« leben, auf dessen Boden sich unsere Menschlichkeit erst eigentlich zu entfalten vermag.

Ronald Wong Jue, Ph. D.
Vorsitzender der Gesellschaft
für transpersonale Psychologie

Vorrede

Die Fähigkeit des Menschen, sich an frühere Existenzen zu erinnern, ist inzwischen seit fast dreißig Jahren von namhaften Psychologen eingehend erforscht worden. Dr. Ian Stevenson von der Universität von Virginia hat spontan auftretende »präexistentielle« Erinnerungen bei einer großen Zahl von Kindern genau aufgezeichnet und recherchiert. Psycho- und Hypnotherapeuten wie Morris Netherton in Kalifornien und Joe Scranton in England haben filmisch dokumentiert, wie Erwachsene auf präexistentielle Regression reagieren. Die in Trance versetzten Versuchspersonen durchleben nach eigener Aussage qualvolle Tode, sie vergießen Ströme von Tränen über den Verlust geliebter Menschen oder beginnen plötzlich in Sprachen zu reden, von deren Existenz sie vorher nicht einmal wußten.

Aber ungeachtet dieser Publizität und der riesigen Verkaufszahlen, die Edgar Cayces Aufzeichnungen, aber auch Jane Roberts Seth-Bücher und Shirley MacLaines Bestseller zu verzeichnen haben, wird von den meisten Psychologen und Intellektuellen an amerikanischen und europäischen Universitäten die »Präexistenz«-Forschung und -Therapie entweder stillschweigend ignoriert oder gar vehement abgelehnt.

Wie läßt sich das erklären?

Ein möglicher Grund ist der Umstand, daß die meisten Leute sogleich an Reinkarnation denken, wenn sie etwas von »vergangenen Existenzen« hören, und den Begriff »Reinkarnation« automatisch mit Vorstellungen wie Okkultismus, Exorzismus und Spiritismus assoziieren; sie halten es also für »Teufelswerk«, um es einmal in der fundamentalistischen Terminologie auszudrücken. Vielleicht stößt das Phänomen aber auch deshalb auf so große Ablehnung, weil in Illustrierten immer wieder von berühmten Hollywood-Schauspielern berichtet wird, die angeblich in irgendwelchen früheren Existenzen ägyptische Priesterinnen oder Ehepartner eines »Prominenten« gewesen sind.

Vielleicht läßt sich die Reserviertheit aber auch damit erklären, daß eine Öffentlichkeit, die gegenüber indischen Gurus mit riesigem Schweizer Bankkonto, Rolls-Royce und einer hirnlosen Anhängerschaft skeptisch reagiert, schnell bereit ist, Reinkarnationsvorstellungen als orientalischen Unsinn abzutun.

So hat Mike Wallace sich wahrscheinlich für den »Sprecher« des durchschnittlichen Fernsehzuschauers gehalten, als er Shirley MacLaine in einer Fernsehsendung zum Thema spirituelle Führung und Wiedergeburt befragte und zu ihr sagte:

»Also, Shirley, jetzt machen Sie doch mal halblang. Sie glauben das doch nicht wirklich?«

Aber hatte Mike Wallace tatsächlich ein so feines Gespür für die öffentliche Meinung, wie er selbst glaubte? Einige überraschende Statistiken jedenfalls deuten darauf hin, daß sich in letzter Zeit in der Bevölkerung ein tiefgreifender Wandel religiöser Grundüberzeugungen vollzogen hat.

So hat beispielsweise eine Gallup-Umfrage von 1982 ergeben, daß beinahe 25% der Amerikaner an Wiedergeburt glauben, und nach Auskunft einer von der konservativen *Sunday Times* in Großbritannien in Auftrag gegebenen Umfrage ist die Zahl der Reinkarnationsgläubigen in England innerhalb von zehn Jahren von 18% auf 28% gestiegen. Hinken vielleicht unsere akademischen Psychologen und Medienpäpste der Zeit ein wenig hinterher? Denn es liegt durchaus im Bereich des Denkbaren, daß eine ernsthafte Auseinandersetzung mit Fragen der Reinkarnation demnächst den Skeptizismus und den orthodox-christlichen Dogmatismus gerade so verdrängen wird, wie das Anfang unseres Jahrhunderts die neue Physik mit der klassischen Newtonschen Physik getan hat.

Der Pionier der Quantenphysik, Max Planck, machte einmal eine Bemerkung, die sich auch auf den wachsenden Glauben an die Wiedergeburt anwenden ließe:

Eine neue wissenschaftliche Theorie gelangt nicht zur Herrschaft, weil sie ihre Gegner überzeugt und ihnen die Wahrheit vor Augen führt, sondern vielmehr, weil ihre Gegner schließlich sterben und eine neue Generation heranwächst, die mit ihr bereits vertraut ist.

Stehen wir tatsächlich am Beginn einer radikal neuen Vorstellung von der menschlichen Persönlichkeit? Ist eine neue Psychologie in Entstehung begriffen, die aufs neue der traditionell als »Seele« bezeichneten, unsterblichen Seite unserer Psyche Rechnung trägt? Lassen sich die alten Überlieferungen von Karma und Reinkarnation so fruchtbar machen, daß sie auch für den modernen westlichen Menschen einen psychologischen Sinn ergeben, und zwar ohne daß sie von uns die Hinnahme weiterer Dogmen verlangen oder lediglich zu einer modischen Pop-Psychologie herunterkommen?

Ich glaube, daß dies möglich ist, und es ist der Zweck dieses Buches aufzuzeigen, wie das aussehen kann und wie ich als praktizierender Psychotherapeut und kritischer Forscher zu dieser Schlußfolgerung gelangt bin.

Um dem Leser die Orientierung zu erleichtern, habe ich das Buch in vier Teile aufgeteilt. Im ersten Teil habe ich kurz meinen persönlichen Werdegang vom Analytiker Jungscher Prägung zum Präexistenz-Therapeuten ebenfalls Jungscher Prägung geschildert. Dabei habe ich versucht, das wachsende Interesse für Phänomene »vergangener Existenzen« in seinem historischen Kontext verständlich zu machen. Außerdem grenzte ich dabei meinen eigenen therapeutischen Ansatz gegen die ebenso legitimen, jedoch recht andersartigen Ansätze der »Sensitiven«, der Parapsychologen und der Reinkarnationisten ab.

Im zweiten Teil des Buches beschreibe ich, wie ich zu einer Synthese der verschiedenen Ideen und Techniken gelangt bin, die gegenwärtig von transpersonal orientierten Psychotherapeuten eingesetzt werden. Meine Arbeit beruht weiterhin auf den Jungschen Konzepten von »Komplex« und »Archetyp«, die ich indes um den der hinduistischen Psychologie entnommenen Terminus *samskara* erweitern möchte, einen Begriff, der sich am ehesten mit »präexistentieller Komplex« übersetzen ließe. Zudem werde ich dem Leser eine sechsfach differenzierte »Karte« des Unbewußten vorstellen und anhand von Fallbeispielen erläutern.

Der dritte Teil befaßt sich dann mit zwei spezifischen Faktoren, mit denen man als Präexistenz-Therapeut immer wieder konfrontiert wird: dem Körperbewußtsein und der Konfiguration psychischer Gegensätze, die als »präexistentielle« Persönlichkeits-Fragmente zutage treten.

Im vierten Teil schließlich geht es um die bedeutsamen und grundlegenden Erlebnisse von Geburt und Tod in der Präexistenztherapie. Im Abschlußkapitel habe ich dann versucht, diese Arbeit in den weiteren Kontext spiritueller Persönlichkeitsentwicklung und des Jungschen Konzepts der Individuation zu stellen.

Es wäre mir weit lieber gewesen, ich hätte Teile des Materials einfacher darstellen und so manchen Terminus technicus vermeiden können, aber die Fragestellung ist nun einmal komplex, und ich habe mich bemüht, meinem Gegenstand Gerechtigkeit widerfahren zu lassen. Um dem Leser die Lektüre zu erleichtern, enthält das Buch ein Glossar, einen umfangreichen Anmerkungsteil sowie für professionell oder wissenschaftlich Interessierte ein ausführliches Literaturverzeichnis.

Den früheren Landkarten von der Neuen Welt vergleichbar, ①
können die folgenden Ausführungen bestenfalls Grobskizzen eines neuen und unbekannten Territoriums sein. Bei der Skizzierung dieser unbekannten Küsten sind mehr als einmal bestehende Wissenslücken durch – hoffentlich qualifizierte – Mutmaßungen ausgefüllt worden. Dabei mag es passiert sein, daß an einigen Stellen die Proportionen verzerrt beziehungsweise schlicht falsch sind. Ich hoffe, künftige Forscher werden meine Fehldeutungen und Irrtümer korrigieren.

① S. Groß

I.
Einführung

Jene andere Wirklichkeit, nach der du dich sehnst, existiert nur in dir selbst. Ich kann dir nichts geben, was nicht bereits in dir selbst angelegt ist. Ich kann für dich keine andere Bilder-Galerie öffnen als deine eigene Seele.

Hermann Hesse, *Der Steppenwolf*

Jeder Mensch trägt den Stempel der ganzen Conditio humana.

Michel de Montaigne, *Essays*

1. Ein Skeptiker erinnert sich an frühere Existenzen

Vor widerspenstigen Inseln warf er die Netze aus...

Ezra Pound

Vom Behaviorismus zu Jung

Als ich Mitte der sechziger Jahre an der Universität Oxford das Grundstudium der Verhaltenspsychologie und analytischen Philosophie abschloß, steckte ich gleichsam in einer kunstvoll geschneiderten intellektuellen Zwangsjacke, obwohl mir das zu jener Zeit kaum bewußt war. Wenn mir damals jemand etwas von der Wiedererinnerung früherer Existenzen erzählt hätte, dann hätte ich eine solche Idee als durch und durch widersprüchlich abgelehnt. Erinnerung setzt jemanden voraus, der sich erinnert, hätte ich wahrscheinlich erklärt, und zu meinen Erinnerungen hat nur *ein* Mensch Zugang, nämlich ich selbst. Folglich kann »ich« an den Erinnerungen einer früheren Existenz ebensowenig teilhaben wie an den Erinnerungen des Mannes, der mir im Bus gegenübersitzt.

Noch ein paar weitere linguistische Finessen und logische Kunststückchen, und ich hätte meinen reinkarnationsgläubigen Freund soweit gehabt, daß er verzweifelt nach einer Definition gesucht hätte, die meiner philosophischen Fechtkunst hätte standhalten können. Ich segelte damals im mächtigen Fahrtwind des Rationalismus und Empirismus. »Die Metaphysik ist tot«, hatte Professor A. J. Ayer erklärt – Schluß, aus, Feierabend. Ruhet in Frieden: Platon, Aristoteles und Hegel![1]

Was die Psychologie anbelangte, tapste Oxford damals noch im Mittelalter herum – wenn ich es nur gewußt hätte. Das Wort »Bewußtsein« war erfolgreich aus dem Vokabular verbannt worden, außerdem formierte sich zu jener Zeit gerade ein mächtiger Widerstand gegen die Invasion solch subversiver amerikanischer Neologismen wie etwa »kognitiv«. Das Experiment und die sterile Statistik führten das Zepter. Die einzigen Kandidaten, die in jenen Tagen vielleicht ein entferntes Interesse an der Wiedergeburt haben mochten, waren die Laborratten. Immer noch besser im kosmischen Labyrinth umherzuirren als in einem Irrgarten aus Maschendraht!

Wie viele andere desillusionierte Psychologiestudenten auch fand ich es einfach unerträglich, meine akademische Laufbahn in diesem trostlosen intellektuellen Milieu fortzusetzen. Denn was hatten all die Statistiken mit dem menschlichen Herzen zu tun oder mit der Seele – immerhin den höchsten spirituellen Errungenschaften der Menschheit? Was mit den Mystikern, mit Shakespeare oder Dostojewski? Ich ging also für ein paar Jahre als Lehrer nach Westafrika und immatrikulierte mich anschließend im Fachbereich vergleichende Religionswissenschaft an der Universität London. In dieser akademischen Umgebung konnte ich endlich freier atmen und mich in das Studium des Hinduismus und der christlichen Mystiker vertiefen. Ich hatte bereits als Teenager zu meditieren angefangen und hielt das für eine Mental-Hygiene, die mir damals bereits genauso selbstverständlich erschien wie das tägliche Zähneputzen. So hatte ich nun endlich die Möglichkeit gefunden, bestimmten Fragen auf den Grund zu gehen.

Vielleicht sollte ich noch erwähnen, daß ich nie einen Guru gehabt und auch nie nach einem Ausschau gehalten habe. Mein Interesse an der Religion ist stets eine Mischung aus wissenschaftlicher Neugier und praktischer Suche gewesen. Ich habe nach Möglichkeit immer nur unkommentierte Originalausgaben der heiligen Texte gelesen, seien es die Bhagavad Gita oder die Evangelien. Auch beim Meditieren verwende ich unabhängig von der Tradition nur solche Elemente, die für mich selbst praktisch und nützlich sind. Manch einer mag das arrogant finden, aber ich schmeichle mir, daß ich mich immer nur von den Worten des Buddha habe leiten lassen, der gesagt hat: »Werde dir selber zum Licht.«

Mit dem Thema Wiedergeburt mußte ich mich während meiner Studienzeit allerdings so gut wie gar nicht befassen. Der klassische Hinduismus behandelte die Reinkarnation schlicht als Tatsache, ohne viel Aufhebens davon zu machen. Schließlich ist es unser höheres Selbst, das *atman*, und nicht das »Ego«, was sich nach hinduistischer Auffassung im Kreislauf der Existenzen immer wieder neu verkörpert.

Selbst bei der Beschäftigung mit den klassischen Methoden des Yoga und der Meditation habe ich damals nie irgendwo gelesen oder gehört, daß es notwendig sei, über unsere vergangenen Existenzen zu meditieren. Die Vorstellung eines Karma, derzufolge jeder Mensch erntet, was er sät, hatte in meinem damaligen Verständnis jenseits aller praktischen Nutzanwendungen lediglich den Zweck, den Platz des Menschen im Universum zu beschreiben. Wie viele andere auch war ich baß erstaunt über den »Fatalismus« im volkstümlichen hinduistischen Denken.

Zweifellos war es jenes bereits erwähnte Bedürfnis nach praktischer Nutzanwendung, was mich jetzt nach Zürich führte. Dort beschäftigte ich mich dann intensiv mit einer Art von Psychologie, die meinem Temperament am meisten entsprach. Es handelte sich um die von Carl Gustav Jung, einem Schweizer Psychiater und vormaligen Mitarbeiter Freuds, gegründete Schule der Tiefenpsychologie. Jung hatte sich später von Freud getrennt, um eine eigene psychologische Richtung ins Leben zu rufen, die den Begriff des Unbewußten gegenüber der klassischen psychoanalytischen Schule erheblich erweiterte. Während bei Freud das Unbewußte ausschließlich als Tummelplatz meist aus der Kindheit herrührender Komplexe galt, erweiterte Jung das Konzept um eine allen Menschen gemeinsame Schicht, bevölkert mit Archetypen bzw. universellen Symbol-Strukturen, wie sie im Mythos, in der Religion und in der Kunst anzutreffen sind.

Die Schicht des Unbewußten, in der Freuds verdrängte Kindheitserinnerungen beheimatet sind und in der jene Psychotherapie anzusetzen hat, nannte Jung »persönliches Unbewußtes«, die darunterliegende Ebene der Archetypen hingegen, also das Reservoir der für jeden von uns verfügbaren Symbole der Wandlung, bezeichnete er als »kollektives Unbewußtes«.[2] Dieses Konzept machte mir plötzlich begreiflich, weshalb die großen Werke des Dramas und der Literatur, etwa *Oedipus Rex, König Lear* oder *Die Brüder Karamasow*, uns so tief berühren. Die persönlichen Tragödien der Verlassenheit, des Verlusts, der Enttäuschung und der Empörung, die keinem von uns erspart bleiben, werden in den Kämpfen dieser übermenschlichen Charaktere gleichsam ins Überlebensgroße gesteigert und verwandelt, weil ein Teil von uns sich mit der transpersonalen Macht der Archetypen identifizieren kann. Jede große Kunst ist Psychotherapie, falls wir sie in der richtigen Weise auf uns wirken lassen, und jede gute Psychotherapie muß unser künstlerisches und schöpferisches Selbst bis zu einem gewissen Grad ins Spiel bringen.

Schließlich hatte ich mit der von Jung begründeten Richtung auch eine Psychologie gefunden, die meine intellektuelle und meine schöpferisch-intuitive Seite gleichermaßen gelten ließ und förderte, jene beiden Seiten der menschlichen Persönlichkeit, die später der linken beziehungsweise rechten Gehirnhälfte zugeordnet worden sind. Ist eine dieser beiden Seiten in unserer Persönlichkeit unterentwickelt, so haben wir kein Recht, uns als vollentwickelte, vollständige Menschen zu betrachten. Allmählich begriff ich, warum die akademische Psychologie mir so unfruchtbar erschienen war. Ein junger deutscher romantischer Dichter namens Novalis hatte das Problem bereits um 1800 erkannt und erstaunlicherweise bereits klar den Weg gesehen, den Jung und andere ein Jahrhundert später einschlagen sollten:

> *Wenn nicht mehr Zahlen und Figuren*
> *Sind Schlüssel aller Kreaturen,*
> *Wenn die, so singen oder küssen,*
> *Mehr als die Tiefgelehrten wissen,*
> *Wenn sich die Welt ins freie Leben,*
> *Und in die Welt wird zurückbegeben,*
> *Wenn dann sich wieder Licht und Schatten*
> *Zu echter Klarheit werden gatten,*
> *Und man in Märchen und Gedichten*
> *Erkennt die ew'gen Weltgeschichten,*
> *Dann fliegt vor einem geheimen Wort*
> *Das ganze verkehrte Wesen fort.*[2]

Je intensiver ich mich mit Jungs Schriften und mit meinen Träumen auseinandersetzte, um so größer wurde sein Einfluß auf mein Denken und auf meine persönliche und berufliche Entwicklung. Ich hatte den Eindruck, daß er eine sehr breite Brücke errichtet hatte, die die Verkehrsströme der Psychologie, der Religion, Literatur und Wissenschaft allesamt gleichzeitig aufzunehmen und in produktiven Kontakt miteinander zu bringen vermochte. Er ist einer der großen »Schmelztiegel« und Visionäre dieses Jahrhunderts.

Jung hatte der Wiedergeburt zeit seines Lebens skeptisch gegenübergestanden. Als er 1938 einen Kommentar zum *Tibetanischen Totenbuch* beschrieb, einem Text, der um die Vorstellung von »Karma« kreist, behauptete er ohne Umschweife, daß es »keine ererbten pränatalen oder präuterinen Erinnerungen« gebe. In Übereinstimmung mit seiner eigenen Theorie fügte er dann noch hinzu: »Zweifellos gibt es ererbte Archetypen, die zunächst allerdings ohne spezifischen Inhalt sind.«[4]

Jung schrieb lange, bevor Dr. Ian Stevenson sich wissenschaftlich mit Kindern befaßte, die sich spontan und detailliert an Vorgänge aus dem Leben Verstorbener erinnern konnten, die sie nach eigenem Bekunden selbst gewesen waren. Jung lebte auch lange, bevor Dr. Thomas Verney in seinem Bestseller *The Secret Life of the Unborn Child*[5] eine eindrucksvolle Zahl von Belegen für intrauterine Erinnerungen vorlegte.

In den siebziger Jahren, als ich von alledem noch nichts wußte, hing ich weiterhin der Jungschen Auffassung an, daß man die Reinkarnation zwar prinzipiell nicht beweisen könne, aber da die entsprechenden Vorstellungen zu den am weitesten verbreiteten religiösen Überzeugungen gehören, sie dennoch als Archetypen, das heißt als universell verbreitete psychische Motive gelten müssen.

So dachte ich auch noch 1971, als ich vom angesehenen *Journal of the Society for Psychical Research* in London ein Rezensionsexemplar des Buches *The Cathars and Reincarnation* zugesandt erhielt.[6] Ich war seit meinen Universitätstagen Mitglied dieser traditionsreichen Gesellschaft – die beispielsweise erstmals mediale und telepathische Fähigkeiten sowie übersinnliche Erscheinungen wissenschaftlich untersucht hatte. Renée Hayes, die Herausgeberin des *Journal*, wußte genau, daß mein Interesse an solchen Fragen mit einer kräftigen Prise Skepsis gewürzt war.

Wie sich noch herausstellen sollte, hatte die Lektüre von Arthur Guirdhams *The Cathars and Reincarnation* für mich den Charakter eines »synchronistischen« Geschehens, weil in dem Buch ein Weg beschrieben wurde, den ich später selbst einschlagen sollte. (Jung versteht unter »Synchronizität« unter anderem eine Koinzidenz, die jenseits ihrer unmittelbar situativen noch eine weiterreichende persönliche Bedeutung hat.[7])

Zum Verständnis des Buchtitels sollte ich vielleicht noch hinzufügen, daß die – häufig auch Albigenser genannten – Katharer eine häretische Sekte waren, die im Mittelalter in Italien und Südfrankreich verbreitet war. Diese Häresie fand so zahlreiche Anhänger, daß die Kirche schließlich zu ihrer Vernichtung einen regelrechten Kreuzzug veranstaltete. Es ist vielleicht nicht uninteressant zu erfahren, daß genau während dieses Kreuzzugs, in dessen Verlauf mehr als eine halbe Million Menschen verbrannt oder sonstwie massakriert wurden, die sogenannte heilige Inquisition ins Leben gerufen wurde.

Der praktizierende Psychotherapeut Dr. Guirdham berichtet in seinem Buch von einer Patientin, die ihm eine ganze Serie von Traumszenen aus dem französischen Alltagsleben des dreizehnten Jahrhunderts erzählt hatte. In ihren Träumen kamen wenig bekannte historische Gegebenheiten sehr detailliert zur Sprache. Die entsprechenden Angaben wurden später von französischen Katharer-Spezialisten bestätigt. Guirdham selbst hatte nach einiger Zeit parallele Träume und gelangte schließlich zu der Schlußfolgerung, daß seine Patientin und er in der schrecklichen Zeit der Albigenserkriege ein Paar gewesen und gemeinsam verbrannt worden waren.

Als Psychoanalytiker in Ausbildung dachte ich bei alledem sogleich an das einschlägig bekannte Phänomen von »Übertragung« und »Gegenübertragung«. In der sogenannten Übertragung treten die unbewußten Gefühle zutage, die der Patient dem Therapeuten entgegenbringt, und von Gegenübertragung spricht man, wenn in die Reaktion des Therapeuten auf den Patienten unbewußt vergleichbare Gefühle einfließen. In einer guten Analyse sollte der Analytiker ziemlich rasch merken, ob etwas Derartiges mit dem Patienten oder ihm selbst geschieht. Falls der Therapeut die entsprechenden Vorgänge übersieht, so fallen beide einer *folie à deux*, einer gemeinsamen Selbsttäuschung, zum Opfer.

Etwas ähnliches schrieb ich auch in meiner Rezension von Guirdhams Buch, und Renée Hayes teilte meine Auffassung. Guirdham schrieb dann in der Folge noch eine Reihe weiterer Bücher über reinkarnierte Katharer-Freunde, und die ganze Geschichte nahm immer mehr den Charakter einer Reinkarnations-Seifenoper an.

Ein nicht gerade ruhmreiches Vorleben

In den frühen siebziger Jahren beschäftigte ich mich immer intensiver mit der Psychologie C. G. Jungs und vergaß darüber Guirdham, die Katharer und die Reinkarnation vollständig. 1976 ließ ich mich schließlich in Amerika nieder, genaugenommen in Vermont. Ich hatte diesen schönen Bundesstaat während eines zeitlich befristeten Lehrauftrags an der Universität von Vermont in Burlington kennen- und schätzengelernt und beschlossen, in dieser Gegend eine psychotherapeutische Praxis zu eröffnen.

Mit der Frage früherer Existenzen wurde ich erstmals wieder konfrontiert, als einer meiner Kollegen mich fragte, ob ich bereit sei, gemeinsam mit ihm eine Technik zu erproben, die es angeblich gestatten sollte, sich in eine frühere Existenz zurückzuversetzen. Ich war skeptisch, erklärte mich jedoch zu dem Experiment bereit. Im Verlauf meiner Jungschen Ausbildung hatte ich viel über die Arbeit mit Visualisierungen und tagtraumartigen Bildern in einem entspannten meditativen Zustand gelernt. Warum sollte man es nicht mal probieren?

Man stelle sich vor, wie überrascht ich war, als ich jetzt, acht Jahre nach jener Rezension, in einem abgelegenen Farmhaus in Vermont auf dem Sofa lag und zunächst verschwommene, dann aber immer lebhaftere Bilder sah und mich schließlich nicht nur in Südfrankreich, sondern mitten im Albigenserkrieg wiederfand! Da lag ich also, der praktizierende Jungsche Analytiker, und hatte Visionen, die meiner ganzen Ausbildung zufolge völlig unmöglich waren. Hätten die Visionen große Übereinstimmungen mit den in Guirdhams Buch wiedergegebenen Geschichten aufgewiesen, dann wäre meine Skepsis gewiß sofort erwacht. Aber die Geschichte, die sich vor meinem inneren Auge entfaltete, hatte beileibe nichts mit der Verfolgung der Damen und Herren des niederen Adels im Languedoc zu tun. Ganz im Gegenteil. Ich erlebte, wie ich fast grunzend die Geschichte eines ausgesprochen ungehobelten Bauern-Söldners aus jener Zeit von mir gab.

Dieser rauhbeinige und nicht sonderlich zimperliche Charakter, der ich jetzt scheinbar war, stammte ursprünglich aus der Gegend südlich von Neapel und landete schließlich in der vom König von Frankreich zur Unterwerfung der Häresie im Süden seines Landes ausgehobenen päpstlichen Armee. In der Identität dieses alles andere als anziehenden Zeitgenossen nahm ich an einigen der gemeinsten Massaker teil, in deren Verlauf die Bewohner ganzer französischer Städte im Namen der Kirche zerstückelt und auf dem Scheiterhaufen verbrannt wurden.

Die Bilder dieser ersten Wiedererinnerung verfolgten mich jahrelang, und nach drei weiteren Zweistundenregressionen nahm eine Geschichte Konturen an, mit der ich mich damals genausowenig identifizieren konnte, wie ich es heute kann. Aber seltsamerweise half mir diese Geschichte, einige ausgesprochen irritierende Folter- und Tötungsfragmente besser zu verstehen, die mir im Laufe der Jahre im Traum, in der Meditation oder in spontanen Tagträumen immer wieder einmal erschienen waren. Mit keiner der Therapien, denen ich mich bis dahin unterzogen hatte, war ich an diese Bilder auch nur von ferne herangekommen. Und das Ende der Geschichte bot eine Erklärung für eine Phobie an, nämlich Angst vor dem Feuer, die mich mein Leben lang verfolgt hat. Der Söldner, der ich allem Anschein nach einmal gewesen bin, war nämlich nach dem Ende einer Belagerung desertiert, hatte sich den Ketzern angeschlossen und war schließlich selbst aufgegriffen und auf dem Scheiterhaufen verbrannt worden.

Als ich nun mehr und mehr über die Geschichte nachdachte, fügten sich auch andere Bruchstücke meines persönlichen Werdegangs wieder zu einem Ganzen zusammen. Schon als Heranwachsender hatte ich gegenüber jeglicher orthodoxen Religion, insbesondere dem Christentum, eine sehr zynische Einstellung entwickelt. Es fiel mir schwer, die Kirche als etwas anderes zu betrachten als eine autoritäre und dogmatische Institution, die den Menschen das Recht abspricht, ihren eigenen Weg zu finden und aus Irrtümern zu lernen. Aber noch konsequenter hatte ich von jeher alle Spielarten des Militarismus abgelehnt und mich für pazifistische Zielsetzungen stark gemacht. Ich weigerte mich sogar, den Pfadfindern beizutreten, und zwar aus Gründen, die ich als Jugendlicher gar nicht genau angeben konnte. War es denkbar, daß in mir seit frühester Jugend immer wieder unbewußte Erinnerungen an bestimmte Aspekte der brutalen Erfahrungen jenes Soldaten aufgestiegen waren?

Am schmerzlichsten bewußt wurde mir die »Existenz« jenes Soldaten in mir jedesmal, wenn ich an eine Rauferei zurückdachte, in die ich einmal im Alter von zwölf Jahren in der Schule verwickelt gewesen war. Ich war in unserem Klassenzimmer eines Tages mit einem Jungen, den ich für einen Heuchler hielt, so leidenschaftlich aneinandergeraten, daß vier andere Jungen mich von ihm fortziehen mußten. Ich hätte meinen Kontrahenten damals am liebsten umgebracht. Deshalb schwor ich mir jetzt, in Zukunft nie mehr einen solchen Wutanfall zuzulassen, denn ein Teil von mir begriff, wie leicht ich mich zum Töten hinreißen lassen konnte.

Warum aber mußte meine »präexistentielle« Erinnerung ausgerechnet so schmerzhaft ausfallen; weshalb lieferte mir mein Gedächtnis nicht ein erbaulicheres, romantisches oder ermutigendes »Vorleben«?

Ganz sicher hat das etwas damit zu tun, daß ich während der Zeit meiner Ausbildung zum Jungschen Analytiker in Zürich und durch mein jahrlanges Meditieren gelernt hatte, mich immer wieder selbst zu prüfen. Jung bestand darauf, daß ein künftiger Analytiker sich zunächst selbst einer Analyse zu unterziehen habe, damit der Betreffende nicht seine eigenen weniger angenehmen Charaktereigenschaften in die zukünftigen Patienten hineinprojiziere. »Arzt, heile dich selbst« lautet bis heute die oberste Maxime jeglicher Freudschen oder Jungschen Psychoanalyse. Jung hat diesen Gedanken an einer

Stelle sogar noch radikaler formuliert: »Wir finden keine Erleuchtung, indem wir vor unserm inneren Auge Lichtgestalten heraufbeschwören, sondern indem wir die Dunkelheit ins Licht des Bewußtseins holen.«[8]

Im Verlauf der Analysen, denen ich mich in England und in Zürich unterzog, hatte ich angefangen, mir viele Stücke meiner weniger liebenswerten, meiner gewalttätigen, wütenden, brutalen Seite wieder zu eigen zu machen, also des »Schattens« meines angenehmen, verantwortungsbewußten, sozialen Selbst oder – im Jungschen Sprachgebrauch – meiner »Persona«. So hatte ich beispielsweise schon jahrelang in Träumen immer wieder einmal einen kurzen Blick auf meinen Söldner erhascht, aber wirklich lebendig und irritierend wurden diese Bilder erst in jener »Wiedererinnerung«. Mir wurde bei dieser Gelegenheit auch wieder klar, daß die analytische und selbstanalytische Arbeit, wie immer sie sich im einzelnen auch vollziehen mag, eine Lebensaufgabe ist und daß das Zertifikat oder die Promotionsurkunde einer renommierten Universität über die psychologische Reife eines Menschen überhaupt nichts aussagen. Bis heute schlage ich mich innerlich mit diesem Soldaten herum und mit seiner noch immer fortwirkenden Schuld. Er begleitet mich wie ein Schatten und stellt für mich, wie Jung es so trefflich ausgedrückt hat, »ein moralisches Problem (dar), das die ganze Persönlichkeit vor eine Herausforderung stellt«.

Später habe ich dann erfahren, daß die meisten Menschen, wenn sie das erste Mal in »präexistentielle« Zustände zurückgeführt werden, kaum je derart gewaltgeladene und abstoßende Erinnerungen haben. Im großen und ganzen kann man wohl sagen, daß unser Unbewußtes – in dem, wie ich heute glaube, unsere »präexistentiellen« Erinnerungen ebenso gespeichert sind wie die Archetypen und unsere vergessenen Kindheitserlebnisse – uns nur mit solchen »präexistentiellen« Erinnerungen konfrontiert, die wir verarbeiten und in die Struktur unserer bewußten Persönlichkeit integrieren können. Bei Menschen, die sich zuvor weder einer längeren Therapie unterzogen noch intensiv meditiert haben, fallen solche Wiedererinnerungen anfangs meist recht harmlos aus. Anfänger, die weder unter Druck stehen noch unter einer Neurose leiden, erleben sich meist in einer vergangenen Identität, die sich relativ leicht assimilieren und verarbeiten läßt. So jedenfalls sollte es sein.

In den Workshops, die meine Frau Jennifer und ich leiten, erinnern wir die Teilnehmer häufig an das orientalische Symbol des »Hüters der Schwelle«, eines furchterregenden Ungeheuers, das nicht selten am Eingangstor von Tempeln oder neben heiligen Mandalas oder Meditationsbildern zu sehen ist. Diese Wächter versinnbildlichen unsere Angst und sollen uns daran hindern, in Bereiche unserer Psyche hinabzusteigen, für die wir noch nicht bereit sind. Ob wir uns dessen bewußt sind oder nicht, wir alle haben einen inneren Hüter der Schwelle, der dafür sorgt, daß wir nicht zu rasch zu tief gehen. Es gibt eine subtile innere Ökonomie der seelischen und geistigen Entfaltung, die gewährleistet, daß jeder einzelne mit der ihm angemessenen Geschwindigkeit vorwärtsschreitet, und die erwähnten Wächter und Schutzgeister wachen darüber, daß wir uns nicht überfordern.

Die Bedeutung dieser inneren Gestalten wird sehr klar, wenn wir lernen, unsere Träume zu verstehen.

Ich erzähle die Geschichte meiner ersten Wiedererinnerung, und zwar sowohl als warnendes Beispiel für die allzu Sorglosen wie auch zur Ermutigung jener, die bereit sind, sich auf die Erkundungsreise zu begeben.

Jede psychologische Arbeit, die die tieferen Schichten des Unbewußten berührt, befördert im allgemeinen machtvolle Gefühle, irritierende Erinnerungen und befremdliche Bilder zutage. Solche nicht selten überwältigenden psychischen Inhalte werden von Uneingeweihten, ja selbst von Fachleuten häufig für Symptome des klassischen Wahnsinns gehalten. Wer sich mit der Erforschung präexistentieller Zustände befaßt, sollte wissen, daß er möglicherweise die Büchse der Pandora öffnet. Denn dabei können Kräfte freigesetzt werden, die wir nur bedingt kontrollieren können. Aus diesem Grund bin ich fest davon überzeugt, daß angeleitete Regressionen in »präexistentielle« Zustände nur von psychotherapeutisch voll ausgebildeten Fachleuten induziert werden sollten. Schließlich sind solche Rückführungen kein Gesellschaftsspiel, auch wenn die entsprechenden Prozeduren auf den ersten Blick sehr einfach erscheinen mögen.

Ganz zweifellos aber stellen sich im Verlauf dieses ungewöhnlichen Prozesses Erfahrungen ein, die für die Persönlichkeitsentwicklung des Betreffenden von grundlegender Bedeutung sein können. Es ist nicht übertrieben, wenn ich sage, daß bei manchen meiner Patienten ein oder zwei präexistentielle Regressionen zu einer völlig veränderten Lebenseinstellung geführt haben. Keine andere mir bekannte psychologische Disziplin bietet dem Klienten in gleicher Weise die

① Thail. Tempel

Möglichkeit, sich so nackt und ungeschminkt mit sich selbst zu konfrontieren und das eigene Grundproblem bisweilen schon in einer einzigen Geschichte komprimiert zu finden.

So konsultierte mich zum Beispiel einmal ein sehr erfolgreicher Geschäftsmann, der sich als einen innerlich dauernd unter Druck stehenden Menschen charakterisierte. Dieser Mann hatte ständig das Gefühl, daß er nicht stark und selbstbewußt genug auftrete. Er beschrieb mir, wie er sich – ungeachtet seiner weit überdurchschnittlichen beruflichen Erfolge – durch permanente Überarbeitung bestrafte. Außerdem hatte er in seinem Leben immer wieder kleinere bis mittelschwere Unfälle gehabt, sich etwa den Knöchel, dann die Hüfte und später die Schulter und das Handgelenk gebrochen. Als er sich wieder einmal die Schulter verletzte, hatte er das unerklärliche Gefühl, daß ihm Unrecht geschehe, und dachte: »Warum immer ich?«

Als ich ihn in eine mit seinem gegenwärtigen Dasein irgendwie verknüpfte frühere Existenz geleitete, wurde sein Körper plötzlich hart wie ein Brett, er verkrampfte den Kiefer, ballte die Fäuste und brachte folgende Worte hervor:

»Es ist sinnlos. Ich kann ohnehin nichts machen. Ich bin nicht stark genug. Ich lasse nicht los. Ich lasse nicht los. Ich kann mich nicht mehr halten. Ich will nicht sterben. Ich falle...«

Er durchlebte noch einmal die letzten qualvollen Augenblicke eines Soldaten, der an einer Klippe hing und nicht mehr die Kraft hatte, sich hinaufzuziehen. Ein anderer sadistischer Soldat stand ganz in seiner Nähe und beleidigte ihn: »Du bist schwach. Du bist nicht gut. Wenn du wirklich stark wärst, dann würdest du es schaffen.« Als es dem Soldaten, mit dem mein Klient sich identifizierte, nicht gelang, sich hinaufzuziehen, schlug ihm sein »Kamerad« mit dem Gewehrkolben auf den Kopf, und er stürzte zu Tode und lag zerschmettert unten auf den Felsen.

In den letzten qualvollen Augenblicken vor dem Loslassen hat er folgende Gedanken:

①»Es ist eine Prüfung... Ich habe versagt. Ich bin nicht stark genug gewesen. Ich schäme mich. Ich hätte mehr leisten können. Ich hätte nicht sterben müssen. Ich werde das nie wieder tun. Ich werde nie wieder aufgeben. Alles, nur nicht noch einmal scheitern. Ich werde nie mehr aufgeben.«

Der Tod, so wie er ihn wiedererlebte, kam schnell, und nachdem der titanische Kampf zu Ende war, wurde sein Körper unversehens ganz schlaff. Es fiel ihm wie Schuppen von den Augen, als er sah, daß sein ganzes Leben eine unaufhörliche Wiederholung der Gedanken des sterbenden Soldaten war: »Ich werde nie wieder aufgeben. Alles, nur nicht noch einmal scheitern. Ich werde nie mehr aufgeben.« Er erkannte, daß er sich sein ganzes Leben lang von diesen Gedanken hatte beherrschen lassen und jetzt die Möglichkeit hatte, sie zu verändern, und daß er nicht länger dazu verurteilt war, jene alte Geschichte immer wieder zu durchleben, die nichts mehr mit ihm zu tun hatte.

Unvollendete Dramen der Seele

Seit etwa zehn Jahren habe ich immer wieder Klienten und Kollegen durch ihre präexistentiellen Erfahrungen geleitet und darüber auch die Erforschung meiner eigenen Innenwelt nicht vernachlässigt. Dabei bin ich zu der Überzeugung gelangt, daß diese Technik eines der konzentriertesten und wirksamsten Instrumente ist, über das die Psychotherapie verfügt – abgesehen von psychedelischen Drogen. ①

Nicht jeder Klient durchlebt sogleich Dramen wie der oben erwähnte – psychotherapeutisch »vorbelastete« – Geschäftsmann; aber fast alle, mit denen ich gearbeitet habe, können ziemlich bald eine der beiden Formen benennen, in denen präexistentielle Erfahrungen das aktuelle Verhalten beeinflussen. Zum einen erleben sie häufig den Charakter, mit dem sie sich in der präexistentiellen Regression identifizieren, als ein »anderes Selbst«, von dem sie das diffuse Gefühl haben, daß es schon immer irgendwo im Hintergrund ihres Bewußtseins dagewesen ist. Im Gesprächsteil der Sitzung frage ich dann häufig: »Kommt Ihnen dieser Charakter bekannt vor?« Und ganz gleich, ob der Klient sich in der Regression als rebellischen Sklaven, deprimiertes Küchenmädchen, arroganten Tyrannen, unterwürfigen Verehrer einer Dame oder liebenswerten Scharlatan erlebt hat, ich habe noch nie eine andere als die hingeseufzte oder verlegen lächelnd erteilte Antwort erhalten: »Oh, ja, ich kenne ihn (oder sie)!«

Und zweitens haben fast alle das untrügliche Gefühl, daß sich im jetzigen Leben die irgendwie noch nicht abgeschlossene »Geschichte« aus dem früheren Leben noch einmal abspielt:

① Grof : LSD

- Eine Klientin etwa kann keine Kinder bekommen, weil auf ihr noch immer die Schuld lastet, einen Säugling in einer Hungersnot im Stich gelassen zu haben.
- Ein junger Mann erinnert sich daran, daß er als Diener von älteren Frauen, an die er vertraglich gebunden war, sexuell gedemütigt wurde und fortan männliche Gesellschaft vorzog, ein Muster, das in seinem gegenwärtigen Leben in seinen homosexuellen Beziehungen wieder zutage trat.
- Eine Frau, die in ihrem jetzigen Leben drei Kinder zur Welt gebracht hat, leidet unter äußerst schmerzhaften prämenstruellen Krämpfen; sie erinnert sich in diesem Zusammenhang an ein Leben in einem Eingeborenenstamm, wo sie während der Geburt eines Kindes starb.

Jede andere Existenz, die wir regressiv durchleben – wie kurz oder fragmentarisch die betreffende Erfahrung auch sein mag –, ist ein Teil eines anderen Selbst. Unsere Persönlichkeit ist nämlich kein einheitliches Ganzes, sie ist vielmehr vielschichtig – was jedoch nicht heißt, daß sie im Sinne des psychiatrischen Sprachgebrauchs gespalten wäre. Am ehesten könnte man ihre zahlreichen Schichten vielleicht mit den Häuten einer Zwiebel vergleichen. Wenn wir in unsere vergangenen Existenzen hineinschauen oder uns mit unseren Träumen beschäftigen, ziehen wir gleichsam Haut um Haut von dieser Zwiebel ab.

Für Jung ebenso wie für Freud war der Traum der Königsweg zum Unbewußten. In unseren Träumen gibt es zahlreiche »Identitäten«, viele sekundäre Persönlichkeiten. Jung war ebenso wie Fritz Perls (der Begründer der Gestalttherapie) davon überzeugt, daß die allermeisten Persönlichkeiten, die in unseren Träumen in Erscheinung treten, niemand sind als wir selbst. Ich kann von meiner Mutter oder meinem Vater, meinem Großvater oder meinem Chef träumen, und doch träume ich immer nur von mir selbst. Auch ich habe eine Mutter in mir – wie sonst könnte ich meine kleine Tochter bemuttern? Ich kann die Menschen, mit denen ich zu tun habe, in Chefmanier behandeln. Ich kann mich wie ein kleiner Oberscharfrichter fühlen, wenn ich jemanden töten möchte, oder aber in meinen Träumen rennt ein Mann mit einer Waffe herum, der mich umbringen will. Jede dieser Figuren ist ein anderes Selbst, ein anderer Teil von mir, und all diese verschiedenen »Persönlichkeiten« sind in uns gegenwärtig.

Ich hatte mich jahrelang theoretisch und praktisch mit der Traumarbeit beschäftigt. Aber die Traumdeutung ist weder leicht zu lehren noch zu erlernen, denn genau wie jeder von uns eine charakteristische Handschrift hat, so haben wir auch typische Traumstile. Ich habe viele Jahre lang Traumgruppen geleitet, und ich fand das nicht einfach. Ich mußte den Traumstil jedes einzelnen Gruppenmitglieds kennen- und deutenlernen, um den Betreffenden dabei zu helfen, einen Zugang zu ihren Träumen zu gewinnen. Als ich dann anfing, mit der Technik der Wiedererinnerung zu arbeiten, stellte ich fest, daß auch präexistentielle Erfahrungen vergleichbares Material enthalten, ein Material, das wir auch ohne Unterstützung eines Symbolspezialisten zu deuten lernen können. Wenn in einer solchen Erfahrung eine vergangene Existenz zutage tritt, so ist uns deren Bedeutung unmittelbar klar, weil solche Erlebnisse »Geschichten« sind. Es ist nicht schwer, eine Geschichte zu verstehen. Es ist schwieriger, einen Traum zu verstehen. Dazu gehört Übung. Es geht also in den folgenden Kapiteln um einen neuen Zugang zu Jungs Idee der Multiplizität des Unbewußten. Ich arbeite lieber mit Geschichten als mit Träumen. Denn diese Geschichten aus »anderen Leben« helfen uns, die zahlreichen »Persönlichkeiten« zu akzeptieren, aus denen die menschliche Natur gemeinhin zusammengesetzt ist.

Um dem Leser einen Eindruck von der ganzen Bandbreite menschlicher Probleme zu vermitteln, die auf meine psychotherapeutische Arbeit mit präexistentieller Regression angesprochen haben, möchte ich im folgenden einige dieser psychischen Beschwerden aufführen. In späteren Kapiteln werde ich einige davon ausführlicher darstellen.

Unsicherheit und Verlassenheitsangst sind oft verbunden mit Wiedererinnerungen an ein präexistentielles Verlassenwerden in der Kindheit, Trennung während einer Krise oder eines Krieges, Verlust der Eltern. Die Betreffenden erleben häufig auch, wie sie in die Sklaverei verkauft oder in Hungerzeiten zum Sterben ausgesetzt werden etc.

Depressivität und Antriebsschwäche. Diese Gefühle verbinden sich häufig mit präexistentiellen Erinnerungen an den Verlust eines geliebten Menschen oder Elternteils, unerledigte Trauer, Selbstmordgedanken, Verzweiflung infolge von Krieg, Massaker oder Deportation.

Phobien und irrationale Ängste treten in Verbindung mit allen möglichen traumatischen Erfahrungen in früheren Existenzen auf:

Tod durch Feuer, durch Ertrinken oder Ersticken, durch Tiere, Messer, Insekten, Naturkatastrophen etc.

Sadomasochistische Verhaltensprobleme sind für gewöhnlich mit der Wiedererinnerung an Folter – häufig in Verbindung mit dem Verlust des Bewußtseins und einer sexuellen Komponente – verknüpft. Der Schmerz und die Wut scheinen den Haß zu verewigen und das Verlangen, sich in gleicher Weise zu rächen.

Schuld- und Märtyrerkomplexe gehen normalerweise einher mit präexistentiellen Erinnerungen an die Tötung eines nahestehenden Menschen oder die Verantwortlichkeit für den Tod anderer (z. B. in einem Feuer): Das eigene Kind wird den Göttern als Menschenopfer dargebracht, oder es wurde grundlos der Tod anderer Menschen angeordnet etc. Der Grundgedanke lautet in solchen Fällen häufig: »Es ist alles mein Fehler. Ich habe dies verdient.«

Materielle Schwierigkeiten und Eßstörungen. Menschen, die unter diesen Schwierigkeiten leiden, erleben in der Regression häufig eine Existenz, in der sie hungern müssen, in wirtschaftlicher Unordnung oder unentrinnbarer Armut leben. Äußere Kennzeichen: Anorexie, Bulimie, Fettleibigkeit.

Unfälle, Gewalt, physische Brutalität sind meistens mit Erinnerungen an die Kampferfahrungen in früheren Soldatenleben verbunden, mit dem Wiedererleben unerledigter Machtkämpfe oder abgebrochener Abenteuer. Diese Symptome treten häufig bei jungen Erwachsenen auf, in einem Alter also, da – historisch gesehen – viele junge Männer im Krieg den Tod gefunden haben.

Familienstreitigkeiten sind meistens bei Menschen zu beobachten, die noch aus früheren Existenzen mit ihren Eltern, Kindern oder Verwandten eine Rechnung zu begleichen haben: Betrug, Machtmißbrauch, Erbauseinandersetzungen, Rivalität etc. Meistens sind im Symptombild sämtliche von Freud beschriebenen ödipalen Aspekte enthalten.

Sexuelle Schwierigkeiten und sexueller Mißbrauch. Menschen, die unter Frigiditäts-, Impotenzproblemen und genitalen Infektionen leiden, haben häufig Wiedererinnerungen an Lebensgeschichten, in denen Vergewaltigungen, Mißbrauch und Folter eine Rolle spielen. Viele Inzest- und Kindsmißbrauchserfahrungen entpuppen sich als Wiederholung alter Muster aus präexistentiellen Erlebnissen, bei denen der Gefühlsausdruck blockiert war.

Eheprobleme. Diese gehen oft auf frühere Existenzen zurück, in denen die beiden jetzigen Partner zwar auch ein intimes Verhältnis unterhielten, jedoch aus unterschiedlichen sozialen Milieus und Statusgruppen stammten. Der eine der beiden Partner war dann häufig in dem wiedererinnerten Vorleben beispielsweise Mätresse, Sklave, Prostituierte oder Konkubine, und auch die Geschlechterrollen waren vielfach umgekehrt verteilt. ①

Chronische organische Beschwerden. Bei solchen Menschen taucht häufig die Wiedererinnerung auf, sie seien in früheren Existenzen schwer am Kopf, den Gliedern oder am Rücken verletzt worden oder sogar durch Gewaltanwendung an einem dieser Körperteile getötet worden. Die Therapie vermag vielfach Schmerzen in diesen Bereichen zu lindern; Kopfschmerzen hängen bisweilen mit unerträglichen Entscheidungen zusammen, die in einer früheren Existenz notwendig waren. Beschwerden im Bereich der Kehle haben ihren Ursprung nicht selten in früheren verbalen Denunziationen oder unausgesprochenen Gedanken. Geschwüre gehen mitunter auf präexistentielle Schreckenserfahrungen zurück, Halsschmerzen auf Erhängen oder Strangulieren.

Natürlich ist klar, daß ein Klient mehrere der vorgenannten Themen gleichzeitig und in verschiedenen Kombinationen zutage fördern kann. Wie solche Themen dann in der Therapie durchgearbeitet werden, das werde ich weiter hinten noch ausführlich beschreiben. Im Augenblick ist diese – natürlich unvollständige – Themenliste ausreichend, um dem Leser einen Eindruck davon zu vermitteln, was man sich unter der präexistentiellen Regression etwa vorzustellen hat und daß es sich dabei beileibe nicht um ein unterhaltsames Gesellschaftsspiel handelt.

»Rebirthing« und Rückführung

Nach meiner ersten Wiedererinnerung an die Existenz des mittelalterlichen französischen Söldners beschloß ich, mit der Technik weiter zu experimentieren. Der erwähnte Kollege und ich führten in wechselnden Rollen mindestens ein Jahr lang immer wieder therapeutische Sitzungen durch. Allmählich wurden auch andere Kollegen und Freunde neugierig, und so gründeten wir eine kleine Experimentalgruppe. Wir bildeten sechs therapeutische Paare, die miteinander arbeiten sollten, und kamen überein, uns alle vierzehn Tage zu einem Erfahrungsaustausch zu treffen. Da drei der Gruppenmitglieder passionierte Leser waren, vereinbarten wir überdies, alles, was wir über Präexistenz oder Reinkarnation finden konnten, zu lesen – vom

① Täter und Opfer tauschen die Rollen

Tibetanischen Totenbuch über die Seth-Bücher bis hin zu Dick Sutphen. Wir probierten auch die diversen Regressionstechniken aus, über die es zu jener Zeit einige wenige von Psychologen oder Hypnotherapeuten geschriebene Bücher gab.

Was mich betrifft, so stellte sich bei mir, nachdem ich die Vision meines mittelalterlichen Haudegens verarbeitet hatte, die wesentlich sanftere und friedlichere Wiedererinnerung an einen bretonischen Lehnsherrn aus dem vierzehnten Jahrhundert ein. Danach folgten eine Reihe militärischer und hauptsächlich dem Reisen gewidmeter Existenzen, die mit klösterlichen oder priesterlichen Vorleben abwechselten. Die verschiedenen Wiedererinnerungen schienen sogar irgendwie strukturiert zu sein und pendelten zwischen Existenzen extremer Aktivität und solchen der Beschaulichkeit und Zurückgezogenheit hin und her. Ich hatte den Eindruck, daß sich meine emotionale Dynamik in diesen wechselnden Erfahrungen sehr klar widerspiegelte und daß meine präexistentiellen Erlebnisse auch viele meiner Interessen und Lieblingsaversionen zu erklären vermochten.

Unsere informelle Experimentalgruppe wurde um eine neue Dimension erweitert, als wir beschlossen, uns allesamt dem außerordentlich wirksamen therapeutischen Verfahren des »Rebirthing« zu unterziehen, einer Technik, die Leonard Orr in Kalifornien entwickelt hatte. Das Rebirthing ist ein sehr intensiver Prozeß des quasiyogischen Atmens und bewirkt eine Freisetzung von Gefühlen, Einstellungen und Erinnerungen sowie körperlich manifester Strukturen, die angeblich mit dem sogenannten Geburtstrauma zusammenhängen.[9] Obwohl ich auch früher schon Therapien kennengelernt hatte, die eine Auflösung emotional bedingter körperlicher Energieblockaden bewirken sollten – Techniken also, deren Fundament Wilhelm Reich mit seiner bahnbrechenden Arbeit bereits in den dreißiger Jahren gelegt hatte –, mußte ich feststellen, daß das Rebirthing bei mir noch tiefere Bereiche ansprach.

Es war für mich eine erschütternde Erfahrung, mich ganz meinem Atem zu überlassen, und sie gipfelte darin, daß ich mich auf meinem Weg aus dem Geburtskanal erlebte, spuckte, würgte und weinte, während bebende Energieströme meinen Kopf, meine Arme und Beine durchzuckten. Ich gelangte auf eine ganz neue Ebene tiefsitzender Emotionen, die weder von der Psychoanalyse noch von der Reichschen Therapie je berührt worden war. Am meisten überrascht war ich allerdings, als ich mich murmeln hörte: »Ich will nicht in diese Welt hinaus.« Mein Rebirthing-Therapeut fragte: »Warum nicht?«, und in mir tauchte blitzartig die Vision meines verstümmelten Körpers auf, wie er auf einem Haufen ausgemergelter Körper in irgendeiner Grube lag. Und ich fing wieder bitterlich und unkontrollierbar zu weinen an, so als würde ich von einem kosmischen Leiden geschüttelt, das nicht nur mich selbst, sondern das ganze Elend der Menschen betraf. Mir war sofort klar, daß »ich« den geschundenen Körper, den ich sah, in gewisser Hinsicht gerade erst verlassen hatte, den Körper eines deutschen kommunistischen Antifaschisten, der in den frühen dreißiger Jahren (noch vor Beginn der mörderischen Judenverfolgungen) in einem deutschen Konzentrationslager ums Leben gekommen war. Als ich dieses schmerzliche Thema später noch ein paarmal durcharbeitete, gelangte ich zu der erstaunlichen Erkenntnis, daß ich bereits depressiv auf die Welt gekommen war und daß alle späteren Kindheitserfahrungen, die ich in der Psychoanalyse so sorgfältig aufgedröselt hatte, offenbar nicht die wahre Ursache meiner depressiven Grundhaltung waren, sondern daß meine Depressivität vielmehr auf den tiefen Pessimismus und die Verzweiflung zurückging, die »mich« kurz vor meinem Tod 1933 beherrscht hatten.

Ich hatte völlig neue therapeutische Dimensionen kennengelernt und sah auch den Ursprung unserer psychischen Leiden plötzlich in einem anderen Licht, ja selbst meinen Begriff der Persönlichkeit mußte ich revidieren. Aber zu dem Zeitpunkt, als wir in der Gruppe unsere weitgehend übereinstimmenden Erfahrungen diskutierten, waren wir uns noch gar nicht über deren weitreichende Konsequenzen im klaren.

Ohne daß unsere kleine Gruppe in Vermont davon etwas wußte, beschäftigten sich auch zwei andere Forscher, nämlich Dr. Stanislav Grof vom Esalen Institute[10] und Dr. Morris Netherton in Los Angeles[11], mit den Berührungspunkten zwischen Geburtstrauma und präexistentiellen Regressionen und wurden immer wieder mit dem Umstand konfrontiert, daß diese beiden Erfahrungen sich ineinander spiegeln. Wie Grof noch unlängst betont hat, ist die Bereitschaft, in die tiefsten Schichten emotionaler Traumata hineinzugehen, typisch für eine neue Art von Psychotherapie, die er als »Erfahrungstherapie«[12] bezeichnet. Später habe ich dann gehört, daß auch Grof eine Zeitlang brauchte, bis es ihm gelang, sich von gewissen psychoanalytischen Entwicklungstheorien freizumachen und sich zu der heutzutage etwas allgemein als »transpersonal« bezeichneten Richtung der Psychologie zu bekennen.

Einführung

Grof gelangte zu diesem Standpunktwechsel weniger durch die Arbeit mit den Techniken des Rebirthing oder der hypnotischen Regression als vielmehr im Rahmen seiner umfassenden LSD-Forschungen, obwohl er in seinen Workshops in Esalen inzwischen auch die Methode des kathartischen Atmens anwendet – ein Verfahren, das den beim Rebirthing praktizierten Übungen sehr nahekommt. Er hat auch zahlreiche Fallgeschichten von Klienten gesammelt, die während der therapeutischen Arbeit von präexistentiellen Erlebnissen berichteten.

Dr. Morris Netherton, der als einer der bahnbrechenden Erforscher der therapeutischen Möglichkeiten präexistentieller Erinnerungen gelten muß, hatte ebenfalls jahrelang immer wieder die Erfahrung gemacht, daß bestimmte Aspekte des Geburtstraumas unweigerlich auch präexistentielle Traumata im Unbewußten aktivieren. So kommt es beispielsweise häufig vor, daß Menschen, die noch einmal erleben, wie sie bei der Geburt mit der Geburtszange am Kopf verletzt wurden, zugleich einen in einem anderen Leben durch eine Verletzung am Kopf herbeigeführten Tod wiedererinnern. Solche Erinnerungsspuren sind besonders häufig bei Menschen anzutreffen, die in ihrem gegenwärtigen Leben unter chronischen Kopfschmerzen leiden.

Während ich im Laufe der Jahre meinen eigenen Arbeitsstil entwickelt habe, habe ich natürlich viele Elemente von anerkannten psychotherapeutischen Größen übernommen. Der professionelle Leser dieses Buches wird rasch merken, daß ich in meiner Konzeption nicht nur von Jung, sondern auch von der Gestalttherapie, der Technik des Psychodramas und von Wilhelm Reich beeinflußt bin. In Kapitel vier werde ich näher auf meine eigene psychotherapeutische Methode zu sprechen kommen. Zunächst aber möchte ich einfach eine einigermaßen typische Therapiestunde in meiner Praxis beschreiben, damit auch der Leser, der noch nie an einem Präexistenz-Workshop teilgenommen hat, von diesem Geschehen einen etwas klareren Eindruck erhält. Der im folgenden beschriebene Fall ist weder besonders komplex noch fürchterlich traumatisch, aber er verdeutlicht sehr schön die ganze Bandbreite und Intensität des Prozesses. In dem anschließenden Kommentar möchte ich einige der philosophischen und psychologischen Fragen diskutieren, mit denen ich meistens konfrontiert werde, wenn Interessierte in unseren Workshops erstmals mit dem Phänomen der Präexistenz-Regression und der Reinkarnation in Berührung kommen.

① Topographie des Unbewußten

2. Die Präexistenztherapie

> Was sonst siehst du in der dunklen Vergangenheit und im Abgrund der Zeit.
>
> Shakespeare, *Der Sturm* I,2

> Das Unbewußte ist die ungeschriebene Geschichte der Menschheit seit unvordenklicher Zeit.
>
> C. G. Jung, *Zur Psychologie westlicher und östlicher Religion*

Peters Geschichte: Ein Saisonarbeiter aus dem neunzehnten Jahrhundert

Es ist Montag abend. Auf dem dicken Teppich in unserem Wohnzimmer in dem alten Farmhaus im Staat New York sitzen die Mitglieder einer kleinen Gruppe im Kreis. Es handelt sich um eine relativ neue Präexistenztherapiegruppe. Ein junger, eher schmächtig gebauter Mann von Anfang Zwanzig, den ich Peter[1] nennen werde, liegt mit geschlossenen Augen auf dem Teppich. Sein Körper ist leicht gekrümmt. Er wendet den Kopf zur Seite und zieht eine Grimasse. Seine Fäuste sind geballt, sein Kiefer ist verspannt.

Die Gruppe hat gerade eine kurze Übung gemacht, in der es darum ging, daß jeder das Bild eines Charakters aus einem anderen Leben findet, mit dem er sich identifizieren kann. Im Verlauf dieser bei geschlossenen Augen durchgeführten geleiteten Imaginationsübung sollte jeder der Anwesenden sich kurz vorstellen, er oder sie sei ein anderer Mensch aus einer anderen Zeit und mit einem anderen Körper. Nachdem die Beteiligten jeweils knapp über ihre Imaginationen berichtet haben – sie reichen von einer italienischen Frau in einer Kirche bis hin zu einem römischen Sklaven –, beschließt die Gruppe, sich intensiver mit dem Bild des jungen Mannes zu befassen.

»Ich bin ein Junge von ungefähr fünfzehn, sechzehn Jahren«, sagt er mit nach wie vor verkrampftem Kiefer, »und ich werde von diesem Farmer geschlagen.«
»Und was geschieht sonst noch?« frage ich.

»Da sind die beiden Farmarbeiter. Sie halten mich an den Armen fest, während er auf mich einschlägt. Ich hasse den Hurensohn.«
»Möchtest du weinen?«
»Nein«, erwidert er, noch immer mit zusammengebissenen Kiefern. Keinem der Anwesenden bleiben der Schmerz und die Wut verborgen, die sich auf seinem verzerrten Gesicht deutlich abzeichnen.
»Was würdest du sagen, wenn du es herauslassen könntest?« will ich von ihm wissen.
»Ich möchte das Schwein umbringen. Ich habe kein Recht, mich gegen ihn zur Wehr zu setzen, aber er kann mich schlagen, wenn er Lust dazu hat. Ich hasse dich. ICH HASSE DICH! Ich will hier weg. Aber ich kann nicht gehen. Er würde mich umbringen.«
Inzwischen liegt Peter schwer atmend da und verwünscht den Farmer, der ihn offenbar systematisch quält. Eine Zeitlang ermutige ich ihn, seine Wut voll rauszulassen und wirklich auszusprechen, was seine geballten Fäuste am liebsten tun würden.
»Ich hab' genug von dir, du Schwein. Ich bring' dich um. Ich schlag' dich windelweich. Früher hab' ich Angst vor dir gehabt, aber jetzt bin ich größer als du. Ich könnte dich umbringen.«
Während er sich schreiend am Boden windet, wird seine Atmung tiefer, und die Knöchel an seinen Fingern werden weiß. Es bedarf nur leichter Anstöße meinerseits, bis die ganze Geschichte aus ihm heraussprudelt, so sehr ist er zu diesem Zeitpunkt bereits von seinem inneren Erleben gefangen.
»Ich bin nur eine Hilfskraft auf dieser Farm und noch so jung; aber ich bin groß und kräftig. Ich bin irgendwie rechtlich an diesen Mann gebunden. Das Ganze spielt in Missouri. An meine Eltern kann ich mich nicht erinnern. Ich glaube, sie sind schon gestorben, als ich noch ein Kind war. Ich hab' ihn nie ausstehen können, weil er mich immer nur herumstößt, aber ich hab' noch nie was gesagt. Aber heute war es zuviel. Er hat gesagt, ich soll die Hühner füttern, und ich hab' nein gesagt. Dann hat er mich ins Gesicht geschlagen, und ich hab' ihm 'ne Faust verpaßt. Er ist mir nicht mehr gewachsen, deshalb hat er zwei von seinen Leuten kommen lassen, damit sie mich festhalten. Sie halten mich an den Armen fest und drücken mich gegen einen Zaun, und er holt seine Pferdepeitsche. Er schlägt mich (windet sich und zuckt), aber ich gebe keinen Muckser von mir.«
Jetzt, da der junge Mann seinen Haß herausschreit, entspannt sein Körper zusehends, auch sein Kiefer und seine Fäuste lösen sich merklich. Er hat seinen Haß mit Worten zum Ausdruck gebracht und

dadurch seinen Gefühlsstau ein wenig abgebaut. Nun wird Peter allmählich ruhiger und nachdenklicher.
»Ich weiß nicht, was ich getan habe. Ich muß irgend etwas angestellt haben. Es ist nicht fair. Ich habe kein Recht, nein zu sagen.«

Jetzt, da er sich langsam wieder beruhigt, fällt mir auf, daß er mit einem sehr auffälligen Akzent spricht, gar nicht so wie sonst. Und als er seine Geschichte weitererzählt, klingt seine Stimme plötzlich bitter-höhnisch, und er schaut auf eine so seltsame Weise immer nur nach einer Seite hin.

Der Rest seiner Geschichte ist glasklar und verwirrend zugleich. Er hat nie lesen gelernt, und durch seine demütigende Bestrafung verbittert, verläßt er schließlich mit siebzehn, als der Farmer stirbt, den Hof. Durch kein Gesetz mehr an einen anderen Menschen gebunden, zieht er im Land als Saisonarbeiter und sozialer Außenseiter umher. Eine Zeitlang arbeitet er in einer Mine, aber er ist so still und seltsam, daß er die Leute nervös macht: »Die glauben, ich bin nicht ganz dicht«, sagt er. Er zieht jahrelang umher, fast sein ganzes Leben lang, bis er schließlich kurz nach der Jahrhundertwende mit vierundachtzig Jahren irgendwo im Mittleren Westen in einem Armenkrankenhaus stirbt.

Da seine Geschichte große Lücken aufweist, frage ich ihn: »Gibt es noch irgendwelche anderen wichtigen Ereignisse, mit denen du dich näher befassen solltest?« Als ich ein wenig nachbohre, berichtet er – immer noch mit geschlossenen Augen – von einer mit Löwenzahn übersäten Wiese, auf der ein Haus steht.

»Ja, ich gehe zu diesem Haus hinüber, in dem eine alte Frau wohnt. Die Männer in der Stadt hassen die Frau. Sie geben mir Geld, damit ich sie schlage und ihr drohe, sie zu töten. Ich stehe jetzt vor dem Haus. Sie bittet mich herein und bietet mir Teegebäck an. Sie ist sehr nett zu mir – der erste Mensch in meinem Leben, der je freundlich zu mir gewesen ist. Ich weiß nicht, ob ich es tun kann, aber ich bin ganz aufgewühlt. Die Männer waren davon überzeugt, daß ich verrückt genug bin, es zu tun, vielleicht kann ich es ja tatsächlich. Ich gehe in die Küche. Es ist ein großes Haus. Die Frau sagt, daß ich komisch aussehe. Das ärgert mich. Ich stoße heraus, daß ich sie umbringen werde. Sie lacht mich nur aus. Jetzt werde ich richtig wütend. Ich schlage nach ihr. Das Tablett mit den Teetassen fliegt durch die Luft, und ich schlage sehr hart auf sie ein. Ich hab' sie getötet. Was soll ich tun? Ich will nicht weg hier, aber ich muß. Ich schleppe ihren Körper hinter das Haus und

werfe ihn in einen Teich. Dann ziehe ich weiter. Sie haben mich nie erwischt. Ich hab' nie jemandem davon erzählt.«

Tränen treten in Peters Augen: »Die alte Frau war der einzige Mensch, der je nett zu mir gewesen ist. Es war das erste Mal, daß ich gut behandelt wurde. Ich hatte ja niemanden, niemanden.«

Die ganze Einsamkeit dieses Außenseiters der Straße, seine furchtbare Demütigung auf der Farm, die Reue über den Mord, sein Hunger nach etwas menschlicher Wärme, dies alles steigt jetzt in ihm hoch, und er beweint sein mißlungenes Leben.

Die Anwesenden sind allesamt tief betroffen. Ich lege eine Hand auf Peters Schulter, dessen Regression noch andauert. »Es ist jetzt alles vorbei, du kannst es loslassen«, sage ich.

Peter befindet sich jetzt wieder im Krankenhausbett.

»Ich gehe jetzt. Ich bin jetzt aus meinem Körper herausgetreten und sehe, wie er dort unten im Bett liegt. O wie einsam war dieser Körper, wie wutgeladen. Das war auch der Grund, weshalb ich nie jemand ansehen konnte. Ich war wütend auf die ganze Welt. Und die Frau hat abbekommen, was sich in all den Jahren in mir aufgestaut hatte... Ich strecke die Arme aus. Dort oben ist ein Engel. Er kommt mich abholen.«

Peter lächelt, und ich gebe ihm Zeit, sich in seiner Nachtodeserfahrung einige Augenblicke lang mit dem zu befassen, was der Engel ihm zu sagen hat. Dann frage ich ihn: »Was hat die Geschichte mit deinem gegenwärtigen Leben zu tun, Peter?«

»Ich habe schon immer Probleme mit Jähzorn gehabt«, sagt er, »und ich bin von Gewalt und Krieg fasziniert. Ein Teil von mir hat Angst, daß ich mich vergessen könnte, wenn ich mal so richtig in Rage bin. Und mit Autoritätspersonen lege ich mich regelmäßig an.«

»Könnte es sein, daß du von dem Mann auch heute noch etwas in dir trägst?« frage ich.

»Oh, ja, das kann sehr gut sein. Auch in diesem Leben bin ich ein ziemlicher Einzelgänger.«

Dann sprechen wir ein bißchen darüber, wie wichtig es ist, den Mann wegen seiner Schmerzen und seines elenden Daseins zu bemitleiden. Vor allem aber erkläre ich Peter, daß er es nicht mehr nötig hat, sich in seinem jetzigen Leben von den Erfahrungen jener anderen unglücklichen Existenz bestimmen zu lassen. Peter sieht, daß er sich unbewußt immer wieder mit Autoritätspersonen angelegt hat, um sich für die Demütigungen zu rächen, die eigentlich der Existenz des Arbeiters angehören und nicht seiner eigenen.

Schließlich öffnet Peter die Augen und sieht sich im Raum um. Er wird von einem Kreis ziemlich betroffener Gesichter begrüßt. Er lächelt:»Mir geht's gut«, sagt er, als wolle er die andern wieder aufmuntern.»Ich fühl' mich jetzt ganz anders.« Die gesamte Wiedererinnerung hat ungefähr fünfundvierzig Minuten gedauert, aber den meisten von uns ist sie ein ganzes Stück länger vorgekommen.

Der typische Verlauf einer präexistenztherapeutischen Sitzung

Obwohl Peters Rückführung im Rahmen einer Gruppensitzung stattfand, unterscheidet sie sich in ihrem Verlauf nicht wesentlich von einer typischen Einzelsitzung. Gewöhnlich beginne ich mit einer Befragung und versuche herauszufinden, unter welchen akuten und chronischen Problemen der Klient leidet. In der ersten Sitzung lasse ich mir detailliert die Lebensgeschichte des Patienten erzählen – von der Geburt über die Kindheit bis zur Gegenwart, wobei ich mir etwaige Krankheiten und traumatische Erfahrungen notiere. Dann lasse ich den Klienten bei geschlossenen Augen eine einfache Entspannungsübung machen und konzentriere mich im weiteren Verlauf der Sitzung auf einen Punkt, der mir besonders zentral erscheint. Bisweilen ermutige ich den Patienten, seine Aufmerksamkeit auf ein Bild, eine frische Erinnerung oder eine Person zu richten und alles auszusprechen, was ihm dazu einfällt, so als hätte er es mit einer realen Situation zu tun. Vielleicht gebe ich dem oder der Betreffenden aber auch nach Manier der Gestalttherapie einen Satz, der den fraglichen Gefühlszustand prägnant umreißt oder sogar noch intensiviert, etwa:»Mir reicht's jetzt. Laß mich in Ruhe.« Manchmal konzentrieren wir unsere Aufmerksamkeit aber auch auf konkrete körperliche Beschwerden, beispielsweise auf Rückenschmerzen oder Magenkrämpfe, und arbeiten dann mit den Bildern, die aus diesem Körperbereich aufsteigen.

Sobald die Bilder, Beschreibungen und Gefühle plastischer werden, schlage ich dem Klienten vor, sich von seinen Empfindungen in eine – präexistentielle oder »diesseitige« – Geschichte hineinziehen zu lassen. Ich erkläre beispielsweise:»Es ist ganz gleich, ob Sie an Reinkarnation glauben oder nicht. Überlassen Sie sich nur für die Dauer der Sitzung der Geschichte, als ob sie wahr wäre.«

Sehr bald schon wird sich der oder die Betroffene dann in einen anderen Körper und eine andere Persönlichkeit versetzt fühlen und als dieses »andere Selbst« in aller Anschaulichkeit eine Geschichte erzählen. In dieser Phase fordere ich den Klienten gemäß den Regeln des Psychodramas auf, die wichtigsten Ereignisse und Wendepunkte jenes anderen Lebens in aller Deutlichkeit noch einmal zu durchleben; dabei gehe ich von der Annahme aus, daß die vollste kathartische und befreiende Wirkung gerade an diesen Konfliktpunkten zu erzielen ist. Was immer der oder die Betreffende auch zutage fördert, sei es verwirrend, unzusammenhängend oder gewalttätig, ich lasse den Klienten seine inneren Erfahrungen vollständig durchleben. Wenn es auf dem Höhepunkt einer solchen Geschichte beispielsweise zu einem gewaltsamen Tod kommt, so achte ich darauf, daß dieses Geschehen auf der physischen Ebene bei klarem Bewußtsein durchlebt wird, und zwar nach dem bei der Behandlung von Kriegsneurosen schon vielfach erfolgreich angewandten Grundsatz, daß wir nur ein erinnertes Trauma loslassen können.

In den meisten Sitzungen versuche ich, die Wiedererinnerung einer Lebensgeschichte zu vervollständigen, indem ich den Klienten durch den Tod der betreffenden Persönlichkeit hindurchgehen lasse. Dies erzeugt ein Gefühl der Vollständigkeit und – was noch wichtiger ist – der Befreiung. Die Todeserfahrung bietet dem Betreffenden die Möglichkeit, die obsessiven und stets wiederkehrenden Gedanken, Gefühle und Ängste dieses anderen Selbst bewußt loszulassen. In der nachtodlichen Phase bietet sich im allgemeinen die äußerst wertvolle Chance, die Themen des vergangenen mit den ungelösten Problemen des gegenwärtigen Lebens zu vergleichen. Genau wie Peter wird jeder Klient dazu angehalten, die Geschichte als jetzt beendet zu betrachten, als ein Muster, das er nicht mehr zu wiederholen braucht. Natürlich stößt man dabei auch auf schmerzliche, ja sogar beschämende Aspekte jenes Selbst, mit denen man sich auseinandersetzen muß. In Jungs Sprachgebrauch könnte man diesen Vorgang als »Konfrontation mit dem Schatten« bezeichnen – womit das Hinsehen auf unangenehme und oft negative Charaktereigenschaften gemeint ist, die nicht länger verdrängt werden.

Weil ich stets darauf bestehe, daß der Klient die Geschichte des vergangenen Lebens ganz sinnlich erfährt – und nicht nur vom ① Standpunkt eines distanzierten Beobachters aus –, kommt es häufig zu ziemlich intensiven körperlichen Zuckungen und Verrenkungen, ohne die eine spontane Freisetzung der blockierten Energien nicht

① Psychoanalyse / linke Gehirnhälfte

erfolgen könnte. Schweißausbrüche, Hitze- und Kälteschauder, Krämpfe, zeitweilige Lähmungserscheinungen, stechende Schmerzen, erotische Empfindungen, Benommenheit, Zittern und Kribbeln sind in diesem Zusammenhang durchaus an der Tagesordnung. Ich erkläre den Klienten, daß es sich hierbei um die Freisetzung durch alte Traumatisierungen blockierter Energien handelt. Die körperlich manifesten Traumatisierungen können von der Geburt herrühren oder aus einem Vorleben oder von einer Operation in diesem Leben; häufig sind sie sogar durch alle drei Faktoren bedingt. Was immer auch der Auslöser gewesen sein mag, der Körper wird ermutigt, den Schock oder das Trauma loszulassen. Obwohl dies einem Beobachter, der erstmals einer Sitzung beiwohnt, beängstigend oder sogar ein wenig verrückt vorkommen mag, hat sich immer wieder gezeigt, daß dieses körperliche und emotionale Loslassen für einen vollständigen Heilungsprozeß unerläßlich ist.

Meistens arbeite ich mit dem Patienten zwei Stunden lang. So haben wir die Möglichkeit, uns für jedes der drei Stadien des therapeutischen Prozesses ausreichend Zeit zu nehmen: 1. die Befragung; 2. die intensive Arbeit; 3. die Besprechung und das »Zurückkommen«. Die vorstehend zitierten, aber auch die noch folgenden Sitzungsprotokolle zeigen, wie konzentriert und intensiv eine solche Therapie verläuft. Außer der psychedelischen Arbeit ist mir kein Verfahren bekannt, daß in einer so kurzen Zeitspanne auf so vielen Ebenen operiert. Normalerweise sind nicht mehr als fünf bis zehn intensive Zweistundensitzungen nötig, um die wichtigsten Probleme therapeutisch durchzuarbeiten. Dabei handelt es sich natürlich um eine radikale Abkehr von den zeitraubenden psychoanalytischen Behandlungsmethoden, die vor allem deshalb häufig besonders langwierig sind, weil sie die Erfahrung nicht einbeziehen und ausschließlich auf der intellektuell-interpretativen Ebene verharren.

Frühere Leben:
Erinnerung oder Phantasie?

Wohl jedem, der Zeuge einer therapeutischen Sitzung wie der beschriebenen wird oder auch nur darüber liest, drängt sich die Frage auf: Hat Peter sich das alles nur ausgedacht, oder handelt es sich um eine echte Wiedererinnerung?

Das ist eine sehr vernünftige und häufig gestellte Frage, aber wie viele einfache Fragen über komplexe Phänomene läßt sie sich nicht mit einem schlichten Ja oder Nein beantworten. Stellen Sie sich nur einmal vor, wie Sie Ihr wichtigstes Kindheitserlebnis – sei es ein besonders gelungener Urlaub oder eine Familientragödie – vor Ihrem inneren Auge wiedererstehen lassen und jemand anderem davon erzählen. Glauben Sie, daß Sie in der Lage sind, einen solchen Bericht von Ausschmückungen oder Übertreibungen völlig freizuhalten? Sind Sie sicher, daß Sie Ihre Geschichte nicht ein bißchen dramatisieren? Erzählen Sie alles schön der Reihe nach, oder fassen Sie nicht manche Dinge doch zusammen und geben ihnen eine bestimmte Deutung? Und welche Emotionen löst eine solche Erinnerung in Ihnen aus? Wenn wir über diese Fragen nachdenken, so wird auf Anhieb klar, daß der Vorgang des Erinnerns kein ganz einfaches Geschehen ist, insbesondere dann nicht, wenn es um die Darstellungen vergangener Ereignisse geht. Und tatsächlich gibt es jede Menge literarische und philosophische Traktate über dieses außerordentlich komplizierte Thema.

Wohl kaum jemand, der ehrlich mit sich ist, kann von sich behaupten, daß seine oder ihre Darstellungen eigener Erlebnisse von Ausschmückungen je ganz frei sind. Besonders fällt uns das auf, wenn jemand anderer über ein Geschehen berichtet, dessen Zeuge wir selbst gewesen sind.

Aber selbst wenn wir dies zugestehen, so haben wir trotzdem immer noch das Gefühl, daß unsere Erinnerungen authentisch und nicht bloß Phantasieprodukte sind. Wir würden zum Beispiel zu einem Freund, der sich im Detail vielleicht irrt, ganz sicher nicht sagen: »Wenn deine Tante an der Hochzeit in Chicago gar nicht teilgenommen hat, dann hast du dir wahrscheinlich die ganze Geschichte nur ausgedacht.«

Was es hinsichtlich des angeblichen Gegensatzes zwischen Erinnerung und Phantasie deshalb als erstes zu betonen gilt, ist die Tatsache, daß Erinnerungen, die wir alle als solche anerkennen, dennoch einige Ausschmückungen enthalten. Auf diesen Umstand weise ich deshalb hin, weil manche Leute Berichte über Wiedererinnerungen bisweilen mit dem Hinweis abtun, daß diese Darstellungen nicht echt sein können, weil sie nämlich gewisse historische Unstimmigkeiten aufweisen. Und dennoch würden diese Skeptiker die »Realität« ihrer eigenen Kindheit nicht einfach deshalb in Frage stellen, weil ihr Gedächtnis sie in bestimmten Punkten im Stich gelassen hat. Sowohl was vergangene Existenzen als auch was unser jetziges Leben anbelangt, übernimmt unsere Phantasie häufig die Funktion, Lücken in unserer Erinnerung aufzufüllen und die betreffende Geschichte ein wenig »abzurunden«. Wo das Bild nicht ganz klar ist, kann es durchaus geschehen, daß das Unbewußte ein wenig nachhilft.

Erwähnenswert an Peters Geschichte ist außerdem noch der Umstand, daß es sich bei seinen Ausführungen nicht etwa um eine »Nacherzählung« handelte, sondern um ein »Wiedererleben«. In dem Maße, wie Peters Stimme, sein Gesicht, seine Stimmung und seine Körpersprache sich verändert hatten, war er tatsächlich ein Mann aus dem Mittleren Westen des neunzehnten Jahrhunderts geworden. Er hatte vorübergehend eine andere Identität oder Persönlichkeit angenommen.

Aber hat er nicht vielleicht nur Theater gespielt? Bewußt ganz sicher nicht. Peter hat nie in seinem Leben auch nur eine Stunde Schauspielunterricht gehabt. Zufällig befand sich in der gleichen Gruppe ein professioneller Musiker, der selbst reichlich Schauspielunterricht genossen hatte. »Mein lieber Mann, ich kenn' einige Schauspiellehrer, die für eine solche Vorstellung alles geben würden«, erklärte er nach der Sitzung.

Seit Alfred Hitchcocks *Marnie* oder Peter Schafers *Equus* haben viele Leute eine ungefähre Vorstellung davon, was es mit einer therapeutischen Regression zu einem verdrängten frühkindlichen Trauma auf sich hat. Auch haben Therapeuten wiederholt unter Beweis gestellt, daß durch die Regression eines Patienten auf eine bestimmte Altersstufe, sich fast alle mit einem Trauma verbundenen schmerzlichen Gefühle auflösen lassen, falls der Betreffende besagtes Trauma in der Regression noch einmal durchlebt und sich davon befreit. Nach dem Zweiten Weltkrieg ist es zahlreichen Psychotherapeuten gelungen, die tiefsitzenden Angst- und Schocksymptome, unter denen damals viele Kriegsteilnehmer litten, erfolgreich zu behandeln.

Aber eine Regression in frühere Stadien dieses Lebens, das ist eine Sache, könnte der Skeptiker vielleicht einwenden, eine andere Sache hingegen sind Rückführungen in »frühere« Existenzen, wie einfach sie auch erscheinen und wie psychologisch wirksam sie auch sein mögen. Denn was bedeutet es, wenn jemand das Leben eines »anderen Menschen« wiedererlebt?

Es bedeutet, wie ich meine, weit mehr, als daß der Betreffende sich einfach im Sinne einer Erfindung das Leben eines anderen Menschen vorstellt. Von den vielen Menschen, die von Therapeuten in frühere Existenzen »zurückgeführt« worden sind, sind offenbar die allermeisten der Meinung, daß dabei nicht einfach mal schnell eine Geschichte erfunden wird. Viele, beispielsweise Peter, haben das Gefühl, tief in dieses Geschehen verwickelt zu sein und es mit einem völlig anderen Ich-Bewußtsein zu erleben. Nach Auskunft dieser Menschen tauchen plötzlich völlig ungewohnte Wörter und Emotionen im Bewußtsein auf, und zwar ohne daß der Therapeut viel dazu beiträgt. Manche haben den Zustand als milde Form der Besessenheit beschrieben, so als werde man vorübergehend von einer anderen Persönlichkeit in Besitz genommen. Von wirklicher Besessenheit unterscheidet sich dieser Zustand allerdings dadurch, daß der Regredierte den Eindruck hat, jene »andere Existenz« habe sehr viel mit ihm selbst zu tun. Die andere Identität kommt ihm oder ihr vertraut vor und nicht etwa fremd, wie dies selbst in leichten Besessenheitszuständen der Fall ist.

Mit der Wiedererinnerung vergangener Existenzen geht somit ein Gefühl der Identität mit einer inneren oder sekundären Persönlichkeit einher, und dieser Akt der Identifizierung schließt durchaus eine gewisse Imagination – also eine bilderschaffende Aktivität – mit ein, wie dies übrigens für jegliches Erinnern gilt. Genau diesen Vorgang meinte auch der englische Dichter Shelley, als er sagte, daß »unsere Vorstellungskraft intensiv und bildhaft« arbeiten müsse und daß wir lernen sollten, uns »an die Stelle« anderer zu versetzen (siehe dazu auch Kap. 12).

Wenn wir einen Roman lesen oder uns einen Film oder ein Theaterstück anschauen, dann verhalten wir uns im allgemeinen gegenüber den Hauptfiguren der Geschichte »imaginativ identifizierend«. Wir durchleben Augenblicke des Entsetzens oder des tiefsten Mitleids, indem wir uns die Geschichte so vorstellen, als ob wir in der Situation der Hauptcharaktere wären, als ob wir ihre Freuden und Schmerzen am eigenen Leibe erleben würden. Dies ist psychologisch gesehen möglich, weil wir bereits unsere eigene Version dieser Charaktere und ihrer Erlebnisse in uns tragen. Jung war der Ansicht, daß unsere Fähigkeit, die Motivation der Helden, Schurken, Liebenden und Despoten in uns selbst nachzuvollziehen, sich nur durch archetypische, das heißt uralte universelle Charakterformationen erklären läßt, die gleichsam die Grundstrukturen unserer Psyche bilden. Wir kommen also mit der Disposition auf die Welt, uns andere Menschen nach Vorgabe dieser Formationen vorzustellen. Die Literatur, das Drama und der Film halten für uns gleichsam diverse ausgetüftelte Rorschach-Tintenkleckse bereit, in die wir, wie

Jung sagen würde, unsere eigenen Versionen dieser inneren Figuren hineinprojizieren können. Natürlich geht es Autoren solcher Geschichten darum, ihre eigenen inneren Figuren möglichst realistisch zum Ausdruck zu bringen, entscheidend jedoch ist, daß *wir* beim Lesen oder Zuschauen unser eigenes inneres Repertoire an Charakteren aktivieren. Bei der Wiedererinnerung vergangener Existenzen gelangen solche Charaktere offenbar besonders deutlich, detailliert und plastisch in das Bewußtsein, weil der Psyche des betreffenden Menschen eine leere Leinwand mit dem Etikett »vergangene Existenz« dargeboten wird, auf die sie diese inneren Figuren projizieren kann.

Wenn wir »das andere« in uns anerkennen, ja es sogar selbst durchleben, so ist dies nach meiner Auffassung der erste Schritt in Richtung einer echten psychologischen Reflexion und des Gewahrwerdens, daß wir – sofern wir den gesamten Umfang unseres Bewußtseins zugrunde legen – »vielschichtige Wesen« sind und zahlreiche Persönlichkeiten in uns tragen. Einige dieser anderen »Identitäten« liegen überraschend nahe unterhalb der Bewußtseinsschwelle und lassen sich durch Theaterspiele und angeleitete Imaginationsübungen sehr leicht aktivieren. Allerdings hat die Psychotherapie erst unlängst begriffen, daß diese sekundären Persönlichkeiten genauso komplex und vollständig sind wie unsere Ich-Persönlichkeit und sogar eine detaillierte Lebensgeschichte haben, die von der Geburt bis zum Tod reicht.

Frühere Leben: Roman oder Wirklichkeit? Zwei Fallbeispiele: Helen und Alice

Ganz sicher wird so mancher gegen die Bezeichnung dieser Persönlichkeiten als »Personen aus vergangenen Existenzen« den Einwand erheben, daß auch die Figuren in einem guten Roman eine Biographie haben, die genauso komplex und unvorhersagbar ist, wie das für jeden Menschen gilt, die aber gleichwohl ein Produkt der Vorstellungskraft und nicht der Erinnerung ist. Ich hätte diesem Einwand früher sicherlich zugestimmt, hätte ich nicht einmal eine professionelle Autorin populärer Romane als Klientin gehabt.

Diese Schriftstellerin, die ich Helen nennen werde, fand sich in der Rückführung ins neunzehnte Jahrhundert versetzt, wo sie als einzige

Tochter einer angesehenen mittelständischen Familie im Norden Englands lebte. Es war eine kleine Küstenstadt, und die junge Frau führte in der Obhut ihrer Eltern ein sehr behütetes und geordnetes Leben. Sie war unverheiratet, da ihr ein akzeptabler Freier noch nicht über den Weg gelaufen war. Ihre Eltern hatten sie auch nicht zum Heiraten gedrängt, obwohl sie bereits etwa Mitte Zwanzig war.

Das Ereignis, das ihr ganzes Leben verändert, ist der Besuch eines attraktiven jungen Kaufmanns aus London, in den sie sich hoffnungslos verliebt, ohne jedoch irgend jemandem davon zu erzählen. Ihr Angebeteter ist ein Mann von Welt, und Helen sieht in ihm eine Möglichkeit, ihrem langweiligen Dasein zu entfliehen. Sie hegt jedoch Zweifel an seiner Aufrichtigkeit, und obwohl sich die zwei verloben, macht er keinerlei Anstalten, sein Versprechen einzulösen. In einer stürmischen Szene beschuldigt Helens Vater ihren Verlobten, daß dieser seine Tochter nur benutze. In ihrer romantisch verklärten Sehnsucht hatte sie sich die wahren Absichten ihres Liebhabers zunächst nicht eingestanden, aber jetzt wird sie zornig und bittet ihren Vater, den Mann des Hauses zu verweisen.

Eine Zeitlang bricht immer wieder die Wut über ihren treulosen Liebhaber, die Enge ihres Lebens und ihre trostlose Rolle als Frau in einer viktorianisch-bornierten Gesellschaft aus ihr heraus. Aber ihr Vater toleriert diese von ihm so genannten hysterischen Ausbrüche nicht, und so behält sie ihre Gefühle für sich. Ihre Mutter ist schon Jahre zuvor gestorben, und so lebt sie jetzt ganz allein mit ihrem Vater, der allmählich gebrechlich wird und immer herrschsüchtiger.

Nach dem Tod ihres Vaters erbt sie das Haus und lebt in schrecklicher Einsamkeit. Die Wut, die sie gegenüber beiden Männern hegt, wird zu Verbitterung. Haß bleibt bis zu ihrem Tode ein Bestandteil ihres Wesens. Helen hält dieses Leben im Rückblick für eine große Vergeudung und meint, es sei ein Fehler gewesen, ihr Leben von anderen bestimmen zu lassen.

Als sie wieder aus der Regression auftauchte, stand auf Helens Gesicht ein Ausdruck des Erstaunens geschrieben. »Mein Gott«, sagte sie, »das war die Fabel meines allerersten Romans. Aber dort hatte die Geschichte ein anderes Ende! In meinem Roman kehrt der junge Mann zurück, heiratet sie und nimmt sie mit nach London. Im weiteren Verlauf erweist er sich jedoch als ein ziemlicher Schurke. Die Ehe zerbricht und dient ihr lediglich als Sprungbrett für diverse sonstige amouröse Abenteuer.«

Offenbar erfüllte die von ihr tatsächlich geschriebene Geschichte alle Voraussetzungen eines echten Liebesromans. Im Gegensatz dazu war die Geschichte ihres früheren Lebens von einer geradezu tragischen Banalität. Vielleicht hätte ein Balzac oder ein Henry James aus diesem Stoff einen hochklassigen Roman gemacht, aber Helen hatte nicht den Ehrgeiz, einen solchen literarischen Höhenflug zu unternehmen. Nachdem sie die beiden Geschichten miteinander verglichen hatte, fiel mir auf, daß der von ihr verfaßte Roman vielleicht eine Art »phantastische Kompensation« der Qualen und Entbehrungen ihres früheren Lebens darstellte, das jedoch nur bruchstückhaft an die Oberfläche gelangte, weil die Geschehnisse insgesamt zu schmerzhaft waren. Ich fragte mich außerdem, ob ihre übrigen Romane nicht vielleicht ebenfalls Kompensationen jener tief in ihr vergrabenen Erinnerung an eine unerwiderte Liebe seien.[2]

Therapeutisch betrachtet wurde in dieser Sitzung deutlich, daß es für Helen sehr schwierig war, den aus Kummer, Wut und unerfüllter Liebe gebildeten Knoten anzuschauen und aufzulösen, der sich zu Lebzeiten jenes einsamen, sitzengelassenen Mädchens gebildet hatte, das im Unbewußten der Klientin weiterlebte. Ihre schriftstellerische Tätigkeit hatte ihr zweifellos dabei geholfen, sich von einem Großteil dieser Traurigkeit zu befreien und Sehnsüchte zum Ausdruck zu bringen, die sie sich in ihrem realen Dasein nicht auszuleben traute. So gesehen war der von ihr erwählte Beruf ganz sicher auch ein Weg der Selbstheilung, aber der Kern ihres Komplexes mit seinen schmerzlichen Bildern von Verlassenheit und Einsamkeit und dem undenkbaren Gedanken »Ich bin nicht liebenswert« blieb letztlich unberührt.

Ähnlich traten bei Peter, während er die elende Existenz des einzelgängerischen Saisonarbeiters noch einmal durchlebte, die – mit mörderischer Wut und Schuldgefühlen gemischten – tief vergrabenen Gefühle der Demütigung und schwer verletzter Selbstachtung zutage. Ich kann mir kaum vorstellen, daß Peter eine solch komplexe und unheroische Geschichte einfach mal so erfunden hat, bloß um entweder mich oder die Gruppe zu beeindrucken. Schließlich handelte es sich bei der Geschichte um eine äußerst schmerzliche Konfession, die ihn zwang, sich mit seiner Autoritätsverachtung, seinem zwischen Angst und Faszination schwankenden Verhältnis zur Gewalt und mit dem Umstand auseinanderzusetzen, daß er sich so häufig von anderen Menschen isolierte.

Peters und Helens Fallbeispiele sind ganz und gar nicht untypisch. Sie weisen große Übereinstimmungen mit Fällen auf, die in meinen und in den Unterlagen anderer Präexistenztherapeuten dokumentiert sind. Anders als es der von der Boulevardpresse verbreiteten Klischeevorstellung entspricht, erleben sich die meisten Menschen im Zustand der präexistentiellen Regression *nicht* als ägyptische Priesterinnen oder Ehefrauen Heinrichs VIII. Die meisten der Vorleben lassen sich nicht einmal historisch exakt plazieren. In der Therapie haben wir es mit afrikanischen Stammesmitgliedern ebenso zu tun wie mit nomadischen Jägern, mittelalterlichen Bauern und so fort; alle Epochen und Regionen sind vertreten. Häufig können die Betreffenden nicht einmal ihren Häuptling oder Lehnsherrn namentlich nennen, geschweige denn, auf einer beliebigen europäischen oder sonstigen Zeitkarte ihren historischen »Ort« angeben.

Ein weiteres Beispiel für den überwiegend unromantischen Charakter der meisten Präexistenzen ist Alices Geschichte. In der Regression erlebte Alice sich als einen kleinen Jungen im industriellen England des neunzehnten Jahrhunderts. Dieser sechs oder sieben Jahre alte zerlumpte Junge war ein Straßenbengel, der in Hauseingängen und unter Brücken schlief, sein Essen entweder erbettelte oder stahl, gejagt und geschlagen wurde und aus nacktester Lebensnotwendigkeit ständig auf Achse war. Nachdem Alice eine Reihe bedrückender Szenen geschildert hatte, wartete ich ständig auf ein Ereignis, das dem Schicksal des kleinen Burschen eine glückliche Wendung geben würde. Während ich zuhörte, dachte ich im Hinterkopf nämlich bereits an Romanverläufe wie in *Oliver Twist* oder *Les Misérables*.

»Und was passierte dann?« fragte ich, während ich darauf wartete, daß das Schicksal des Jungen sich nun endlich zum Guten wendete (diesmal spielte ich den Romantiker, der auf Kompensation aus ist).

»Es ist nichts zu erkennen..., alles ist dunkel..., ich erkenne nichts«, erwiderte Alice.

Da ich seit vielen Jahren mit der Rückführung von Patienten vertraut bin, weiß ich auch, daß die Wiedererinnerung eines vergangenen Lebens bisweilen mit einer Art »Blackout« enden kann. Dunkelheit oder das Ausbleiben von Bildern ist fast immer ein Zeichen für den Tod des wiedererinnerten Menschen. Deshalb sagte ich zu ihr: »Gehen Sie noch einmal zurück und schauen Sie nach, was passiert, bevor es dunkel wird.«

»Ich überquere eine Straße. Ich bin müde und schwach. Es ist Winter, und ich habe nicht genug zu essen. Ich gebe nicht Obacht... Oooooh!

Etwas trifft mich am Kopf. Ein Wagen. Mein Kopf, meine Brust, alles zermalmt... Alles ist schwarz. Plötzlich befinde ich mich über meinem Körper. Es ist alles vorbei. Was für ein trauriges, sinnloses Leben.«

Andere Klienten berichten über Existenzen, die schon nach wenigen Jahren wegen Unterernährung, einer Epidemie oder einer sonstigen Krankheit enden. In zahllosen Wiedererinnerungen sterben junge Männer gleich bei der ersten Feindberührung im Krieg und verlassen dann ihren Körper mit dem Gefühl, durch all die falschen Ruhm- und Ehrversprechen betrogen worden zu sein. Am wenigsten romantisch sind wohl die Wiedererinnerungen von Menschen, die in einer früheren »Existenz« bereits vor oder bei der Geburt gestorben sind. Der Tod eines abgetriebenen oder fehlgeborenen Fetus ist wohl kaum ein besonders witziges Thema für eine Cocktailpartykonversation, und solche Wiedererinnerungen kann man schwerlich mit übertriebenem Fernsehkonsum erklären.

Zusammenfassend läßt sich sagen, daß die meisten vergangenen Existenzen, mit denen ich in der Therapie zu tun hatte, alles andere als romantisch waren, sondern vielmehr traurig und unbedeutend. Ich muß häufig an die düsteren Worte des Philosophen Thomas Hobbes denken, der geschrieben hat: »Dem Menschen ist ein einsames, armseliges, abstoßendes, viehisches und kurzes Leben gegeben.«[3]

Drei Erklärungsansätze

Nachdem ich jahrelang Hunderte, wenn nicht Tausende von Wiedererinnerungen induziert, miterlebt und aufgezeichnet habe, kann ich von mir nicht gerade behaupten, daß sich mir nicht immer wieder die quälende Frage gestellt hat, ob es sich bei dem Phänomen um »Erinnern« oder um »Phantasie« handelt, ob das, was die Betreffenden innerlich erleben, wirklich »unsere früheren Existenzen« sind und ob es tatsächlich ein Weiterleben der Seele gibt, wie dies von vielen religiösen Traditionen behauptet wird. Aber da ich Therapeut und nicht Philosoph bin, kann ich glücklicherweise ohne eine Beantwortung dieser Fragen auskommen. Ich brauche meine Therapiestunden nicht zu verschieben, bis die Parapsychologen und Metaphysiker in diesen Fragen Einigkeit erzielt haben. Nicht daß die Erwägungen dieser Fachleute gleichgültig wären – wir werden im folgenden Kapitel die entsprechenden Standpunkte noch näher besprechen –, aber der Therapeut arbeitet mit einer anderen Art von Wahrheit, nämlich mit subjektiven oder psychischen Wahrheiten. Für ihn zählt das, was der Patient als wirklich erlebt.

Wenn ich meine Klienten, die sich in einem Zustand gerichteter Aufmerksamkeit befinden, darum bitte, sämtliche vor ihrem inneren Auge auftauchenden Bilder so zu behandeln, als ob sich darin etwas Wirkliches abbildet, dann fordere ich sie im Grunde genommen bloß dazu auf, ein Experiment anzustellen und für die Dauer der Sitzung einen hypothetischen Standpunkt einzunehmen. Weder ich selbst noch meine Patienten sind auf irgendeine Doktrin oder eine philosophische Position verpflichtet, allerdings müssen die an der therapeutischen Situation Beteiligten das psychische Geschehen als solches natürlich äußerst ernst nehmen und dürfen es nicht einfach als »bloße Phantasie« abtun. Deshalb sage ich immer wieder zu meinen Klienten: »Es ist ganz egal, ob Sie an Reinkarnation glauben oder nicht. Das Unbewußte produziert fast stets eine Wiedererinnerung an eine vergangene Existenz, wenn es nur auf die richtige Weise dazu animiert wird.« Tatsächlich habe ich immer wieder den Eindruck, daß – selbst wenn das Bewußtsein an der historischen Realität dieser früheren Existenzen erhebliche Zweifel hegt – das Unbewußte zutiefst daran glaubt und nur darauf wartet, gefragt zu werden.

Aber obwohl es – wie schon gesagt – nicht der Zweck dieses Buches ist, die Reinkarnationshypothese zu beweisen, scheint es mir dennoch wichtig, kurz die drei wichtigsten theoretischen Positionen zu skizzieren, die herangezogen werden, um das Phänomen der Wiedererinnerung an frühere Existenzen zu erklären. Der Leser möge selbst entscheiden, mit welcher dieser Positionen er sich am ehesten identifizieren kann. Meine eigene diesbezügliche Vorliebe wird im weiteren Verlauf des Buches noch deutlich werden.

Die erste Position möchte ich einmal als positivistische oder »Tabula-rasa-Position« bezeichnen. Sie geht davon aus, daß unser geistig-seelisches System bei der Geburt »weiß« ist wie ein unbeschriebenes Blatt, daß wir nur ein Leben und eine Identität haben und daß deshalb alle seelischen Störungen auf Erfahrungen zurückzuführen sind, die wir in diesem unseren einzigen Leben gemacht haben. Aus der Sicht des Positivisten sind Wiedererinnerungen vergangener Existenzen, wie historisch akkurat sie auch sein mögen, einzig und allein auf unbewußte Vorstellungen und Phantasien zurückzuführen, die sich ihrerseits aus längst vergessenen Geschichten, Fernsehsendungen oder Familienklatsch speisen. Die Fähigkeit der menschlichen Psyche, ganz und gar unbewußt so komplexe »andere« Identitäten zu ersinnen, wird als *Kryptomnesie* bezeichnet (siehe auch das folgende Kapitel). Unter Verweis auf die Forschungsergebnisse, die Dr. Thomas Verney in seinem Buch *The Secret Life of the Unborn Child* bezüglich der Frage nach der Erinnerung an vorgeburtliche Zustände vorgelegt hat, sind einige dieser Positivisten inzwischen bereit zuzugestehen, daß Kryptomnesie bereits vor der Geburt auftreten kann. Die orthodoxen Freudianer hingegen nehmen den Standpunkt ein, daß alle diese Geschichten Projektionen infantiler Phantasien sind und auf emotionale Konflikte mit den Eltern zurückgehen – also auf den berühmten Ödipuskomplex. Freud selbst war diesbezüglich allerdings offener als seine heutigen Anhänger. Im großen und ganzen sind sich die Positivisten aller Lager jedoch darin einig, daß es ganz genaue Standards gibt, die eine Entscheidung darüber zulassen, was wirklich und was lediglich ein Produkt der Phantasie oder Einbildung ist.

Die zweite Position, die im Zusammenhang mit der Frage von früheren Existenzen häufig vertreten wird, möchte ich als »Position des umfassenden Gedächtnisses« bezeichnen. Damit meine ich den Glauben, daß wir alle im Traum, in der Meditation oder in Hypnose Zugang zu einer universellen Schicht des Unbewußten haben, in der nicht nur unsere eigenen vergessenen Erfahrungen und Phantasien gespeichert sind. Die Anhänger dieser Position behaupten, daß bei entsprechender Vorbereitung jeder von uns fähig ist, die gigantische kollektive Gedächtnisbank der Menschheit »anzuzapfen«. Dieses universelle Gedächtnis wird bisweilen als »Akasha-Chronik«, aber auch als kollektives Unbewußtes (C. G. Jung) oder einfach als der große Geist bezeichnet. Das Medium Joan Grant hat zur Beschreibung der aktiven Fähigkeit, sich in andere Existenzen einzuschalten, den Begriff »Fern-Gedächtnis« geprägt. Parapsychologen benennen dieses Vermögen zurückhaltend als »Retrokognition«. Der Dichter W. B. Yeats, dessen Auffassung ich persönlich am meisten zuneige, hat einmal beschrieben, wie er zu seinem Standpunkt gelangt ist:

Vor meinem geistigen Auge sah ich Bilder, ob im Schlaf oder im Wachzustand, die ich kurze Zeit später in irgendeinem Buch wiederfand, das ich nie zuvor gelesen hatte, und nachdem ich die heute gängige Theorie der vergessenen persönlichen Erinnerungen vergeblich zu Rate gezogen hatte, gelangte ich zu der Überzeugung, daß es ein umfassendes

Gedächtnis geben müsse, das sich von Generation zu Generation weitervererbt.[4]

Im Unterschied zu der gleich anschließend erläuterten Wiedergeburtstheorie können die Anhänger der Position des umfassenden Gedächtnisses die Fähigkeit des Menschen, längst vergangene Geschehnisse innerlich wahrzunehmen, ohne Rückgriff auf die logische Notwendigkeit der Reinkarnation erklären. Diese Position ist in der Tat für all jene sehr attraktiv, die mit Hamlet glauben: »Es gibt mehr Ding' im Himmel und auf Erden, als Eure [positivistische] Schulweisheit sich träumt.« Die Theorie vermag indes nicht zu erklären, warum ausgerechnet dieses eine Individuum mehrmals dieselbe Wiedererinnerung hat und nicht irgendein anderer Mensch und wieso diese Erinnerungen vielen der Betroffenen so unheimlich vertraut vorkommen. Experimente belegen eindeutig, daß Wiedererinnerungen durchaus nicht zufällig oder willkürlich auftreten. Wir können uns nicht nach Belieben in den kosmischen Computer einschalten und nach Lust und Laune irgendein Leben abrufen. Ob es uns nun gefällt oder nicht, gewisse Präexistenzen scheinen uns tatsächlich ganz persönlich anzugehören. »Ja, da liegt's«, wie Hamlet sagen würde.

Die dritte oder »Reinkarnationsposition« ist heute populär, ob wir sie teilen oder nicht. Grob gesprochen gehen die Anhänger dieser Theorie mit Wordworth und anderen westlichen Platonikern davon aus, daß »unsere Geburt nur ein Schlaf und ein Vergessen« ist. Die Seele, die bei der Geburt in dieses Leben eintritt, hat bereits viele Existenzen in zahlreichen Körpern hinter sich und sich durch früher begangene Handlungen karmische Verdienste, aber auch ein Schuldenkonto erworben. Entsprechend dem universell gültigen Gesetz von der seelischen Ursache und Wirkung, auch Karma genannt, erntet, wer in dem einen Leben Egoismus sät, in einer anderen Existenz das entsprechende Elend und Leid.

Dieser Glaube findet in fast allen religiösen Traditionen immer wieder beredten Ausdruck und ist möglicherweise so alt wie die Menschheit selbst. Auch im Westen hat die Idee der Reinkarnation eine große Zahl erlauchter Geister fasziniert, darunter Goethe, Benjamin Franklin, David Hume, Schopenhauer, Tolstoi und T. H. Huxley, um nur einige zu nennen.[5]

① Siehe S. 55

Der Einfluß der Theosophie

Ich selbst schwanke immer wieder zwischen der zweiten und der dritten Position hin und her. Als Jungianer fühle ich mich natürlich genau wie Jung selbst zu der Vorstellung eines umfassenden Gedächtnisses hingezogen, während ich andererseits dazu tendiere, aufs Ganze zu gehen und die Idee der Wiedergeburt in all ihrer erhabenen Einfachheit pauschal zu akzeptieren. Was den positivistischen Standpunkt anbelangt, so finde ich, daß seine Exponenten eine zu enge und materialistische Auffassung der Psyche vertreten. Diese Position ist in meinen Augen arrogant und nimmt die inzwischen in die Tausende gehenden Berichte über Wiedererinnerungen nicht einmal als phänomenologisches Material zur Kenntnis; sie tut solche Erinnerungen schlicht als Phantasien ab und verweist kleinkrämerisch auf etwaige historische Unstimmigkeiten, die sie in diesen Berichten bisweilen entdeckt hat. Positivisten erinnern mich immer an Leute, die behaupten, die Welt sei eine Scheibe, und sich dann weigern an den »Tellerrand« heranzutreten, weil sie Angst haben abzustürzen.

Zugleich hege ich aber auch erhebliche Vorbehalte gegenüber der Theorie der Reinkarnation, so wie sie von den westlichen Schriftstellern und Denkern meistens präsentiert wird. Was mich an der populären Version der Wiedergeburtslehre besonders abstößt, ist der Umstand, daß kaum einem ihrer Verfechter bisher offenbar aufgefallen ist, wie sehr ihre Ideen von den Binsenweisheiten der im neunzehnten Jahrhundert entstandenen Theosophie durchdrungen sind. Diese enorm einflußreiche Pseudo-Religion, wie René Guénon, der große französische Historiker der heiligen Traditionen, die Bewegung genannt hat[6], ist ganz wesentlich eine synthetische Schöpfung der Madame H. P. Blavatsky (1831–1891), einer Russin, die als Medium und Schriftstellerin durchaus bemerkenswert gewesen ist. Die als spätromantische Reaktion gegen den wissenschaftlichen Materialismus ebenso wie gegen das spirituell moribunde Christentum auftretende theosophische »Philosophie« schien den nach »Weisheitslehren« und mystischen Erfahrungen lechzenden Menschen der damaligen Generation die ersehnte Geistesnahrung zu geben. Was sie jedoch erhielten, war Madame Blavatskys sensationsheischender, jedoch letztlich unbefriedigender Mischmasch aus authentischen Lehren und okkultistischen Klischees. Um mit Guénon zu sprechen:

[Die Theosophie] ist, kurzgesagt, nichts weiter als eine verworrene Mischung aus Neuplatonismus, Gnostizismus, jüdischer Kabbala, Hermetik und Okkultismus, die um zwei oder drei Ideen herumarrangiert sind, die, ob es einem nun gefällt oder nicht, ganz und gar modern und abendländischen Ursprungs sind. Ursprünglich wurde dieses abwegige System als »esoterischer Buddhismus« präsentiert, obwohl nur allzu offenkundig ist, daß es lediglich die allervagsten Verbindungen mit dem ursprünglichen Buddhismus aufweist.[7]

Bei den modernen Ideen abendländischen Ursprungs, auf die Guénon anspielt, handelt es sich natürlich um die beiden Lieblingsvorstellungen des neunzehnten Jahrhunderts, nämlich die Evolution und den Fortschritt. Diese beiden Begriffe haben in der westlichen Gesellschaft noch heute eine fast mystische Bedeutung. Und so heißt es bei Guénon auch ganz folgerichtig:

Die Theosophie mißt der Idee der »Evolution« eine große Bedeutung bei, einer sehr westlichen und sehr modernen Kategorie also. Und wie die meisten Richtungen des Spiritismus, mit denen sie durch ihren Ursprung eng verbunden ist, verschmilzt die Theosophie diese Idee mit der Reinkarnationslehre. Dieses Verständnis der Wiedergeburt scheint in der ersten Hälfte des neunzehnten Jahrhunderts zuerst im Kreis gewisser [französischer] sozialistischer Visionäre aufgekommen zu sein.[8]

Die außerordentliche Wirkung dieses theosophischen Gedankenguts läßt sich bis heute daran erkennen, daß gewisse Reinkarnationsapologeten noch immer ein eher sentimentales Bild der von Stufe zu Stufe aufsteigenden Seele zeichnen, deren »spiritueller« Fortschritt natürlich von der Unterweisung durch eine Clique »erleuchteter Meister« abhängig ist. Solche Darstellungen gehen auf seiten der »Gläubigen« unvermeidlich mit einem gewissen spirituellen Größenwahn oder einer »Ich-Inflation« einher, wie Jung diesen Zustand genannt hat. Da die Propagandisten solcher Populär-Metaphysik von der spirituellen Psychologie etwa des Yoga und von der buddhistischen Meditation meist keine Ahnung haben, unterscheiden sie im allgemeinen auch nicht zwischen der Ego-Persönlichkeit und dem auch Seele genannten größeren Selbst und tragen so dazu bei, daß man heutzutage immer häufiger Leute trifft, die auf Cocktailpartys solchen Unsinn reden wie: »Ich weiß, daß ich nach diesem Leben nicht mehr wiederkomme.« Was sich reinkarniert, ist nämlich strikt genommen überhaupt nicht unsere Ich-Persönlichkeit, sondern nur die Seele, und überdies ist keineswegs klar, inwieweit es sich um einen linear-historischen Fortschritt handelt. ①

Meine eigenen Überzeugungen, die im folgenden natürlich immer wieder zum Tragen kommen, leiten sich von den Meistern der psychoanalytischen Tradition, insbesondere Freud, Jung und Reich, her; sie sind ganz sicher aber auch geprägt durch meine intensive Auseinandersetzung mit einer authentischen religiösen Tradition, nämlich dem Theravada-Buddhismus, und meinen Erfahrungen mit der Vipassana-Meditation. Intellektuell und spirituell fühle ich mich am meisten einer Richtung verbunden, die heute als transpersonale Psychologie bezeichnet wird, einer Bewegung, die darum bemüht ist, die psychologische und die spirituelle Perspektive miteinander zu verbinden.

Aus meiner Sicht stellt die Ich-Persönlichkeit lediglich ein vergängliches Fragment des größeren Selbst dar, dem sie Liebe und Gehorsam schuldet und dessen Gesetze der Auflösung und Reformation ein *mysterium tremendum et fascinans* bleiben – ein schaudererregendes und faszinierendes Geheimnis also.⁹ Blavatskys Vorstellung einer linearen Entwicklung der Seele oder Rudolf Steiners Geister- und Astralwelten sagen mir nicht zu. Ich ziehe es vor, angesichts der unbegreiflichen und ehrfurchtgebietenden Verkörperung und Entkörperung der Seele und der unendlichen Höhen und Tiefen der nach Selbsterkenntnis suchenden Psyche stumm zu bleiben. In seinem *Faust* hat Goethe diesen Gedanken wesentlich prägnanter und poetischer ausgedrückt:

Gestaltung, Umgestaltung,
des Ew'gen Geistes ew'ge Unterhaltung.

① widerspricht S. 52 und dem Karma-Gedanken

3. Terra incognita: Die Erforschung unbekannter psychischer Bereiche

[...] Ich weiß, daß Sie Ihre innersten Neigungen zum Studium des Okkulten treiben und zweifle nicht daran, daß Sie reich beladen heimkehren werden [...] Nur bleiben Sie uns nicht dort in den Tropenkolonien, es gilt zu Hause zu regieren...

S. Freud, *Brief an C. G. Jung*, 1911

Das Stigma des Okkulten

Wie C. G. Jung in seinen Memoiren über die Anfänge der Psychoanalyse berichtet, hat Freud ihm damals das feierliche Versprechen abgenommen, sich niemals von der Theorie der frühkindlichen Sexualität abzuwenden. »Das ist das Allerwesentlichste. Sehen Sie, wir müssen daraus ein Dogma machen, ein unerschütterliches Bollwerk.« Falls das Wort »Dogma« noch nicht ausgereicht haben sollte, Jungs Skepsis zu wecken – von den steril-theologischen Litaneien seines Vaters, eines Pastors der Schweizer Reformierten Kirche, hatte er sich ohnehin schon distanziert –, so wird spätestens die Metapher der Belagerung ihn mißtrauisch gestimmt haben. »Ein Bollwerk«, entgegnete Jung, »wogegen?«

»Gegen die schwarze Schlammflut des Okkultismus«, erwiderte der Begründer der Psychoanalyse.[1]

Dieser Vorfall stellt in der Beziehung der beiden Männer einen Wendepunkt dar, denn Jung sollte schließlich mit Freud und dem Dogma der Sexual-Theorie brechen und seine eigene Schule gründen. Natürlich hatte Jung nicht die Absicht, sich die krausen Anschauungen des Okkultismus zu eigen zu machen, aber er begriff, daß Freuds enggestrickter Rationalismus nicht nur das Okkulte, sondern jene weiten unerforschten Bereiche der Philosophie, der Religion und der Parapsychologie tabuisierte, denen sich Jung gerade offenen Blicks zuwenden wollte. Jung selbst hatte etliche – wie man sagen könnte – »paranormale« Erfahrungen gemacht, von denen er wußte, daß sie sich nicht einfach wegerklären ließen. Er hielt sich im übrigen in religiösen und spirituellen Fragen für weitaus belesener als Freud. Gegen Ende seines Lebens fühlte er sich sogar imstande, zu damals noch als ziemlich obskur geltenden religiösen Texten, etwa dem *I Ging* oder dem *Tibetanischen Totenbuch*, gelehrte, wenngleich sehr zurückhaltende Kommentare zu schreiben. Überdies bewahrte er sich stets ein gewisses Interesse für sogenannte paranormale Phänomene.

Die Meinungsverschiedenheiten, die zwischen Freud und Jung hinsichtlich der Einschätzung des Okkulten bestanden, bezogen sich nicht allein auf die psychologischen Studien; sie waren auch nicht etwa in erster Linie durch Unterschiede des Temperaments bedingt. Vielmehr versinnbildlicht die Auseinandersetzung zwischen den beiden Männern jenen Konflikt zwischen Wissenschaft und Religion, Orthodoxie und Häresie, Rationalismus und Aberglauben, der die westliche Kultur schon seit ewigen Zeiten in Lager spaltet. Einige Historiker sind der Auffassung, dieser Konflikt sei auf die Entstehung des Rationalismus im alten Griechenland und den nachfolgenden Niedergang der Götter und ihrer Kulte zurückzuführen. Andere erklären diese Spaltung primär mit dem Kampf zwischen der heidnischen Religion und dem Christentum, in dessen Verlauf sich das Christentum unter Kaiser Konstantin sogar als Staatsreligion etablieren konnte. Der Psychologe James Hillman sieht sogar zwischen Monotheismus und Polytheismus einen fundamentalen archetypischen Gegensatz, der unserer ganzen Kultur bis in die heutigen Meinungsverschiedenheiten der diversen psychologischen Schulen hinein seinen Stempel aufgedrückt hat.[2] Denn bis heute versucht eine Reihe orthodoxer Schulen, etwa die Freudsche Ich-Psychologie, der Behaviorismus und die klassische Psychiatrie, die alternativen Richtungen der Psychologie, wie die Reichsche Schule, die Gestalttherapie, die Parapsychologie und die feministische Psychologie, also die ganze polytheistische Vielfalt der Psychologie, einer Art monotheistischen Kontrolle zu unterwerfen. Diesen neuen Häresien werden alle möglichen Steine in den Weg gelegt, und zwar von seiten des Gesetzgebers und der Versicherungen ebenso wie durch einen doktrinären Forschungsbetrieb. Bisweilen läßt es sich die *American Psychological Society* sogar angelegen sein, einen ganzen Forschungsbereich mit dem Bann zu belegen, wie sie es zum Beispiel vor einigen Jahren mit der Parapsychologie vorexerziert hat.

Auch wenn wir immer wieder gern unsere Toleranz gegenüber abweichenden Standpunkten hervorkehren, laufen wir gleichwohl stets Gefahr, selbstgerecht nach der Wahrheit oder der wahren

Bedeutung dieses oder jenes Phänomens zu verlangen, als ob es einen archimedischen Punkt gäbe, von dem aus sich die menschliche Psyche vollkommen verstehen ließe. Der Glaube, daß unsere Rationalität und die entsprechenden wissenschaftlichen Methoden für sämtliche Phänomene erschöpfende Erklärungen bereithalten, kann mit seinem obsessiven Monotheismus allzuleicht völlig irrationale, unerklärliche oder sogar okkulte Reaktionen des verdrängten polytheistischen Unbewußten heraufbeschwören. Es ist ganz sicher kein Zufall, daß der Mesmerismus während der Blütezeit der Aufklärung im achtzehnten Jahrhundert die Saat für die Neubewertung der paranormalen Phänomene und für die Psychologie des Unbewußten gelegt hat. Daraus sind dann der Spiritismus, die Theosophie und auf dem Höhepunkt des wissenschaftlichen Materialismus und des Positivismus im neunzehnten Jahrhundert – besonders in den angelsächsischen Ländern – auch die literarische Gattung der Gespenstergeschichten erwachsen. Jung hat diese Antithese so kommentiert:

Rationalismus und Aberglaube verhalten sich komplementär. Es gibt ein psychologisches Gesetz, daß, je heller das Licht, der Schatten um so dunkler ist. Mit anderen Worten: Je rationalistischer wir uns gebärden, um so lebendiger wird auch die Geisterwelt des Unbewußten.[3]

Was Freud als »schwarze Flut des Okkultismus« bezeichnet hat, könnte man in seiner eigenen Sprache durchaus als Wiederkehr der verdrängten Seite der abendländischen Spiritualität bezeichnen: der griechischen Geheimbünde, der christlichen Gnostiker, der mittelalterlichen Ketzer und Hexen (die in Wahrheit Heilerinnen und Schamaninnen waren), der Alchemisten, der Mystiker und der paranormal Begabten aller Richtungen, deren Auffassungen sich mit den vorherrschenden Orthodoxien des Katholizismus und Protestantismus nicht deckten.

Nach der Zahl der Jungschen Organisationen und Vereinigungen zu urteilen, die mich aus ihren Vortrags- und Workshop-Programmen gestrichen haben, als sich mein Interesse an präexistentiellen Erfahrungen herumsprach, fürchten aber auch viele der heutigen Jungianer die »schwarze Flut des Okkultismus« ebensosehr, wie Freud dies tat.[4] Denn die Erforschung früherer Existenzen und paranormaler Erscheinungen überhaupt ist mit einem gewissen Stigma behaftet. Die meisten Menschen – ja sogar hochgebildete Persönlichkeiten – wollen mit diesen Dingen nichts zu tun haben und lassen sich bestenfalls ein wenig herablassend auf eine entsprechende Diskussion ein. Viele meiner Kollegen glauben offenbar, ich hätte mich den Handlesern an den Hals geworfen und mich mit einigen okkultistischen Freaks zusammengetan, und erst eine Erklärung meinerseits vermag diesen Eindruck dann im einzelnen zurechtzurücken. Aber selbst auf die Gefahr hin, daß dieses Buch vielleicht die schlimmsten Befürchtungen dieser Kollegen bestätigt, werde ich weiterhin meinen Geist offenhalten und mich mit jenen außerordentlich wichtigen Phänomenen auseinandersetzen, die bis heute in den Hintergrund des uns bekannten psychischen Universums verbannt sind.

Präexistentielle Erfahrungen, Besessenheitszustände, Beinahe-Todeserfahrungen, mediale Zustände und so fort sind Bestandteil einer unauslotbaren psychischen *terra incognita*. Man könnte sie deshalb vielleicht mit den in Vergessenheit geratenen Tempeln der südamerikanischen Indiokulturen vergleichen, die seit Jahrhunderten vom Dschungel überwuchert werden. In dem Maße, wie es durch innovative psychotherapeutische Verfahren gelingt, in dem riesigen psychischen Kontinent, den wir das Unbewußte nennen, erste Wege zu bahnen, treten auch die entsprechenden exotischen Strukturen immer deutlicher zutage. Wie so mancher andere einsame Forscher habe auch ich mich daran gewöhnen müssen, daß ich mit meinen Berichten über wahrlich außerordentliche Entdeckungen immer wieder einmal auf milden Spott stoße. Um meinen eher skeptisch gesonnenen Kollegen Gerechtigkeit widerfahren zu lassen, will ich gleichwohl einräumen, daß es im Sinne der vorstehenden Metapher sehr leicht passieren kann, daß man im Dschungel des Okkultismus die Orientierung verliert und anfängt, sich alle möglichen Dinge einzubilden. Deshalb möchte ich in diesem Kapitel vorab einige Differenzierungen vornehmen, die dem Forscher ebenso wie dem Leser in diesem unermeßlichen und verschlungenen Gebiet der Psyche die Orientierung erleichtern sollen.

Im Rahmen meiner bei weitem nicht erschöpfenden Auseinandersetzung mit dem Thema dieses Buches bin ich immer wieder auf vier Gesichtspunkte gestoßen, unter denen man die Frage präexistentieller Erfahrungen betrachten kann. Diese Gesichtspunkte sind:

1. Der unmittelbare *psychisch-mediale Ansatz*, etwa durch präexistentielle Regressionen und Trancezustände.

2. Der *parapsychologische Ansatz*, das heißt die wissenschaftliche und experimentelle Erforschung angeblicher präexistentieller Erfahrungen.

3. Der *religiöse Ansatz*, in dessen Zusammenhang die Wiedergeburt als Glaubensartikel behandelt wird.

4. Der *psychotherapeutische Ansatz*, in dessen Kontext präexistentielle Erfahrungen im Dienste eines therapeutisch angestrebten Wandels stehen.

Obwohl diese verschiedenen Gesichtspunkte sich in der Praxis selbstverständlich überlappen – zum Beispiel, wenn ein Medium sich für eine parapsychologische Untersuchung zur Verfügung stellt, aber zum Beispiel auch bei dem Therapeuten, der an Wiedergeburt glaubt –, können die entsprechenden Kategorien dabei helfen, kontraproduktive Dispute über Wahrheit, Falschheit, Verfahren und Ziele zu vermeiden. Wenn wir im folgenden die einzelnen der genannten Gesichtspunkte näher besprechen, so wird sich zeigen, daß jeder dieser Wege bestimmte philosophische Annahmen und ganz spezifische praktische Zielvorstellungen voraussetzt.

So versucht etwa der medial begabte Mensch, aus einer paranormalen Quelle »Informationen« über frühere Existenzen zu erhalten. Dem Parapsychologen ist es darum zu tun, die »Wahrheit« angeblicher präexistentieller Erfahrungen zu beweisen oder zu widerlegen. Der Reinkarnationsgläubige wiederum wird in erster Linie die »Doktrin« der Wiedergeburt darlegen, wie sie von einer bestimmten religiösen Tradition vertreten wird. Für den Psychotherapeuten schließlich ist die präexistentielle Regression eine Technik, die er zwecks »seelischer Heilung« anwendet. Nachdem wir die verschiedenen Vorgehensweisen solchermaßen differenziert haben, wollen wir nun näher auf die drei ersten der genannten Methoden eingehen. Auf die vierte, also die therapeutische Zielsetzung, werden wir dann in den folgenden Kapiteln ausführlicher zu sprechen kommen, denn schließlich steht das therapeutische Anliegen im Mittelpunkt dieses Buches.

Der psychisch-mediale Ansatz

Im Laufe meiner Arbeit bin ich natürlich vielen begegnet, die glauben, mediale Fähigkeiten zu haben. Häufig suchen Patienten mich auf, die zuvor paranormale Erlebnisse gehabt haben, und bitten mich, mit ihnen präexistentiell zu arbeiten. Ich habe jahrelang mit einer Frau zusammengearbeitet, die über geistige Heilkräfte verfügte und vergangene Existenzen ebenso wie feinste Störungen des Energiegleichgewichts, aber auch von ihr so genannte »Wesenheiten« wahrnehmen konnte. Meine Aufgabe bestand darin, sie bei der Komplettierung unvollständiger präexistentieller Szenarien zu unterstützen, die sie vor ihrem inneren Auge gesehen hatte. Dabei setzte ich meine psychodramatischen Fähigkeiten ein, um diese »Geschichten« zu vervollständigen und einer »Lösung« zuzuführen. Und sie half mir durch ihre subtilen Wahrnehmungen und Eingebungen, wenn ich festgefahren war. Diese Zusammenarbeit flößte mir großen Respekt vor ihrer Wahrnehmungsfähigkeit auf einer feinstofflichen Ebene ein. Egal ob sie die Träume, die organischen Probleme oder die präexistentiellen Traumata anderer Menschen »sah«, die Auskünfte, die sie über die Schwierigkeiten des jeweiligen Klienten erteilte, waren stets präzise und hilfreich. Psychologisch ausgedrückt würde ich sagen, daß sie einen direkten Zugang zum Unbewußten anderer Menschen hatte. Was für mich nur ein schwach beleuchteter Keller mit unscharfen Konturen war, zwischen denen ich tastend umherirrte, das war für sie ein von plastisch gestalteten psychischen Objekten bevölkerter, hell erleuchteter Raum.

Nun erhebe ich für mich selbst auch nicht eine Sekunde lang den Anspruch, über außersinnliche Fähigkeiten zu verfügen. Da ich als Therapeut jahrlang mit Träumen gearbeitet und dabei gelernt habe, »mit dem inneren Ohr« zu lauschen, wie der Freudianer Theodor Reik diese Kunst einmal genannt hat, habe ich zwar ein durchaus gut entwickeltes intuitives Gespür, allerdings keine telepathischen oder hellseherischen Fähigkeiten. Eine »Sensitive«, wie die vorgenannte Dame, verfügt also über ein Vermögen, auf das ich keinen Anspruch erheben kann, also über das, was man früher »zweites Gesicht« nannte, heute jedoch als außersinnliche Wahrnehmung bezeichnet oder kurz ASW. Diese Bezeichnung ist deshalb vorzuziehen, weil paranormal begabte Menschen nicht nur außersinnlich »sehen«, sondern auch Stimmen und Botschaften »hören« und physikalische Vorgänge »spüren«, die außerhalb der Reichweite ihrer Körpersinne vonstatten gehen.

Wenn ein Sensitiver imstande ist, über außerhalb der üblichen Wahrnehmung liegende Geschehnisse und Tatsachen Auskunft zu geben, so empfinde ich das als wertvolle Ergänzung meiner therapeutischen Arbeit. Auch bestätigen die Auskünfte hellseherisch Begabter, was Jung und andere über das kollektive Unbewußte gesagt haben, dessen zahlreiche Schichten nach einhelliger Auskunft solcher Menschen Spuren vergangener Existenzen enthalten. Aber viele Sensitive gehen noch weiter und geben ihren Wahrnehmungen eine »metaphysische« Deutung. Und damit wären wir bei den heute so genannten »gechannelten Botschaften«, in denen überwiegend von höheren spirituellen Ebenen die Rede ist, von geistigen Führern, in höhere Sphären aufgestiegenen Meistern, von Reinkarnation und Karma.

Ich muß zugeben, daß mir der mediale Weg an diesem Punkt Unbehagen bereitet. Denn hier werde ich genötigt, neben den Auskünften über vergangene Existenzen zugleich noch ein ganzes System bis ins Detail ausgearbeiteter Doktrinen zu akzeptieren. Bisweilen drängt sich einem der Eindruck auf, daß die paranormal und medial Begabten aus Trotz über ihre Verbannung aus den Hauptströmungen der offiziellen Religion eine eigene Theologie entwickelt haben – samt einer alternativen Ethik, Kosmologie und Metaphysik und sogar einer selbständigen Hierarchie von Lehrern und Meistern.

Meine Haupteinwände gegen viele dieser »gechannelten Botschaften« sind: 1. Sie befinden sich häufig zu anderen medialen Offenbarungen in Widerspruch. 2. Sie sind nicht selten genauso dogmatisch wie jede andere Theologie auch und sollen ohne jedwede kritische Diskussion akzeptiert werden, und 3. sie sind vielfach lediglich leicht modifizierte Neufassungen bereits existierender »medial geoffenbarter« Doktrinen.

Aber ungeachtet dieser kritischen Anmerkungen finden sich in den Schriften von Rudolf Steiner, Alice Bailey, Edgar Cayce und Jane Roberts – um nur einige der einflußreichen Autoren dieses Jahrhunderts zu nennen – durchaus wertvolle Gedanken. So habe ich beispielsweise bei der Lektüre von Jane Roberts Büchern immer wieder den Eindruck, daß ihr spiritueller Führer Seth in mancherlei Hinsicht durchaus außergewöhnlich ist: Seine Ausführungen sind klar, in sich stimmig und frei von abgenutzten theosophischen Platitüden, und vor allem zeichnen sie sich durch ein außergewöhnlich hohes psychologisches Niveau aus.

Nachdem ich etliche Werke der vorgenannten Autoren gelesen habe, bin ich zu der Ansicht gelangt, daß die metaphysischen Schlußfolgerungen, zu denen die einzelnen Autoren gelangten, höchst unterschiedlich sind. Jeder dieser Autoren – Steiner, Cayce, Bailey, Roberts – hat ganz persönliche Vorstellungen von höheren Ebenen, von Meistern, der Evolution der Seele und so fort. Die für

Steiner, Cayce und Bailey typische christliche Grundprägung geht beispielsweise Roberts/Seth völlig ab. Überdies scheint Seth die Idee einer fortschreitenden Entwicklung und Entfaltung der Seele abzulehnen, wodurch er in einem eindeutigen Gegensatz zu den übrigen, stärker theosophisch orientierten Richtungen steht. ①

Zwar weisen diese Autoren hinsichtlich mancher Aspekte der Reinkarnation durchaus gewisse Übereinstimmungen auf, doch sind diese Gemeinsamkeiten bei weitem nicht so ausgeprägt, wie sie selbst es behaupten. Das jedenfalls ist der Eindruck, den ich beim Studium der entsprechenden Texte gewonnen habe. Entgegen dem in Büchern wie Annie Besants *Esoteric Christianity* und Heads und Cranstons ansonsten wertvollem Kompendium *Reinkarnation: The Phoenix Fire Mystery* vermittelten Eindruck gibt es im Abendland keine esoterische oder Untergrundtradition, die den Glauben an die Wiedergeburt stets lebendig erhalten hätte. Das einzige, was sich nachweisen läßt, ist ein gelegentliches Wiederaufflackern entsprechender Anschauungen, die jedoch meistens gewaltsam unterdrückt wurden.[5] Zwar haben die Katharer den Glauben an die Reinkarnation aus dem Nahen Osten importiert, aber nachdem sie zwischen 1210 und 1244 der Vernichtung anheimgefallen waren, gewann die christliche Orthodoxie wieder die absolute Oberhand, wobei sämtliche Wiedergeburtsvorstellungen völlig verschwanden. Was die Ritter des Templerordens anbelangt, so ist über ihre religiösen Grundanschauungen nichts Genaues bekannt. Zugleich mit dem Wiederaufleben des Neuplatonismus während der italienischen Renaissance tauchen in verschleierter Form auch kurzfristig wieder Reinkarnationsvorstellungen auf, die später von den Rosenkreuzern aufgenommen wurden, im Freimaurertum des achtzehnten Jahrhunderts aber ist der Gedanke bereits wieder in den Hintergrund getreten. Die Verbreitung der Lehre von den übersinnlichen Wesen – die mit der im Orient verbreiteten Reinkarnationsauffassung wenig gemein hat (siehe unten) – steht in engem Zusammenhang mit der Entstehung der diversen spiritistischen Schulen, der Theosophie und dem französischen Okkultismus des mittleren neunzehnten Jahrhunderts. Im folgenden möchte ich diesen Hintergrund ein wenig beleuchten.

Spiritismus, Okkultismus und Theosophie

In der Literatur wird der Beginn der spiritistischen Bewegung im allgemeinen 1847 angesetzt, denn in jenem Jahr bezog die in Hydes-

① SETH II !

ville, einer kleinen Stadt nahe Rochester im Staat New York, beheimatete Familie Fox ein Haus, in dem zuvor geheimnisvoll polternde Geräusche vernommen worden waren. Die beiden Töchter und die Mutter fanden schon bald heraus, daß es möglich war, durch Klopfzeichen mit dem sogenannten Poltergeist Kontakt aufzunehmen. Sie entwickelten sogar einen Code, der es ihnen gestattete, mit dem Geist zu sprechen, und dieser teilte ihnen daraufhin mit, daß in dem Haus ein Mann ermordet worden sei. Schon bald sprachen sich die seltsamen Geschehnisse herum, und immer mehr Neugierige besuchten das Haus. Mrs. Fox und ihre Töchter stellten dann fest, daß sie auch in anderen Häusern mit den Geistern Verstorbener Kontakt aufnehmen konnten. So entstand die moderne Séance. Séancen abzuhalten wurde über Nacht außerordentlich populär, und schon bald gab es zahllose Imitatoren. Binnen kurzem fingen Tische an zu verrücken, Objekte schwebten in der Luft, und es entstanden Schriftstücke, bei denen unsichtbare Geistwesen dem (in Trance versunkenen) Medium die Feder führten. Bereits 1853 hatte die Spukwelle England, Deutschland und Frankreich erreicht. Die zweite Jahrhunderthälfte war dann die Ära der großen Medien Florence Cook, Stainton Moses und Daniel Dunglas Home, die alle möglichen paranormalen Heldentaten vollbrachten. Auch die Anhänger F. A. Mesmers, die mit Trancezuständen bereits eingehende Erfahrungen gesammelt hatten, unterstützten die neue Bewegung.[6]

In Frankreich erhielt die in den angelsächsischen Ländern als Spiritualismus bezeichnete neue Bewegung den Namen »Spiritismus«. Der wohl berühmteste französische Spiritist war der ehemalige Lehrer Hippolyte Rivail, der unter dem Namen Allan Kardec 1857 das berühmte *Buch der Geister* publizierte. In dem Buch abgedruckt war eine Sammlung von Trance-Botschaften, die Kardec in Zusammenarbeit mit zwei weiblichen Medien in Paris aufgezeichnet hatte. Dieses Werk wurde zum Prototyp aller weiteren Sammlungen »gechannelter« Botschaften. Später faßte der Spiritismus besonders in Brasilien Fuß, wo er sich bis heute am Leben erhalten hat.

Im Verlauf meiner Auseinandersetzung mit dieser Bewegung ist mir besonders aufgefallen, daß die Reinkarnationslehre zunächst nur in französischen Spiritistenkreisen eine bedeutende Rolle gespielt hat, während bei den Spiritisten in der englischsprachigen Welt anfangs von Wiedergeburt noch keine Rede war. Die angelsächsischen Spiritisten waren lediglich am unmittelbaren Überleben der

Terra incognita: Die Erforschung unbekannter psychischer Bereiche

Geister der Verschiedenen interessiert, nicht hingegen an deren möglicher Rückkehr auf diese Erde. Den englischen und amerikanischen Spiritisten war es offenbar in erster Linie darum zu tun, solche paranormalen »Beweise« für ein Leben nach dem Tod zu finden, die sie in ihren bereits existierenden und ausgesprochen konservativen Vorstellungen über das Nachleben der Seele bestätigten. So attackierte beispielsweise das englische Medium D. D. Home vehement die von den französischen Spiritisten verbreitete Reinkarnationslehre, und bis auf den heutigen Tag lehnen viele spiritistische Gruppen die Reinkarnation rundheraus ab. Wie René Guénon gezeigt hat, vermischte sich der französische Spiritismus bereits früh mit sozialistischem Gedankengut, aber auch mit dem zeitgleich wiedererwachenden Okkultismus. Die Medien, mit denen Kardec arbeitete, waren mit großer Wahrscheinlichkeit durch den damals außerordentlich populären Okkultismus und die entsprechenden Reinkarnationsvorstellungen beeinflußt.

Der Okkultismus verdankt seine Popularität und seinen Einfluß dem Ex-Seminaristen Alphonse-Louis Constant, der seit 1856 unter dem Namen Eliphas Lévi etliche Bücher über Magie und »die großen Mysterien« veröffentlichte. Lévi hatte die Kabbala studiert, außerdem Jakob Böhme, Emanuel Swedenborg und viele jener Theosophen und Freimaurer des achtzehnten Jahrhunderts, die sich besonders für die »ägyptischen« Mysterien interessiert hatten (auch Mozarts *Zauberflöte* ist noch von diesem Interesse inspiriert). In seiner Jugend war Lévi besonders durch Balzacs »spirituelle« Romane *Louis Lambert* (1832) und *Die Suche nach dem absoluten Prinzip* (1833) beeinflußt worden. Wie der herausragende Religionstheoretiker Mircea Eliade schreibt, hatten Lévis Bücher »einen Erfolg, der heute schwer zu verstehen ist, denn sie sind nichts als eine wirre Ansammlung prätentiöser Banalitäten«.[7] Gleichwohl gibt es kaum ein populäres Buch über das Okkulte oder über Magie, das nicht irgendwie von Lévis Botschaften beeinflußt wäre.

Aber ungeachtet all dessen ist Lévis Populär-Okkultismus direkt in Kardecs spiritistische Lehren eingeflossen und somit zu einer Hauptquelle sämtlicher westlicher Reinkarnationsauffassungen der Folgezeit geworden. Die rasche Verbreitung von Lévis Anschauungen im zeitgenössischen Frankreich ist ganz sicher hauptsächlich auf den Umstand zurückzuführen, daß die zahlreichen sozialen Aufstände, zu denen es seit der Revolution gekommen war, diverse sozialistische Bewegungen ins Leben gerufen und Dichter wie Victor Hugo zu großen romantischen Sozialromanen wie *Les Misérables* (1862) inspiriert hatten. Das von Balzac, Lévi und Kardec – einem Schüler des großen Schweizer Sozialreformers Pestalozzi – vertretene Reinkarnationskonzept hatte folglich einen stark sozialistischen Beigeschmack. Die Lehre von der Wiedergeburt lieferte den Elenden und vom Leben Geschlagenen eine Erklärung für ihre bedrückte Lage und garantierte durch ihr revolutionäres System des karmischen Ausgleichs, daß Armen wie Reichen gleichermaßen letztendlich Gerechtigkeit widerfahren werde.

Wie aber hat sich die Lehre von der Wiedergeburt von Frankreich aus in den – wie wir gesehen haben, metaphysisch konservativen – Kreisen der angelsächsischen Spiritisten ausgebreitet? Um diese Frage zu beantworten, müssen wir uns mit der stets schillernden Figur der Madame Blavatsky befassen, die selbst ein Trance-Medium war und sich schon sehr früh mit dem französischen Okkultismus auseinandergesetzt hatte.

Als Madame Blavatsky sich 1873 in Chittenden, Vermont, von den Fähigkeiten zweier bekannter Medien einen Eindruck verschaffen wollte, lernte sie einen gewissen Colonel Henry Steel Olcott kennen, der ein leidenschaftlicher Anhänger des Spiritismus war. Zwei Jahre später gründeten die beiden in New York die theosophische Gesellschaft. In *Isis Unveiled* (1877), ihrem ersten größeren Buch, in dem sie sich vornehmlich mit den ägyptischen Mysterien und der hermetischen Tradition des Abendlandes (d. h. mit Astrologie und Alchemie) befaßte, lehnte Madame Blavatsky die Reinkarnation noch ab. Sie vertrat darin die spiritistische Auffassung, derzufolge die Seele nach dem Tod in höheren geistigen Sphären eine neue Heimat findet. »Die Lehre von der Wiedergeburt«, schreibt sie, »verstößt gegen die harmonischen Gesetze der Natur.« Als sie jedoch nach einem mehrjährigen Indien-Aufenthalt 1888 ihr Buch *Die Geheimlehre* veröffentlichte, hatte Madame Blavatsky inzwischen ihren Standpunkt revidiert und vertrat nun plötzlich eine quasihinduistisch-buddhistische Version der Reinkarnation, die Kardecs Auffassung auffallend nahekam. In seinen durch große Sachkunde ausgewiesenen Büchern über die Geschichte des Spiritismus und der Theosophie vertritt René Guénon die Auffassung, daß Madame Blavatsky die in Frankreich populäre Reinkarnationslehre direkt von Kardec übernommen hat.[8] In Anbetracht der zahllosen Plagiate, die man Madame Blavatsky hat nachweisen können, wäre dies nicht sonderlich überraschend.[9]

Geistiger Diebstahl ist indes beileibe nicht das einzige Fehlverhalten, das man Madame Blavatsky im Laufe ihres schillernden Lebens vorgeworfen hat. So hatte beispielsweise eine verärgerte Angestellte in Bombay ausgeplaudert, daß sich die sogenannten Mahatma-Briefe ihrer Arbeitgeberin nur deshalb »materialisieren« konnten, weil Madame über einen Schrein verfügte, der mit einer falschen Rückwand ausgestattet war. Als dies bekannt wurde, war die theosophische Gesellschaft erst einmal eine Zeitlang gründlich diskreditiert. Aber dank der außerordentlich charismatischen Persönlichkeit der Madame Blavatsky, hatten ihre Schriften um die Jahrhundertwende, kaum zehn Jahre nach ihrem Tod, bereits den Status heiliger Kundgaben erlangt, und die theosophischen Lehren zogen auch weiterhin Millionen Menschen in ihren Bann.

Der evolutionäre Gehalt der (von Kardec übernommenen) Reinkarnationslehre war damals nicht minder attraktiv als heute. Denn wie ich bereits im vorigen Kapitel bemerkt habe, weist die Idee, daß wir uns auf dieser Erde von einem Leben zum nächsten zu immer größerer Vollkommenheit entwickeln, starke Übereinstimmungen mit dem Fortschrittsmythos des neunzehnten Jahrhunderts und mit heute geläufigen Visionen eines als *New Age* bezeichneten neuen Zeitalters auf. Gleichwohl ist diese Auffassung nichts als ein westlich-romantischer Mythos, der von Optimismus und Fortschrittsglauben nur so strotzt. Die im traditionellen Hinduismus und Buddhismus des Ostens verbreitete Wiedergeburtslehre dagegen ist zutiefst pessimistisch und ahistorisch, wie ich noch bei der Behandlung der religiösen Dimension des Problems zeigen werde.

Eine ziemlich ironische Fußnote zu Madame Blavatskys plötzlicher Reinkarnationsbegeisterung kann man in C. A. Wicklands bekanntem Buch *Dreißig Jahre unter den Toten* nachlesen. In einer der Sitzungen mit einem Medium, über die Wickland in diesem Werk berichtet, nahm die Versuchsperson Kontakt zum Geist der verstorbenen Madame Blavatsky auf. Da er die Frage der Wiedergeburt ein für allemal lösen möchte, bittet Wickland den erlauchten Geist »auf der anderen Seite«, seine Meinung über dieses Thema kundzutun. Die Antwort des Geistes lautete angeblich:

Es gibt keine Wiedergeburt. Ich habe immer wieder versucht, als jemand anderer zurückzukehren, aber ich konnte nicht. Wir können uns nicht reinkarnieren. Wir schreiten immer weiter voran, aber wir kehren nicht zurück.[10]

Hat nicht vielleicht Wicklands Medium dessen für einen Spiritisten typische – wenn auch vielleicht unbewußte – negative Einstellung in der Frage der Wiedergeburt lediglich gespiegelt? Oder war es tatsächlich Madame Blavatskys Geist, der sich da in seiner eigenen »Fortschritts«-Falle gefangen hatte? Oder hatte die stets schillernde H. P. B., wie sie es so gerne tat, einfach mal wieder ihre Meinung geändert?

Wie widersprüchlich die Theosophie der Madame Blavatsky auch sein mag, jedenfalls gibt es kaum eine Ecke der »psychischen« Methaphysik, in die ihre Lehre nicht Eingang gefunden hätte. Vielleicht mit Ausnahme von Jane Roberts Seth-Buch hat es in letzter Zeit wohl kaum eine metaphysische Abhandlung über die Frage der Reinkarnation gegeben, in der sich der Einfluß dieser Dame nicht direkt oder indirekt nachweisen ließe. Edgar Cayces Trance-Botschaften über den karmischen Ursprung seelischer und körperlicher Leiden lassen sich zwar mit seinem erklärten christlichen Fundamentalismus nur schwerlich in Einklang bringen, aber man weiß, daß Cayce in seiner Jugend – als er noch in einer Buchhandlung arbeitete – okkultistische und theosophische Literatur geradezu verschlungen hat. So ist auch Cayce ein Beispiel dafür, wie Orthodoxie und Heterodoxie – oder das bewußte und das unbewußte Selbst – in ein und derselben Person völlig unverbunden nebeneinanderstehen können.

Es besteht gar kein Zweifel daran, daß der Spiritismus, der Okkultismus und die Theosophie Tausenden von paranormal veranlagten oder interessierten Menschen sowohl einen metaphysischen Rahmen zur Verarbeitung ihrer Erfahrungen als auch ein soziales Milieu geboten haben, in dem solche Menschen sich wohlfühlen konnten. In den vergangenen Jahren haben die Forschungen von Religionswissenschaftlern und Anthropologen wie Mircea Eliade, Michael Harner und Stephen Larsen uns die Augen dafür geöffnet, daß ein »Seher« – der in Trance andere Sphären aufsucht, geistigen und dämonischen Wesen begegnet und von diesen mit Macht ausgestattet wird – in traditionalen Gesellschaften von jeher als Fachmann für übernatürliche Fragen galt und angesehen war.[11] Im christlichen Abendland dagegen sind Seher und Heiler von allem Anfang an von immer neuen Wellen der Intoleranz und grausamer Verfolgung überrollt worden. Von der Unterdrückung der Gnostiker während der ersten christlichen Jahrhunderte bis hin zu den Ketzerverfolgungen und dem Hexenwahn des späten Mittelalters und der frühen

Neuzeit hat sich immer wieder gezeigt, daß die verschiedenen christlichen Bekenntnisse eine unabhängige spirituelle Wahrheitssuche mit allen Mitteln zu unterbinden suchen. Selbst ein so bedeutender Mystiker wie Meister Eckart wurde exkommuniziert, und der heilige Johannes vom Kreuz entging nur mit Mühe der Hinrichtung durch die Inquisition. Von allen großen Religionen haben allein die christlichen Kirchen es immer abgelehnt, in ihren Reihen die Herausbildung einer esoterischen Tradition zu dulden. Im Gegensatz dazu hat sich das Judentum in Gestalt der Kabbala stets eine esoterische Dimension bewahrt und die Lehre von der Wiedergeburt niemals ganz aus den Augen verloren.[12]

Ungeachtet der Vorbehalte, mit denen ich manchen paranormalen Richtungen wegen der Unbestimmtheit und mangelnden Eigenständigkeit ihrer Lehren gegenüberstehe, möchte ich gleichwohl die außerordentlichen Leistungen zahlloser paranormal begabter Individuen und die Bedeutung ihrer schamanistischen Fähigkeiten für ein umfassendes Verständnis der menschlichen Psyche keineswegs in Frage stellen. In seinem Buch *Das Okkulte* hat Colin Wilson diese paranormalen Fähigkeiten unter dem Begriff »Fähigkeit X« zusammengefaßt; mit dieser Bezeichnung ist die unbekannte psychische Fähigkeit gemeint, über die vermutlich jeder von uns bis zu einem gewissen Grad verfügt. Genau wie wir unser Seh- und Hörvermögen und unsere taktile Sensibilität erheblich steigern können, so können wir nach Auffassung von Wilson und paranormal Begabter wie Joan Grant auch die Fähigkeit X immer mehr vervollkommnen.

Es ist daher vielleicht hilfreich, wenn wir uns das Kontinuum des Bewußtseins etwa folgendermaßen vorstellen: Unser Selbstgewahrsein reicht von den äußeren Sinneswahrnehmungen über die innere Beobachtung von Gedanken, Gefühlen und – willentlich oder spontan auftretenden – Bildern über Erfahrungen intuitiven Verstehens bis hin zu paranormalen Wahrnehmungen am anderen Ende des Kontinuums. Die Menschen, die in unseren Workshops Übungen zur Entwicklung ihrer Intuition durchführen, stellen häufig fest, daß sie zu ihrem jeweiligen Partner oder zu anderen Gruppenmitgliedern immer wieder in telepathische Beziehungen treten. Gleichermaßen haben Therapeuten, die mit Imaginationstechniken, Körpersymbolismus, Träumen oder feinstofflichen Energien arbeiten, häufig intuitive Einsichten, deren Herkunft man nur als paranormal bezeichnen kann.

Wenn es etwas gibt, worin die Sensitiven als natürliche Experten gelten müssen, dann ist das der Trance-Zustand. Sowohl in der Meditation als auch in der Hypnose machen wir uns Trance-Zustände zunutze, um innerhalb des Kontinuums von außen nach innen zu gelangen. Die entsprechenden Praktiken tragen aber auch zur Entwicklung der Fähigkeit X bei, wenn sie regelmäßig geübt werden. Der psychisch-mediale Zugang ist also nicht allein den Sensitiven vorbehalten, sondern wir alle sind mit dem entsprechenden Vermögen ausgestattet und können unsere diesbezügliche Sensibilität entwickeln. Je mehr Menschen sich von den verkrusteten Vorurteilen befreien, die seit Jahrhunderten allem Okkulten, den Hexenkräften und Medien entgegengeschlagen sind, um so mehr Menschen werden auch die entsprechenden Fähigkeiten anwenden und zur Entfaltung bringen. Vielen Menschen fällt es relativ leicht, frühere Existenzen wiederzuerinnern. Wenn meine Frau und ich in unseren Workshops die Teilnehmer mit unserer Methode vertraut machen, so erzielen wir eine Erfolgsrate von 90 bis 95 Prozent.

Aber auch andere Verfahren, etwa die »Silva Mind Control« und DMA oder entsprechende Hypnosetechniken, lehren die Betreffenden mehr oder weniger direkt, daß sie mit ihren paranormalen und intuitiven Fähigkeiten gleichsam experimentieren können. Solche Experimente sind natürlich *subjektiver* Natur, und dies genau ist der Punkt, in dem der psychisch-mediale Zugang zu früheren Leben und anderen Wirklichkeiten sich von der Betrachtungsweise unterscheidet, der wir uns im folgenden zuwenden wollen, nämlich der Parapsychologie.

Der parapsychologische Ansatz

Als im neunzehnten Jahrhundert immer mehr Medien auftauchten, die von halbmirakulösen Materialisationen oder Levitationen berichteten und hellseherische Voraussagen künftiger Ereignisse machten, war es gewissermaßen unvermeidlich, daß in den Kreisen der Rationalisten und Wissenschaftler eine skeptische Reaktion einsetzte. Natürlich gebe es seltsame Phänomene, räumten namhafte Gelehrte wie Frederick W. H. Myers und der Philosoph William James ein, aber eine andere Sache sei es, wie man diese Erscheinungen zu interpretieren habe.

Gegen Ende des Jahrhunderts befaßten sich immer mehr Forscher aus dem Bereich der »Psychologie«, wie man jetzt sagte, mit paranormalen Phänomenen; sie versuchten, sie auf Hypnose oder Suggestionen zurückzuführen, oder erklärten die entsprechenden Geschehnisse mit Hilfe des gerade neu cingeführten Konzepts des »Unbewußten«. Bereits 1854 konnte der französische Forscher Michel-Eugène Chevreul nachweisen, daß die an Wünschelruten, Pendeln und sogar Tischen beobachteten Bewegungen durch unbewußte Muskelkontraktionen des jeweiligen Praktikers ausgelöst werden. Er schloß daraus, daß die angeblichen Mitteilungen der »Geister« lediglich Ausdruck unbewußter Energien des betreffenden Mediums seien.[13]

Ähnlich, jedoch mit noch größerer Ablehnung behauptete René Guénon in seinem radikal kritischen Buch *The Spiritist Error* (1926), daß die Medien, die in Allan Kardecs *Buch der Geister* zu Worte gekommen seien, lediglich »psychische Spiegel« gewesen seien, die bloß die von Kardec in seiner Jugend aus Büchern über Okkultismus und Reinkarnation zusammengeklaubten und in seinem Unterbewußtsein gespeicherten Grundüberzeugungen wiedergegeben hätten.

Der bereits erwähnte F. W. H. Myers gehörte im englischen Cambridge einer Gruppe interessierter Skeptiker an, die in den siebziger Jahren des vergangenen Jahrhunderts zunächst auf privater Basis damit anfingen, Phänomene wie Hellseherei, Präkognition und Kommunikation mit Verstorbenen zu erforschen. 1882 schließlich gründeten der Physiker William Barrett, der Geistliche Reverend Stainton Moses, der Philosoph Henry Sidgwick und der damals noch junge Altphilologe Myers die *Society for Psychical Research*. Dieser kurz als SPR bezeichneten Vereinigung sind dann in der Folge zahlreiche Psychologen, Gelehrte und Wissenschaftler beigetreten, so etwa die beiden Psychologen William James und Gardner Murphy, der Biologe Sir Alistair Hardy, der Altertumsforscher Gilbert Murray und der Schriftsteller Arthur Koestler, um nur einige der bekannteren zu nennen. Gemeinsam mit ihrem amerikanischen Pendant, der *American Society for Psychical Research*, steht die SPR bis heute für eine wissenschaftlich-offene, undoktrinäre Haltung gegenüber paranormalen Phänomenen. Aber weder die SPR noch die ASPR haben sich je viel mit der Frage der Reinkarnation befaßt, denn wie bereits erwähnt war der Glaube an die Wiedergeburt in der angelsächsischen Welt, verglichen mit dem kontinentalen Europa, nur schwach ausgeprägt. Die frühen SPR-Forscher in England interessierten sich viel mehr für die Frage nach einem persönlichen Überleben der Seele nach dem Tode und setzten alles daran, in Kontakt mit Geistwesen zu gelangen, von denen sie sich verifizierbare Daten über das frühere Erdenleben dieser oder anderer Geister erhofften.

Ein gewisser Schweizer Forscher, der Arzt/Philosoph/Psychologe Theodore Flournoy (1854–1920), darf an dieser Stelle nicht unerwähnt bleiben, denn er prägte den Begriff der Kryptomnesie und schmiedete damit eine der bis heute wirksamsten Waffen der Positivisten, die ja behaupten, die Wiedererinnerung vergangener Existenzen könne sich unmöglich auf historische Geschehnisse beziehen, die der jeweiligen Versuchsperson völlig unbekannt seien. Die Theorie der Kryptomnesie besagt – einfach ausgedrückt –, daß in unserem Unterbewußtsein alle möglichen Gespräche, Bilder, früher gelesene Geschichten und heutzutage auch Filme und Fernsehsendungen gespeichert sind, die wir inzwischen vergessen haben. Diese Geschichten und Bilder, so heißt es in etwa weiter, bilden den Grundstock historischer Romanzen, die in unserem Unterbewußtsein heranreifen und dann später als voll ausgeschmückte präexistentielle »Erinnerungen« in unserem Bewußtsein auftauchen.

In seinem Buch *From India to the Planet Mars* (1900) versuchte Flournoy nachzuweisen, daß sein von ihm als Hélène Smith bezeichnetes Trance-Medium während ihrer »Reversionen« (heute würde man sagen Rückführungen oder Regressionen) in die Epoche Marie Antoinettes oder während der Wiedererinnerung der Existenz einer Hindu-Prinzessin lediglich Geschichten reproduzierte, die sie als Kind in Büchern gelesen oder anderweitig gehört hatte. Sie behauptete auch, sie habe bereits einmal auf dem Mars gelebt, was sie durch ein angeblich in der Sprache der Mars-Menschen abgefaßtes Manuskript zu untermauern suchte. Als man das Manuskript näher untersuchte, stellte sich allerdings heraus, daß die Mars-Sprache hinsichtlich der Syntax unübersehbare Übereinstimmungen mit dem Französischen aufwies. Was den Leopold genannten Kontroll-Geist anbelangte, dem Hélène ihre Informationen über jene »anderen Existenzen« angeblich verdankte, so war er nach Flournoys Auffassung nichts als eine unbewußte Sub-Persönlichkeit Hélènes selbst.

Auch in meiner eigenen beruflichen Tätigkeit denke ich natürlich sofort an die Möglichkeit einer Kryptomnesie, sobald – was allerdings selten genug vorkommt – ein Klient das Leben einer bekannten historischen Persönlichkeit wiedererinnert. Bisweilen geschieht es sogar, daß mehrere Klienten die Existenz ein und derselben historischen Persönlichkeit wiedererinnern. So waren etwa zwei Frauen, mit denen ich unabhängig voneinander arbeitete, der Überzeugung, sie seien Anne Boleyn gewesen, die leidgeprüfte Ehefrau Heinrichs VIII., während zwei andere Frauen das Leben Jeanne d'Arcs wiedererinnerten. Wieder zwei andere erlebten sich unabhängig voneinander als die französische Comtesse de la Motte Valois, als jene Abenteurerin also, die für die berühmte Halsbandaffäre am Hofe der Königin Marie Antoinette verantwortlich zeichnete.

In allen sechs erwähnten Fällen unterschied sich die Qualität und die Wirklichkeitsnähe des inneren Erlebens kaum von den Bildern, die bei den üblichen Wiedererinnerungen an das Leben völlig anonymer Personen zutage treten. Als wir die Schilderungen der beiden Jeanne und der beiden Anne Boleyn miteinander verglichen, zeigte sich, daß jede der betreffenden Klientinnen in völliger Übereinstimmung mit ihrem gegenwärtigen Charakter ganz verschiedene Aspekte des wiedererinnerten Lebens der berühmten Frauen besonders betonte, zwei Schauspielerinnen vergleichbar, die dieselbe Rolle spielen. Eine der beiden Anne Boleyn förderte derart detaillierte historische Details zutage, daß ich in Versuchung geriet, schnell mal eines meiner historischen Bücher zu Rate zu ziehen. Aber da ① mich die Sache nur vom therapeutischen und nicht vom wissenschaftlichen Standpunkt aus betraf, war mir der historische Wahrheitsgehalt jenes Psychodramas und der dabei zutage tretenden Leidenschaften letztlich ziemlich gleichgültig.

Als ich über das Material jener Klientinnen nachdachte, hatte ich den Eindruck, daß es sich in allen Fällen um Kryptomnesie gehandelt habe und daß sich die Patientinnen offenbar zutiefst mit bestimmten dramatischen Aspekten des Lebens jener berühmten Frauen identifiziert hatten. Denn alle diese historischen Frauen hatten ein tragisches oder heroisches oder abenteuerliches Leben geführt. Und selbst wenn meine Klientinnen in ihrem vergangenen Leben nicht diese Berühmtheiten waren, als die sie sich erinnerten, so stellt sich immer noch die Frage, ob ihre Lebensgeschichte nicht vielleicht ähnlich, wenn auch weniger bekannt gewesen ist und die Umstände aus dem Leben jener berühmten Frauen »ihrer« Geschichte gleichsam aufgepfropft worden sind. Warum sollte nicht beispielsweise bei einer dieser Frauen die Beschäftigung mit dem schweren Geschick der Jeanne d'Arc schon als Kind eine dunkle Erinnerung an eine Hexenverbrennung reaktiviert haben, die bis dahin im Unbewußten des kleinen Mädchens geschlummert hatte? Auf diese Weise können die fast archetypischen Biographen großer Berühmtheiten zur Reak-

① Hätte ich aber getan

tivierung, Klärung und Bewußtmachung von Konflikten dienen, die im Unbewußten solcher Menschen schlummern, die sich vom Werdegang ihres berühmten »Vorgängers« besonders stark angezogen fühlen.

Von Kryptomnesie war auch in den fünfziger Jahren in dem berühmten Fall der Bridey Murphey die Rede, der in Irland beheimateten präexistentiellen Persönlichkeit der Hausfrau Virginia Tighe. Frau Tighe wurde damals von dem Geschäftsmann und Amateurhypnotiseur Morey Bernstein in präexistentielle Zustände zurückversetzt. Obwohl im Verlauf einer gründlichen Untersuchung die Richtigkeit zahlreicher Aussagen, die Frau Tighe in der hypnotischen Regression gemacht hatte, bestätigt werden konnte, schien der Triumph der Skeptiker komplett, als sich herausstellte, daß die Versuchsperson ihre frühe Kindheit bei einer Tante schottischirischer Abstammung verbracht hatte, die ihrer Nichte häufig von dem alten Land berichtet hatte. Obwohl die Tante sich hinsichtlich ihrer Kenntnis der irischen Geschichte mit »Bridey Murphey« bei weitem nicht messen konnte, reichte die vorstehend erwähnte Tatsache in den Augen der Skeptiker aus, um sämtlichen »präexistentiellen« Behauptungen der Versuchsperson jeglichen Boden zu entziehen. Die wahrscheinlich fairste Darstellung dieses faszinierenden Falles findet sich in *The Search for Yesterday*, D. Scott Rogos exzellenter Untersuchung der Bridey-Murphy-Geschichte. Dort heißt es: »Kaum einer der Kontrahenten ist willens einzusehen, daß man in dem Fall vielleicht von einer Mischung zweier Elemente auszugehen hat – das heißt von einer auf Kryptomnesie beruhenden enggeknüpften Phantasie samt Rollenspiel *und* Elementen eines paranormal erworbenen Wissens.«[14]

Ebenfalls mit der Erforschung medialer Fähigkeiten beschäftigt hat sich C. G. Jung. Schon im Titel seiner medizinischen Dissertation »Zur Psychologie und Pathologie sogenannter occulter Phänomene« (1902) ist seine grundsätzliche Skepsis unübersehbar. Er führt sämtliche Botschaften des mit ihm verwandten jungen Trance-Mediums, das er für seine Untersuchungen heranzog, auf Kryptomnesie oder abgespaltene Sub-Persönlichkeiten zurück, vertritt folglich die gleiche Auffassung wie Flournoy.[15]

Die Idee der Existenz von Sub- oder Sekundär-Persönlichkeiten wurde später zur Grundlage der von Jung entwickelten Psychologie des Selbst, das nach seiner Auffassung eine komplexe Struktur aus zahlreichen Sekundär-Persönlichkeiten bildete. Diese bereits in etlichen psychologischen Theorien des neunzehnten Jahrhunderts implizite Idee muß bis heute als eines der fruchtbarsten Modelle der Psyche gelten. Von diesem Standpunkt aus betrachtet, ist unsere »Geister-Welt« lediglich die Innenwelt unseres Unbewußten, zu der wir als Bestandteil des größeren Selbst je einen einzigartigen Zugang haben.

Ein weiterer grundlegender Beitrag zur modernen Psychologie und Parapsychologie, den wir Jung verdanken, ist sein Konzept des kollektiven Unbewußten, eines Reservoirs, das in universell gültigen Formen, die er als Archetypen bezeichnete, die gemeinsame Erfahrung der gesamten Menschheit enthält. Obwohl in dieser Theorie von früheren Leben mit keinem Wort die Rede ist – tatsächlich bestritt Jung die Möglichkeit solcher persönlicher Erinnerungen am Anfang seiner wissenschaftlichen Laufbahn –, schließt sie die Möglichkeit, daß im kollektiven Unbewußten Spuren früherer Existenzen »gespeichert« sein könnten jedenfalls nicht aus. Vor allem eröffnet dieses Konzept die Möglichkeit eines universell wirksamen psychischen Substrats der menschlichen Erfahrung, durch das wir alle in einem nichträumlichen Modus – das heißt jenseits unseres Körpers oder unseres Gehirns – miteinander verbunden sind. Diese für Hindus und Buddhisten selbstverständliche Vorstellung hat unter westlichen Philosophen kaum Fürsprecher gefunden; bestenfalls haben sie entsprechende Ideen unter dem Stichwort »metaphysische Kuriositäten« als »Idealismus« abgeheftet. Gleichwohl entfaltet dieses Konzept eine außerordentlich befreiende Wirkung, sofern es in seinem ganzen Umfang verstanden wird. Wenn wir jedoch meinen, wir könnten auf eine solche Leitidee verzichten, so bleibt uns nichts anderes übrig, als alle möglichen fragmentarischen paranormalen Informationen und seltsamen Phänomene mit Hilfe nicht sonderlich haltbaren rationalistischen Leims zusammenzukleben und in den engen Rahmen der experimentellen Wissenschaft zu pressen.

Wohl kaum jemand hat sich mehr Mühe gegeben, die Richtigkeit der Lehre von der Wiedergeburt mit Hilfe der rationalen und empiristischen Standards der Parapsychologie nachzuweisen als Dr. Ian Stevenson von der Universität von Virginia. Seit 1960 bereits sammelt Dr. Stevenson in allen Teilen der Welt, vorzugsweise in Indien, Sri Lanka, der Türkei und im Libanon, unermüdlich Berichte über Wiedererinnerungen an frühere Existenzen.[16] Im allgemeinen bevorzugt er die Aussagen von Kindern, die spontan darüber berichten, daß sie früher einmal in einem anderen Körper an einem anderen

Ort gelebt haben und so fort. Stevenson erkennt hypnotische Regressionen mit der Begründung nicht als beweiskräftig an, daß die Versuchsperson in solchen Fällen zu leicht in Gefahr gerät, die bewußten oder unbewußten Vorurteile des Hypnotiseurs zu reflektieren. Für gewöhnlich sammelt er selbst oder einer seiner Assistenten über das betreffende Kind, die Familie und etwaige Zeugen so viele Daten wie nur eben möglich. Dann besucht er den angeblichen Schauplatz der früheren Existenz, um die entsprechenden Angaben an Ort und Stelle zu überprüfen.

Eine der Zwickmühlen, in die Stevenson sich durch seine Forschungen selbst gebracht hat, ist der Umstand, daß er seine Untersuchungen hauptsächlich in Kulturen durchgeführt hat, die offen an die Reinkarnation glauben. Diese Praxis wird vermutlich dadurch motiviert sein, daß in solchen Kulturen eher die Chance besteht, daß kleine Kinder, die über vergangene Existenzen berichten, auf wirkliche Aufmerksamkeit rechnen können. Problematisch wird es allerdings, wenn Stevenson versucht, die Authentizität solcher Berichte nachzuweisen. Es spricht nämlich vieles dafür, daß Kinder lernen, die Beschreibung des jeweiligen Verstorbenen, der sie in einer früheren Inkarnation angeblich gewesen sind, unbewußt zu bestätigen. Wenn Stevenson Wiedererinnerungen vergangener Existenzen nachprüft, dann besucht er normalerweise mit dem betreffenden Kind das Dorf, in dem dieses früher einmal gelebt hat. Aber wenn dann die Erinnerungen des Kindes mit Aussagen der Dörfler verglichen werden, die den Verstorbenen gekannt haben, so hat man häufig den Eindruck, daß das Kind unbewußt die Erwartungen der Informanten erfüllt, in deren Augen die Reinkarnation ein verbürgter Glaubenssatz ist. Solche sozialen Zwänge finden in Stevensons Forschungsverfahren keine Berücksichtigung. Stevensons Arbeit wird in vielen Büchern über Reinkarnation als solides Beweismaterial angeführt, und tatsächlich sind seine Ergebnisse auf den ersten Blick eindrucksvoll, aber einige seiner ehemaligen Forschungsassistenten, die seine Ergebnisse nicht verifizieren konnten und auch über die vorstehend geschilderten Defizite seines Verfahrens berichtet haben, haben die Wissenschaftlichkeit seiner Methode in Frage gestellt. Ein nützlicher Überblick über Stevensons Arbeit findet sich in Rogos *The Search for Yesterday*.

Bisweilen wird Stevenson aber auch kritisch entgegengehalten, daß er ein Reinkarnationsfanatiker sei. Die Frage nach der Wiedergeburt ist ihm zur fixen Idee, zur Obsession geworden. Ganz sicher könnte man jedem, der dreißig Jahre lang einer einzigen Idee nachgeht, diesen Vorwurf machen, aber dann ließe sich das gleiche auch von Einstein oder Freud sagen. Natürlich nimmt eine solche monomanische Fixierung auf eine Fragestellung der betreffenden Idee nichts von ihrem Wert, sie sagt aber immerhin eine Menge über die psychische Struktur des betreffenden Forschers aus. Was mich persönlich an Stevensons und ähnlichen Untersuchungen stört, ist der Umstand, daß sie so völlig kopflastig und abstrakt sind. Wer sich von einem rein wissenschaftlichen Standpunkt aus mit einer bestimmten Frage beschäftigt, der blendet meistens sich selbst aus der betreffenden Untersuchung aus. Ein solcher Forscher selbst kann nicht Gegenstand der Untersuchung sein, denn das hieße ja, sich die eigenen Vorurteile eingestehen. Dies bedeutet jedoch, daß der »subjektive Faktor« ausgeblendet wird, also genau jener Komplex oder jene fixe Idee, von der sich der Parapsychologe bei seinen Forschungen leiten läßt. Warum soll es nicht zulässig sein, daß sich der Forscher selbst bemüht, aus seinem Unterbewußtsein ein paar Wiedererinnerungen zutage zu fördern? Warum kann man nicht die Beantwortung der Frage nach der objektiven Wahrheit gleichsam auf später verschieben und lediglich auf der Basis der eigenen Erfahrung zu einer Entscheidung gelangen? Ganz offenbar wehren sich die meisten Menschen, die sich wissenschaftlich mit solchen Fragen beschäftigen, innerlich gegen jene Erfahrungen, deren Aufhellung doch angeblich ihr Hauptanliegen ist.

Der religiöse Ansatz

Wenn der Sensitive sich im Zusammenhang mit präexistentiellen Erfahrungen auf die Autorität von Geistern und auf eigene Erlebnisse beruft und der Parapsychologe die wissenschaftlichen Grundsätze rationaler Konsistenz und empirischer Beweisfähigkeit beschwört, worin besteht dann der religiöse Ansatz? Der religiös argumentierende Mensch appelliert an eine dritte Autorität: nämlich die Tradition, also die Überlieferung. Für Millionen Menschen in der ① Welt ist die Wiedergeburt selbstverständlicher Bestandteil ihrer Glaubenslehre und ein tragender Pfeiler ihrer Weltsicht.

In Kulturen, in denen traditionale Religionen wie der Islam, der Taoismus, der Hinduismus oder der Buddhismus in Blüte stehen, gehen Menschen mit besonderen geistigen Begabungen zu einem Yogalehrer, einem Meditationsmeister oder zu anderen spirituellen

① Offenbarung und Überlieferung

Autoritäten, die auf eine uralte Überlieferung der Einsicht, der Lehre und der Erfahrung zurückblicken können. Paranormale Erlebnisse und präexistentielle Erinnerungen, die während der Meditation spontan auftreten, werden in diesem Umfeld ohne weiteres als Phänomene zur Kenntnis genommen, die auf dem spirituellen Pfad zwar zu verzeichnen sind, mit der eigentlichen Bestimmung des Suchenden allerdings nur wenig zu tun haben. In Stammesgesellschaften erkennt der Schamane/die Schamanin oder der Zauberer solche Individuen meist schon in der Jugend und sondert sie zwecks geheimer Initiation vom übrigen Stamm ab. In keiner dieser Gesellschaften stehen die populären Glaubensanschauungen der Bevölkerungsmehrheit in Widerspruch zu den geheimen Praktiken des Yogi, des Mönches oder des Schamanen.

Im Westen dagegen hat sich dies von jeher anders verhalten. Von Anfang an haben jene Kräfte, aus denen später die christliche Orthodoxie hervorgegangen ist, alles getan, um ihre als Gnostiker bezeichneten spiritualistisch, schamanistisch oder visionär orientierten Glaubensbrüder massiv zu unterdrücken. Die Autoritäten der früh institutionalisierten Kirche führten sehr rasch eine strikte Orthodoxie ein und verdammten alle von dieser Lehrmeinung abweichenden Standpunkte als Ketzerei. Als Kaiser Konstantin im Jahre 313 das Christentum zur offiziellen Staatsreligion machte und versuchte, es mit diversen Sonnengottkulten zu verschmelzen, mußte die neue christliche Lehre sich gezwungenermaßen mit dem Isis-, Cybele-, Mithras- und anderen Kulten auseinandersetzen, die im Römischen Reich Konjunktur hatten. Der monotheistische Drang, die Anhänger der verschiedenen Polytheismen zu bekehren oder aber zu unterdrücken, hat das autoritäre Element in der Kirche so sehr gestärkt, daß im Abendland seither Schismen, Konzile, Inquisitionen und Hexenjagden an der Tagesordnung waren. Nicht zufällig hat D. H. Lawrence einmal geschrieben, daß »die Angst vor dem Weltbild des Heidentums das christliche Bewußtsein vollends ruiniert hat«.[17]

Die Lehre von der Reinkarnation oder der Seelenwanderung war offenbar zahlreichen frühchristlichen Gnostikern bekannt, die sie von den alten Ägyptern übernommen hatten. Auch die Neuplatoniker ebenso wie die orphischen Sekten in Griechenland und die Pythagoreische Brüderschaft hingen entsprechenden Vorstellungen an. Nach Auskunft seines Biographen Iamblichos war Pythagoras in Alexandria in die Mysterien eingeweiht worden und hatte überdies

Reisen in den Orient unternommen, wo der Glaube an die Wiedergeburt allgemein verbreitet ist. Vom Erwachen der griechischen Philosophie etwa im sechsten Jahrhundert vor Christus – zur gleichen Zeit lebte Gautama Buddha in Indien – bis 529 nach Christus, als Kaiser Justinian die von Platon fast 900 Jahre zuvor in Athen gegründete Akademie schließen ließ und die neuplatonischen Gelehrten nach Persien flohen, befruchteten sich Orient und Okzident mehr als ein Jahrtausend lang wechselseitig kulturell und spirituell: An indischen Skulpturen sind Elemente der klassischen griechischen Kunst unübersehbar, und die christliche Kunst entlieh vom Buddhismus für ihre Heiligendarstellungen den Heiligenschein und die Lichtaura.

Die heutigen christlichen Theologen können sich offenbar ungeachtet ganzer Berge gelehrter Abhandlungen nicht darüber einig werden, ob die frühen Christen die Lehre von der Wiedergeburt bejahten oder ablehnten. Leslie Weatherhead behauptet, daß »die Reinkarnation von der jungen Kirche während der ersten 500 Jahre ihres Bestehens akzeptiert wurde«. Head und Cranston führen Textstellen an, die diese Auffassung stützen. John Hick dagegen verwirft diesen Standpunkt als völlig falsch und irreführend und erklärt: »Die Lehre von der Wiedergeburt wurde zwar innerhalb der Kirche von den gnostischen Sekten verbreitet, aber sie wurde schon recht bald als fremd empfunden und als gefährlicher Feind behandelt.«[18] Gleichermaßen umstritten ist, ob der (genau wie Augustinus) tief im Neuplatonismus verwurzelte Kirchenvater Origines im strikten Sinne an die Reinkarnation oder lediglich an die Präexistenz der Seele glaubte – was nicht das gleiche ist. Einer der Texte, der am häufigsten als Beleg dafür zitiert wird, daß Jesus die Reinkarnation lehrte, findet sich in den Evangelien. Bei Johannes 9,2–3 lesen wir:

> *Seine Jünger fragten ihn: »Rabbi, wer hat gesündigt, er oder seine Eltern, daß er blind geboren ward?« Jesus antwortete: »Weder er noch seine Eltern haben gesündigt, es sollten vielmehr die Werke Gottes sich an ihm offenbaren.«*

Nachdem er dies gesagt hat, heilt Jesus den blinden Mann, auf den sich diese Frage bezieht. Aber beweist dieses Beispiel, daß Jesus die Wiedergeburt lehrte? Hick zufolge lassen sich ebenfalls gewichtige Gründe dafür anführen, daß Jesus die Idee eines Karma oder die Ansicht, menschliches Unglück sei durch frühere Sünden verursacht, ausdrücklich ablehnte. Tatsächlich scheint Jesus' oben angeführte Antwort darauf hinzudeuten, daß es so etwas wie blind geborene

Menschen nun einmal gibt und daß ein solches Schicksal nichts mit irgendwelchen Sünden der Eltern eines solchen Menschen oder des Blinden selbst zu tun hat. Aber was immer Jesus auch tatsächlich gelehrt hat und die frühe Kirche auch geglaubt haben mag, es kann gar kein Zweifel daran bestehen, daß die Reinkarnation in den orthodoxen christlichen Lehren des Mittelalters keinerlei Rolle spielte. Ungeachtet des neognostischen Wetterleuchtens, das die Katharer im zwölften, dreizehnten Jahrhundert verursachten, ist die Reinkarnation bis heute aus der offiziellen Kirchendoktrin verbannt geblieben. Das Judentum, das niemals so autoritär gewesen ist wie das Christentum und stets eine gesunde esoterische Tradition geduldet hat – nämlich die kabbalistische Überlieferung –, akzeptiert die Reinkarnation, hat diese jedoch nie zur offiziellen Lehre erhoben. So ist es angesichts des im Abendland sowohl für die Lehre von der Wiedergeburt als auch für esoterische Weisheit schlechthin stets feindlichen Klimas nicht weiter verwunderlich, daß sich in einem solchen Umfeld sensitive Menschen im neunzehnten Jahrhundert Pseudoreligionen wie dem Spiritismus und der Theosophie zugewandt haben und in den vergangenen Jahrzehnten Heilsfiguren wie Alice Bailey, Edgar Cayce und anderen. Kurz, dem Westen fehlt offenbar eine authentische esoterische Tradition, die es gestatten würde, komplexe spirituelle Lehren – wie etwa bestimmte Reinkarnationsvorstellungen – verbindlich von einer Generation zur nächsten weiterzureichen. Vielleicht ist es der – den Betreffenden selbst unbewußte – Hunger nach einer solchen Tradition, was einen Ian Stevenson zu seiner monomanischen Suche motiviert und was auch die ungeheure Popularität der Seth-Bücher und der unlängst erschienenen Shirley-MacLaine-Autobiographien zu erklären vermag.

Vom umfassenden Standpunkt der Religionsgeschichte aus betrachtet, drängt sich der Verdacht auf, daß wir Menschen im Westen spirituell verarmt sind. Das neuerdings zu beobachtende Wiederaufleben des Interesses an Fragen der Reinkarnation könnte durchaus ein Symptom dafür sein, daß wir allmählich ein wesentlich vielschichtigeres Bild der Wirklichkeit wiederentdecken, als es uns das Christentum in den vergangenen Jahrhunderten zu bieten vermochte. Es ist immer schwierig, sich selbst »objektiv« zu beurteilen, deshalb möchte ich im folgenden den hervorragenden Hindu-Gelehrten Alain Daniélu zitieren, der nach einem langjährigen Indien-Aufenthalt wieder in den Westen zurückgekehrt ist:

> Ich habe mehr als zwanzig Jahre in der traditionellen Hindu-Welt gelebt
> und war in dieser Zeit von der modernen Welt so weit entfernt, als wäre
> ich wie durch ein Wunder in das Ägypten der Pharaonen zurückversetzt
> worden. Als ich nach Europa zurückkehrte, war ich über die Infantilität
> der theologischen Begriffe erstaunt und über die Sterilität dessen, was
> man hier Religion nennt. Ich fand zu meiner Verwunderung eine völlig
> orientierungslose Gesellschaft vor, die sich an den sterbenden Baum des
> Christentums klammerte, ohne auch nur zu begreifen, warum dieser
> Baum langsam abstirbt. Die Menschen, die sich der allgemein herr-
> schenden geistigen Leere bewußt waren, suchten in einer unübersehbar
> bedrohten Welt vergeblich nach einem Halt.[19]

Da die Wiedergeburtslehre in der westlichen Tradition nie einen Platz gehabt hat, ist die Form, in der wir sie durch die Theosophie und andere populäre metaphysische Systeme kennengelernt haben, natürlich unweigerlich verzerrt. Nicht nur ist sie von unseren westlichen Mythen »Fortschritt« und »Evolution« infiziert, wie ich bereits dargelegt habe, sondern inzwischen ist sie überdies zu einer konsumentenfreundlichen spirituellen Psychologie verkommen, die lediglich dem unersättlichen Narzißmus unserer entwurzelten Kultur immer neue Nahrung gibt. Alice Bailey hat ganz zu Recht vor dem exotischen Glanz gewarnt, den bestimmte spirituelle Praktiken in den Augen westlicher Menschen ausstrahlen, und wohl kaum eine dieser Lehren ist dieser Gefahr so sehr ausgesetzt wie die Reinkarnation. Der klinische Psychologe Dr. Ronald Wong Jue, der maßgeblich an der Etablierung der Präexistenz-Psychologie als seriöse psychotherapeutische Disziplin beteiligt gewesen ist, hat dieses Problem sehr einfühlsam geschildert:

> Ich glaube, daß der Westen die Reinkarnation bastardisiert hat. Im
> Osten sind Inkarnationen lediglich der Weg, auf dem Gott sich selbst
> kennenlernt; die Reinkarnation gilt dort als ein Vehikel der spirituellen
> Entfaltung. Aber im Westen verschiebt sich das Hauptgewicht auf das
> Ego. Das ist etwa so, als wenn man seine Aufmerksamkeit mehr auf die
> Kleidung eines Menschen als auf die darin verhüllte Person richtet. Die
> Menschen sind mehr an dem Gehalt der Bilder interessiert als an wahrer
> spiritueller Entfaltung.[20]

Wenn wir uns den beiden östlichen Traditionen mit den höchstentwickelten Reinkarnationslehren zuwenden, nämlich dem Hinduismus und dem Buddhismus, so sehen wir uns einem radikal anderen

Verständnis des Ich, der Zeit, der Geschichte und der Erlösung gegenüber, als wir es in der westlichen Religion und Philosophie antreffen. Und wir stoßen außerdem auf ein Weltbild, das sich von jenem der populären Metaphysik grundlegend unterscheidet. An die Stelle einer linearen Entwicklung der Existenzen in der Geschichte und der Erwartung, irgendwann im zwanzigsten Jahrhundert werde es dann schon ganz von selbst zur Erleuchtung kommen, tritt in der hinduistischen Weltwahrnehmung ein ungeheures Panorama endloser Geschichtszyklen, in deren Verlauf ganze Zivilisationen, ja ganze Universen wie Regentropfen, die in einen Weiher fallen, aufblitzen und dann wieder verschwinden. Für den Hindu stellt die Reinkarnation das Gefängnis der ewigen Wiederkehr dar, dem der weise Mensch sich durch *moksha* – also Flucht oder Erlösung – zu entziehen sucht. In dieser Perspektive ist unter spiritueller Evolution ein vertikales und nicht etwa ein linear oder horizontal in der Zeit sich vollziehendes Geschehen zu verstehen. Der Augenblick der Erleuchtung kann zu jedem Zeitpunkt eines dieser endlosen Zyklen eintreten.

Die Gelehrten haben immer wieder warnend darauf hingewiesen, daß man Hindubegriffe wie *atman* nicht einfach mit westlichen Termini wie »Seele« oder »Selbst« übersetzen könne und daß auch »Gott« nicht die angemessene Übertragung von *brahman* sei. Auch die im Buddhismus gebräuchliche Terminologie hat keine einfachen Entsprechungen in den westlichen Sprachen. Selbst der Begriff *atman* – den man vielleicht ziemlich frei mit »göttliches Wesen an der Wurzel alles Seienden« übersetzen könnte – wurde vom Buddha tunlichst vermieden, da er verhindern wollte, daß seine Schüler sich in egozentrischer Manier mit den Früchten guter und böser Taten aus früheren Inkarnationen identifizierten. Die folgende Geschichte über die Frage, wer oder was sich eigentlich reinkarniert, illustriert die Subtilität des buddhistischen Standpunkts sehr schön. König Milinda befragt den Mönch Nagasena:

> *Der König fragte: »Verehrungswürdiger Nagasema, ist der Mensch, der wiedergeboren wird, derselbe Mensch [der gestorben ist] oder ein anderer Mensch?«*
> *»Er ist weder derselbe Mensch noch ein anderer Mensch.«*
> *»Gib mir dafür ein Gleichnis.«*
> *»...Nehmen wir an, oh König, ein Mann entzündet eine Lampe. Brennt diese Lampe die ganze Nacht?«*

»Ja, verehrungswürdiger Herr, das tut sie.«
»Gut, oh König. Und ist die Flamme, die in der ersten Nachtwache brennt, dieselbe Flamme, die in der zweiten Nachtwache brennt?«
»Nein, verehrungswürdiger Herr, das ist sie nicht.«
»War dann, oh König, die Lampe, die während der ersten Nachtwache gebrannt hat, während der mittleren Nachtwache und auch während der dritten Nachtwache eine andere Lampe?«
»Nein, verehrungswürdiger Herr, das Licht entströmt die ganze Nacht ein und derselben Lampe.«
»In eben dieser Weise, oh König, ist der Mensch eine ununterbrochene Folge körperlicher und geistiger Zustände. Noch während der eine Zustand vergeht, wird bereits ein neuer geboren, und dies geschieht auf eine solche Weise, daß eine Unterscheidung zwischen den früheren und den späteren Zuständen nicht möglich ist. Deshalb handelt es sich weder um dieselbe Person noch um eine andere Person, die vor dem letzten Gericht des Bewußtseins auftritt.«[21]

In buddhistischer Perspektive ist es völlig falsch, von »meinem Karma« oder »deinem Karma« zu sprechen, denn Vorstellungen wie »mein« und »dein« gehören nach dieser Auffassung der illusorischen Sphäre jenes individuellen Selbst an, das wir als Ich bezeichnen. Letztendlich gibt es lediglich Karma, das psychische Erbe der von der Menschheit angesammelten Gedanken und Taten, das sich im großen Kreislauf der Wiedergeburten fortpflanzt. »Mein« Karma ist »dein« Karma oder, wie der englische Schriftsteller John Donne es ausgedrückt hat: »Der Mensch ist keine Insel.« Wir alle sind Bestandteil ① des als Menschheit bezeichneten großen psychischen Kontinents. Vielleicht war es das, worauf Paulus anspielte, als er von uns verlangte: »Einer trage des andern Last.«

Die religiöse Betrachtungsweise des Reinkarnationsproblems in den östlichen Kulturen ist außerordentlich komplex und läßt sich daher nicht so ohne weiteres von Abendländern aufhellen, die nicht in einer dieser alten Traditionen zu Hause sind. Ich kann für mich nicht in Anspruch nehmen, die Fragestellung dieses Buches aus diesem Blickwinkel zu beantworten, aber da ich mich ausgiebig mit dem Vedanta beschäftigt und immer wieder die buddhistische Meditation praktiziert habe, weiß ich, daß die hier nur angerissenen orientalischen Deutungen für mich von tiefstem Interesse sind. In den vergangenen Jahren hat eine außerordentlich kreative Annäherung zwischen der Psychologie westlicher Prägung und den traditio-

① "Alles ist Eins"

nellen spirituellen Disziplinen stattgefunden. Die aus dieser Annäherung hervorgegangene psychologische Richtung hat sich inzwischen als transpersonale Psychologie etabliert.[22] Der bereits oben zitierte Dr. Jue gehört gemeinsam mit Dr. Stanislav Grof zu jener kleinen, aber immens engagierten Gruppe von Gelehrten, Meditierenden und Therapeuten, die sich darum bemühen, ein neues Paradigma zu finden, das es gestattet, die besten Errungenschaften der westlichen Seelenlehre mit den tiefsten spirituellen Psychologien der östlichen Traditionen fruchtbar zu verbinden. Natürlich hat Jung mit seinen außerordentlich gedankenreichen Abhandlungen über chinesische Alchemie, das *I Ging*, diverse yogische Texte und gewisse Zen-Schriften auf diesem Gebiet bahnbrechende Arbeit geleistet. Deshalb möchte ich an dieser Stelle darauf hinweisen, daß ich für die Gestaltung der folgenden Kapitel den vorgenannten Pionieren, aber auch gewissen Schriftstellern und Dichtern grundlegende Anregungen verdanke.

II.
Eine Synthese ist möglich

Was wir suchen . . ., ist nicht etwa eine spektakuläre neue Form von Bewußtsein, die die Menschen unwiderstehlich anzieht und die Welt revolutioniert, sondern ein kaum merklicher innerer Wandel – eine willentliche Außerkraftsetzung konventioneller Urteile, ein gleichsam schwebendes Gewahrsein, eine Stille, in der langunterdrückte Stimmen, die die Sprache der Seele sprechen, wieder hörbar werden. Es ist ein Geheimnis der Ruhe.

Aber laßt euch durch diese Worte nicht irreführen. Denn es ist gleichermaßen ein Geheimnis des Schreckens. Das Innenleben des Geistes und des Gemüts kennt Alpträume ebensogut wie goldene Prunkbilder und launische Phantasien. Ganz und gar empfänglich zu werden, ein inneres Schweigen zu erzeugen heißt, eine gefährliche Tür zu öffnen und in eine Welt einzutreten, von der schwache Gemüter sich besser fernhalten sollten. Es heißt, eine einsame Reise anzutreten, deren Ausgang völlig ungewiß ist.

Alan McGlashan, *The Savage and Beautiful Country*

4. Reinkarnationserlebnisse in psychotherapeutischer Sicht

> Seither, zu ungewisser Stund,
> Kehrt dieser Seelenschmerz,
> Und bis ich das Furchtbare erzählt,
> Brennt mir im Innern das Herz.
>
> Samuel T. Coleridge, *The Rime of the Ancient Mariner*
> (Deutsch von Wolfgang Breitwieser)

Wir fassen das Leben zu einer Geschichte zusammen, weil wir in unserem Innern Geschichten mit uns herumtragen.

> James Hillman, *Healing Fictions*

Die Psychotherapie und das Unbewußte

Wir haben nun einen kritischen Blick auf drei Ansätze zur Erforschung und zum Verstehen vergangener Existenzen geworfen: den psychisch-medialen, den parapsychologischen und den religiösen. Wie aber unterscheidet sich der psychotherapeutische Ansatz von den vorgenannten Perspektiven, und wo überschneidet er sich mit ihnen?

Zunächst einmal ist es natürlich die offenkundige Aufgabe des Psychotherapeuten, dem Patienten zu helfen und nicht etwa die Korrektheit von Theorien zu beweisen oder eine bestimmte Weltanschauung zu propagieren. Wie ich schon an anderer Stelle gesagt habe, erkläre ich all meinen Patienten, daß es für die Wirksamkeit der Präexistenztherapie ganz gleichgültig ist, ob sie an Wiedergeburt glauben oder nicht. Allerdings verlange ich von meinen Klienten, daß sie an etwas anderes glauben, an einen Faktor nämlich, der für sämtliche psychotherapeutischen Schulen, die sich von Freud und der Hypnose des neunzehnten Jahrhunderts herleiten, von zentraler Bedeutung ist: die Heilkraft des Unterbewußtseins.

Wenn ein paranormal Begabter mir in Trance berichtet, wie er kraft seiner hellseherischen Fähigkeiten meine früheren Existenzen sieht, so gewinne ich dadurch vielleicht wertvolle Einsichten in mir bisher unbekannte Schichten meiner Persönlichkeit, aber dieses

Wissen ist rein psychologischer Natur. Genau wie bei einem gut aufgebauten psychologischen Test oder bei der Konsultation eines Astrologen bleibt es mir überlassen, was ich mit den entsprechenden Informationen anfange. In der psychotherapeutischen Arbeit können solche Einschätzungen das weitere Vorgehen erheblich erleichtern und befruchten. Letztendlich hängt der Wert astrologischer oder psychologischer »Botschaften« jedoch davon ab, wie das Unterbewußtsein des Klienten in der anschließenden therapeutischen Arbeit darauf reagiert.

Obwohl ich keinerlei Ansprüche erhebe, über paranormale Fähigkeiten zu verfügen, fällt es mir ziemlich leicht, Träume zu erkennen, in denen frühere Existenzen eine Rolle spielen. So fand sich beispielsweise eine meiner Klientinnen, die ich Peggy nennen werde, in einem Traum einmal in einem düsteren Schlafsaal wieder, in dem ein Eisenbett stand. Sie träumte außerdem von Sklaven und Nähmaschinen und sah ein Stück einer Bibel. Bis dahin war während Peggys gesamter Therapie die Frage nach früheren Existenzen nie aufgetaucht. Tatsächlich führten wir eine eher traditionelle Jungsche Analyse durch und befaßten uns sehr intensiv mit Peggys Träumen. Da es uns nicht gelang, irgendeine persönliche Verbindung zur Sklaverei oder zu düsteren Schlafsälen, Nähmaschinen oder Bibeln herzustellen, sagte ich: »Ich habe fast den Eindruck, daß ein präexistentielles Element in Ihrem Traum irgendeine Rolle spielt.« Ich möchte diese Intuition beileibe nicht als paranormal verkaufen, aber nach meiner Einschätzung handelte es sich um eine ausgesprochen plausible Interpretation.

Peggy reagierte auf meine Bemerkung mit einem schlichten »Vielleicht«. Aber schon in der nächsten Sitzung erzählte sie mir dann den folgenden Traum:

»Ein Freund sagt zu mir, daß ein Mann vom Irving Trust da ist. Er sagt, es ist Zeit aufzuwachen. Die Bank ist aufgebracht, weil Hunderte von Leuten in die Geschichte verwickelt sind.«

Peggy erkannte sofort den symbolischen Bezug des Irving Trusts zu Washington Irvings *Rip Van Winkle*. Wir hatten beide den Eindruck, als ob ein Mensch aus einer anderen Epoche im Begriff stehe, aus ihrer Gedächtnis-Bank aufzutauchen, wo die »Konten« Hunderter von Menschen geführt wurden. Und tatsächlich hatte sie dann in der nächsten Woche diesen Traum:

»*Ich befinde mich im sechzehnten Jahrhundert. Ich bin ein Wanderpriester. Jemand ist an Lepra gestorben, und ich bin während des Reinigungsrituals in seinem Haus, und später wasche ich mit demselben Wasser jemandem die Hände und Füße. Eine Stimme sagt: ›Dies ist vielleicht das für die Auslöschung des Reiches entscheidende Ereignis gewesen.‹ Ich verstehe das so, als sei ich, wenn auch unschuldig, für die Verbreitung der Lepra verantwortlich.*«

Diesmal handelte es sich ganz offensichtlich um einen präexistentiellen Traum, der weitere Nachforschungen nach sich zog, auf die ich hier nicht eingehen werde. Wichtig ist, daß wir zu dem Zeitpunkt, als die Träume auftraten, keine förmliche Präexistenztherapie durchführten. Aber eine einzige Bemerkung meinerseits hatte genügt, die Wiedererinnerung auszulösen, die bis dahin in Peggys Unterbewußtsein geschlummert hatte. Die Auskünfte eines Astrologen oder Mediums haben bisweilen eine ähnliche Wirkung.

Selbst dieses kurze Beispiel zeigt schon ganz deutlich, daß die Präexistenztherapie das Hauptgewicht auf die subjektive Erfahrung des Klienten legt und die Frage der historischen Authentizität oder der Bedeutung solcher Erlebnisse völlig außer acht läßt. Ich fordere meine Klienten niemals auf, den historischen Hintergrund einer Wiedererinnerung zu erforschen, denn dies könnte zu Lasten der unmittelbaren Kraft der Bilder oder der Geschichte gehen, die der Klient vor seinem inneren Auge sieht. Wenn im Verlauf der Therapie eine präexistentielle Erinnerung evoziert wird oder spontan auftritt, so betrachte ich sie nicht als Selbstzweck, sondern als ein Mittel, das dabei helfen kann, eine emotionale Katharsis oder eine Vertiefung der Selbsterkenntnis oder eine Heilung zu bewirken, und das sind meiner Meinung nach schließlich die Hauptziele einer Psychotherapie.

In diesem Punkt unterscheide ich mich als Psychotherapeut von meinen akademischen Kollegen, den Parapsychologen, die in erster Linie daran interessiert sind, ob diese Erfahrungen als Beweismittel dienen können.

Da sich für den Parapsychologen alles um potentielles Beweismaterial dreht, distanziert er sich während seiner Arbeit möglichst von der jeweiligen Versuchsperson, um diese nicht zu »manipulieren«. Während der Therapeut eine den Patienten unterstützende Atmosphäre zu schaffen versucht und darauf vertraut, daß dessen Unterbewußtsein schon jene Bilder und Gefühle produzieren wird, die ein seelisches Wachstum und eine realitätsgerechte Selbstwahrnehmung überhaupt erst ermöglichen, will der Forscher mit Phantasien, Hypnose oder Suggestionen tunlichst nichts zu schaffen haben.

Falls Parapsychologen aber doch einmal eine hypnotische Regression durchführen, so sind sie meistens an externen kulturellen und historischen Details interessiert, die sich objektiv verifizieren lassen. Für einige Forscher haben diese historischen Detektivgeschichten einen solchen Stellenwert, daß sie darüber die Gefühle der Versuchsperson sträflich vernachlässigen. So findet sich auch auf den bekannten Bloxham-Tonbändern, auf denen die Geschichte eines gewissen Graham Huxtable zu hören ist, der mit Hilfe des Hypnotherapeuten Arnall Bloxham die Existenz eines Seemanns im achtzehnten Jahrhundert rekapitulierte, eine schockierende Passage. Huxtable durchlebt in tiefer Trance als Matrose noch einmal eine Seeschlacht, in der ihm ein Bein abgeschossen wird; er ist deshalb vor Schmerz wie von Sinnen und schreit aus Leibeskräften. Bloxham schlägt ihn offenbar mit der flachen Hand ins Gesicht, um ihn aus der Trance zu wecken, und versichert ihm, daß sein Bein völlig unversehrt sei. Wie aus Jeffrey Iversons Buch *More Lives Than One?*, in dem Bloxhams Arbeit dokumentiert wird, hervorgeht, waren die beiden Männer durch diese Erfahrung tief erschüttert.[1]

In einer therapeutischen Sitzung wird der Klient niemals so rasch aus seinem Zustand zurückgeholt und mit einem solchen nicht abgeschlossenen Schmerzerlebnis alleingelassen. Vielmehr ist eine sehr sorgfältige kathartische Arbeit notwendig, damit der oder die Betreffende das Trauma auf allen Ebenen klären und schließlich loslassen kann – physisch, emotional und mental. Im Mittelpunkt steht der Mensch und nicht irgendwelche Geschehnisse. Und entsprechend enthalten die Bloxham-Tonbänder reiches historisches Material, jedoch sehr wenig – vom therapeutischen Standpunkt aus gesehen – persönlich oder psychologisch Wertvolles.

Bei dieser Gelegenheit möchte ich noch auf einen weiteren wichtigen Unterschied zwischen dem Hauptinteresse des Therapeuten und des Parapsychologen zu sprechen kommen. Wer die in diesem Buch aufgeführten Fallbeispiele durchblättert, könnte leicht den Eindruck gewinnen, daß sämtliche Wiedererinnerungen lediglich trostlose und traumatische Geschichten zutage fördern. Gibt es denn gar keine glücklichen oder erfolgreichen (Prä-)Existenzen? fragt sich der unbefangene Leser vielleicht. Freilich gibt es die, aber sie stehen nicht im Brennpunkt einer Therapie. Die Menschen unterziehen sich einer

Psychotherapie, weil sie emotional verwirrt, depressiv, erschöpft und so fort sind. Infolgedessen reflektieren die Wiedererinnerungen, die am Anfang zutage treten, unmittelbar die entsprechenden Symptome und tragen zu deren Erhellung bei. Es wäre für einen seelisch Leidenden etwa so hilfreich, seine Aufmerksamkeit auf glückliche Wiedererinnerungen zu richten, wie es für einen Arzt zweckdienlich wäre, die Behandlung eines schwerverletzten linken durch eine sorgfältige Untersuchung des rechten Beines einzuleiten.

So gesehen bildet die parapsychologische Forschung ein gesundes Gegengewicht zu der therapeutischen Ausrichtung auf pathologische Symptome. Es gibt heutzutage immer mehr Dokumentationen von Wiedererinnerungen, in denen emotionale Probleme nicht im Mittelpunkt stehen. Diese Berichte vermitteln einen ziemlich verläßlichen Durchschnittseindruck von den Errungenschaften, Mißerfolgen, Freuden und Sorgen fast sämtlicher historischer Epochen. Dr. Helen Wambach spricht in ihren Büchern über etliche tausend Menschen, die sie ohne Hinweis auf Problembereiche oder therapeutische Gesichtspunkte in präexistentielle Zustände zurückversetzt hat. Sie bat ihre in Trance versetzten Versuchspersonen lediglich, im Geiste von Jahrhundert zu Jahrhundert zu gehen. Ihre Ergebnisse vermitteln uns ein wesentlich ausgewogeneres Bild früherer Existenzen und rücken den Eindruck zurecht, der sich bei der Beschäftigung mit rein therapeutischen Wiedererinnerungen leicht aufdrängen könnte. Sie ist sogar aufgrund ihrer Forschungsergebnisse zu der Ansicht gelangt, daß im Laufe der Geschichte siebzig Prozent der Menschen im Bett gestorben sind und daß die häufigste Todesursache Lungenentzündung gewesen ist.[2]

Gleichwohl richte ich als Therapeut mein Augenmerk natürlich zunächst auf jene mehr oder weniger traumatischen Wiedererinnerungen, die unmittelbar unter der Bewußtseinsschwelle liegen, und versuche gar nicht erst, den Zustand eines Patienten zu »bessern«, indem ich glückliche Geschichten in ihm zu aktivieren suche, die seinen Schmerz vielleicht kompensieren könnten. Schmerz, sei er körperlich oder seelisch, deutet immer darauf hin, daß der Organismus irgendwie aus dem Gleichgewicht geraten ist. Deshalb muß der Schmerz nach Möglichkeit direkt angegangen werden. Während manche Therapeuten der Meinung sind, es sei ausreichend, zur Besserung des seelischen Befindens schöne beziehungsweise transzendente Bilder zu aktivieren – Vorstellungen von geistigen Führern, Gurus, Engeln oder Bilder des höheren Selbst etc. –, muß ich gestehen, daß ich diese Ansicht nicht teile. Mir erscheint dieses Vorgehen etwa so, als würde man die spirituelle Kavallerie zur Rettung des bedrängten Ego in die Schlacht schicken. Mitunter ist jedoch der Tod des alten Ego genau das, was nottut, damit ein neues Ich in Erscheinung treten kann.

Für die alten Griechen hatte das Tragische laut Äschylus die Funktion, »durch Leiden eine Verwandlung« zu bewirken, und genau aus diesem Grund kommt die diesem Volk eigentümliche Auffassung des Dramas und des dramatischen Geschehens als Heilprozeß meiner persönlichen Vorstellung am nächsten. Auch Jung hat die positive Seite des Leidens in seinen Schriften wieder und wieder betont und seine Philosophie des therapeutischen Unterfangens mit den bedenkenswerten Worten umschrieben: »Wir finden die Erleuchtung nicht, indem wir uns Lichtfiguren vorstellen, sondern die Dunkelheit ins Licht des Bewußtseins bringen.« Das heißt jedoch nicht etwa, daß Erinnerungen an glückliche und erfüllte frühere Existenzen in der Präexistenztherapie nicht eine bedeutende Rolle spielen würden, wie wir noch an anderer Stelle in diesem Buch sehen werden, sondern lediglich, daß wir sie nicht vorzeitig oder auf Kosten dessen wecken sollten, was sehr klug als die »Heilungskrise« bezeichnet worden ist.

Hypnotische Regression, aktive Imagination und Trance

Ich habe im vorstehenden Kapitel geschrieben, daß Kliniker wie Freud, die um die Jahrhundertwende als Psychotherapeuten tätig waren, allen Dingen, die irgendwie mit dem Okkulten zu tun hatten, mit äußerster Skepsis begegneten. Wann immer bei einem ihrer Patienten unbewußte Phantasien auftauchten, die möglicherweise Fragmente früherer Existenzen hätten sein können, wurden solche Vorstellungen mit äußerster Vorsicht behandelt. Für gewöhnlich hielt man es für sicherer, derartige Fragmente als »abgespaltene« oder »sekundäre« Persönlichkeiten zu bezeichnen und metaphysische Spekulationen ganz aus dem Spiel zu lassen.

In den Annalen der frühen Psychotherapie taucht überhaupt nur ein Kliniker auf, der präexistentielle Erinnerungen für echt hielt. Kurz nach der Jahrhundertwende fand der französische Therapeut Colonel Albert de Rochas heraus, daß er hypnotisierte Versuchspersonen nicht nur in die früheste Kindheit zurückversetzen konnte, sondern auch in pränatale Zustände und sogar in frühere Existenzen. Er behauptete, daß seine Versuchspersonen in der Regression abwechselnd männliche und weibliche Existenzen durchlebten. Er bestand sogar darauf, er könne Versuchspersonen auch in künftige Existenzen versetzen. Genau wie heute stießen seine Behauptungen bereits damals auf allgemeine Skepsis, und unglücklicherweise gerieten seine Ergebnisse ebenso wie seine Methode rasch in Vergessenheit.[3]

Erstmals lebte das Interesse an der präexistentiellen Regression wieder auf, als Morey Bernstein 1956 mit Virginia Tighe seine Experimente anstellte und sie – wie bereits im vorigen Kapitel erwähnt – in eine frühere Existenz als Bridey Murphy zurückversetzte. Aber Bernstein, der kein Therapeut war, praktizierte in erster Linie als Amateur-Parapsychologe und suchte auf dem Weg der Hypnose nach einem Beweis für die Authentizität von Wiedererinnerungen.

Die ersten, die in den vergangenen Jahren die therapeutischen Möglichkeiten der pränatalen und der präexistentiellen Regression öffentlich bekanntmachten, waren der Psychiater Denys Keley und seine paranormal begabte Frau Joan Grant.[4] Ihre Aktivitäten stießen zunächst auf Skepsis, aber nach und nach fingen sowohl in Großbritannien als auch in den Vereinigten Staaten immer mehr Hypnotiseure und Psychotherapeuten – wie zum Beispiel Joe Keeton, Morris Netherton oder Edith Fiore, um nur die bekannteren zu nennen – an, über ihre therapeutischen Erfahrungen mit präexistentiellen Regressionen zu berichten und ihrer Überzeugung Ausdruck zu verleihen, daß dies die gründlichste und wirksamste ihnen bekannte Therapie sei.[5]

Die Diskussionen darüber, ob Bilder präexistentieller Zustände tatsächliche Erinnerungen – also historisch authentisch – sind oder lediglich Phantasien, wird wohl noch viele Jahre andauern. Im großen und ganzen bevorzugen die sich auf Freud und Jung berufenden psychoanalytischen Schulen die Phantasie-Hypothese, während Hypnotherapeuten solchen Geschichten im allgemeinen historische Echtheit zuschreiben.

Mein eigener Standpunkt liegt ungefähr in der Mitte. Ich glaube, daß das Unbewußte alle möglichen Phantasien produziert, die Versuche darstellen, psychische Konflikte auf einer symbolischen Ebene zu lösen. Diese Phantasieprodukte – etwa Träume – sind in hohem Maße verdichtet und lassen sich nur im Verlauf eines äußerst differenzierten Deutungsprozesses verstehen. Ein einziger Traum kann beispielsweise Elemente aus zwei oder drei Lebensperioden des Betreffenden enthalten – aus der Kindheit, der Adoleszenz und aus der Gegenwart –, und diese Elemente gruppieren sich allesamt um einen einzigen Komplex, dem ein archetypisches Thema zugrunde liegt. Aber genau wie Träume und Phantasien Elemente aus diesem Leben enthalten – das heißt Gedächtnisspuren tatsächlicher Ereignisse –, so können meiner Ansicht nach auch fragmentarische Erinnerungen an vergangene Existenzen in sie hineingeschoben sein. Wenn man es also wie in Peggys Fall mit Träumen sehr spezifischen historischen Inhalts zu tun hat, dann bin ich geneigt, sie wörtlich und nicht lediglich als symbolische Verdichtungen zu nehmen.

Was den Psychoanalytiker vom Hypnotherapeuten am meisten unterscheidet, ist wohl die Art seines Umgangs mit dem Unbewußten. Der Analytiker hört meistens passiv zu und bietet einsichtsvolle Interpretationen an. Der Hypnotherapeut dagegen führt aktiv Regie und hilft dem Patienten bei der Durcharbeitung der Geschichten, Bilder und fixen Ideen, die im Trance-Zustand aus dem Unbewußten aufsteigen. In dieser Hinsicht könnte man den Hypnotherapeuten mit einem Psychodrama-Regisseur vergleichen, der sich in dem inneren Melodrama des Klienten aktiv engagiert.

Der Therapeut, der mit der Jungschen Methode arbeitet, verhält sich weder so relativ passiv, wie es das Freudsche Verfahren verlangt, er übernimmt aber auch nicht in dem Maße die Führung des Geschehens, wie es für den Hypnotherapeuten typisch wäre. Jungs Technik, die er selbst als »aktive Imagination« bezeichnet hat, läßt sich am besten als Interaktion mit dem Unbewußten charakterisieren. Der Patient lernt dabei zunächst stillzusitzen, wie beim Meditieren, und einfach nur ein Traumfragment oder ein hypnagogisches Bild zu beobachten, ohne auf das Geschehen auch nur im geringsten Einfluß zu nehmen. Das Ziel dieses Vorgehens ist es, dem Bild die Möglichkeit zu geben, dank seiner autonomen psychischen Energie lebendig zu werden, wobei das Ich des Betreffenden auf sämtliche Erwartungen, Annahmen und Interpretationen verzichtet. Nach einer gewissen Übungszeit und anfänglicher Anleitung durch den Therapeuten fängt dieses innere Bild dann an, sich in einer bestimmten Richtung weiterzuentwickeln, und unser beobachtendes Ego lernt, an der Geschichte in gleicher Weise teilzunehmen, wie es das Traum-Ich während eines normalen Traumes tut. Dieses Wachtraum-Ego wird dann angehalten, sich mit der Traumsituation so unmittelbar wie möglich auseinanderzusetzen und sich nicht etwa zurückzuziehen, sondern vielmehr Emotionen wie Angst, Wut, Trauer, Sehnsucht etc., die während des inneren Psychodramas auftauchen, uneingeschränkt zuzulassen.[6]

Jungs Technik hat den unschätzbaren Effekt, die »inneren Sinne« so zu stimulieren, zu fokussieren und zu trainieren, daß unsere Träume und unsere Wachmeditationen über bestimmte Bilder enorm bereichert werden. Da in seinen ursprünglichen Anweisungen weder Erinnerungs- noch präexistentielle Bilder erwähnt werden, wird alles, was aus dem Unbewußten auftaucht, gleich behandelt. Es wird von uns lediglich verlangt, an der Bild-Geschichte innerlich teilzunehmen und – in manchen Fällen – mit den auftauchenden inneren Figuren in einen Dialog zu treten. Entscheidend ist jedoch, daß wir uns mit allen unseren Kräften auf das betreffende Bild »einlassen«.

Diese wirkungsvolle Technik unterscheidet sich von der Präexistenz-Regression in etlichen Aspekten. Sie differenziert weder zwischen Geschichten, in denen sich der Klient als körperliches oder aber als spirituelles Wesen erlebt, noch zwischen Erinnerungen und Phantasien, noch berücksichtigt sie präexistentielle traumatische Erfahrungen, die das Subjekt des Geschehens veranlassen, den eigenen Körper zu verlassen oder sich in eine kompensatorische Phantasie zu flüchten, um in der Geschichte angelegten Gewalttätigkeiten oder Verletzungen zu entgehen. Der Unterschied zwischen den beiden Techniken läßt sich am Beispiel des folgenden Auszugs aus der aktiven Imagination eines Patienten verdeutlichen:

»Ich gehe durch einen dunklen Wald. Ich sehe und höre einige Soldaten, die zwischen den Bäumen hervortreten. Sie haben ganz eindeutig die Absicht, mich zu überfallen und auszurauben. Sie kommen näher. Vor lauter Angst klettere ich auf einen Baum. Der Baum verwandelt sich in eine Treppe. Ich finde mich in der Dachstube wieder, in der ich als Kind mit meinen Zinnsoldaten gespielt habe.«

Man kann diesen Bericht kaum anders denn als Phantasie lesen. Die Verwandlung des Baumes in eine Treppe ist zweifellos ein Phantasiegeschehen, und da dieser Patient sich nicht daran erinnern kann, in seinem jetzigen Leben je von Soldaten angegriffen worden zu sein, erscheint die vorstehende Schlußfolgerung nur um so plausibler.

Im Gegensatz dazu stellt ein Präexistenztherapeut vielleicht nur einfach ein paar Fragen und behandelt die Geschichte, als sei sie eine tatsächliche Erinnerung und nicht nur eine Phantasie oder ein

Traum. Wenn man uns auffordert, eine Geschichte wie ein authentisches Geschehen zu erleben, so müssen wir uns in unserer Vorstellung an die historischen Bedingungen von Zeit, Raum und persönlicher Identität halten. Mit anderen Worten: Es dürfen uns nicht plötzlich Flügel wachsen wie in einem Traum, noch dürfen wir uns magisch aus einem Bauern in Sir Lancelot verwandeln, wie es in einer geleiteten Phantasie durchaus geschehen kann. Überdies wird in historischen Erinnerungen der Tod häufig schmerzlich realistisch durchlebt. In Träumen hingegen wird der Tod kaum je so lebhaft erfahren.

Im folgenden werden wir sehen, wie ein Element einer aktiven Imagination sich manchmal als eine vom Therapeuten (TH) geleitete Wiedererinnerung erweisen kann. Der Klient (KL) liegt mit geschlossenen Augen da:

TH: »*Was tun Sie gerade?*«
KL: »*Ich gehe durch einen Wald.*«
TH: »*Wie sind Sie gekleidet?*«
KL: »*Offenbar trage ich Lumpenkleider, einen Ledergürtel mit einem Beutel daran und einen Schlapphut – irgendwie mittelalterlich das Ganze.*«
TH: »*Und Ihr Körperbau?*«
KL: *Ich bin kräftig-untersetzt gebaut und muskulös. Ein Bauer, zirka dreißig.*«
TH: »*Und was passiert im Wald?*«
KL: »*Es kommen drei Soldaten zwischen den Bäumen hervor. Sie haben die Schwerter gezogen.*«
TH: »*Und was stellen die mit Ihnen an?*«
KL: »*Sie schneiden mir die Kehle durch. Oh, ich ersticke an meinem eigenen Blut (hustet). Ich sterbe (windet sich). Ich bin tot (Körper entspannt sich).*«
TH: »*Und was geschieht jetzt mit Ihnen?*«
KL: »*Ich schwebe über meinem Körper. Er ist ganz von Blut überströmt. Ich betrachte das alles mit ziemlicher innerer Distanz. Es ist vorbei. Ich muß jetzt fort.*«
TH: »*Wohin gehen Sie?*«
KL: »*An einen friedvollen Ort oberhalb der Erde. Um mich herum sind diese Wesen. Sehr warm und wohltuend.*«
TH: »*Sind es Menschen?*«
KL: »*Nein, ganz und gar nicht. Offenbar sind es Helfer. Wir*

kommunizieren, ohne miteinander zu sprechen. Ganz offensichtlich habe ich jetzt keinen Körper mehr.«

Diese Szene ist typisch für Tausende von präexistentiellen Regressionen. Sie enthält zahlreiche auch für Träume charakteristische Elemente, aber sie ist auch ein dramatisches Geschehen, innerhalb dessen die Komplexe sich personifizieren, die Entwicklung einer Krisis zutreibt und schließlich in eine kathartische Erfahrung einmündet. Sie wirkt wie eine – im Sprachgebrauch Jungs und James Hillmans – »heilende Fiktion«, die aber gleichwohl einen durchaus ernsthaften Wirklichkeitsbezug aufweist. Auch das Durchleben der realen Todeserfahrung – und des mit ihr einhergehenden Friedens – hat einen außerordentlichen therapeutischen Wert.

Die Techniken der aktiven Imagination und der präexistentiellen Regression, wie ich sie bis hierher beschrieben habe, weisen durchaus Übereinstimmungen mit jenen geleiteten Imaginationsübungen auf, die vielen Menschen heutzutage aus sogenannten Workshops für persönliches Wachstum bekannt sein dürften. Letztendlich haben all diese Ansätze eine Menge gemeinsam. Allerdings kommt es bei der Präexistenztherapie entscheidend darauf an, wie die Geschichte entwickelt wird. Dieses Verfahren legt den Hauptakzent auf die Erzeugung realistischer Szenarien.

Ob man zur Beschreibung all dieser Vorgehensweisen bei der Arbeit mit Bildern aus dem Unbewußten die Bezeichnung Hypnose wählt oder nicht, eines ist klar: Jede dieser Techniken enthält einen mehr oder weniger ausgeprägten Trance-Zustand. Bereits wenn wir einfach die Augen schließen und unsere Aufmerksamkeit auf einen Teil unseres Körpers oder auf ein geistiges Bild oder auf eine Folge von Wörtern richten, so reicht dies in den meisten Fällen aus, um uns in eine leichte Trance zu versetzen. Man muß ganz sicher davon ausgehen – wenngleich Freud selbst die förmliche Hypnose später nicht mehr praktiziert hat –, daß jeder Psychoanalyse-Patient auf der Couch zwischendurch immer wieder in Trance-Zustände gerät. Die neueren Arbeiten Milton H. Ericksons, dieses meisterhaften Hypnotherapeuten, haben gezeigt, daß alle Arten der minimalen Veränderung von Stimmlage, sprachlichen Stimuli, Körper- und Bildwahrnehmung uns ständig in Trance-Zustände hinein- und herausbringen.[7]

Die einzige im Hinblick auf die erwähnten Trance-Zustände bis heute in psychotherapeutischen Kreisen umstrittene Frage ist nicht, ob solche Zustände überhaupt auftreten, sondern wie tief sie sein müssen, um einen therapeutischen Erfolg zu gewährleisten. Was mich selbst anbelangt, so wende ich nur selten eine bestimmte Technik an, um die für die präexistentielle Arbeit nötige Hypnose herbeizuführen. Ich habe den Eindruck, daß meine Klienten ohne weiteres einen leichten Trance-Zustand erreichen, indem sie sich bei geschlossenen Augen sorgfältig auf bestimmte Bilder oder Wörter konzentrieren, die vor ihrem inneren Bewußtsein auftauchen. Manche Hypnotherapeuten gehen offenbar davon aus, daß sie mit ihren Klienten nur dann »präexistentiell« arbeiten können, wenn diese sich in einer vollen hypnotischen Trance befinden. Meiner Ansicht nach ist es jedoch ausschließlich eine Frage des persönlichen Stils, wie man sich Zugang zu dem unbewußten Material verschafft. In diesem Zusammenhang sei noch angemerkt, daß laut J. L. Moreno ein angemessener Trance-Zustand für das Gelingen eines guten Psychodramas eine unverzichtbare Voraussetzung ist, obwohl er selbst nie irgendeine Technik angewandt hat, die auch nur von ferne an Hypnose erinnert hätte.

In den vergangenen Jahren haben immer mehr Therapeuten erkannt, daß es eine Vielzahl von Bewußtseinsebenen und Methoden gibt, die eine erfolgreiche Heilarbeit gestatten – Trance-Zustände, Biofeedback, geleitete Phantasien, Wachträume, Yoga, Zen. Infolgedessen hat sich auch unser Blick dafür geweitet, daß die Psychotherapie mit den traditionellen schamanistischen und sonstigen Heilverfahren eine ganze Menge gemeinsam hat. So haben die Anthropologen bereits seit langem nachgewiesen, daß sowohl das schamanistische Heilen als auch die balinesischen Tempelrituale in Trance durchgeführt werden.

Der Wunsch, diese heterogenen Ansätze in eine allgemeine Perspektive einzufügen und Nutzen aus der spirituellen Weisheit alter Traditionen zu ziehen, hat viele Psychologen – mich selbst eingeschlossen – jener undogmatischen Richtung nähergebracht, die sich selbst als transpersonale Psychologie bezeichnet. Hinweise darauf, wohin die von dieser Schule vertretene Grundauffassung vielleicht führen könnte – nämlich zu einer wechselseitigen Befruchtung westlicher Psychologie und östlicher spiritueller Disziplinen –, lassen sich in dem berühmten *Tibetanischen Totenbuch* entdecken. Dieses erstmals 1927 von W. Y. Evans-Wentz in eine westliche Sprache übersetzte Buch hat in der Folge zum Beispiel C. G. Jungs »Psychologischen Kommentar« (1935) angeregt. Aber mindestens so bedeutend wie die übrigen westlichen Reaktionen auf dieses Material ist das »Einleitende Vorwort« des großen – zum tibetischen Buddhismus konvertierten – deutschen Gelehrten Lama Anagarika Govinda, der schreibt:

> *Es gibt Menschen, die aufgrund ihrer Konzentration oder anderer Yoga-Praktiken imstande sind, die Inhalte des Unterbewußtseins oder des über ihre individuelle Erfahrung hinausgehenden Tiefenbewußtseins in den Bereich des aktiven, unterscheidenden Wachbewußtseins zu erheben, so daß es ihnen möglich ist, von dem unerschöpflichen Reichtum jenes Tiefengedächtnisses Gebrauch zu machen, in dem nicht nur unsere vergangenen Existenzen, sondern die Vergangenheit unserer Rasse, die Vergangenheit der Menschheit und aller vormenschlichen Lebensformen – wenn nicht gar jenes Bewußtseins, welches erst alles Leben dieses Universums möglich macht – aufgespeichert sind.*[8]

Ein solcher Grad der inneren Kontrolle von Trance-Zuständen und des Zugangs zum Unbewußten ist im Westen bis heute die Ausnahme geblieben. Aber in dem Maße wie es den Hypnotherapeuten gelingt, ihre Methoden immer mehr zu verfeinern, und den Analytikern, das im Unbewußten gespeicherte Material immer genauer zu differenzieren, und je mehr Menschen die unermeßlichen Potentiale der Meditation entdecken, um so selbstverständlicher werden sich meiner Ansicht nach diese Türen für uns öffnen.

Wie ich arbeite:
Elizabeths Katzen – ein seltsamer Fall

Ich habe im Laufe meiner jahrelangen praktischen Arbeit eine Mischung verschiedener therapeutischer Techniken und Perspektiven zu meiner persönlichen Methode verschmolzen. Dabei habe ich Anleihen bei Freud, Jung, Reich, bei der Gestalttherapie und anderen Verfahren gemacht. Ich verdanke diesen therapeutischen Schulen eine Reihe von Vorgehensweisen, zu denen die Arbeit mit etwaigen Subpersönlichkeiten ebenso gehört wie die Aktivierung der Körpersprache, das psychodramatische Rollenspiel, Trance-Arbeit, kathartische Übungen, die Verfeinerung der Symbolwahrnehmung und nicht zuletzt meditative Techniken. Wenn ich einen übergeordneten Begriff nennen müßte, der meinen Zugang zum Unbewußten, besonders aber auch zu früheren Existenzen charakterisiert, einen Begriff, der alle vorgenannten Techniken in sich einschließt, so würden mir wahrscheinlich zuerst Worte wie »dramatisches Geschehen« oder »Geschichte« einfallen. Aufgrund meiner praktischen Erfahrungen bin ich zu der Ansicht gelangt, daß das Unterbewußtsein große Ähnlichkeit mit S. T. Coleridges Figur des *Ancient Mariner*, des alten Seemanns aufweist, der seine Geschichte erzählen möchte.

Wenn ich so dasitze und mir die Ausführungen des jeweiligen Klienten über seine oder ihre Karriere-, Geld-, Beziehungs-, sexuellen, Familien- oder was immer für Probleme anhöre, dann achte ich besonders auf die anderen Geschichten – die Geschichten hinter der jeweiligen Darstellung. Mit Hilfe meiner Vorstellungskraft spinne ich ein immer größeres Netz, weil ich inzwischen gelernt habe, daß hinter jeder einzelnen Schwierigkeit – sei es zwanghaftes Essen, Flugangst, Impotenz, Geldsorgen, Depressionen und so fort – alte, umfangreichere Geschichten lauern, in denen nicht selten wesentlich katastrophalere Geschehnisse eine Rolle spielen als in all den Befürchtungen und Ängsten, die meine Klienten vor mir ausbreiten.

Nichts vermag die Wirksamkeit dieser Vorgehensweise besser zu illustrieren als der Fall einer berufstätigen Frau von Anfang Vierzig, die ich Elizabeth nennen werde.

Eines der Hauptprobleme in Elizabeths Leben war die ständige Angst, in der sie wegen der drei Katzen lebte, die sie in ihrer Wohnung hielt. Sie hatte das Gefühl, sie dürfe die Tiere nie lange alleine lassen – und das war so stark, daß sie kaum in der Lage war, Ferien zu machen. Einmal hatte sie einen Bekannten darum gebeten, sich während ihrer Abwesenheit um die Katzen zu kümmern, dabei hatte sich eines der Tiere irgendwie in einem Schrank eingesperrt und war beinahe verendet. Diese Erfahrung bestätigte natürlich ihre schlimmsten Befürchtungen.

Je mehr ich sie befragte, um so offensichtlicher wurde, daß die verschiedensten Beziehungen zu Tieren in ihrem Leben katastrophal ausgegangen waren: Ein Hund, den sie als Kind gehabt hatte, war umgekommen, und eine Katze, die sie zunächst noch gerettet hatte, war dann später ebenfalls ums Leben gekommen und so weiter.

Warum aber war sie sich so sicher, daß ihren Haustieren ständig eine Gefahr drohte? Im Verlauf unseres Gespräches gewann ich den Eindruck, daß in sämtlichen ihrer Tier-Geschichten zwei Gedanken immer wieder auftauchten: »Ich kann sie nicht allein lassen, weil ihnen etwas passieren wird« und: »Es ist alles mein Fehler, ich habe nicht genug für sie getan«.

Nachdem ich sie durch entsprechende Maßnahmen mit der präexistentiellen Ebene ihres Unbewußten in Kontakt gebracht hatte, erzählte sie unter Tränen die folgende Geschichte:

»Ich bin eine alte Frau und wohne in einem großen, düsteren Haus irgendwo im Norden, vielleicht in Schottland. Draußen tobt ein Sturm. Ich habe mich mit meinem Mann gestritten. Er sagt, daß ich mich nicht genug um die Kinder kümmere. Vielleicht hat er recht. Ich habe mir früher einmal geschworen, niemals Kinder zu haben, weil ich nicht bereit bin, für sie zu sorgen. Aber jetzt haben wir zwei Kinder von drei und vier Jahren. Er steht draußen und schreit. Ich lasse ihn nicht herein. Soll er sich doch um sie kümmern, wenn er es besser weiß. Ich lasse sie nicht rein.

Der Sturm wird immer schlimmer, aber mein Mann hat jetzt aufgehört zu schreien. Dann ist es eine Zeitlang ruhig, vielleicht eine Stunde lang. Jetzt klopft es, klingt ganz wie mein kleiner Junge. Oh, nein, das kann er doch nicht machen – er hat den Jungen geschickt, damit ich einlenke. Na warte, ich werd's ihm zeigen. Ich lasse sie nicht herein.

Jetzt ist es Morgen. Der Sturm hat aufgehört. Offenbar sind sie nicht mehr da. Ich wette, sie sind zum Gasthof hinuntergegangen. Aber ich will nicht zur Tür gehen. Irgend etwas stimmt nicht.

Schließlich gehe ich doch zur Tür; sie läßt sich nicht öffnen. Oh, Gott, die Kinder blockieren die Tür mit ihren kleinen Leibern. Mein kleines Mädchen ist tot. Mein Junge ist bewußtlos, mein Mann ist nirgendwo zu sehen.« (Sie weint bitterlich.)

»Es ist alles mein Fehler! Es ist alles mein Fehler! Sie müssen hier draußen solche Angst ausgestanden haben, so schwach und hilflos!« (Sie seufzt tief und schmerzlich.)

Die restliche Geschichte kam dann langsam und unter Schmerzen heraus. Der kleine Junge war wenige Stunden später gestorben. Die arme Frau in Elizabeths Unbewußtem hatte dann später erfahren, daß ihr Mann die Kinder auf einen Handwagen gesetzt und auf dem Weg zum Gasthof oben auf der Anhöhe zusammengebrochen und an einem Herzinfarkt gestorben war. Die Kinder waren zum Haus zurückgelaufen, um ihre Mutter zu holen, doch die hatte sie nicht hereingelassen. Von ihrer Scham und ihrem schlechten Gewissen niedergedrückt, verschweigt die Frau ihren Nachbarn den Hergang des Geschehens und läßt sie in dem Glauben, ihr Ehemann trage die Verantwortung für das Unglück. Ihr Schuldgefühl quält sie für den

Rest ihres Lebens, und sie stirbt mit dem Gedanken: »Ich traue mir nicht zu, für jemand anderen anständig zu sorgen.«

Diese ergreifende Geschichte lag also der Angst zugrunde, die es Elizabeth unmöglich machte, ihre Katzen alleinzulassen. Die durch die Therapie bewirkte Katharsis und die Einsicht in die tieferen Zusammenhänge verschafften ihr in der Folge erhebliche Erleichterung. Sehr ermutigend war auch, daß Elizabeth kurz nach dieser Sitzung einen zweiwöchigen Urlaub machte und die Versorgung der Katzen einer Freundin anvertraute. Nach ihren Ferien schrieb sie mir eine Karte, auf der es hieß: »Ich hatte eine wundervolle Zeit. Ich habe während dieser schönen Tage nicht ein einziges Mal an die Katzen gedacht.«

Authentisches und unauthentisches Leiden

Wäre ich in dem soeben geschilderten Fall auf der Realitätsebene der Geschichte stehengeblieben, so hätten Elizabeth und ich vermutlich gegen ihre Ängste kaum etwas auszurichten vermocht. Jeder außenstehende Beobachter hätte Elizabeth ohne weiteres fünf verschiedene Ratschläge für die Versorgung ihrer Katzen geben können, aber das hätte sie ganz gewiß nicht von den untergründig in ihr wirksamen Schuldgefühlen befreit, die ihr jeden Urlaub verdorben hätten. Wohl die meisten von uns hätten ihre Beschwerden ungeduldig als neurotische »Affenliebe« abgetan.

Für den Therapeuten kommt es jedoch nicht auf den wörtlichen Wahrheitsgehalt einer Geschichte an, sondern auf ihre psychologische Wahrheit. Jung hat einmal bemerkt, neurotisches Leiden sei unauthentisches Leiden, was meiner Meinung nach bedeutet, daß der erfahrene Schmerz in keinem Verhältnis zu seiner angeblichen Ursache steht. Wir alle kennen solche Fälle unauthentischen, neurotischen Leidens: die hysterische Ehefrau, die alle möglichen Gründe findet, warum sie keinen Job draußen in der Welt annehmen kann; der kleine Beamte, der sich unentwegt über seine rücksichtslosen Vorgesetzten beschwert, jedoch seine eigenen Untergebenen pausenlos tyrannisiert; der ostentativ unabhängige Mann, der in den Wäldern in einer halbfertigen Hütte haust und im Winter fast erfriert. In all diesen Fällen handelt es sich um Beispiele unauthentischen Leidens, um schwache Rufe nach Hilfe und Sympathie, die wir als Nichtbetroffene häufig einfach nicht zur Kenntnis nehmen. Irgendwie empfinden wir solche Situationen als übertrieben, als künstlich und gewollt, und häufig bezeichnen wir solches Verhalten mit Eric Berne als »Spiele der Erwachsenen«.

Wann immer ich im Laufe einer Therapie die präexistentiellen Ebene in den Blick nehme, gehe ich an diese neurotischen Lebensstrukturen mit der unausgesprochenen Frage heran: »Welches authentische Leiden liegt den sichtbaren Symptomen zugrunde?« Welche tiefe und archaische Angst oder welches Trauma lauert unter der Oberfläche dieser Geschichte?

Unter Anwendung der verschiedenen Methoden, die ich noch beschreiben werde, gelingt es mit Hilfe der Präexistenztherapie, tiefere Schichten des betreffenden Komplexes anzusprechen, eine Ebene also, auf der die Dinge gleichsam im Rohzustand und noch ganz ungezügelt zutage treten. Denn erst die durch die therapeutische Situation gewährleistete Sicherheit gibt dem Patienten den Mut, bis zur Wurzel seines Komplexes vorzudringen, so daß die entsprechende Energie zutage treten und freigesetzt werden kann.

Hinter den Befürchtungen einer von Lebensangst bedrückten Hausfrau verbirgt sich vielleicht die alte Geschichte einer schwarzen Sklavin, die auf einer Auktion versteigert worden ist, Demütigungen und sexueller Belästigung ausgesetzt war und womöglich schließlich Selbstmord begangen hat. Dies alles bewirkt vielleicht im Unbewußten der betreffenden Klientin eine unbezwingbare Angst vor dem Marktplatz, und diese Angst bringt sie nun zum Ausdruck, indem sie sich weigert, ins Leben hinauszugehen.

Der oben erwähnte kleine Beamte, der seinen Untergebenen das Leben schwermacht, ist vielleicht in einem früheren »feudalen« Dasein – ohne die Möglichkeit, sich zu rächen – um seinen Grund und Boden betrogen worden, so daß er in seinem jetzigen Arbeitsleben seinen unerledigten Kampf um Sieg und Niederlage wieder und wieder aufführt.

Ein junger Mann oder eine junge Frau, der/die sich in die Wälder zurückzieht, ist früher vielleicht einmal Mitglied eines Indianerstamms gewesen und als kleines Kind in die Wälder geflohen, um einem Massaker zu entgehen, und hat bei der Rückkehr in das Dorf die verstümmelten Leichen der Eltern und Stammesgenossen vorgefunden. Das ganze gegenwärtige Leben eines solchen Menschen strukturiert sich dann womöglich um die Angst, wirklich in der Welt zu leben, und obwohl das Leben in den Wäldern allem Anschein nach sicher und geschützt ist, sendet der oder die Betreffende dennoch verzweifelte, jedoch ambivalente Botschaften aus, um die anderen auf seine oder ihre Hilflosigkeit und Einsamkeit aufmerksam zu machen.

Das Erzählen der präexistentiellen Geschichten hat also zum Ziel, das neurotische Leiden des betreffenden Individuums auf seine authentischen psychischen Wurzeln zurückzuführen und es von der gegenwärtigen Situation abzulösen, mit der es im Grunde genommen gar nichts zu tun hat. Wie auch das oben erwähnte Elizabeth-Beispiel zeigt, löst die Angst sich gewöhnlich auf und verschwindet, sobald sie auf eine neue, wirklichkeitsgerechte Weise wahrgenommen wird, so daß der Klient ein unbelastetes Leben führen kann.

Auch der Körper erzählt seine Geschichten

Freud hat gezeigt, daß ein hysterisches Symptom, etwa ein paralysierter Arm, häufig ein erstarrter symbolischer Ausdruck für ein mit Schmerzen verbundenes, jedoch verdrängtes Erlebnis ist. So kann die Bewegungsunfähigkeit eines Arms beispielsweise etwas mit Angst vor Berührung oder Umarmung zu tun haben. In letzter Zeit hat die Populär-Psychologie uns mit Begriffen wie »Körpersprache« oder »psychosomatische Beschwerden« vertraut gemacht.

Wenn ich mir die Geschichten meiner Klienten anhöre, beobachte ich zugleich auch ihre Körpersprache und lasse mir zudem einen detaillierten Bericht über ihre körperlichen Erkrankungen geben, wobei ich besonders darauf achte, unter welchen Lebensumständen die einzelnen Krankheiten aufgetreten sind. Dabei habe ich gelernt, daß in jedem chronischen organischen Symptom – besonders wenn es auf eine konventionelle Behandlung nicht anspricht, wie etwa Rückenschmerzen, vorzeitige Ejakulation oder Asthma – eine ältere Geschichte von schweren Schicksalsschlägen, von Elend oder einem gewaltsamen Tod verborgen liegt. Menschen, die unter Rückenschmerzen leiden, erleben vor ihrem inneren Auge häufig Szenen, in denen sie erstochen, geschlagen, zermalmt oder gebrochen werden oder unter einer unerträglichen Last zu leiden haben. Im Zusammenhang mit dem vorzeitigen Samenerguß treten häufig Bilder der Scham, der Erniedrigung oder des sexuellen Mißbrauchs auf. Asthmatiker durchleben vielfach Zustände, die von Angst vor dem Ertrinken oder vor dem Erstickungstod gekennzeichnet sind.

Der Körper und seine diversen Leiden, Schmerzen und Dysfunktionen legen von der Geschichte der Seele überaus beredt Zeugnis ab, wenn man die Zeichen nur richtig zu lesen weiß. Mein therapeuti-

sches Vorgehen ist ganz einfach. Ich frage meinen Klienten lediglich:
»Wie fühlt sich Ihr Schmerz an?« Auf der Suche nach einer passenden Beschreibung konzentriert sich der oder die Betreffende dann auf den somatischen Komplex und findet Metaphern, die dann meist sehr rasch die Elemente einer Geschichte enthüllen. Ein Schmerz kann erstaunlich spezifische Züge zeigen: »Ich hab das Gefühl, daß irgendwas durch mein linkes Auge in meinen Kopf ein- und seitlich am Hals wieder austritt«, sagte einmal ein Klient zu mir. Sekunden später sah er plötzlich einen Pfeil und fand sich unversehens auf einem Schlachtfeld wieder, wo er von feindlichem Feuer niedergestreckt wurde. »Mein Arm fühlt sich an, als ob jemand oder etwas daran zieht und ihn verdreht«, erklärte ein anderer Klient. »Und was zieht daran?« fragte ich. »Oh, Hilfe – es ist ein Tier, ein Löwe. Ich bin in einer Arena. Sie reißen mich auseinander.« Kurz darauf erlebte er noch einmal sein grausiges Ende als christlicher Märtyrer, und erstaunlicherweise verschwanden danach sehr rasch die chronischen Schmerzen, für die sich vorher eine organische Erklärung nicht hatte finden lassen.

Aber auch wenn bestimmte körperliche Beschwerden im gegenwärtigen Leben ihre spezifischen Ursachen haben, so bin ich inzwischen mehr denn je davon überzeugt, daß jede Krankheit, jeder Unfall und jede Anfälligkeit aus mehreren Schichten besteht. Wenn – wie Freud beobachtete – jeder Fehlleistung ein verdrängter Komplex zugrunde liegt, warum sollte das dann nicht auch für jeden Sturz auf dem Eis, jeden Autounfall und jede Krankheit, die uns aus heiterem Himmel überfällt, gelten. Falls tatsächlich jedem Mißgeschick, das uns in diesem Leben widerfährt, ein verdrängter Komplex zugrunde liegt, könnte dann hinter diesem Komplex nicht vielleicht eine belastende präexistentielle Erfahrung liegen?

Die Tatsache, daß organische Probleme häufig eine präexistentielle Ursache haben, hat sich im Laufe meiner therapeutischen Arbeit immer wieder bestätigt. Ich bin deshalb dazu übergegangen, mich bei meinen Klienten, wenn sie mir ihre Fallgeschichte berichten, nach allen ihren wichtigeren Krankheiten, Unfällen und chronischen Beschwerden zu erkundigen und besonders nach dem Alter, in dem sie erstmals aufgetreten sind.

Jane, eine Klientin von Anfang Vierzig, erlebte in der therapeutischen Regression noch einmal die Existenz einer Frau in den Pioniertagen des amerikanischen Westens, die durch einen umstürzenden Wagen so schwer an der Wirbelsäule verletzt worden war, daß sie daran starb. Erst ganz gegen Ende der Regression fiel mir ein, daß ich völlig vergessen hatte, sie nach ihrem damaligen Alter zu fragen. »Wie alt waren Sie, als Sie unter jenen Wagen gerieten?« fragte ich. »Siebenundzwanzig«, sagte sie sehr bestimmt. »Und verbinden Sie mit der Zahl siebenundzwanzig in diesem Leben irgendwelche Assoziationen?« bohrte ich nach. Plötzlich lag ein Ausdruck des Erstaunens auf ihrem Gesicht. »Oh, mein Gott«, rief sie aus, »mit siebenundzwanzig mußte ich wegen einer sehr schweren Niereninfektion ins Krankenhaus. Die Ärzte hatten Schwierigkeiten, die Krankheit richtig zu diagnostizieren. Ich wäre damals beinahe gestorben.« Sie legte die Hand auf die linke Seite ihres Rückens. »Die Schmerzen waren unerträglich – genau hier, genau an der Stelle, wo mich damals der Wagen getroffen hat.« Als wir uns dann weiter unterhielten, wurde immer deutlicher, daß sie sowohl in diesem als auch in jenem früheren Leben mit siebenundzwanzig Jahren eine große Krise durchlitten hatte. Nagende Zweifel an der Richtung, die sie in ihrem Leben einschlagen sollte, und Minderwertigkeitsgefühle wegen ihres Status als unverheiratete Frau waren in ihrer früheren Existenz an diesem Wendepunkt aufgetreten und hatten geradewegs in die Katastrophe geführt. Als auch in ihrem gegenwärtigen Leben ähnliche Probleme aufgetaucht waren, hatte ihr Körper angefangen, die alte Geschichte gleichsam noch einmal zu wiederholen.

Gelegentlich tritt bei Klienten von vornherein die organische Symptomatik in den Vordergrund, wie im Fall eines jungen Schriftstellers, der mich einmal konsultierte. Dieser junge Mann hatte in der Adoleszenz etliche Skiunfälle gehabt, die mehrere Operationen an seinem rechten Knie nötig gemacht hatten, deren Folgen sich nun mit Ende Zwanzig bei ihm immer noch in Form heftiger Schmerzattakken bemerkbar machten. Bei der Beschäftigung mit diesen Schmerzen zeigte sich, daß mindestens drei frühere Existenzen zu dem Bein in Beziehung standen. Zunächst berichtete er von einer Amputation des Beines in den Schützengräben des Ersten Weltkriegs. Dann kam eine Erinnerung aus dem achtzehnten Jahrhundert, wo er in einer Schlacht gefallen war und dabei das gleiche Bein unterhalb des Knies abgeschossen worden war. Und schließlich erlebte er eine viel frühere Existenz, in der er das Bein auf noch schrecklichere Weise verloren hatte. Es hatte ganz den Anschein, als ob er in diesem Leben seine alten Kriegsverletzungen wiederbelebte, obwohl der von ihm gewählte Beruf dazu nicht recht passen wollte.

In einem anderen, schwerwiegenderen Fall behandelte ich einen Mann, der sehr unter seiner Impotenz litt; auch bei ihm hatte sich ein tiefsitzender präexistentieller Komplex in einer bestimmten Körperzone festgesetzt. Der Mann, den ich Gregory nennen werde, hatte es bereits erfolglos mit anderen Therapien versucht. In unserem Gespräch gewann ich den Eindruck, daß das vorherrschende Gefühl, das er mit seinen Genitalien in Verbindung brachte, Scham war. Überdies waren seine Genitalien extrem empfindlich.

Schon bald nachdem ich Gregory aufgefordert hatte, sich der mit seinen Genitalien verbundenen Scham ganz zu überlassen, fand er sich in ein Château aus der Zeit der Französischen Revolution versetzt. Er ist wie ein Hofnarr gekleidet und steht mit zur Schau gestellten Genitalien da. Vor ihm befindet sich ein wütender Mob, der soeben durch die aufgebrochenen Türen des Châteaus hereingeströmt ist. Die Leute umringen ihn, schlagen wild auf ihn ein und kastrieren ihn. Er setzt sich nicht zur Wehr und stirbt mit dem Gedanken: »Das geschieht mir recht.« Als ich ihn auffordere, nun in eine frühere Phase jenes Lebens hinüberzugehen, treten die Ursachen seines Todes und seiner sexuellen Scham deutlich zutage. Der als Diener von seinen Herren auf dem Château schon früh zum Narren bestimmte Junge wird gezwungen, bei den zügellosen Ausschweifungen der degenerierten und gelangweilten Adeligen, denen er schutzlos ausgeliefert ist, dabeizusein. Eine ihrer Gepflogenheiten, die er zutiefst verabscheut, besteht darin, ihn zu zwingen, seine Witze zu machen, während die edlen Herren eigens zu ihrem Vergnügen auf das Schloß verschleppte junge Bauernmädchen aufs perverseste sexuell mißbrauchen. Häufig werden die Mädchen, nachdem sie fürchterlich zugerichtet worden sind, ermordet und heimlich beseitigt. Ohnmächtig, etwas gegen diese niederträchtigen Praktiken zu unternehmen und zutiefst von dem grausamen Schicksal der jungen Frauen, die seiner eigenen sozialen Klasse angehören, angerührt, sühnt der Hofnarr schließlich seine machtlose Komplizenschaft, indem er der Bauernhorde, die den Palast stürmt, seine Genitalien zum Opfer anbietet. Er hat das Gefühl, seine eigene Klasse, die Mädchen und seine Sexualität verraten zu haben. Solche Gedanken und Gefühle wurden im Unterbewußtsein des Mannes jedesmal dann aktiviert, wenn er mit seiner Frau den Liebesakt vollziehen wollte. Daß er diese furchtbare Geschichte erzählen konnte, half Gregory sehr dabei, seine Selbstachtung zurückzugewinnen und die eheliche Beziehung zu seiner Frau zu verbessern.

Häufig ist die therapeutische Arbeit gerade dann am wirkungsvollsten, wenn die Wiedererinnerung in der vorbeschriebenen Weise auf der körperlichen Ebene gehalten wird. Ganz fraglos ist vielen Menschen ihr Körper überhaupt nur dumpf bewußt und speichert gerade deshalb ihre am tiefsten verdrängten Komplexe. Die Vorstellung von Komplexen, die Rückstände physischer Erfahrungen enthalten, ist auch vom Standpunkt der Karma-Lehre aus haltbar. So bezeichnen beispielsweise die Tibeter die gegenwärtige Epoche der Menschheitsgeschichte als »Zeitalter der unreinen Rückstände«. Die oben beschriebene Vorgehensweise eröffnet auch auf dem Gebiet der sogenannten psychosomatischen Medizin neue – und provokative – Perspektiven. In einem späteren Kapitel werde ich darauf noch näher eingehen. Zunächst jedoch wollen wir uns weiter mit dem Körper auseinandersetzen, da ein Großteil der Wahrnehmungen, die wir Menschen machen, unmittelbar mit unserem Organismus zu tun haben; das haben Fachleute, die mit der Reich-Therapie, der Alexander-Methode, der Bewegungs- und Stimmtherapie oder mit sensory-awareness vertraut sind, seit mehr als einer Generation deutlich gezeigt. Die Bewegungstherapeutin Anna Halprin hat ganz zu Recht darauf hingewiesen, daß »jeder Teil des Körpers eine Geschichte zu erzählen hat«. Dem möchte ich noch hinzufügen, daß viele dieser Geschichten sich als Elemente früherer Existenzen erweisen.

5. Die multidimensionale Psyche

Gedanke ist des Lebens Sklave und Leben Narr der Zeit; und Zeit, die alle Welt an sich vorüberziehen sieht, muß enden.

Shakespeare, *Heinrich IV.*

Man darf sich die Zeit der Seele nicht als ein gleichmäßiges Fließen vorstellen... Sie ist vielmehr sprunghaft, nicht allein in dem Sinne, daß sie Unterbrechungen und Lücken kennt... Sie kennt auch viele göttliche Verkörperungen und verändert ihren Charakter und ihr Erscheinungsbild. Die Polyzentrizität der Psyche verlangt nichts weniger als dies, nämlich eine polyforme Zeit.

Edward S. Casey, *Time in the Soul*

Eine neue Aufhebung der Zeit

Viele Leute, die erstmals bei einer Präexistenz-Sitzung dabei sind, staunen darüber, daß ein Klient sich beispielsweise innerhalb weniger Minuten bei der eigenen Geburt, im Mutterleib oder irgendwo in der sumerischen Geschichte wiederfindet, also in einer Situation, die Jahrtausende zurückliegt. Wie ist das möglich, fragen sie, wo es doch schon einer jahrelangen Psychoanalyse bedarf, um auch nur ein oder zwei frühkindliche Traumata zu entdecken? Ich würde sagen, daß sie sich aufgrund der Struktur unserer Sprache und der Vorgehensweise der Psychoanalyse einen Zeitbegriff zu eigen gemacht haben, demzufolge das alte Sumer oder die frühe Kindheit als »weit entfernt« oder »schwer zugänglich« gelten, der Äußeren Mongolei oder Australien vergleichbar, die von Europa oder Amerika aus nur unter Mühe zu erreichen sind.

Jorge Louis Borges hat uns in seinem brillanten Essay »Eine neue Widerlegung der Zeit« auf diesen Punkt aufmerksam gemacht. Es heißt dort:

> Unsere Sprache wird so vollkommen von einer bestimmten Zeitvorstellung belebt und geprägt, daß es auf all diesen Seiten möglicher-

weise keinen einzigen Satz gibt, der diese Vorstellung nicht voraussetzt oder evoziert.[2]

Das gleiche gilt praktisch für das gesamte psychologische Denken, soweit es sich mit der Vergangenheit befaßt. Selbst die Begriffe »Ursache und Wirkung«, die im Zentrum der Newtonschen Wissenschaft stehen (deren Grundsätze auch für die Psychologie bis heute meist als verbindlich gelten), gehen von der Vorstellung eines unumkehrbaren Zeitpfeils aus.

Und tatsächlich sind auch wir Psychologen diesem Denken so sehr verhaftet, daß wir oft genug annehmen, unsere Unfähigkeit, Ursachen und Ursprünge zu benennen, habe etwas mit der Richtung des Zeitflusses zu tun. Die Ursache eines Leidens, so sagen wir, liegt so weit in der frühen Kindheit »zurück«, daß sie für das Bewußtsein einfach nicht mehr zugänglich ist. Angesichts des Umstands, daß selbst hervorragend ausgebildete Psychoanalytiker sich an diesem Punkt vor schier unlösbare Probleme gestellt sehen, verwundert es nicht weiter, daß die meisten Leute, Experten wie Laien, nicht einmal im Traum daran denken, den Ursprüngen seelischer Leiden auch noch in früheren Existenzen nachzuspüren. Wenn wir nicht einmal an den Anfang *dieses* Lebens zurückgehen können, so lautet das Argument, weshalb sollten wir uns da mit Existenzen herumschlagen, die Jahrtausende zurückliegen? Aber wenn wir uns in diesem Zusammenhang Borges' sehr einleuchtende Beobachtung vor Augen halten, dann geht uns vielleicht auf, daß wir in einem Labyrinth der Selbsttäuschungen umherirren, das in der Struktur unserer Sprache selbst angelegt ist. Wie der Philosoph Immanuel Kant beobachtet hat, »stellen [wir uns] die Zeitfolge durch eine ins Unendliche fortgehende Linie vor...«[3] Und genau das ist der entscheidende Punkt: Wir stellen uns die Zeit räumlich vor. Das zeigt auch die Sprache, wenn wir etwa von einer »langen Zeit« oder einem »fernen Geschehen« sprechen oder davon, in eine »frühere Existenz zurückzugehen«. Keine dieser Vorstellungen kommt ohne das Bild des Raumes oder der Bewegung im Raum aus. Ja selbst das Wort »Ursprung« erweckt noch räumliche Assoziationen.

Wenn wir uns jedoch von der hinderlichen Vorstellung einer linear verlaufenden Zeit freimachen, so können wir plötzlich rasch und unbehindert alle möglichen Bezirke der Psyche aufsuchen. Unter solchen Umständen kann sich jeder von uns, um mit Hamlet zu sprechen, »für einen König von unermeßlichem Gebiete halten«.

In einer seiner Kurzgeschichten beschreibt Borges, wie eine Gruppe von Erforschern des Okkulten unversehens auf einen Aleph stößt, eine winzige – mit einer besonderen Energie ausgestatteten – Stelle auf der Erde. Wer sich an diesem Ort aufhält, der vermag schlaglichtartig die gesamte Menschheitsgeschichte »in einem einzigen Augenblick« zu überschauen. Ich kann mir kaum ein treffenderes Bild für jene seltsamen Vorgänge ausmalen, auf die auch etliche der bahnbrechenden Erforscher der menschlichen Psyche in den vergangenen Jahrzehnten gestoßen sind. Nachdem er Zen-Meditation kennengelernt hatte, wies Fritz Perls, der Begründer der Gestalttherapie, immer wieder auf die herausragende Bedeutung des »Jetzt« hin. Stanislav Grof hat im Verlauf seiner LSD-Studien an Hunderten von Versuchspersonen die Multidimensionalität der Psyche beobachtet. Die bahnbrechende Arbeit, die Milton Erickson auf dem Gebiet der hypnotischen Trance-Induktion geleistet hat, hat unsere Aufmerksamkeit auf die Bedeutung der minimalen Schwankungen innerhalb des Bewußtseinsstromes gelenkt. Diese und andere Therapeuten betonen immer wieder den Vorrang der »unmittelbaren Erfahrung« – gegenüber dem Symptom oder der diagnostischen Kategorisierung, der Familiengeschichte, der ödipalen Konstellation, der Realitätskonfiguration, der Verhaltensstörung oder sonstiger Abstraktionen. Denn sämtliche der zuletzt genannten Ansätze pressen den Patienten mit sanftem Druck in die intellektuellen Kategorien des Therapeuten hinein, eine Taktik, die – wie gut gemeint sie auch sein mag – die Wirkung der Therapie beeinträchtigt. Bevor ich diesen Zusammenhang voll durchschaut hatte, habe ich mich auch selbst immer wieder gerne in wohlmeinende Diskussionen *über* die Erfahrung des Patienten eingelassen, anstatt mich darauf zu beschränken, schlicht das Hier und Jetzt seiner oder ihrer unmittelbaren Empfindungen und Gedanken empathisch zur Kenntnis zu nehmen. Denn tatsächlich ist es so, daß wir Ereignisse, sobald wir über sie sprechen, als ob sie »Gegenwart« wären, beinahe schon wiedererleben. Denn letztendlich stehen zwischen uns und den Ereignissen selbst nur die unserer Sprache eingebauten Zeitstrukturen sowie die mit diesen Strukturen zusammenhängende falsche »lineare« Wirklichkeitsauffassung unseres Gedächtnisses.

In den letzten Jahren zeichnet sich immer mehr ab, daß sich in der Psychotherapie ein »neues Paradigma« Bahn bricht, eine neue Betrachtungsweise der menschlichen Psyche, die den alten newtonisch-cartesianisch-mechanischen Dualismus von Körper–Geist,

Ursache–Wirkung, ausgedehnter raumlinearer Zeit zugunsten eines holographischen oder holonomischen Modells der psychischen Dynamik zurückweist – eines Modells, das Jorges Luis Borges bereits vor vielen Jahren poetisch vorweggenommen hat. Für einen vollständigeren und kompetenteren Überblick, als ich ihn hier zu geben vermag, sei der Leser auf Stanislav Grofs Buch *Beyond the Brain* verwiesen. Doch möchte ich hier noch kurz eine provozierende Geschichte aus der Tradition der buddhistischen Hwa-Yen-Schule wiedergeben, die Grof in dem genannten Buch zitiert (und die als Metapher für Raum und Ausdehnung genau dem Punkt Aleph, der Zeit-Metapher bei Borges, entspricht).

Die Kaiserin Wu, die sich durch die Kompliziertheit der Hwa-Yen-Literatur überfordert fühlte, bat Fa Tsang, einen der Begründer der Schule, ihr ein anschauliches und einfaches Beispiel für die wechselseitige Abhängigkeit alles kosmischen Geschehens zu geben. Fa Tsang ließ zunächst eine brennende Kerze im Kronleuchter des – auf allen Seiten mit Spiegeln verkleideten – Raumes anbringen, um die Verbundenheit des Einen mit dem Vielen zu demonstrieren. Dann legte er in die Mitte des Raumes einen kleinen Kristall und wies darauf hin, daß jedes Detail der Umgebung sich darin spiegelte; und er verdeutlichte so, wie in der höchsten Realität ohne die geringste Schwierigkeit das unendlich Kleine das unendlich Große in sich enthält und das unendlich Große das unendlich Kleine.[4]

Schwierig und unvertraut, wie diese Prinzipien all jenen sein mögen, die noch in dem von William Blake so genannten »Newtonschen Schlaf« dahindämmern (das heißt nach Ursachen in der Kindheit suchen, bestimmte Geschehnisse im Gehirn lokalisieren und Körper und Geist mit dürren Begriffen zusammenbinden möchten), so eröffnen sie doch der therapeutischen Praxis einige radikal neue Möglichkeiten. Denn sollte sich – dem holonomischen Prinzip zufolge – in der Psyche tatsächlich alles Geschehen wechselseitig spiegeln, dann gibt es für den Therapeuten nicht mehr nur einen Einstiegspunkt, von dem aus er Zugang zu einem Komplex gewinnen kann. Es wäre dann ziemlich gleichgültig, ob ich mit der Kindheit des Patienten beginne, mit seinem Körper, seiner aktuellen Lebenssituation, dem Geburtstrauma oder mit früheren Existenzen. Jeder beliebige dieser Aspekte kann uns unmittelbar ins Herz des Komplexes führen, wenn wir nur angemessen vorgehen. Indem ich schlicht meine Aufmerksamkeit vorurteilsfrei und sorgfältig auf die Inhalte der unmittelbaren Erfahrung meines Klienten richte und auf ihre symbolische Resonanz in seinen verbalen Äußerungen und in seiner Körpersprache achtgebe, kann ich innerhalb kürzester Zeit all die anderen Problemebenen erschließen.

Ob wir mit einem Gedanken beginnen oder mit einer fragmentarischen Erinnerung, mit einem undeutlichen Gefühl, mit einem Traumbild, einem Schmerz oder mit der Qualität der Atmung, stets werden wir feststellen, daß wir uns mühelos zwischen den verschiedenen Ebenen der psychischen Realität bewegen und immer weiter in die ineinander verschachtelten Welten vordringen können. So kann es vorkommen, daß ein Klient innerhalb einer einzigen zweistündigen Sitzung von einer akuten Leiderfahrung aus plötzlich in eine frühere Existenz eintaucht, dann zu einer Geburtserinnerung oder zu einem Kindheitserlebnis gelangt und sogar einige transpersonale oder archetypische Erfahrungen macht.

Der Fall Susan:
Die Schuldgefühle eines holländischen Künstlers aus dem siebzehnten Jahrhundert

Ein besonders anschauliches Beispiel dafür, wie es schon in einer zweistündigen Sitzung – häufig sind jedoch mehrere Sitzungen nötig – zu einer derartig vielschichtigen Auffächerung kommen kann, ist der Fall einer jungen Frau, die ich Susan nennen werde.

Susan war vierunddreißig, eine professionelle Malerin, die mit einem ganzen Sack voller diffuser Beschwerden zu mir in Therapie kam: Sie kam mit ihrer Ehe nicht zurecht und hatte große Schuldgefühle gegenüber ihrer Mutter, aus deren Wohnung sie ausgezogen war; sie hatte die Vermutung, daß ihre Probleme irgendwie mit einer früheren Existenz als Maler in Holland zu tun hatten. Während sie mir all dies berichtete, fiel mir auf, wie total verkrampft ihre Schultern waren. Es machte den Eindruck, daß sie sie etliche Zentimeter höher hielt als nötig.

Es fiel ihr sehr schwer, sich bei der einleitenden Fokussierung zu entspannen, deshalb bot ich ihr an, ihre Schultern und ihren Nacken zu massieren. Sie willigte ein, und ich begann mit der Massage ihrer völlig verspannten Schulter- und Nackenmuskulatur; sie sollte dabei ihre Aufmerksamkeit auf eventuell auftauchende Bilder richten. Es dauerte nicht lange, bis sie in das Leben eines verarmten holländischen Malers aus dem siebzehnten Jahrhundert eintauchte. Der Maler hatte eine Frau und ein kleines Kind, die er kaum ernähren konnte. Er arbeitete wie besessen an der Fertigstellung eines Bildes und vernachlässigte darüber seine Familie völlig, selbst dann noch, als das Kind schwerkrank wurde. Zu seinem Entsetzen verschlechterte sich der Zustand des Babys, und es starb schließlich; zu alledem verließ ihn noch seine verbitterte Frau. Die Schlüsselszene in unserer Arbeit war folgende:

TH: »*Wohin gehen Sie jetzt?*«
SN: »*Ich wandere an den Kanälen entlang. Ich kann meine Frau nicht finden. Sie hat mich endgültig verlassen.*«
TH: »*Und wohin gehen Sie jetzt?*«
SN: »*Ich glaube, wieder nach Hause. Oh, nein! Ich will nicht dorthin zurückgehen.*« *(Ihre Schultern verspannen sich nun merklich.)*
TH: »*Atmen Sie tief, und begeben Sie sich zu dem Haus, und schauen Sie nach, was dort geschieht.*«
(In diesem Augenblick richtete sich Susan, die bisher auf der Couch gelegen hatte, blitzschnell in eine sitzende Position auf, faßte sich an den Hals und schrie.)
TH: »*Was ist passiert?*«
SN: »*Oh, Gott! Ich habe mich aufgehängt.*« *(Seufzt tief.)*

Wir beschäftigten uns nun eine Zeitlang mit der Aufarbeitung der Todeserfahrung und den erschütternden Emotionen, die mit dem Verlust von Frau und Kind verbunden waren. Aber das war noch nicht alles. Als ich sie nach einiger Zeit fragte, wo sie sich jetzt befinde, erlebte sie spontan, wie sie bei ihrer »letzten« Geburt mit der Nabelschnur um den Hals auf die Welt kam. Nachdem sie dieses zweite Trauma durchlebt hatte und – als Baby – zu ihrer Mutter aufblickte, wurde ihr plötzlich einiges klar:

SN: »*Ich weiß, warum ich hier bin.*«
TH: »*Und weshalb sind Sie hier?*«
SN: »*Um meiner Mutter nahe zu sein*« *(seufzt).* »*Ich weiß jetzt, wer sie ist.*«
TH: »*Sagen Sie mir, wer sie ist.*«
SN: »*Sie ist das Baby, das damals gestorben ist. Ich verstehe jetzt, daß ich all die Jahre versucht habe, meine damalige Lieblosigkeit an ihr wiedergutzumachen.*«

An dieser ohnehin schon überaus dichten Sitzung wird deutlich, wie sich die Schuldgefühle, die der holländische Maler wegen der Vernachlässigung und des Todes seines Kindes hegte, im Augenblick seines Sühne-Selbstmords erhalten bzw. tief in seine Psyche eingegraben haben. All die unbewußten Schuldgefühle wegen der damaligen Vernachlässigung des kleinen Kindes hatte die junge Frau jetzt mit ihrer Mutter verknüpft, und sie spiegelten sich in ihrem Geburtstrauma wider und »saßen« ihr bis auf den heutigen Tag im Hals-Schulter-Bereich. Sie hat sich die ganze Zeit unbewußt selbst bestraft, und deshalb konnte sie auch das übertriebene Verantwortungsgefühl, das sie ihrer Mutter gegenüber empfand, nicht aufgeben. In den folgenden Sitzungen aber gelang ihr das, so daß ihre Ehe sehr entlastet wurde – ganz zu schweigen von ihren Schultern, die sich etliche Zentimeter nach unten senkten.

Es ist leicht zu sehen, daß in Susans Komplex verschiedene Ebenen und Aspekte zusammenwirkten. Zuallererst war mir ihre Körpersprache ins Auge gefallen; ich möchte das den somatischen Aspekt ihres Komplexes nennen. Ich war mir ziemlich sicher, daß ihre Schultern eine Geschichte zu erzählen hatten, wußte allerdings zunächst nicht, was das sein könnte. Dann merkte ich bei einer einfachen Fokussierungsübung, daß sie in diesem Teil ihres Körpers nicht loslassen konnte. Ich war also auf eine symbolische Resonanz gefaßt, die in irgendeiner Weise etwas mit »Festhalten«, mit »Tragen einer Last« oder möglicherweise mit »Tu mir nicht weh« zu tun haben mußte.

Bis jetzt war ich also auf – ziemlich unausgegorene – Mutmaßungen angewiesen und ließ sie, dem Prinzip der unmittelbaren Erfahrung folgend – ihre Aufmerksamkeit auf ihren Schulterbereich richten, wobei ich sie durch meine therapeutische Massage unterstützte. Dies tat ich, um sie zu einer Auseinandersetzung mit ihrem Körper zu bringen. Ich hätte auch durch viele andere Methoden die gleiche Wirkung erzielen können. Bei Anwendung des Reichschen Verfahrens hätte ich sie beispielsweise darum gebeten, ihre Körperhaltung noch zu übertreiben, um so die Gefühle wiederzubeleben, die sie unbewußt in der verspannten Muskulatur ihrer Schultern blockierte. Ich hätte aber auch – der Gestalt-Technik folgend – ihre Schultern bitten können, mir zu sagen, was sie fühlten. Die entsprechenden Antworten hätten dann etwa gelautet: »Ich habe so schwer an alledem zu tragen. Es ist einfach zu schmerzhaft. Ich darf so etwas nie mehr tun. Ich darf nicht loslassen. Alles ist nur mein Fehler« etc.

Die Schnelligkeit, mit der Susan auf die präexistentielle Ebene ihres Komplexes gelangte, hat mich damals einigermaßen überrascht. Ich hatte halbwegs erwartet, ihre Schulterverspannung habe irgendwie mit ihren gegenwärtigen Eheproblemen zu tun, von denen sie zunächst gesprochen hatte. Hätte ich diese Spur verfolgt, so wären wir auf der von mir so genannten existentiellen Ebene ihres Komplexes gewesen, im Bereich dessen also, was sie zum jetzigen Zeitpunkt gerade besonders bewegte. Aber nein, die Massage hatte Susan mit einer anderen Ebene ihres Unbewußten in Kontakt gebracht, und auf dieser körperlichen Ebene hatte der Komplex viele starke symbolische Resonanzen, die an die Oberfläche drängten. Zwar hatte sie erwähnt, daß sie von dieser früheren Existenz als holländischer Maler erstmals während einer Meditation einen Zipfel zu Gesicht bekommen habe, aber damals hatte sie noch keine bewußte Vorstellung davon, wie dies alles mit ihrer Ehe, ihrer Mutter und ihren Schultern zusammenhing.

Der Grund, warum ihre Schulterverspannung so eng mit ihrer Mutterproblematik zusammenhing, erschloß sich erst, als Susan noch einmal das Trauma des Selbstmordes durch Erhängen durchlebte (ich möchte anmerken, daß die Schultern typischerweise reflexartig hochgezogen werden, um Hals und Kopf zu schützen – auch wenn es ganz bewußt beabsichtigt ist, sich durch Erhängen zu töten). Ein ähnliches Muster ist mir bei etlichen Patienten aufgefallen, die in einer früheren Existenz enthauptet, erwürgt oder aufgehängt worden sind. Auch Klienten, in deren Unbewußtem die Erinnerung an schwerwiegende Hiebe und Schläge gegen den Kopf lebendig geblieben ist, ziehen – als Schutzhaltung – häufig ihre Schultern auffällig nach oben (in Kapitel 7 findet sich dafür ein weiteres Beispiel).

Nachdem sowohl der somatische als auch der präexistentielle Aspekt des Komplexes aktiviert waren, erwies sich diese mitleiderregende Geschichte vom mittellosen Maler und seinen Schuldgefühlen als eine große Chance, die noch immer bestehenden Gefühle von Schuld, Verzweiflung und Selbsthaß kathartisch abzureagieren. Die symbolische Resonanz des »Es schnürt mir die Kehle zu« vom damaligen Todesaugenblick führte Susan dann zum Erlebnis ihrer Geburt oder zu gewissen Schichten des von Stanislav Grof so genannten »perinatalen Aspekts« ihres Komplexes. So durchlebte sie noch einmal die Qual, bei der Geburt beinahe zu ersticken. Die Körpererinnerung hatte gleichsam als Brücke zwischen der Todes- und der Geburtserfahrung gedient. (Häufig verläuft die Bewegung auch andersherum: von der bei der Geburt empfundenen Angst, an Schleim zu ersticken, unmittelbar zu der Wiedererinnerung eines beispielsweise durch Ertrinken verursachten früheren Todes.)

Was Susan unmittelbar nach ihrer Geburt widerfuhr, ist ein weiteres Beispiel für jenes vielschichtige Bewußtsein, das sich oft dann zeigt, wenn ein Komplex vollständig zum Ausdruck kommen kann. Auf der einen Seite fühlte sie sich zwar als das hilflose Baby, das diese Welt nur mit knapper Not erreicht hat, auf einer anderen Ebene hingegen hatte sie eine fast transzendente Offenbarung. Sie erhielt einen tiefen und sehr bedeutungsvollen Einblick in ihr Geschick – oder Karma, wie man auch sagen könnte. Ich nenne das die archetypische Ebene, weil hier eine Bedeutung voller spiritueller und symbolischer Anklänge erschließt. Susan »wußte« irgendwie, daß sie in der Schuld ihrer Mutter stand (Karma), daß der Umstand, daß die Nabelschnur sie beinahe stranguliert hätte, sie symbolisch an ihre präexistentielle Schuld erinnern sollte und daß ein »höherer« Teil von ihr irgendwie zu dem Entschluß gelangt war, auf diese Weise noch einmal geboren zu werden, damit sie wieder bei ihrer Mutter sein konnte.

Solche archetypischen »Erkenntnisse« oder Blitze tiefer Einsicht treten oft nach einer präexistentiellen Todeserfahrung auf, in einer Situation also, wo das Bewußtsein sich in einer Art Zwischenreich befindet. An diesem Ort zwischen den Existenzen, den die Tibeter *bardo* nennen, begegnen wir häufig einer übernatürlichen Gestalt, einem Engel oder einem weißgekleideten Wesen, das uns die symbolische Bedeutung von Leben und Tod offenbart. So hatte zum Beispiel eine Frau, die sich in der Rückführung an etliche ziemlich egozentrische und materialistische Existenzen als Kaufmann, Potentat und reicher Bourgeois erinnern konnte, eine Begegnung mit einer solchen weißleuchtenden Gestalt. Diese Gestalt sagte ganz einfach: »Du bist diesem Lebensmuster zu lange verhaftet gewesen.« Sofort sah sie sich vor ihrem inneren Auge als Missionarin, die in Afrika in einer Lepra-Station arbeitete. Dies war das nächste Leben, an das sie sich erinnern konnte, ein Leben des selbstlosen, Erfüllung spendenden Dienens, in dem materielle Dinge nur wenig zählten. Die Tatsache, daß solch tiefe Einsichten sich entweder im Augenblick des Todes oder der Geburt einstellen, ist ganz und gar nicht verwunderlich, wenn man bedenkt, daß diese beiden Augenblicke immerhin die zwei bedeutendsten archetypischen Ereignisse im Leben eines Menschen sind. Wenn der Komplex mit der Todes- oder Geburtserfahrung in Berührung kommt, klingen plötzlich wieder alle vergangenen Geburten und Tode an, und mit dieser archetypischen Resonanz geht ein um vieles erweitertes Bewußtsein einher, eine fast übernatürliche Allwissenheit. Nicht umsonst ist in den Augen der tibetischen Buddhisten der Augenblick des Todes von äußerster Wichtigkeit. Denn in diesem Augenblick entscheidet sich, ob es dem Menschen gelingt, sich vom Karma zu befreien, oder ob er sogar noch mehr Karma anhäuft. Wie der Leser bei der Lektüre der bisherigen Fallbeispiele bemerkt haben dürfte, lege ich besonderen Wert darauf, daß der Klient die beiden Übergänge Geburt und Tod so bewußt wie eben möglich durchlebt.

Kehren wir wieder zurück zu Susans Sitzung und den verschiedenen Ebenen, auf denen sich ihr Komplex zeigte. Am Ende der Sitzung, bei ihren anschließenden Überlegungen kam Susan wieder in sehr engen Kontakt mit ihrem gegenwärtigen Leben. Sie konnte nun erkennen, daß sie sich zeit ihres Lebens Sorgen um ihre Mutter gemacht, sich für diese irgendwie verantwortlich gefühlt hatte. Ihr wurde auch klar, daß diese Sorgen und die entsprechenden Ängste sich symbolisch in ihrem Hals und in ihren Schultern verfestigt hatten. Hinter diesem existentiellen Aspekt lagen aber auch noch jene Schuldgefühle verborgen, die sich immer dann in ihr angesammelt hatten, wenn sie in diesem Leben als Kind ihrer Mutter gegenüber versagt hatte.

Die zuletzt beschriebene Situation bezeichne ich als den biographischen Aspekt des Komplexes. Auf diese Ebene richtet üblicherweise die traditionelle Psychotherapie ihr Hauptaugenmerk, und tatsächlich enthält jeder Komplex normalerweise ein reiches Repertoire an Assoziationen, die aus dem Säuglingsalter, der Kindheit und der Zeit der Adoleszenz herrühren. In Susans Fall haben wir das biographische Material allerdings umgangen und gleich den Kontakt zur Ebene ihrer präexistentiellen Erinnerungen hergestellt. Bei anderen Klienten fange ich meist mit den akuten Problemen an, gehe dann zu den Erinnerungen aus der frühen Kindheit über, bevor wir uns dann mit präexistentiellen oder perinatalen Erinnerungen befassen. Es gibt diesbezüglich jedoch keine ein für allemal feststehende Vorgehensweise. Die Abfolge der Bilder hängt entscheidend von der symbolischen Resonanz ab und von den zwischen den jeweiligen Bildern bestehenden Assoziationsverbindungen.

Komplex, COEX und das Lotus-Rad

Aus dieser Analyse meiner Sitzung mit Susan lassen sich sechs Aspekte benennen, die sich nach meiner Auffassung in jedem Komplex unterscheiden lassen.

1. **Der existentielle Aspekt:** Die aktuelle Realitätssituation: »Meine Ehe und meine Mutter.«

2. **Der biographische Aspekt:** Erinnerungsspuren aus der Kindheit und späteren Lebensphasen: »Ich hab' mir schon seit meiner Kindheit ständig Sorgen um meine Mutter gemacht.«

3. **Der somatische Aspekt:** Chronische Verspannung des Körpers: »Das alles hat sich bei mir im Hals und in den Schultern festgesetzt.«

4. **Der perinatale Aspekt:** Das Trauma, daß sich bei der Geburt die Nabelschnur um den Hals gelegt hatte: »Verdiene ich überhaupt zu leben?«

5. **Der präexistentielle Aspekt:** Das zum Selbstmord führende Gefühl der Schuld wegen der Vernachlässigung eines sterbenden Kindes: »Es ist alles meine Schuld. Ich habe den Tod verdient.«

6. **Der archetypische Aspekt:** Spirituelle Einsicht in karmische Schuld, tiefe seelische Verbundenheit mit der Mutter: »Ich habe mich entschieden, mich um sie zu kümmern.«

Selbstverständlich ist dieses Bild nicht vollständig, wie spätere Sitzungen zeigen sollten, dennoch eröffnet es einen bemerkenswert vielfältigen Zugang zu einem Komplex, der Susans Leben wie ein Leitmotiv durchzog. Der Tod durch den Strang wegen einer schweren Schuld war Susans unbewußter Mythos, das Drehbuch, nach dem sie, ohne es eigentlich selbst richtig zu wissen, stets gelebt hatte.

Die Reihenfolge, in der die verschiedenen Aspekte von Susans Komplex in ihr Bewußtsein traten – Hals, frühere Existenz, Tod, Geburt, gegenwärtiges Leben –, ließe sich freilich je nach dem gewählten therapeutischen Verfahren beliebig variieren. Um dies zu verdeutlichen, möchte ich vorschlagen, daß wir uns die Multidimensionalität des Komplexes in Gestalt einer sechsblättrigen Lotusblüte vorstellen. Auf die therapeutische Praxis angewandt, bietet das Bild des Lotusrads den Vorteil, daß es während der Arbeit mit dem Klienten hinsichtlich der oben genannten Aspekte weder eine starre

Rangordnung gibt noch einen »absoluten« Einstiegspunkt. In Susans Fall hätten wir mit jedem dieser Aspekte beginnen und ohne weiteres in der einmal eingeschlagenen Richtung weitergehen können, und dennoch wären wir am Ende zum emotionalen Zentrum des Komplexes vorgedrungen. Ein Reich-Therapeut hätte sich vielleicht ausschließlich mit Körperarbeit begnügt, sich also auf den somatischen Aspekt konzentriert, während ein Primär-Therapeut Susan womöglich unmittelbar mit ihrer Geburtserfahrung, also dem perinatalen Aspekt konfrontiert hätte und so fort – und jedesmal hätte die betreffende Technik zum Erfolg geführt. Der Leser, der mit den verschiedenen therapeutischen Ansätzen vertraut ist, wird ohne weiteres sagen können, mit welchem oder welchen Aspekten eines Komplexes die einzelnen Schulen sich jeweils hauptsächlich befassen.

Das Bild des Lotus soll also verdeutlichen, daß die verschiedenen therapeutischen Wege, an die Bearbeitung eines Komplexes heranzugehen, allesamt gleichberechtigt sind. Aber damit nicht genug: Die Blütenblätter des Lotusrades überlappen sich zudem, was verdeutlichen soll, daß alle Aspekte des Komplexes sich wechselseitig spiegeln und überschneiden.

Das Bild besagt also in der Substanz das gleiche wie die von Grof zitierte chinesische Parabel über die Spiegelhalle und den das Licht brechenden Kristall. Es vermittelt aber auch einen Eindruck von der bei der Begegnung mit dem Unbewußten empfundenen Simultaneität oder Zeitlosigkeit, die sowohl Jung als auch Freud mit Staunen erfüllte. Freud hat beispielsweise einmal gesagt: »Im Unbewußten läßt sich nichts zu einem Abschluß bringen, nichts ist dort einfach vergangen oder vergessen.«

Welche Befreiung die Darstellung der multidimensionalen Psyche im Bild des Lotus-Rades für mich selbst bedeutet hat, vermag die folgende kleine Abschweifung vielleicht zu verdeutlichen. Während der Vorarbeiten zur Systematisierung der in diesem Buch präsentierten Fallbeispiele fiel mir auf, daß ich ständig auf den präexistentiellen oder existentiellen oder archetypischen oder einen anderen der sechs Aspekte Bezug nahm, zwischen denen ich unterschieden habe. Mir war damals noch nicht klar, wie sich die verschiedenen Ebenen systematisch zusammenfassen lassen. Dann entdeckte ich jedoch, daß ich immer mehr dazu neigte, die genannten Aspekte einem Schichten-Modell einzufügen. Wollte ich mir dies Bild wirklich zu eigen machen, so hatte ich nur die Wahl, die existentielle Ebene mit

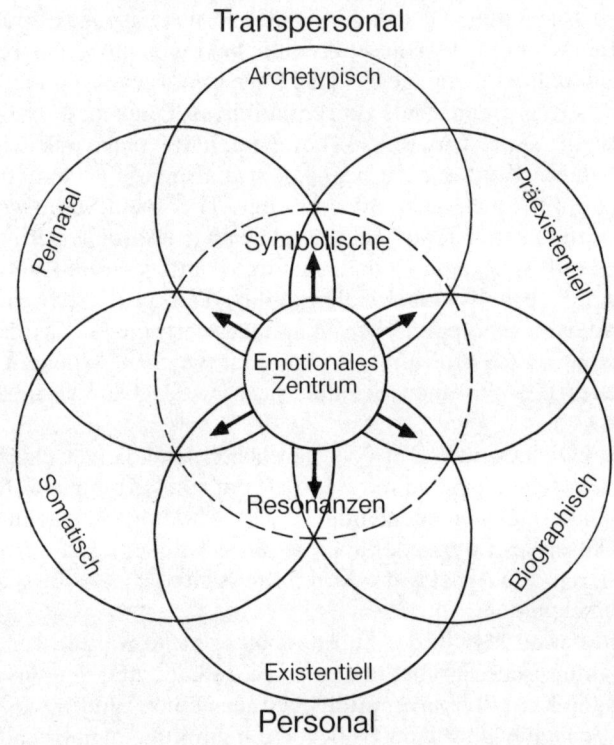

der obersten Schicht zu identifizieren und darunter zunächst die biographische und dann die perinatale Ebene anzusiedeln. Die archetypische Ebene schien am ehesten für die unterste Schicht geeignet, auf der dann die präexistentielle Ebene »auflagern« würde. Was die somatische Schicht anbelangte, so wußte ich nicht recht, wo ich sie hätte einordnen sollen, deshalb plazierte ich sie einfach zwischen der biographischen und der perinatalen Ebene. Und so gelangte ich zu dem folgenden Schema:

1. Existentielle Ebene
2. Biographische Ebene } Persönliches Unbewußtes
3. Somatische Ebene

4. Perinatale Ebene ①
5. Präexistentielle Ebene } Transpersonales Unbewußtes
6. Archetypische Ebene

① Den Zeitraum kurz vor, während oder nach der Geburt betreffend.

Diese Einstellung wirkte hübsch und ordentlich, aber sie lag mir im Magen wie ein dickes fettes Stück »Schicht«-Torte – ausgesprochen schwer verdaulich. Schließlich begriff ich, daß ich mich von einer der Lieblingsvorstellungen der »Tiefen«-Psychologie hatte verführen lassen, nämlich von der Idee, daß »tiefer« gleichbedeutend mit »wesentlicher« ist und »älter« beziehungsweise »ursprünglicher« identisch mit »besser« (das altgriechische Wort *archaios* bedeutet »[ur]anfänglich, [ur]alt«). Als Jungianer hatte ich die geologische Schichten-Metapher unbesehen übernommen und mir unter einer Analyse offenbar eine Art unterirdische Suche nach kostbaren Gemmen oder Metallen vorgestellt, die irgendwo in der Psyche vergraben sein mußten. Auch schwebte mir damals innerlich offenbar so etwas wie das Bild eines »psychologischen« Archäologen vor, der nach den verlorenen Fragmenten einer Zivilisation gräbt und auf dem Grund der Komplexe die Götter zu finden hofft. Das alles wurde mir unversehens klar, als ich mich erinnerte, daß Jung als Knabe eigentlich Archäologe hatte werden wollen und sich in fortgeschrittenem Alter ausgiebig mit Fragen der Alchemie beschäftigt hatte.

Ich bin zu der Ansicht gelangt, daß ein »Schichten«-Modell des Komplexes der Wirklichkeit nicht gerecht wird, und ziehe statt dessen das Bild konvergierender Kreise vor, die von einem zentralen Kern dynamisch ausstrahlen und sich wechselseitig durchdringen.

Für den Begriff der »symbolischen Resonanz« – eine musikalische Metapher – habe ich mich entschieden, um zu verdeutlichen, daß die verschiedenen Aspekte des Komplexes allesamt von ein und derselben emotionalen Grundqualität und einem einheitlichen Gefühlston durchdrungen sind. Ich werde weiter unten näher darauf eingehen, wie die verschiedenen Aspekte tatsächlich zusammenklingen.

Zwar verwende ich in diesem Buch durchgängig den seit Jahrzehnten geläufigen Begriff »Komplex«, könnte aber ebensogut einen von Stanislav Grof geprägten Terminus benutzen, der das gleiche phänomenale Spektrum noch genauer beschreibt, nämlich die Bezeichnung COEX, eine Abkürzung für »systems of condensed experiences« (System kondensierter Erfahrung). Im strikten Wortsinn sind in Jungs Definition des Komplexes perinatale und präexistentielle Aspekte nicht eingeschlossen, obwohl er sich der zu den übrigen Faktoren hinzukommenden somatischen und archetypischen Dimensionen durchaus bewußt war. Grofs COEX-Definition kommt Jungs Beschreibung des Komplexes sehr nahe. In *Beyond the Brain* schreibt Grof:

> Ein COEX-System ist eine dynamische Konstellation von Erinnerungen (samt der mit diesen verbundenen Phantasien) aus verschiedenen Stadien der individuellen Existenz. Diese Erinnerungen sind miteinander eng verbunden durch eine ihnen allen gemeinsame starke emotionale Ladung, durch bestimmte intensive körperliche Empfindungen der gleichen Art oder durch die Tatsache, daß sie andere wichtige Elemente miteinander teilen.[5]

An dieser Stelle sollte der Hinweis nicht fehlen, daß Grofs Definition durch seine Ergebnisse in der LSD-Forschung gestützt wird. Weiter erklärt er:

> Es ist nicht ungewöhnlich, daß solche dynamischen Konstellationen Material aus verschiedenen Lebensphasen ebenso in sich enthalten wie Erinnerungen an die Geburt sowie unterschiedliche transpersonale Erfahrungen, etwa Wiedererinnerungen an eine frühere Inkarnation, Identifizierungen mit Tieren oder mythologischen Bildfolgen.[6]

Ganz sicher beziehen sich diese Ausführungen auf den gleichen Modus der psychischen Erfahrung, von dem hier die Rede ist. Die Bezeichnungen COEX und Komplex könnte man beinahe beliebig austauschen, vorausgesetzt, wir erweitern den Begriff Komplex dahingehend, daß er auch präexistentielle und perinatale Erinnerungen einschließt. Ich werde auf diese Frage im nächsten Kapitel noch ausführlicher eingehen.

Symbolische Resonanz am Beispiel von Verlust und Trennung

Die Bilder des Selbstmords durch Erhängen und des Erstickens, die Susan seit jener präexistentiellen Erfahrung und seit ihrer letzten Geburt sozusagen in ihrem Hals mit sich herumtrug, waren in hohem Maße mit Verzweiflung und Schuldgefühlen geladen. Daß sie sich selbst Vorhaltungen machte (»Das alles hat sich bei mir im Hals festgesetzt«) und sich so zwanghaft für ihre Mutter verantwortlich fühlte, obwohl sie nicht einmal wußte weshalb – das alles war bezeichnend für ein ganzes Bündel von Gefühlen, die in Susans Unbewußtem symbolisch nachhallten. Wenn es mir gelingt, über die bei einem Patienten vorherrschenden symbolischen Resonanzen Klarheit zu gewinnen, kann ich den Betreffenden durch das wiederholte Sprechen bestimmter Wörter oder Sätze, durch die Evozierung von Bildern und Gefühlszuständen, die ihrerseits im Unbewußten bestimmte Erinnerungen auslösen, rasch zwischen den verschiedenen Ebenen seines Komplexes hin- und herlenken. Auf diese Weise versuche ich die Geschichte hinter der Geschichte ans Licht zu bringen, wie ich meine Methode im vorigen Kapitel beschrieben habe.

Die für das Verständnis dieser Symbol-Sprache des Unbewußten bahnbrechende Arbeit haben natürlich Freud und Jung geleistet. Freud hat sich anfangs besonders mit den nach ihm benannten Fehlleistungen, beispielsweise »Versprechern«, aber auch mit Traumsymbolen beschäftigt, während Jung in der klinischen Praxis untersuchte, wie hinter ungewöhnlichen Wortassoziationen verborgene Geschichten sichtbar wurden. Im weiteren Verlauf des Jahrhunderts haben die Therapeuten dann immer ausgeklügeltere Verfahren zur Entschlüsselung dieser Symbole entwickelt. Wilhelm Reich war der erste, dem es gelang, die hinter bestimmten Muskelverspannungen oder hinter dem Körperpanzer überhaupt verborgenen Gefühlshaltungen zu verstehen. Er erkannte, daß bestimmte habituelle Muskelverspannungen beispielsweise bedeuten konnten: »Niemand liebt mich« oder: »Versuch nicht, mich herumzukommandieren«. Fritz Perls verfeinerte in seiner Gestalttherapie unser Verständnis des somatischen Aspekts des Komplexes samt der entsprechenden symbolischen Bedeutungen.[7]

Die Hypnotherapeuten machen sich schon seit langem die sogenannte »Affekt-Brücke« zunutze, um den Klienten mit verschütteten biographischen Aspekten seines Komplexes in Kontakt zu bringen. Um dies zu erreichen, erteilen sie Suggestionen wie: »Überlassen Sie sich rückhaltlos Ihrer Angst, bis eine alte Geschichte zum Vorschein kommt.«

Meines Wissens ist Dr. Morris Netherton in seiner Präexistenztherapie als erster dazu übergegangen, die in der Gestalttherapie übliche Methode anzuwenden, den Klienten Sätze wiederholen zu lassen, durch deren symbolische Resonanz bestimmte perinatale und präexistentielle Erinnerungen stimuliert werden. Perls hat in der therapeutischen Praxis ein waches Ohr für Standardsätze oder -gesten entwickelt, in denen die Essenz des jeweiligen Komplexes – oder in seiner Sprache eine »unvollendete Gestalt« – festgeschrieben schien. Perls machte sich Standardsätze wie »Es bleibt mir in der Kehle stecken, wenn...« zunutze, um ohne Umschweife in das Zentrum eines für den Klienten grundlegenden existentiellen Dramas hineinzugelangen, in dem vielleicht heruntergeschluckte Gefühle und unterdrückte Gedanken im Mittelpunkt stehen. Netherton hat gezeigt, daß derartige Sätze durchaus auch mit einem Geburtstrauma, mit im Mutterleib aufgeschnappten Konversationen oder mit präexistentiellen Dramen resonieren können. Auch für meine eigene Arbeit sind seine brillanten Methoden, die ich während meiner eigenen ersten Experimente in Vermont kennenlernen durfte, nicht ohne Folgen geblieben.

Um zu verdeutlichen, wie das Prinzip der symbolischen Resonanz sich zur Aufdeckung der unbewußten – insbesondere auch der präexistentiellen – Aspekte eines Komplexes verwenden läßt, möchte ich auszugsweise drei Fälle beschreiben, mit denen ich in meiner eigenen Praxis zu tun gehabt habe.

1. *Rick* klagte mir gegenüber in der Therapie, wie elend und einsam sein Leben geworden sei, seit seine Frau ihn verlassen habe. »Alles muß ich alleine machen«, lautete ein Satz, der in seinen Ausführungen in verschiedenen Varianten immer wieder vorkam.

»Ich möchte, daß Sie jetzt die Augen schließen und immer wieder sagen: ›Alles muß ich alleine machen‹«, sagte ich zu ihm. »Achten Sie auf Ihren Körper und Ihre Gefühle, und schauen Sie dann, wohin Sie das führt – sei es in Ihrem jetzigen oder in einem früheren Leben.«

Meine Anweisung soll ihm völlig freie Hand lassen, sich auf dem Lotus-Rad auf jene »Ebene« zu begeben, die durch seinen Standardsatz aktiviert wird.

»Ich befinde mich jetzt in meiner Kindheit und putze das Haus. Meine Mutter ist tot, und mein Vater ist bei der Arbeit. Ich bin acht Jahre alt. Alles muß ich alleine machen.«

Zugleich mit den Bildern über seine einsame Kindheit steigen Tränen in ihm auf. Dann weise ich ihn an, in eine andere Zeit hinüberzuwechseln, wo diese Worte für ihn ebenfalls eine starke Bedeutung haben.

»Alles muß ich alleine machen«, sagt er wiederum. »Das ist nicht fair, ich komm' alleine nicht zurecht. Ich habe Angst. Wer hilft mir nur?«

»Wo befinden Sie sich jetzt?« frage ich.

»Ich befinde mich im Leib meiner Mutter. Diese Worte hat sie gesprochen. Vater ist bei der Armee. Sie hat schreckliche Angst vor der Geburt«, fährt er fort.

Wir erforschen nun die Situation damals im Uterus und beschäftigen uns mit den »Botschaften«, die er damals von seiner Mutter erhalten hat. Ich versuche ihm zu helfen, sich darüber klar zu werden, wie ihre Stimme noch immer in ihm lebendig und wirksam ist.
»Das ist nicht fair. Warum hat er mich nur allein gelassen? Was soll ich nur tun? Es ist niemand für mich da. Ich schaffe es nicht alleine. Wie komme ich nur damit zurecht?«
Ich fordere ihn jetzt auf: »Wechseln Sie nun in eine andere Existenz hinüber, und wiederholen Sie: ›Alles muß ich alleine machen.‹«
Fast unvermittelt erlebt Rick sich jetzt als achtjährige Tochter russischer Bauern, die von den Kosaken niedergemetzelt worden sind. Das kleine Mädchen, das als einzige überlebt hat, hebt in der harten Erde ein Grab für seine Angehörigen aus. Wieder Tränen und Schmerz. Als diese Situation vorüber ist, gehen wir das Leben des Bauernkindes bis zum Ende durch. Dabei zeigt sich, daß das acht Jahre alte russische Mädchen sich nie mehr von dem Anblick ihrer niedergemetzelten Eltern erholt hat. Sie verbringt einen Großteil ihres Lebens allein und bleibt unverheiratet.

Rick trägt noch immer die »gefrorenen« Affekte von damals mit sich herum und schlägt sich noch immer einsam und allein durchs Leben. Offenbar ist dieses Verhalten ihm zu einer tiefsitzenden Gewohnheit geworden und bestimmt sein Leben bis zum heutigen Tag.

Zunächst werden die pränatalen Erinnerungsspuren im Uterus aktiviert, und später dann, als er ganz allein das Haus saubermachen muß, werden bei dem Achtjährigen in einem von seiner toten Mutter handelnden emotionsgeladenen Tagtraum weitere Erinnerungen geweckt. Jede dieser Erfahrungen bestätigte anscheinend die alten Erinnerungen der Qual und Not.

2. In der Phase, als ich gerade anfing, mich intensiver mit präexistenztherapeutischen Fragen zu beschäftigen, hatte ich einmal eine Klientin, die ich *Barb* nennen werde. Barb hatte gerade das College abgeschlossen, war extrem scheu und ihren Eltern, die sie als überbesorgt charakterisierte, in übertriebener Anhänglichkeit verbunden. Die Überbesorgtheit ihrer Eltern erklärte sie sich damit, daß diese offenbar glaubten, ihre Tochter sei als Kleinkind ein wenig zu kurz gekommen, und daß sie deshalb bemüht seien, dies wiedergutzumachen. Wir hatten monatelang mit den Mitteln einer konventionellen Analyse versucht, irgendeine traumatische Kindheitserfahrung zu entdecken – jedoch völlig ohne Erfolg. Als wir uns in einer

Sitzung einmal darüber unterhielten, wie sie neue Freunde gewinnen und ihre Schüchternheit überwinden könne, schlug ich ihr vor, doch mal eine schicke Party zu veranstalten. »Um Gottes willen!« sagte sie. »Das könnte ich nie. Die Leute würden mich ja für verrückt halten.«

Plötzlich wurde mir bewußt, daß ich den Satz »Die werden mich ja für verrückt halten« von ihr schon ziemlich häufig gehört hatte. Deshalb bat ich sie, sich hinzulegen, die Augen zu schließen und immer wieder zu sagen: »Die werden mich ja für verrückt halten.« Als sie dies tat, bekam sie es fast augenblicklich mit der Angst zu tun, und ihr ganzer Körper verspannte sich. Heute würde ich sagen, daß wir mit dem somatischen Aspekt des Komplexes in Berührung gekommen waren, aber damals war ich schlicht verblüfft, daß die Wiederholung eines von ihr ständig benutzten Satzes ihr plötzlich angst machen sollte. »Ich will nicht«, sagte sie. »Ich fürchte mich.« Mir schoß unvermittelt durch den Kopf, daß sie offenbar glaubte, daß ich ihr etwas antun werde, deshalb beruhigte ich sie und konnte sie, die inzwischen erregt aufgesprungen war, dazu bewegen, sich wieder auf die Couch zu legen. Sie legte sich wieder hin und wiederholte, am ganzen Körper bebend, ihren Standardsatz.

»Die werden mich für verrückt halten. Die werden mich für verrückt halten.« Dann folgte: »Ich darf es nicht tun. Ich kann nichts dagegen machen. Die werden mich für verrückt halten. Nein, rührt mich nicht an! RÜHRT MICH NICHT AN! Sie bringen mich weg von hier. Sie haben mir dies Ding angelegt, ich kann meine Arme nicht mehr bewegen. Bringt mich nicht weg von hier! Nein, bitte nicht! Nein, nein, nein!«

Sie weinte und schluchzte und wand sich in offenkundiger Qual auf der Couch, bis sie schließlich imstande war, die ganze Geschichte zu erzählen:

»Ich bin zwölf Jahre alt. Ich befinde mich offenbar im frühen neunzehnten Jahrhundert. Meine Eltern sind sehr gut zu mir, aber ich leide unter diesen Anfällen und wälze mich auf dem Boden. Sie halten mich für verrückt. Sie wissen nicht, was sie tun sollen. Ich kann gegen die Anfälle nichts machen. Ich hab' Angst, daß sie mich für verrückt halten. Sie werden mich einsperren lassen. Und genau das passiert auch. Diese Männer sind gekommen und haben mich in dieses Ding gesteckt (vermutlich eine Zwangsjacke) *und mich in eine Anstalt gebracht. Meine Eltern sehe ich nie wieder. Ich sterbe mit achtzehn Jahren an einem Fieber. Was für ein furchtbares Leben.«*

In ihrem gegenwärtigen Leben war Barb nichts widerfahren, was sich auch nur entfernt mit dieser Wiedererinnerung hätte in Verbindung bringen lassen. Wir hatten es hier ganz eindeutig mit Residuen und Ereignissen aus einer vergangenen Existenz zu tun. Nachdem sie diese Geschichte erzählt hatte, konnte sie plötzlich erkennen, daß sie unbewußt von der tiefen, irrationalen und völlig unbegründeten Angst beherrscht gewesen war, ihre (gegenwärtigen) Eltern würden sie am liebsten einsperren lassen. Die Zurückhaltung, die sie in diesem Leben an den Tag legte, sollte gewährleisten, daß absolut nichts in ihrem Verhalten den Verdacht nahelegen könne, sie sei verrückt. Ihre Scheu diente ihr somit als Hauptschutz gegen diese uneingestandene Furcht. Wörter und Sätze wie »verrückt« und »Ich werde sie nie mehr sehen« hatten für Barb deutlich einen besonderen Gefühlswert; die emotionale Färbung, die diese Sätze für sie hatten, ließ sich allerdings aus ihrer frühen Kindheit beim besten Willen nicht herleiten. Indem wir der in diesen Worten mitschwingenden emotionalen Resonanz nachspürten, gelangten wir ziemlich rasch in eine Dimension ihrer Psyche, innerhalb derer ihre Ängste einen Sinn ergaben und auch in ihrer Intensität durchaus verständlich waren.

Barbs Fall ist ein gutes Beispiel dafür, daß ein umfassenderer Begriff der Psyche uns manchmal davor bewahren kann, die Ursachen eines seelischen Problems jahrelang falsch zu »lokalisieren«. Im Lichte solcher Erfahrungen erscheint mir ein Großteil des psychoanalytischen Unternehmens heute hoffnungslos beschränkt durch das unhinterfragte Dogma, alles und jedes müsse in der frühen Kindheit seinen Ursprung haben. Den frühen Forschungsreisenden vergleichbar, die nicht von der Meinung ablassen wollten, die karibischen Inseln seien ein Teil Indiens, können wir natürlich stur unsere neuen Entdeckungen den vertrauten Strukturen des uns bereits bekannten psychoanalytischen Territoriums einfügen – ob wir sie nun phylogenetische Spuren, archetypische Phantasien oder sonstwie nennen. Aber immer mehr Psychotherapeuten der verschiedensten Richtungen kommen mittlerweile zu der Auffassung, daß die Dimension von vergangenen Leben die menschliche Psyche um eine unglaublich mannigfaltige neue Welt bereichert, eine Welt, die in der westlichen Kultur bis vor kurzem keinerlei Beachtung gefunden hat.

Die Anerkennung der präexistentiellen und der perinatalen Ebene des Komplexes hat innerhalb der therapeutischen Praxis noch eine andere wichtige Akzentverschiebung bewirkt. Indem wir diese Präexistenz-Fragmente so behandeln, als ob sie historisch-authentisch wären, hat sich innerhalb der Therapie der Schwerpunkt von der endlosen psychoanalytischen Interpretation dieser Fragmente – also von der Therapie als intellektueller Übung mit punktuellen Gefühlsausbrüchen – zum unmittelbaren Erleben des jeweils im Unbewußten schlummernden traumatischen Ereignisses hin verlagert. Was immer wieder ins Auge fällt, so auch in Barbs Fall, ist der Umstand, daß sich bei dieser Art des Vorgehens weitschweifige Interpretationen oftmals erübrigen. Die Geschichte erklärt sich selbst. »Jetzt weiß ich endlich, warum ich ständig unter dieser Angst gelitten habe«, kann man immer wieder von Klienten hören.

In der Psychotherapie hat sich das Blatt wieder einmal gewendet. Seit Einführung der kathartischen Heilverfahren im neunzehnten Jahrhundert und Freuds Betonung des Traumas sind viele therapeutische Richtungen in Anlehnung an den Begründer der Psychoanalyse dazu übergegangen, bei der Behandlung seelischer Krankheiten die unmittelbare Erfahrung des Patienten selbst zugunsten rein interpretativer oder – wie im Behaviorismus oder in der Psychotherapie – manipulativer Verfahren zu vernachlässigen. Heutzutage, Moreno, Perls, Janov und andere haben gezeigt, wie wichtig es ist, daß der Patient sein Trauma und die anschließende Katharsis unmittelbar selbst (noch einmal) erlebt, aber auch seit Stanislav Grof und Morris Netherton der Psychotherapie neue Dimensionen erschlossen haben, werden wieder erfahrungsorientierte Therapien angeboten, die sämtliche der zahlreichen Ebenen seelischer Komplexe berühren.

Der Fall Sol:
An der Klagemauer in Jerusalem

Das letzte Fallbeispiel dieses Kapitels zeigt sehr deutlich, daß die an unmittelbarer Erfahrung orientierte Erforschung seelischer und körperlicher Probleme, die zugleich mehrere Ebenen eines Komplexes anspricht, auch in solchen Fällen weiterhelfen kann, in denen ein eindimensionales therapeutisches Vorgehen scheitert.

Sol war ein sehr angesehener Chiropraktiker und Heiler von Ende Fünfzig. Er hatte stets ausgesprochen gesundheitsbewußt gelebt und sowohl auf seine Ernährung als auch auf ausreichende körperliche Übungen geachtet. Trotzdem hatte er sein ganzes Leben lang immer wieder unter Nebenhöhlenentzündungen zu leiden gehabt, und keine konventionelle oder alternative Therapie hatte diese Beschwerden zu lindern vermocht. »Ich habe jedes andere Leiden, mit dem ich mich je herumgeschlagen habe, geheilt«, sagte er, »aber diese Geschichte werde ich einfach nicht los. Offenbar ist dagegen kein Kraut gewachsen.« Sol war auf einer erst kurz zurückliegenden Mittelmeerreise auch in Jerusalem gewesen. Dabei war er an einer bestimmten Stelle der Klagemauer in unkontrollierbares Schluchzen ausgebrochen. Hinterher hatte er den Eindruck gehabt, daß bei dieser Gelegenheit vielleicht eine undeutliche Wiedererinnerung in ihm aufgestiegen sei, wenngleich er darüber nichts Näheres zu sagen wußte. Das war jedenfalls auch der Grund, weshalb er sich bei mir einer Präexistenztherapie unterzog.

Während ich ihm zuhörte, fragte ich mich, was wohl dahinter steckte. In der Geschichte des antiken, mittelalterlichen und neuzeitlichen Jerusalem gibt es so viele Massaker und Tragödien, daß an traurigen Geschichten gewiß kein Mangel bestand. Später war ich aber doch einigermaßen überrascht, was dann kam.

Da mir bisher noch kein besonderes Bild und auch kein außergewöhnlicher Satz aufgefallen war, bat ich Sol, sich mit geschlossenen Augen hinzulegen, sich auf seine Atmung und dabei besonders auf die Nasengegend zu konzentrieren und dann unmittelbar in die Zeit hinüberzugleiten, als seine Nebenhöhlenbeschwerden angefangen hatten. Ich erwartete fast, daß er mir von einer Szene an der Klagemauer berichten werde, aber statt dessen erlebte er, wie er in Sandalen und in einer Cordhose einen feuchten Waldweg entlangging:

»Ich bin neun Jahre alt und befinde mich in einem Sommerlager in Michigan. Wir sind ungefähr zu sechst im Wald unterwegs. Es regnet schon seit längerem. Ich bin in einen Bach gefallen und jetzt natürlich erst recht pudelnaß. Ich fühle mich elend. Ich will nach Hause. Ich zittere vor Kälte.«

Sol hatte ungeachtet des heißen Sommertages tatsächlich zu zittern angefangen, als er so auf der Couch dalag, und aus seinen Augen quollen Tränen. Es konnte gar kein Zweifel bestehen, daß sein Komplex sowohl auf der biographischen als auch auf der somatischen Ebene reagierte.

»Achten Sie auf Ihre Gefühle, und sprechen Sie einfach aus, was Ihnen gerade in den Kopf kommt«, drängte ich.

»Ich will nach Hause. Ich fühl mich so elend. Mir ist so kalt. Ich werde sie nie wiedersehen. Ich werde sie nie wiedersehen.«

Sol fängt zu schluchzen an; Tränen und Schleim treten ihm aus Augen, Nase und Mund. Ich reiche ihm ganze Packungen Tempotaschentücher und frage: »Wen werden Sie nicht wiedersehen?«
»Meine Mutter. Sie ist sehr krank und liegt im Hospital. Sie und mein Vater haben mich für den Sommer hierhergeschickt, weil er sich nicht um mich kümmern kann. Vielleicht stirbt sie. Ich werde sie nie wiedersehen.«
»Haben Sie mit irgendwem in dem Zeltlager darüber gesprochen?« frage ich.
»Nein, das kann ich nicht. Ich muß stark sein. Ich darf nicht weinen. Aber ich bin so unglücklich.«
»Dann bringen Sie jetzt zum Ausdruck, was Sie damals nicht zeigen durften«, sage ich.

Wenn der Klient eine bestimmte Begebenheit aus diesem oder einem früheren Leben in der Therapie wiedererlebt, so ist es für den Heilerfolg entscheidend, daß die verschütteten Affekte diesmal zum Ausdruck gelangen können. Mir war inzwischen klar, daß in Sols Nebenhöhlen all die Gefühle »gespeichert« waren, die er als kleiner neunjähriger Junge so heldenhaft vor der Außenwelt verborgen hatte. Ich ließ ihm noch etwas Zeit, sich den Schmerz von der Seele zu schluchzen, und sagte dann:

»Ich möchte, daß Sie jetzt ein paarmal wiederholen: ›Ich werde sie nie wiedersehen‹ *und sich dann durch diese Worte in eine andere Erfahrung hinüberführen lassen, in der sie ebenfalls sinnvoll sind.«*
»Ich werde ihn nie wiedersehen! Ich werde gerade ihn nie wiedersehen!«
Der Austausch dieses einen Wortes löste in Sol eine neue Welle von Weinkrämpfen aus; die Tränen, die er jetzt vergoß, schienen einer noch tieferen und älteren Schicht zu entstammen.
»Sie haben ihn festgenommen. Ich werde ihn nie wiedersehen! Was soll ich nur tun? Wir hätten etwas dagegen unternehmen sollen. Jetzt ist es zu spät. Wir haben ihn im Stich gelassen. Vor mir befindet sich eine große Menge. Ich bin in Jerusalem. Ich trage ein langes Gewand. Sie haben Jesus festgenommen. Ich werde ihn nie wiedersehen. Ich werde ihn nie wiedersehen!«
Aus einer gewissen Entfernung erlebt dieser Mann Dinge, die wir alle kennen: Jesus wird gemeinsam mit zwei Dieben in Jerusalem zur Kreuzigung geschleppt. Sol erlebt sich als einen Römer, der im Auftrag der kaiserlichen Autoritäten geschäftlich in Jerusalem zu tun hat. Als

er einmal zufällig Jesus predigen hört, verändert sich für den Römer schlagartig sein ganzes Leben. Er gibt seine hohe Position in Rom zugunsten eines kleinen Postens in der Kolonialverwaltung auf, nur um sich im Umkreis dieses bemerkenswerten Lehrers aufhalten zu können. Er heiratet sogar eine jüdische Frau und möchte zum jüdischen Glauben übertreten, um seine Verbundenheit mit Jesus zum Ausdruck zu bringen. Besonders beeindruckt ist er, als er eines Tages Zeuge wird, wie Jesus einen Kranken heilt. »Diese Erfahrung hat etwas in mir geweckt«, erklärt er fast ekstatisch und unter Tränen. Sol erwähnt Bruchstücke der Lehre Jesu, wie dieser römische Kaufmann sie damals aufgeschnappt hat:

»Wir können heilen lernen, wenn wir nur den rechten Glauben und die rechte Liebe haben... Wir sind alle eins... Wir müssen einander lieben...«

Einfache, wohlbekannte Worte, doch sie scheinen aus den tiefsten Schichten von Sols Wesen ganz spontan hervorzusprudeln.

Der Rest der Geschichte, die der Römer erzählt, ist Allgemeingut – keine neuen Auskünfte darüber, wie Jesus gestorben ist und wohin man seinen Leichnam gebracht hat. Gemeinsam mit einer großen Menge hält er Totenwache, bis der Leichnam Jesu vom Kreuz genommen wird. Er sieht seinen Lehrer nie wieder. Später schließt er sich mit anderen Anhängern Jesu zusammen, und sie studieren und beten im Angedenken an ihren Meister. Nachdem er noch viele Jahre als Kaufmann gelebt hat, stirbt der Römer schließlich irgendwo auf dem Lande nach einem langen Leben eines natürlichen Todes. »Die Nachfolger Jesu«, sagt er, »leben nun verstreut und blicken einer ungewissen Zukunft entgegen.«

Nachdem Sol diese Geschichte durchlebt hat, ist er tiefbewegt. Er hat diese Wiedererinnerung als echte Katharsis erlebt, als »Reinigung«, denn nichts anderes bedeutet das griechische Wort ja schließlich. Er versteht jetzt die spirituellen Wurzeln seiner Berufung zum Heiler und daß seine jetzige Tätigkeit irgendwie in Zusammenhang mit dem Gefühl der Reue und der Verantwortung steht, das er für seinen im Stich gelassenen Meister empfunden hat. Die Erinnerung an seine Kindheit in Michigan und die Wiedererinnerung seines Lebens als römischer Kaufmann haben in Sol noch einmal ein tiefes Bewußtsein dafür geweckt, was es bedeutet, verlassen zu werden, aber auch was es heißt, einen anderen Menschen im Stich zu lassen. Es ist selten, daß ein Klient beide Seiten dieses durchaus häufig anzutreffenden

Komplexes im Verlauf einer einzigen Sitzung so deutlich erfährt, aber wenn dies geschieht, so hinterläßt es ein spezifisches Gefühl der Erfülltheit. Genau wie Susan in einem unserer früheren Fallbeispiele eine alte karmische »Gedächtnisstütze« gleichsam in ihrem Hals somatisiert hatte, so hatte auch Sol in seinen Nebenhöhlen eine alte Erfahrung »gespeichert«, eine Geschichte des Kummers und der Entschlossenheit, die Kranken zu heilen.

Was mir besonders auffiel, als wir hinterher noch über sein Leben sprachen, war der Umstand, daß er seine Mutter sehr wohl wiedergesehen hatte. Sie war damals im Krankenhaus überhaupt nicht gestorben, sondern wieder gesund geworden. Der Gedanke, sie zu verlieren, hatte jedoch einen noch nicht ausgeheilten karmischen Aspekt von Sols Komplex angerührt, der allerdings damals noch so mächtig war, daß eine Auflösung nicht möglich war. So war er weiterhin gemeinsam mit den zugehörigen Tränen in Sols Nebenhöhlen »verschüttet« geblieben.

Geschichten, in denen von so allgemein bekannten historischen Geschehnissen die Rede ist, daß der Christ und Heiler Sol in seinem Leben schon des öfteren über Jesus nachgedacht hat und daß vielleicht anläßlich seines Besuches, den er der Klagemauer abgestattet hat, in ihm eine unbewußte Phantasie neu geweckt wurde. Ganz sicher ist dies eine legitime Interpretation, und es läßt sich im übrigen kaum bestreiten, daß die großen archetypischen Dramen der Geschichte und der Literatur uns auf diversen Ebenen Interpretationsmöglichkeiten bieten. Wir alle sind in bestimmten Situationen schon einmal Hamlet gewesen oder Judas oder Camille. Und was die Lebensgeschichte Jesu anbelangt, so gibt es in der christlichen Kunst, Musik und Literatur unzählige Meditationen über sein Leiden und seinen Tod – von dem in jeder katholischen Kirche dargestellten Kreuzweg angefangen bis hin zu Johann Sebastian Bachs *Matthäuspassion*.

Gleichwohl war der Ton, in dem Sol seine Geschichte erzählte, von so frappierender Einfachheit und Unaufgesetztheit, daß seine Ausführungen in meinen Ohren echt klangen. Außerdem handelte es sich um sein persönliches Drama, das ihm durch keine kulturelle oder religiöse Tradition aufgezwungen worden war. Und so stellte die Geschichte für ihn einen zutiefst bedeutungsvollen persönlichen Mythos dar.

Die Leichtigkeit und Erschwinglichkeit des Reisens ermöglicht es heute vielen Menschen, die Schauplätze ihrer präexistentiellen

Erfahrungen persönlich aufzusuchen. Viele Menschen berichten von offenkundigen Wiedererinnerungen, die der Besuch eines bestimmten Ortes in ihnen ausgelöst hat. Eine mir persönlich bekannte Frau aus New York, die vor kurzem erstmals in ihrem Leben in Rom gewesen ist, legte bereits am ersten Tag ihren Stadtplan beiseite, weil sie sich in den alten Straßen von Trastevere ohnehin bestens zurechtfand. Sie hatte das Gefühl, schon einmal dort gewesen zu sein. Könnte es sich bei solchen – vielfach dokumentierten – *Déjà-vu*-Erlebnissen nicht vielleicht um Fragmente präexistentieller Erinnerungen handeln? Mir jedenfalls hat sich dieser Eindruck immer wieder aufgedrängt.

Vom therapeutischen Standpunkt aus gesehen, diente Sols Geschichte der Abreaktion und Freisetzung eines verschütteten Aspekts eines tiefsitzenden Komplexes; sie ließ aber auch seine Berufung als Heiler in einem neuen spirituellen Licht erscheinen. Ich bin der Meinung, daß Sol von seinem Unbewußten an einen ihm seit alters in Jerusalem vertrauten Schauplatz zurückgeführt wurde, um so den Kontakt zu einer in seiner Erinnerung fortlebenden Gestalt wiederherzustellen, die sowohl Mensch, in gewisser Hinsicht aber auch eine Verkörperung seiner höchsten Strebungen war. Im Jungschen Sprachgebrauch könnte man die Erfahrung vielleicht auch eine Begegnung mit dem Selbst nennen, mit dem in jedem Menschen lebendigen Bild des Göttlichen, das in Sols Fall zugleich alle Merkmale einer gelebten menschlichen Erfahrung beinhaltete.[8] Vor allem hatte diese Begegnung für Sol selbst eine tiefe psychologische Bedeutung und versah ihn mit reichlich Stoff für künftige Meditationen.

Der Archetyp der Verlassenheit

Die Qualen der Verlassenheit, der Trennung und des Verlusts nehmen wahrscheinlich hinsichtlich ihrer Häufigkeit unter den präexistentiellen Traumata den zweiten Rang ein – an erster Stelle steht natürlich die Erfahrung eines gewaltsamen Todes. Ich könnte die drei vorstehend beschriebenen Fälle ebensogut durch Hunderte anderer Beispiele allein aus meiner eigenen Praxis ersetzen: Säuglinge, die in Notzeiten ausgesetzt werden, dem Hungertod preisgegeben; Kinder, die bei Überfällen oder Massakern oder durch Versklavung von ihren Eltern abgetrennt werden; Pioniere, die in der Frühzeit Amerikas von ihren Lieben getrennt sind; in dunkle Verliese gesteckte Ketzer;

politische Dissidenten, die einfach »verschwinden« – eine Prozession des menschlichen Elends, die bis auf den heutigen Tag in fast allen bekannten Ländern unerbittlich weitermarschiert. Wie oft habe ich in Workshops oder während therapeutischer Sitzungen schweigend dagesessen und geduldig einem vor Wut und Trauer schluchzenden und schreienden Patienten Tempotaschentücher gereicht. Und normalerweise gibt es in solchen Situationen keinen Trost, keine Rettung und auch keine Kavallerie, die rettend eingreifen könnte. Was verloren ist, ist verloren, so scheint es, und zwar für immer.

Die Psychoanalytiker freilich führen solche schmerzhaften Verlusterfahrungen auf die Trennung des Säuglings von der Mutter zurück, das heißt auf die Beendigung des seligen Zustands im Mutterbauch. Ganz sicher erlebt man als Therapeut während vieler Sitzungen immer wieder, daß Sätze wie »Sie ist fort« oder »Ich bin allein« durch die symbolische Resonanz biographische Erinnerungen anregen und zur Freisetzung bis dahin verschütteter starker Emotionen führen. Aber vor dem Hintergrund der mehr holographischen Auffassung, die ich vertrete, möchte ich behaupten, daß stets präexistentielle Erfahrungen die frühkindlichen Verlassenheitsgefühle überlagern, wodurch – um mit Matthew Arnold zu sprechen – »dem ewigen Klang der Traurigkeit« noch eine weitere Oktave hinzugefügt wird.

Verluste lösen automatisch Kummer aus und werden erst durch Trauer allmählich verarbeitet. Häufig erhält ein Klient im Verlauf einer Präexistenztherapie Gelegenheit, einen unerledigten Schmerz auszudrücken, von dem bereits Fragmente in der Kindheit zutage getreten sind oder in einer unglücklich verlaufenden Liebesgeschichte oder beim Verlust der Eltern oder geliebter Menschen. Dabei stellt sich natürlich immer wieder die Frage, wie lange wir einen solchen Schmerz mit uns herumtragen und wann wir Abschied davon nehmen sollten. Wir können wie Hamlet an einem einmal erlittenen Verlust wie süchtig festhalten oder ihn wie König Lear völlig verleugnen und allmählich verrückt werden. Aber zahlreiche »spirituelle« und psychologische Autoritäten stimmen darin überein, daß Erfahrungen von Verlassenheit und Verlust sich als unsere besten Lehrer erweisen können. »Wenn das Herz noch um das Verlorene weint, freut sich der Geist bereits über das, was er gefunden hat«, lautet ein altes Sufi-Sprichwort.

Als Sol seinen Meister verlor, wurde in ihm ein Prozeß in Gang gesetzt, der – insbesondere christlichen – Mystikern sehr vertraut ist.

Denn häufig folgt auf das spirituelle Erwachen – in Sols Fall die Begegnung mit Jesus – zunächst ein Höhenflug intensiver Verehrung und Hingabe, der jäh in eine spirituelle Depression umschlagen kann oder in »die dunkle Nacht der Seele«, wie der heilige Johannes vom Kreuz diesen Zustand nennt.[9]

In dieser Periode innerer Leere und quälender Not gibt es keinen Trost. Denn dies ist eine Phase der inneren Reinigung von allem Verlangen, von jeglicher Weltverhaftetheit und Sehnsucht, die schließlich in ein neues spirituelles Bewußtsein einmünden kann, in einen Zustand tiefer innerer Kommunion mit dem höheren Selbst. Der deutsche Dichter Angelus Silesius hat diesem Mysterium der spirituellen Verlassenheit in bestürzenden Worten Ausdruck verliehen:

> Verzicht bringt uns näher zu Gott, aber der Verzicht auf Gott ist ein Verzicht, den wenige jemals verstehen.

Was hier gemeint ist, ist die archetypische oder spirituelle Oktave der Verlassenheit, die mit der biographischen und der präexistentiellen Erfahrung des Verlusts in eins verschmilzt. Gewiß geht die Konfrontation mit dieser Wirklichkeit an die Grenzen dessen, was der Mensch ertragen kann, aber wenn wir diese Grenzen mutig überschreiten, so kann ein tiefes Gefühl des Friedens, des Vertrauens, ja sogar dessen, was man Glauben nennen könnte, die Belohnung sein.

6. Unerledigte Affären der Seele: Die Psychologie des Karma

> Groß ist die Macht des Gedächtnisses, gewaltig groß, mein Gott, ein Tempel, weit und unermeßlich. Wer kann es ergründen?
>
> Augustinus, *Bekenntnisse*

> Die Vergangenen zu erlösen und alles »Es war« umzuschaffen in ein »So wollte ich es!« – das hieße mir erst Erlösung!
>
> Nietzsche, *Also sprach Zarathustra*

> Es ist an denen, sich zu erinnern, die vergessen haben.
>
> Plotin

Kindheitstrauma in einem neuen Licht

Die drei im vorigen Kapitel beschriebenen Fallbeispiele – Susans durch Schuldgefühle bedingte Mutterfixierung, Ricks Verlassenheitsgefühle und Sols chronische Nebenhöhlenentzündung – machten deutlich, daß die Probleme, unter denen diese drei Menschen im jetzigen Leben zu leiden hatten, allesamt einen präexistentiellen Hintergrund hatten. Weder Susan noch Rick hatten in ihrer Kindheit traumatisierende Erlebnisse, durch die sich ihre Schuldgefühle beziehungsweise Ängste hätten erklären lassen. Sol erzählte zwar ein Erlebnis aus einem Sommerzeltlager in seiner Kindheit, das sicherlich mit seiner Nebenhöhlenentzündung in Verbindung stand, doch hatte sein Schmerz noch eine Tiefendimension, die auf seine Erinnerungen an ein Leben zur Zeit Jesu zurückging.

Wissenschaftlich gesehen haben die wenigen bis jetzt angeführten Fallbeispiele nur einen ziemlich geringen Aussagewert, aber ich habe sie hier doch vorgestellt, da sie typisch sind. Vergleichbare Fälle ließen sich zweifellos zu Tausenden in den Unterlagen der wachsenden Zahl etablierter Präexistenztherapeuten finden. Die Konsequenzen dieser neuen Ergebnisse sind vom Standpunkt der traditionellen westlichen Psychologie aus betrachtet sicherlich äußerst weitreichend. Denn das inzwischen gesammelte Material scheint zu belegen, daß die meisten psychischen Krankheiten auf einer seelischen Ebene vererbt werden. Wenn ich hier von den »meisten« psychischen Krankheiten spreche, so deshalb, weil ich natürlich die Möglichkeit nicht bestreiten will, daß es auch in diesem Leben zu Erst-Traumatisierungen kommen kann, obwohl diese lediglich für einen kleinen Teil der psychischen Störungen eine hinreichende Erklärung liefern.

Vielfach erweisen sich aber auch Kindheitstraumata – wie das Beispiel Sol sehr schön zeigt – als Wiederholungen präexistentieller Geschehnisse. Bestimmte Ereignisse in der Kindheit lassen eine latente Wiedererinnerung, die auf der karmischen Ebene »gespeichert« ist, neu aufleben. Solche Kindheitserfahrungen befinden sich in symbolischer Resonanz mit dem präexistentiellen Trauma, das durch sie neu entfacht wird. So reaktivierte etwa Sols in der Kindheit empfundene Sorge, er werde seine Mutter vielleicht nie wiedersehen, eine uralte präexistentielle Erinnerung an die Befürchtung, er werde seinen verehrten Lehrer nie mehr erblicken. Dieses Wiederaufbrechen einer alten karmischen Wunde war für den kleinen Sol im Sommerlager eine potentielle Gelegenheit, sich von seinem alten Kummer zu befreien, allerdings waren die Umstände nicht dementsprechend, so daß der alte Kummer sich sogar noch tiefer in seine Nebenhöhlen eingrub.

Wie wir in den folgenden Kapiteln noch sehen werden, kommt es sehr häufig vor, daß sexuelle Traumatisierungen in der Kindheit einen präexistentiellen Hintergrund haben. Ich habe oft erlebt, daß die therapeutische Erforschung eines frühkindlichen Sexualtraumas unversehens in so trostlose präexistentielle Szenarien einmündet wie Kinderprostitution, rituelle Defloration, Bruder-Schwester- oder Vater-Tochter-Inzest oder frühkindliche Vergewaltigungserfahrungen.

Wenn ein Klient oder eine Klientin sich als Opfer sexuellen Mißbrauchs wiedererlebt, so erweist sich diese Erfahrung häufig, allerdings durchaus nicht immer, als wesentlich schmerzhafter und dramatischer, als es die entsprechenden Situationen in diesem Leben gewesen sind. Immer wieder zeigt sich auch, daß bereits die mildeste Form der Auseinandersetzung mit der aktuellen Kindheit ausreicht, um Ängste zu wecken, die bisweilen – wie es scheint – fast an Wahnsinn grenzen.

Zwei weitere Fälle:
Melinda und Cindy

Melinda hatte bereits etliche Therapeuten konsultiert, weil sie keine engen Beziehungen zu Männern herstellen konnte und weitgehend frigide war. Eine Zeitlang hatte sie in einer lesbischen Partnerschaft gelebt und sich dabei auch einigermaßen wohlgefühlt, weil ihre Geliebte mehr an einem kameradschaftlichen als an einem sexuellen Verhältnis interessiert war. Aber ihre Grundproblematik blieb von alledem unberührt. Sie konnte sich noch genau daran erinnern, wie sie mit elf Jahren einmal sexuell belästigt worden war. Ein zwölf Jahre alter Junge aus der Nachbarschaft hatte sie in eine ausrangierte Garage gelockt und sie genital betastet, ohne allerdings einen vollen Geschlechtsakt mit ihr zu vollziehen. Sie sprach sehr kühl und distanziert über dieses Erlebnis und wirkte die ganze Zeit über körperlich steif und verspannt. Offenbar hatte sie über dieses Ereignis mit ihren früheren Therapeuten bereits des öfteren gesprochen; obgleich sie ihre Wut schon ausgiebig an Kissen und Matratzen ausgelassen hatte, war in ihr nach wie vor ein Teil unerledigter Wut zurückgeblieben.

Als ich sie nun aufforderte, sich auf eine Matratze zu legen und die damalige Situation noch einmal zu durchleben, nahm ihre Verspanntheit sogar noch zu:

»Ich will das nicht«, sagt sie, wobei die Wut in ihrer Stimme unüberhörbar ist.

»Legen Sie sich trotzdem einfach mal hin und wiederholen Sie diesen Satz, wem immer er auch gelten mag«, drängte ich sie sanft.

Während sie so daliegt – ich weise sie lediglich an, bestimmte Sätze zu wiederholen und ihre Körperhaltung zu übertreiben –, sprudeln die folgenden Worte aus ihr hervor: »Ich will das nicht. Laßt mich! LASST mich! Nein! Nein! Nein! Haut ab!«

Sie fängt an, um sich zu treten, windet sich und wirft den Kopf wild hin und her. »Weg hier! Weg hier! Nein! Nein!« So geht es eine Zeitlang weiter, ihr Körper wird immer verspannter, ihre Wut nimmt zu. Ich frage mich, ob ihr Verhalten etwas mit jenem Erlebnis in ihrer Kindheit zu tun hat. Dann plötzlich wird ganz deutlich, daß sie in eine andere Existenz hinübergeglitten ist:

»Sie vergewaltigen mich! Sie vergewaltigen mich! Hilfe! Hilfe! HILFE! Es sind sechs oder sieben – Soldaten. Ich befinde mich in

einer Scheune. Meine Arme sind festgebunden. Es muß irgendwo in Rußland sein. Ich bin ein Bauernmädchen von etwa elf oder zwölf Jahren. Mein Gott, es ist schrecklich. Sie hören nicht auf... Ich will das nicht! Ich will das nicht fühlen! Ich will ihnen meine Gefühle nicht verraten.«

Ihr Becken ist völlig steif, ihre Beine sind total verspannt, sie wirft den Kopf wild hin und her. Ich fordere sie auf, genau diese Teile ihres Körpers sprechen zu lassen, was in ihnen vor sich geht.

»Ich will das nicht fühlen. Ich werd euch nie zeigen, daß es mir gefällt« (Becken und Genitalien).

»Rührt mich nicht an! Haut ab! Ich bring euch um! Ich hasse euch. Ich hasse euch. Ich trete euch« (Beine).

»Ich nehme dies alles nicht wahr. Es geschieht nicht wirklich« (Kopf).

Wir verharren eine Zeitlang bei dieser furchtbaren Szene, und ich fordere sie auf, mit den Beinen um sich zu treten und sich Rechenschaft über die wahren Empfindungen in ihren Genitalien abzulegen und sich auch im Kopf über ihre Gefühle und Wahrnehmungen klar zu werden. Sie tritt um sich, sie weint, sie heult vor Wut und Verwirrung, als sie in ihren Genitalien abwechselnd sexuelle Erregung und Schmerzen verspürt. Während ihr Körper von diesen Empfindungen und Konvulsionen durchzuckt wird, fällt ganz offensichtlich Stück um Stück eine große Last von ihr ab, und ihre alten Verspannungen lösen sich allmählich. Das gesamte Geschehen kulminiert in einer Welle tiefen Schluchzens und in einem Erbeben ihres gesamten Beckenbereiches.

Plötzlich sind die Soldaten nicht mehr da:

»Ich bin wieder in jener Garage. Ich will nicht, daß er mich anfaßt. Ich will das nicht tun. Laß mich in Ruhe. Ich werde starr, aber er tut mir nicht weh. Er ist ziemlich zärtlich, aber meine Oberschenkel sind völlig verspannt, und ich habe das Gefühl, gar nicht wirklich dort zu sein.«

Ich fordere sie auf, tief zu atmen und sich etwaige Übereinstimmungen zwischen der Situation in der Garage und jener früheren Vergewaltigungsszene vor Augen zu rufen.

»Oh, ja«, sagt sie. »Mein Körper hat sich in dieser Garage an etwas anderes erinnert. Es war wie eine blitzartige Rückschau, ein Alptraum, aber ich wollte das alles damals nicht wahrhaben.«

Während Melinda die beiden Geschichten betrachtet und in aller Deutlichkeit vor ihrem inneren Auge nacherlebt, wird ihr vieles ganz spontan bewußt. Zum Beispiel denkt sie daran, daß Berührungen sie schon von jeher fast haben erstarren lassen, daß sie häufig beim Sex gar nicht richtig dabei ist, daß sie in der Phantasie immer wieder den Wunsch verspürt hat, mit den Füßen nach Männern zu treten und so fort. In einer späteren Sitzung erzählte sie mir weitere Einzelheiten aus dem Leben des russischen Mädchens – daß das Mädchen schwanger geworden sei, ihr Kind, einen Jungen, allein aufgezogen, fortan jeden Kontakt zu Männern vermieden habe und schon ziemlich früh an Schwindsucht gestorben sei. Das für jenes damalige Leben entscheidende Ereignis war jedoch zweifellos die Vergewaltigung mit elf oder zwölf Jahren gewesen. Ein aus jener früheren Existenz herrührender unbewußter Verhaltenszwang hatte sie dann – natürlich unwissentlich – veranlaßt, sich in ihrem jetzigen Leben einer ähnlichen, obwohl ungleich schwächeren Traumatisierung auszusetzen. Diese neuerliche Traumatisierung hatte die Funktion, die – von Angst, Erniedrigung und Wut geprägte – latente präexistentielle Ebene des Komplexes zu reaktivieren.

Cindy, eine andere Klientin, war bereits seit längerem in Behandlung und beschäftigte sich vor allem mit ihrer tiefen emotionalen Sehnsucht und ihrer ebenso starken Angst vor Zurückweisung. Sie wünschte sich so sehr die Liebe eines zuverlässigen Menschen, daß sie häufig das Gefühl hatte, »von innen her aufgefressen zu werden«. Als sie dies sagte, wies sie spontan mit der Hand auf ihre Magengegend. Außerdem quälte sie sich mit einer entsetzlichen Vision aus ihrer Kindheit herum, als sie nachts in einer dunklen Ecke ihres Zimmers Augen und Zähne hatte aufblitzen sehen. Während des therapeutischen Gespräches wurde zunächst zwischen diesen beiden Problemen kein Zusammenhang sichtbar, obwohl sie ihr beide gleichermaßen zu schaffen machten. Ein wohlgemeinter Therapeut hatte ihr geraten, sich ein aus der Finsternis hervorglotzendes Ungeheuer vorzustellen und sich dann mit diesem anzufreunden, aber auch dies hatte sie von ihren alten Ängsten nicht zu befreien vermocht.

Da ich die Vermutung hegte, daß das nächtliche Entsetzen ihrer Kindheit womöglich einen präexistentiellen Hintergrund habe, bat ich sie, sich noch einmal in die Situation des kleinen, von Angst gelähmten Mädchens von damals zu versetzen:

»Ich stehe in meinem Bett und halte mich am Gitter fest. Da drüben in der Ecke sind entsetzliche gelbe Augen und gebleckte Zähne, glaube

ich. – ›Mami! Mami! Hilf mir! Sie wollen mich in Stücke reißen! Hilf mir! Hilf mir!‹«

Ihre Mutter kommt herein, nimmt sie in die Arme und sagt: »Das ist doch nur ein Traum, schlaf jetzt weiter.« Das kleine Mädchen legt sich wieder hin, aber die Augen in der Zimmerecke sind immer noch da. Immer noch spürt sie im ganzen Körper nacktes Entsetzen – besonders in der Magengegend.

Ich weise sie an, sich die Augen und die Zähne näher anzusehen und in ihre Panikgefühle genau hineinzuspüren. Außerdem erinnere ich sie daran, daß sie als Cindy hier in seinem Sprechzimmer in absoluter Sicherheit ist. Während sie nun in die Finsternis blickt, lasse ich sie immer wieder den Satz wiederholen.

»Sie wollen mich in Stücke reißen! Sie wollen mich in Stücke reißen! Hilfe! Ich renne durch einen Wald, es ist fast dunkel. Sie kommen hinter mir her! Ich bin ein Junge, ungefähr sechs Jahre alt. Jetzt haben sie mich gepackt – es ist ein Rudel Wolfshunde! Hilfe! Ihre Zähne . . .« (Sie schreit und windet sich voller Entsetzen.) »Sie reißen mich in Stücke . . . Hilf mir! Hilf mir!«

Nachdem Cindy fünf weitere quälende Minuten lang geschrien und sich gewunden hat, fällt die Spannung plötzlich von ihr ab.

»Es ist alles vorbei. Ich schwebe über meinem Körper. Sie (die Wolfshunde) machen sich darüber her. Oh. Sie haben mir die Gedärme herausgerissen, meinen Hals, meine Brust zerfleischt. Oh, ist das furchtbar! Aber ich bin jetzt tot, ich spüre nichts mehr!«

Cindy weint nun eine Zeitlang, während ich sie ermuntere, tief zu atmen und soviel von ihrem Trauma loszulassen, wie ihr dies nur möglich ist, insbesondere aber weise ich sie an, sich von den in ihrer Magengegend »lokalisierten« schmerzhaften Erinnerungen zu trennen. Sie erkennt jetzt, daß sich das ganze mit dieser Erinnerung verbundene Entsetzen hauptsächlich in ihrem Magen festgesetzt hat. Dann bitte ich sie, sich das Leben des kleinen Jungen bis zu jenem furchtbaren Erlebnis anzuschauen. Er war der Sohn einer Bauersfrau gewesen, die im Haushalt eines besonders brutalen Feudalherrn gedient hatte. Einer grausame Laune gehorchend, hatten der Herr und seine Kumpane eines Tages nach einer menschlichen Beute Ausschau gehalten, auf die sie ihre Hundemeute hetzen konnten. Da der kleine Junge gerade vorbeigekommen war, hatten sie ihn zu ihrem Vergnügen von den Wolfshunden durch den Wald jagen lassen. Obwohl die Mutter dies nicht hatte verhindern können, fühlte sich der Junge von ihr fast so sehr verraten wie von ihrem Herrn. Als es nun Cindys Mutter ebenfalls nicht gelungen war, das kleine Mädchen vor dem Terror seiner kindlichen Nächte zu schützen, war unglückseligerweise die alte Wunde des Verrates nur wieder neu aufgerissen, eine Wunde, die dann Cindys ganzes bisheriges Leben vergiftet und sich in ihrem Magen symbolisch als nagende Sehnsucht nach Schutz und unbeirrbarer Loyalität festgesetzt hatte.

Der Wiederholungszwang

»Ein Komplex entsteht dort«, hat Jung einmal geschrieben, »wo wir im Leben eine Niederlage erlitten haben.« Die Fallbeispiele von Melinda und Cindy sowie vieler anderer Klienten werfen allerdings die provozierende neue Frage auf: In welchem Leben? Denn an der Erfahrung des Klienten orientierte therapeutische Bemühungen zeigen immer wieder, daß in unserer Psyche auch Erinnerungen an präexistentielle Traumatisierungen verschüttet sind. Deshalb glaube ich, daß wir Jungs Diktum zu der Aussage erweitern müssen, daß ein Komplex immer dort entsteht, wo wir in irgendeinem unserer Leben eine Niederlage erlitten haben. Auch Freuds Begriff des Wiederholungszwangs und Fritz Perls' Theorie der unerledigten Affären lassen sich ohne weiteres als dynamische Kategorien interpretieren, die nicht nur für das einzelne Leben bestimmende Vorgänge beschreiben, sondern ebenfalls für eine ganze Reihe von Existenzen. Allem Anschein nach treten wir alle mit einer ganzen Portion unerledigter Menschheits-Affären in diese Welt, und es ist unsere persönliche wie karmische Verpflichtung, diese unerledigten Aufgaben zu Ende zu führen. Solange wir uns diese latenten Zwänge nicht bewußt machen und uns von ihnen befreien, werden die präexistentiellen Inhalte unserer Komplexe uns immer wieder dazu bringen, die Umstände und Szenarien alter Niederlagen, Verluste, Erniedrigungen, Verletzungen, Entbehrungen, Ungerechtigkeiten und so fort neuerlich zu durchleben.

Manche der in einen Komplex verwobenen präexistentiellen Probleme sind von großer moralischer und psychologischer Komplexität, so daß sie vom Therapeuten viel Geschicklichkeit und Geduld fordern. Das wird sich noch bei einigen der folgenden Fallbeispiele zeigen. Viele der Probleme beruhen jedoch auf der universell verbreiteten Erfahrung von Angst und Schrecken, wie zum Beispiel bei Melinda und Cindy. Die aus solchen Angst- und Schreckenszuständen resultierenden Traumatisierungen bilden eines der Hauptelemente in vielen präexistentiellen Komplexen.

Eine irrationale Furcht wird klinisch als »Phobie« bezeichnet. Obwohl viele Phobien ihre Ursache tatsächlich in unserer jetzigen Existenz haben, leben dennoch in fast jedem von uns tiefverwurzelte Ängste, die sich auf diese Weise nicht erklären lassen. Ob es sich nun um Angst vor Spinnen, wilden Tieren, Feuer, Wasser, vor großen Höhen, Menschenmengen, Maschinen, Messern, dunklen Plätzen usw. handelt, immer wieder habe ich festgestellt, daß solchen Phobien präexistentielle Traumatisierungen zugrunde liegen. Viele dieser unerklärlichen Horrorvorstellungen sind so mächtig, daß sie den Betreffenden nicht selten dazu treiben, genau die Gefahr zu suchen, die er oder sie am meisten fürchtet. Man hat bei solchen Menschen oft den Eindruck, als ob sie versuchten, Übel abzuwehren, indem sie es geradezu einladen.

So habe ich beispielsweise einmal einen alkoholsüchtigen Klienten behandelt, der in panischer Angst vor dem Ertrinken lebte. Aber ausgerechnet dieser Mann segelte weit aufs offene Meer hinaus, oder aber er band sich bei schwerem Sturm an einem Leuchtfeuer fest, so daß die Wellen direkt über ihm zusammenstürzten. Wollte er irgendeine alte Geschichte neu inszenieren? Seinen Wiedererinnerungen zufolge war er in der Tat etliche Male ertrunken. In einem Leben aber war er ein Seeräuber gewesen und hatte die ganze Mannschaft eines gekaperten Schiffes brutal ertrinken lassen. In seinem Fall wurde die Phobie eindeutig durch Schuldgefühle verstärkt. Ein Kollege hat mir einmal von einem jungen Mann erzählt, der Angst vor Feuer hatte, jedoch ungeachtet dessen sich an einer Feuerstelle riesige Feuer anzündete und hineinstarrte. Vielleicht in einer Art Trance sah er sich selbst und seine Eltern, wie sie im sechzehnten Jahrhundert als Ketzer verbrannt wurden.

Auch ich selbst habe alle möglichen Phobien behandelt, hinter denen präexistentielle Erfahrungen zum Vorschein kamen. Tierphobien rufen oft die Erinnerung wach, daß man im alten Rom oder bei einem primitiven Volksstamm den Löwen oder anderen Raubtieren zum Fraß vorgeworfen wurde. Solche Menschen lösen in Tieren, die in ihre Nähe kommen, nicht selten unbewußt Aggressionen aus. Andere Menschen erinnern sich, von giftigen Insekten, Spinnen, Schlangen, Haien und anderem Getier tödlich gebissen oder gestochen worden zu sein. Viele, die unter Höhenangst leiden, erleben, wie sie in einer früheren Existenz von einer Klippe gestoßen worden oder in einem der beiden letzten Kriege aus einem Flugzeug gestürzt oder einem anderweitigen Absturz zum Opfer gefallen sind. Angst vor Menschenmassen ist häufig mit der präexistentiellen Erfahrung des Betreffenden verbunden, in einer Massenpanik oder einem Aufstand umgekommen zu sein. Bei anderen Phobikern tauchen in der Wiedererinnerung Unfälle an Maschinen auf oder die Vorstellung, durch ein Messer getötet worden, in einer Mine oder durch einen Erdrutsch, durch Gas oder auch durch den Rauch eines großen Brandes erstickt zu sein.

Wesentlich verwickelter als die Phobien sind die mit dem physischen und materiellen Überleben verbundenen neurotischen Ängste. So verbergen sich hinter Eßstörungen, wie sie etwa bei der Mager- oder Eßsucht zu verzeichnen sind, nicht selten Erinnerungen an Mißernten, Hungersnöte oder Krankheiten, die bei dem betreffenden Klienten in einer früheren Existenz zum Tod geführt haben. Es ist auch durchaus denkbar, daß neugeborene Säuglinge, die unter Koliken leiden, auf der somatischen Ebene noch einmal ein altes Muster aus einer früheren Existenz durchleben, wo sie so ausgehungert waren, daß sie keine Nahrung mehr zu sich nehmen konnten. In manchen Fällen erinnern sich Klienten daran, daß sie als Frau, als Kind, als Kranker oder Gebrechlicher während einer Hungersnot von den übrigen Mitgliedern ihres Stammes irgendwo im Schnee oder in der Wüste zurückgelassen worden sind. In anderen Wiedererinnerungen geht es um Internierungs- oder Konzentrationslager oder um dunkle Kerker, in denen die Ruhr oder der Hunger viele dahinraffte. Häufig stehen solche präexistentiellen Erfahrungen hinter somatischen Störungen im Verdauungstrakt. So mancher Klient, der sich mit finanziellen Schwierigkeiten und damit einhergehenden depressiven Zuständen herumzuschlagen hat, berichtet von einer früheren Existenz als Bettler, als Waise oder als Ausgestoßener am Rand der menschlichen Gesellschaft.

Wenn wir mit solchen präexistentiellen Ängsten um die materielle Sicherheit zu tun haben, erleben wir sie entweder noch einmal – sind arbeitslos, tief verschuldet oder heruntergekommen –, oder aber wir versuchen diese Ängste zu kompensieren, indem wir im Übermaß Nahrungsmittel und Geld anhäufen oder uns einen dicken Wohlstandsbauch zulegen. »Ich will nie mehr auf all das verzichten«, lautet in solchen Fällen der zugrundeliegende Gedanke. Sollte es so etwas wie einen kollektiven präexistentiellen Komplex geben, an dem offenbar viele Amerikaner leiden, so ist es die Angst vor dem

Verhungern. Kein Land hat mehr Überfluß anzubieten, aber nirgendwo in der Welt gibt es so viele 24-Stunden-Supermärkte, Fast-Food-Ketten etc. Natürlich läßt diese psychische Struktur sich auf Hungersnöte, die früher in Europa herrschten, zurückführen und auf die wirtschaftliche Depression der zwanziger Jahre, aber immer häufiger treten heutzutage bei Magersüchtigen und anderen Eßgestörten, die nichts mit dem Europa der Hitlerzeit und des Zweiten Weltkrieges verbindet, auch Wiedererinnerungen an einen elenden Hungertod in den von den Faschisten eingerichteten Ghettos und Konzentrationslagern zutage.

Besonders Jugendliche haben nach meiner Erfahrung unter starken Wiederholungszwängen zu leiden, besonders Jungen. Leichtsinniges Verhalten, etwa Trunkenheit am Steuer, Drogenmißbrauch, das Herumspielen mit Waffen oder sonstige tollkühne Unternehmungen läuft meist auf einen unbewußten Flirt mit dem Tod hinaus. Obwohl ich selbst als Therapeut nur sporadisch mit heranwachsenden Jungen zu tun hatte, habe ich unter meinen jugendlichen Klienten doch etliche angetroffen, die bittere präexistentielle Erinnerungen an einen frühen und ruhmlosen Tod auf dem Schlachtfeld mit sich herumtrugen oder die Erinnerung daran, nicht wirklich zum erwachsenen Mann herangereift zu sein. Und so wiederholen diese Jungen entweder unbewußt alte Todeserfahrungen auf dem Schlachtfeld – nach dem aus Verzweiflung und Hoffnungslosigkeit geborenen Motto: Was kümmert's mich? – oder aber sie versuchen unbewußt, sich gegenüber Älteren zu beweisen, was ihnen in jener früheren Existenz verwehrt war. Gelegentlich bringt allerdings auch die Verwicklung in einen tödlichen Unfall eines engen Freundes dunkel eine alte Erinnerung zutage, so daß der Betreffende innerlich eine Kehrtwendung vollzieht, häufiger jedoch klingen die alten Kriegergeschichten von Gewalt und Heroismus im Hintergrund des Bewußtseins tosend nach, bis die Kämpfe und Wirren der Adoleszenz vorüber sind und die Eltern und andere Verantwortliche einen Seufzer der Erleichterung ausstoßen.

Aber es sind natürlich nicht nur Heranwachsende, die den unbewußten Einfluß präexistentieller Impulse »ausagieren«. Auch zahlreiche Erwachsene werden durch unerledigte präexistentielle »Reste« dazu veranlaßt, ihr gegenwärtiges Leben gründlich umzukrempeln. So geschieht es mitunter, daß ein Mann oder eine Frau in mittleren Jahren sich plötzlich vehement für ein bestimmtes politisches Anliegen einsetzt, während der oder die Betreffende bis dahin für Politik kaum je irgendein Interesse bekundet hat. Im Unbewußten solcher Menschen ist in solchen Situationen vielfach die Wiedererinnerung daran erwacht, daß sie in einem früheren Leben im fraglichen Alter ohnmächtig unter den Schlägen politischer Unterdrückung ihr Leben gelassen haben. So wurde etwa einem Klienten in der Wiedererinnerung bewußt, daß er in den sechziger Jahren im Süden der USA für die Rechte der schwarzen Bürger gekämpft hatte, was ihm besonders einleuchtend erschien, als er sich hinterher als grausamer Sklavenbesitzer aus dem neunzehnten Jahrhundert erlebte. Eine Frau, die ich einmal behandelte, sah sich in der Wiedererinnerung als Stammeshäuptling, dem es während einer Hungersnot nicht gelingt, für sein Volk Nahrung aufzutreiben, und der deshalb bedrückt und voller Schuldgefühle stirbt. In diesem Leben beschäftigt sich die Frau deswegen fast zwanghaft mit der Vermarktung von Lebensmitteln und mit wirtschaftlichen Fragen überhaupt.

Häufig tauchen im Zusammenhang mit präexistentiell bedingten Wiederholungszwängen bei meinen Klienten aber auch Bilder aus der Zeit der frühen Besiedler des amerikanischen Kontinents und anderer Länder oder überhaupt Reisevorstellungen auf. In der Geschichte hat es unzählige nomadische Wanderungen, Ozeanüber- und Wüstendurchquerungen, Kolonialistenzüge und Sträflingstrupps gegeben. Viele dieser Wanderungen haben in der Psyche der Beteiligten unauslöschliche Spuren hinterlassen. Manch einer dieser »Reisenden«, dem es nicht gelungen ist, das Land oder den Kontinent seiner Träume oder aber seiner schlimmsten Befürchtungen lebend zu erreichen, ist bis heute von dem ungestillten Drang beseelt, sich an fremden Orten niederzulassen oder ferne Gegenden zu erforschen. In mir selbst lebt die schmerzliche Erinnerung, daß ich früher einmal ein alter Mann in einer hugenottischen Familie gewesen bin, die aus dem katholischen Frankreich in die Niederlande fliehen mußte. Unsere Familie wollte sich unbedingt in einer der holländischen Siedlungen in der Neuen Welt niederlassen, aber der alte Mann wurde krank und starb – wie ich mich erinnerte – elend neben einer Straße. In meinem nächsten Leben war ich dann ein Trapper, der das Tal des Hudson-River oberhalb von New York City durchstreifte, und auch in meinem jetzigen Leben hat es mich wieder in diese Gegend gezogen.

Manchmal verlaufen die unbewußten Strebungen aber auch in umgekehrter Richtung und treten als die tiefe Sehnsucht zutage, in ein Land zurückzukehren, aus dem wir in einem anderen Leben vielleicht fortgezogen oder aber auch vertrieben worden sind. Die vorstehend beschriebenen Muster gehören allesamt in den großen Themenkreis von Trennung und abgebrochenen Lebensläufen. In der Therapie muß manchmal etwas zur Sprache kommen, das bis dahin ungesagt blieb, müssen Projekte in der Vorstellung ausgemalt werden, die unvollendet geblieben sind, und vor unserem inneren Auge müssen geliebte Menschen, Eltern und Kinder wiedererstehen, die infolge tragischer Umstände plötzlich für immer aus unserem Leben verschwunden sind. Wenn dies geschehen ist, werden wir oftmals von neuer Energie durchflutet und nehmen endlich Aufgaben in Angriff, die wir bis dahin vernachlässigt haben. Die Psyche nimmt in solchen Fällen alte Fäden wieder auf, unerledigte Affären, die noch der Klärung bedürfen.

Die karmische Interpretation von Komplexen

Die psycho-physische Lehre des Yoga hat schon seit langem erkannt, daß präexistentiell bedingte Zwänge einen wesentlichen Bestandteil unserer Persönlichkeit bilden. Was immer uns widerfährt oder was immer wir selbst in Gang setzen, hinterläßt in der Geistmaterie *(citta)* des Erfahrenden und Handelnden Spuren und damit eine Disposition oder Tendenz, die betreffende Handlung zu wiederholen beziehungsweise neuerlich zu erfahren. Unsere guten oder bösen Handlungen erzeugen somit das, was die Yoga-Meister als karmische Rückstände *(karmaskaya)*, wörtlich »Rückstände früherer Handlungen« *(karma* = Tat), bezeichnen.

Ein moderner Kenner der indischen Philosophie, Dr. Karl H. Potter, hat die Karmalehre sehr prägnant beschrieben:

> Diese karmischen Rückstände sind identisch mit dispositionellen Tendenzen *(samskara)* verschiedener Art beziehungsweise werden von solchen begleitet. Es gibt mindestens zwei Kategorien solcher Tendenzen oder Spuren *(vasana)*, von denen die eine, sofern und wann immer sie aktiviert wird, eine Erinnerung an das ursprüngliche Tun wachruft, während die andere Art, sofern und wann immer sie aktiviert wird, gewisse unangenehme Begleiterscheinungen *(kleshas)* produziert. Diese *kleshas* (wörtl.: Plage, Befleckung, Leidenschaft) sind irrige Vorstellungen, die das Denken all jener charakterisieren, die ganz in zweckgerichtetem Handeln aufgehen; sie sind auch ursäch-

lich dafür, daß der betreffende Mensch verstrickt bleibt, das heißt unentwegt neue karmische Rückstände anhäuft.[1]

Vasanas (Skrt.: Vorstellungen, Verlangen, Eindrücke) lassen sich am ehesten mit den Duftrückständen eines Parfums vergleichen oder mit dem Geruch, den der Rauch eines bereits verloschenen Feuers hinterläßt. Im Zusammenhang mit den präexistentiellen Erinnerungen hat man sich diese »Spuren« freilich eher als psychische denn als physische Energien vorzustellen. Die Kleshas wiederum sind Wunden oder moralische Gebrechen, die sich in Gestalt negativer und emotional geladener Gedanken und Einstellungen von Existenz zu Existenz fortpflanzen. Wir sind in den Fallbeispielen der vorangehenden Kapitel bereits zahlreichen Kleshas begegnet, in Äußerungen wie: »Ich bekomme nie genug«; »Ich bin an allem schuld«; »Ich darf mich auf keine Gefühle einlassen!«; »Ich muß immer alles alleine machen«; »Das werde ich ihnen noch heimzahlen«; »Mein Leben ist zu kurz«; »Er/Sie wird mich ganz sicher verletzen/verlassen/verraten«; »Geschieht mir recht, daß ich leide«; »Ich bin nicht gut genug/nichts wert«; »Niemand kann mich liebenswert finden«. Die Kleshas werden reaktiviert, wenn wir uns mit den symbolischen Resonanzen identifizieren.

Natürlich sind diese Gedanken auch vielen anderen Richtungen der Psychotherapie nicht verborgen geblieben, und sie schlugen sich nieder in Begriffen wie »Strukturierung«, »Lebensskript«, »bestimmender Mythos« etc., aber erst seit kurzem spricht man davon, daß diese Skripts – als Teil unseres seelischen Erscheinungsbildes – zu unserem Erbe gehören. Der berühmte Indologe Heinrich Zimmer hat es so beschrieben: »Diese Vasanas haben die Tendenz, Samskara zu erzeugen, dauerhafte Narben, die von Leben zu Leben fortbestehen.«[2]

Unter Samskara haben wir uns folglich so etwas wie ein psychisches Narbengeflecht vorzustellen oder eine Art »Furche in der Psyche« (H. Zimmer), die genau jenen Wiederholungszwang bewirkt, den Freud beobachtet hat. Wir wiederholen unsere immer gleichen Fehler von Leben zu Leben. Wir fühlen uns mehrmals zu Liebes- und Ehepartnern hingezogen, die uns verletzen und uns verraten, oder wir suchen uns mehrmals einen Chef oder auch Eltern, die uns schikanieren und tyrannisieren. Wir ziehen uns Krankheiten zu und durchleben Schmerzen, die uns auch in früheren Körpern bereits zur Qual geworden sind, und so weiter. So niederschmetternd dieses Bild auch erscheinen mag, ich kenne keines, das der Vielfalt und Einzigartigkeit jener individuellen Schickungen treffender Ausdruck zu verleihen möchte, die Hamlet als »das Herzweh und die tausend Stöße [...], die unseres Fleisches Erbteil« sind, bezeichnet.

Über die Samskara sagen Potter und Zimmer übereinstimmend, daß es sich dabei um eine Disposition oder Neigung handelt oder um die Tendenz, »gemäß den durch die Reaktionen der Vergangenheit festgelegten Verhaltensmustern zu handeln« (H. Zimmer). So läßt sich Samskara vielleicht mit einem Kratzer auf einer Schallplatte vergleichen. Wann immer die Platte gespielt wird, bleibt die Nadel an der beschädigten Stelle hängen und erzeugt die immer gleichen unangenehm-kratzenden Geräusche.

Der Standpunkt, der innerhalb der westlichen psychologischen Tradition oder yogischen Samskara-Vorstellung am nächsten kommt, ist Jungs Theorie von den Archetypen und dem kollektiven Unbewußten. Er zog es jedoch vor, der yogischen Terminologie seine eigene Theorie zur Seite zu stellen, derzufolge die Archetypen Träger der »psychischen Heredität« sind. Diese Auffassung läuft darauf hinaus, daß in den Archetypen bestimmte Krankheitsanfälligkeiten, Charakterzüge und besondere Begabungen etc. strukturell angelegt sind (siehe Anhang 2). Allerdings bestand er darauf, daß die Archetypen lediglich formbildende Prinzipien ohne einen faktischen Gehalt sind – und darin unterscheiden sie sich von den Vasanas und den Samskaras.

»Ein Archetyp«, schrieb Jung, »ist wie ein alter Stromlauf, in welchem die Wasser des Lebens lange flossen und sich tief eingegraben haben.«[3]

Als Jung 1961 starb, stand in der abendländischen Welt sowohl die Zunft der Psychologen als auch die breite Öffentlichkeit allen Reinkarnationsvorstellungen skeptisch bis offen feindlich gegenüber. Der Bridey-Murphy-Fall war, wie es schien, in den späten fünfziger Jahren endgültig zu den Akten gelegt worden, und Edgar Cayces Kundgaben waren damals nur einem kleinen Leserkreis bekannt. Heutzutage hat sich, wie Gallup-Umfragen, Fernseh-Talk-Shows und Presseveröffentlichungen deutlich machen, der Wind für alles, was mit Wiedergeburt und früheren Existenzen zu tun hat, spürbar gedreht. In den Archiven von Therapeuten und Forschern in Europa und Nord- und Südamerika häufen sich inzwischen Tausende von dokumentierten Wiedererinnerungen.

Über pränatale Erinnerungen liegt uns jetzt Dr. Thomas Verneys international bekannte Arbeit vor. Dr. Verney hat die Forschungsergebnisse zahlreicher Fachleute zusammengetragen, die experimentell nachgewiesen haben, daß das Bewußtsein des Fetus bereits im Mutterleib in bestimmter Weise geprägt wird. In seinem wichtigen Buch *The Secret Life of the Unborn Child* hat er die Ergebnisse zusammenfassend dargestellt. Interessanterweise berichten viele seiner Mitarbeiter, die das Forschungsprojekt ursprünglich von einem strikt medizinisch-materialistischen Standpunkt aus angegangen sind, daß zahlreiche In-utero-Erinnerungen mit präexistentiellen Gedächtnisspuren durchsetzt sind.

Ich glaube, daß der Begriff »Samskara«, für den ich die Übersetzung »präexistentieller« oder »karmischer Komplex« vorschlage, gleichsam den entscheidenden Schlußstein der Brücke bildet, die abendländische und orientalische Psychologie verbindet. Begrifflich wäre ein karmischer Komplex etwa in der Mitte zwischen dem – von persönlichen Erinnerungsspuren freien – Archetypus und einem Komplex anzusiedeln, der sich unmittelbar aus persönlichen Erfahrungen in diesem Leben herleitet. Kurz, ich würde die folgende Erweiterung der Jungschen Begrifflichkeit vorschlagen:

	ARCHETYPEN	SAMSKARA (karmischer Komplex)	KOMPLEX
Inhalte:	Mythische Bilder; universell gültige Formen	Erinnerungsspuren früherer Existenzen (Vasanas, Kleshas)	Erinnerungsspuren aus dem aktuellen Leben

Auf die immense Bedeutung der Samskara-Vorstellung für ein angemessenes Verständnis der Struktur und Entwicklung der entstehenden Persönlichkeit hat Heinrich Zimmer in seinen unveröffentlichten Meditationen über diesen Sanskrit-Begriff hingewiesen:

> *Samskara* ist ... ein inhaltsreicher und sehr vielsagender Ausdruck. Seine Bedeutungen kreisen um den Begriff dessen, »was geschaffen, gepflegt, geformt worden ist«. Das ist aber in bezug auf das Individuum die Persönlichkeit – mit all ihren charakteristischen Ausschmückungen, Narben und Eigenheiten – die nicht nur im Verlauf der Jahre, sondern ganze Lebenszeiten hindurch einem Verschmelzungsprozeß unterliegen.[4]

Da wir im Westen ein typisches Vorurteil zugunsten materieller – auf Kosten spiritueller – Ursachen pflegen, sind wir zwar schon seit langem bereit, die Erblichkeit physischer und gewisser allgemeiner charakterlicher Merkmale zu akzeptieren, schrecken jedoch vor der Vorstellung einer psychischen Heredität zurück, denn die hochentwickelte und -differenzierte östliche Psychologie ist uns fremd und einem übertriebenen Reinkarnationalismus stehen wir mißtrauisch gegenüber. Auch die Aussagen der Astrologie gelten bei uns weithin als völlig unsinnig. Aber es sieht so aus, als würde sich der Wind allmählich drehen. Es gibt immer mehr Anzeichen dafür, daß alle wesentlichen Komplexe, die unser Leben strukturieren und unsere Interaktionen mit anderen Menschen leiten, bereits vor und unmittelbar während der Geburt festgelegt werden. Obwohl in unserem jetzigen Leben die Kostüme, die Kulissen und das Bühnenbild einzigartig und neu erscheinen mögen, spielen wir gleichwohl eine uns bereits dunkel vertraute Rolle, ein altes noch nicht zu Ende geführtes »Passions-Spiel«, in das uns die Archetypen und unsere karmischen Komplexe hineinstürzen. Aber sobald wir uns dem einmal aufrichtig stellen, erkennen wir vielleicht, daß wir nicht länger in den unbewußten Zwängen der Samskaras steckenbleiben müssen, sondern daß wir zu guter Letzt in dem schicksalhaften Drama unserer Existenz doch noch die Regie führen können. Wenn wir uns unserer präexistentiellen Vergangenheit deutlich bewußt werden, ist Nietzsches »So wollte ich es« für uns kein unerreichbares Ziel.

Residuale Schamgefühle:
Der Fall Leonard

Leonard war ein junger Mann von Ende Zwanzig, und er kam wegen Arbeits- und Beziehungsschwierigkeiten zur Therapie. Er hatte ein paar Jahre zuvor am College seinen Abschluß als Ingenieur gemacht, jedoch diesen Beruf kaum je ausgeübt. Er lebte vielmehr in einer kleinen Hütte in den Wäldern und hielt sich mit Zimmermannsarbeit über Wasser. Diese Gelegenheitsjobs waren für ihn allerdings alles andere als befriedigend, da er sich von seinen jeweiligen Chefs häufig hereingelegt und schlecht behandelt fühlte. Auch in seinem Privatleben standen die Dinge nicht viel besser. Er hatte eine Reihe kurzer Beziehungen mit Frauen gehabt, die alle von seiten der Frauen schon bald wieder beendet worden waren.

Dies alles fügte sich zu einem ziemlich dürftigen Selbstbild zusammen und bewirkte eine allgemeine Depressivität, die seine Isolation nur noch verstärkte. Er steckte in einem dieser Teufelskreise, wo sich die Negativität immer weiter selbst verstärkt. Je mehr er versuchte, sich selbst aus dem Sumpf seiner Selbstzweifel herauszuziehen, um so tiefer versank er in seinem Elend.

Als ich mir seine Geschichte anhörte, fiel mir besonders auf, daß er sich von jeglicher Gemeinschaft isolierte und einen ausgesprochenen Widerwillen dagegen hatte, sich irgendeiner Gruppe oder gesellschaftlichen Vereinigung anzuschließen. Da ich einige Jahre lang in einer Universitätsstadt als Therapeut praktiziert habe, hatte ich auch häufiger mit frisch Examinierten zu tun, die sich nur widerstrebend von der ach so bequemen Geborgenheit der *alma mater* abnabelten und versuchten, den Einstieg in die harte Erwachsenen- und Arbeitswelt mit ihren Pflichten noch ein wenig hinauszuzögern. Aber Leonards Reaktionen gingen weit darüber hinaus. Er hegte ganz augenscheinlich erhebliche Ressentiments gegenüber einer Gesellschaft, die ihm nicht von vornherein eine angenehme Karriere und eine perfekte Partnerin angeboten hatte. Unter solchen Umständen wäre es reine Zeitverschwendung gewesen, ihn darauf hinzuweisen, daß die meisten anderen Zeitgenossen ebenfalls mit Teilzeitjobs und recht und schlecht funktionierenden Beziehungen vorliebnehmen müssen. Leonards verzweifelte Unfähigkeit, seinen Platz in der Welt zu finden, ließ sich aus seinen unmittelbaren Lebensumständen nicht hinreichend erklären, aber was weiter dahintersteckte, war mir nicht klar.

Wo immer ein besonders starker Affekt im Spiel ist, das hat mich die Erfahrung gelehrt, ist es am hilfreichsten, die betreffende Gefühlshaltung soweit zu übertreiben, bis das Gefühl möglichst voll zum Ausdruck kommt. Deshalb bat ich Leonard, sich mit geschlossenen Augen auf die Couch zu legen und tief »seufzend« zu atmen. »Begeben Sie sich in Ihre Traurigkeit und Verbitterung vorbehaltlos hinein«, wies ich ihn an. »Achten Sie darauf, wohin Sie das bringt.« Während der nächsten Minuten befolgte er diese Anweisung, warf den Kopf hin und her und ballte die Fäuste:

»Das ist nicht fair«, sagte er nach einer Weile. »Das ist nicht fair. Warum hast du mir das angetan?«

Ich rate ihm, die gemeinte Person beim Namen zu nennen, und er redet sie mit »Sarah« an – so hieß seine letzte Freundin.

»*Das ist nicht fair, Sarah. Warum hast du mir das angetan? Ich habe dich wirklich gemocht. Du hast mir etwas vorgemacht. Du hattest überhaupt nichts für mich übrig. Weshalb hast du das getan? Warum? Warum?*«

Ich fordere ihn auf, diese Sätze zu wiederholen, ihre volle Bedeutung zu spüren und alles hochkommen zu lassen.

»*Warum hast du mir das angetan – vor all den andern? Ich habe mich so geschämt. Was soll ich nur tun?*«

»*Was passiert jetzt?*« *frage ich, durch die Worte* »*vor all den anderen*« *aufmerksam geworden.*

»*Jetzt ist es nicht mehr Sarah. Jetzt ist es diese Frau auf einem Schiff, einem großen Schiff, offenbar ein Mississippi-Dampfer. Sie ist sehr schön angezogen. Ein Mannequin-Typ... Warum hast du mir das angetan? Du hast mir etwas vorgemacht. Du hattest überhaupt nichts für mich übrig. Ich komme mir vor wie ein Narr.*«

Nun kommen ihm die Tränen, er ballt die Fäuste, sein Gesicht verzerrt sich zu einer Grimasse der Qual und Wut. Hinter dem Schmerz, den ihm die Zurückweisung durch Sarah in diesem Leben verursacht hat, tritt allmählich die karmische Ebene des Komplexes hervor.

Leonard erlebt sich in seiner Wiedererinnerung, wie es scheint, als einen jungen Mann auf einem Flußdampfer im amerikanischen Süden des frühen neunzehnten Jahrhunderts. Er ist ein relativ erfolgreicher Spieler und hat gerade eine kurze Affäre mit einer alles andere als monogamen Soubrette hinter sich gebracht. Ungeachtet seines etwas prahlerischen Auftretens ist er gegenüber Frauen im Grunde genommen eher scheu und hat sich naiverweise ausgerechnet einer weiblichen Person erklärt, die lediglich ein wenig mit seinen Gefühlen gespielt hat. Da er sie nicht zurückgewinnen kann und zudem noch öffentlich von ihr gemieden wird, beginnt er zügellos zu trinken und zu spielen. Als er sich dann noch auf eine närrische Auseinandersetzung mit einem wesentlich ausgebuffteren Spieler-Kollegen einläßt, wird er von einer Kugel getroffen, an der er stirbt. In seiner Provokation des anderen Mannes ist eindeutig ein suizidales Element zu erkennen. Er stirbt verbittert und voll Haß, weil er sich durch die Art und Weise, wie diese Frau ihm öffentlich mitgespielt hat, zutiefst erniedrigt fühlt.

Diese erste Sitzung verschafft Leonard bereits eine Menge emotionaler Erleichterung und hilft ihm dabei, seine aktuellen auf Sarah gerichteten Gefühle von dem älteren karmischen Komplex zu unterscheiden. Er erkennt, daß seine alte Wunde ihn dazu drängt, sich stets Frauen auszusuchen, die ihn verletzen und erniedrigen, weil ein Teil von ihm die alte Geschichte stets aufs neue zur Aufführung bringen muß. Als wir seine vergangene Existenz ein zweites Mal durcharbeiten, fordere ich ihn auf, seiner zurückgehaltenen Wut auf seine Flußdampfer-Geliebte in drastischen Worten Ausdruck zu geben.

»Du alte Hexe! Ich hasse dich! Ich hasse dich! Du hast mir sehr weh getan. Dir war nichts an mir gelegen. Du bist herzlos und grausam. Du hast nur mit mir gespielt. Du hast mich nur benutzt.«

Aber die karmische Wunde ist auch jetzt noch nicht geheilt, wie sich in späteren Sitzungen herausstellt. Das tragische Leben auf jenem Flußdampfer erweist sich als lediglich eine von vielen Existenzen, in denen er durch einen fatalen Wiederholungszwang immer wieder derartige Zurückweisungen erleben muß, was schließlich zu dem unbewußten negativen Gedanken oder Klesha führt »Frauen werden mich immer verletzen/verlassen«. Wir arbeiten uns tastend – und unter Schmerzen – durch diese Existenzen hindurch.

Ein Thema, das in Leonards präexistentiellen Erinnerungen immer wieder auftaucht, ist die Vorstellung, mißbraucht worden zu sein. »Du hast nur mit mir gespielt. Du hast mich nur benutzt.« Diesen Worten haftet ein besonders bitterer Beigeschmack an. Deshalb fordere ich Leonard gemäß dem Prinzip der symbolischen Resonanz in einer späteren Sitzung auf, in ein Leben einzutauchen, in dem er erstmals mit diesem Problem konfrontiert worden ist.

Diesmal kommt den vorstehenden Schlüsselsätzen die Funktion zu, die Verbitterung und den Haß zu fokussieren, die offenbar im Zentrum dieses tiefeingegrabenen Samskara oder karmischen Komplexes liegen. Während Leonard jene Sätze wiederholt, die damals auf dem Flußdampfer seinen Schmerz zum Ausdruck brachten, »Du bist herzlos und grausam. Du hast nur mit mir gespielt. Du hast mich nur benutzt«, taucht er sehr rasch in die folgende präexistentielle Geschichte ein, die ich hier zusammenfassend wiedergeben möchte:

Leonard erlebt sich als einen jungen männlichen Sklaven in einer kleinen griechischen Stadt zur Zeit des frühen Römischen Reiches. Sein Herr ist ein reicher, ungehobelter Kaufmann, der in dem Städtchen allgemein verhaßt und gefürchtet ist. Es ist nun das Geschick dieses Sklaven, daß er von seinem ihm verhaßten, abstoßenden Herrn als bevorzugter homosexueller Sexualpartner ausgewählt wird. Er hat die mißliche Wahl, sich entweder den sexuellen Wünschen seines Herrn zu fügen oder aber sich fürchterlich auspeitschen zu lassen. Als er sich für die weniger schmerzhafte Alternative entscheidet, muß er eine noch tiefere Erniedrigung erleben. In der kleinen Stadt spricht sich rasch herum, daß er der »Lustknabe« des Kaufmanns ist, und er wird von den anderen Sklaven der Stadt, die sonst vielleicht seine Freunde gewesen wären, jahrelang gehänselt und gemieden. Die allgemeine Verachtung, die die Stadtleute seinem lüsternen Herrn entgegenbringen, trifft nun also auch dessen unglücklichen Sklaven.

Ein Wendepunkt in diesem unglücklichen Dasein tritt ein, als eine römische Garnison in das Städtchen verlegt wird und der Kaufmann – aus Gründen, die in Leonards Wiedererinnerung unklar bleiben – verhaftet und sein Eigentum beschlagnahmt wird. Die zahlreichen Sklaven des Kaufmanns brauchen das Schicksal ihres Herrn nicht zu teilen und werden freigelassen. Aber der Lieblingssklave, dessen grausames Leben Leonard in aller Deutlichkeit schildert, ist jetzt die Zielscheibe des allgemeinen Hasses. Niemand gibt ihm etwas zu essen, niemand bietet ihm Arbeit an. Schließlich jagt eine Gruppe junger Männer ihn – mit Steinen nach ihm werfend – aus der Stadt.

Am ganzen Körper übel zugerichtet, heimatlos und voll Haß gegen die Leute jener Stadt und die menschliche Gesellschaft überhaupt, wandert der unglückliche Sklave monatelang bettelnd über staubige Straßen. Schließlich lebt er als Ziegenhirt in den Bergen. Hier verbringt er den Rest seiner Tage und grollt über das Unrecht, das ihm widerfahren ist, bis der Tod seinem Elend ein Ende setzt.

Hier also lagen die karmischen Wurzeln für Leonards Isolation von der Gesellschaft, für sein Gefühl, ständig nur zurückgewiesen zu werden, für seine Verbitterung, für das Mißtrauen, das er seinen jeweiligen Chefs entgegenbrachte, für seine Angst, in sexuellen Beziehungen mißbraucht zu werden.

In all diesen Verletzungen und Erniedrigungen wird das Schamgefühl angesprochen. Anthropologen haben hervorgehoben, daß Scham im wesentlichen mit dem Gefühl öffentlicher Mißbilligung einhergeht. So gesehen unterscheidet sie sich grundlegend von Schuld, die ganz privat und innerlich ist. Wir können uns ganz für uns allein schuldig fühlen, aber Scham setzt für gewöhnlich die Gegenwart und Mißbilligung der ganzen Gemeinschaft oder einiger Gleichgestellter voraus. Das hellenistische Griechenland war ganz sicher eher eine Scham- als eine Schuld-Gesellschaft, so daß die soziale Meidung und schließlich Ausstoßung, die Leonard – als Sklave – wegen seines sexuellen Verhaltens erleben mußte, sehr verletzend waren. Im Lichte dieser alten Erinnerungsspur erscheint Leonards zwanghafter Wunsch, allein in einer Hütte in den Wäldern zu leben, nur allzu verständlich – und ebenso seine allgemeine Depressivität und sein Unvermögen, sich in die Gesellschaft einzufügen.

Diese Sitzung zeigte deshalb bei Leonard eine ausgesprochen positive Wirkung. Die Parallelen zwischen seinem gegenwärtigen Leben und der vorstehenden Geschichte leuchteten ihm unmittelbar ein. Es war, als sei seine Psyche von einer großen Last befreit worden. Seine Stimmung hellte sich zusehends auf. Leonard setzte die Therapie noch eine Weile fort und untersuchte noch andere Fragen in seinen früheren Existenzen. Eine Zeitlang trat die Bedeutung der griechischen Geschichte in den Hintergrund. Zu dieser Zeit verbesserte sich auch langsam Leonards Verhältnis zur Gesellschaft. Er zog in die Stadt zurück und ging wieder mit Frauen aus. Diesmal legte er sich am Beginn einer solchen Bekanntschaft stets Rechenschaft über seine Motive ab und vermied es, sich Zurückweisungen auszusetzen. Er gewann neue Freunde und fing allmählich an, sich selbst anders zu sehen.

Gegen Ende der Therapie erlebte er sich in einer früheren Existenz als oberster Befehlshaber in einer kleinen Stadt im alten China. Seine Aufgabe war es, die in das Land der Mitte einfallenden Mongolen abzuwehren. Er war ein tapferer, ja sogar edler Führer seines Volkes, der beständig kämpfte, für den Wiederaufbau des Landes und die Versorgung der Bevölkerung sorgte. Nachdem er seinem Volk alles gegeben hatte, starb er am Ende jenes Lebens erfüllt, wenn auch von seinen Mühen erschöpft. Der Rückblick auf diese Existenz erfüllte Leonard mit Energie. »Ich habe mein Leben ganz in den Dienst der Gemeinschaft gestellt«, sagte er. »Das war ein sehr gutes Gefühl.« Ich drängte ihn, sich mit diesem Bild eines kraftvollen Menschen inmitten der Gemeinschaft zu identifizieren. Denn diese Vorstellung bildete ein wertvolles Gegengewicht zu dem ebenfalls in ihm lebendigen verbitterten, verzweifelten und aus der Gesellschaft ausgestoßenen Sklaven. Beide standen in seiner Psyche nebeneinander, doch war klar zu erkennen, daß in Leonards Leben ein tiefgreifender Prozeß des Ausgleichs und der Integration begonnen hatte. Dies schien uns der geeignete Augenblick, die Therapie zu beenden.

III.

Grundelemente der Präexistenztherapie

Ich bin nicht ein Mechanismus, eine Ansammlung
verschiedener Teile.
Und es liegt nicht daran, daß der Mechanismus falsch
arbeitet, daß ich krank bin.
Ich bin krank an den Wunden der Seele, an meinem tiefsten
Selbst,
und die Wunden der Seele heilen langsam, nur zu langsam
aus, nur die Zeit bringt Hilfe
und Geduld und eine gewisse schwer zu vollbringende Reue,
langwierige, schwer zu vollbringende Reue, die Erkenntnis
des Falschen am Leben und die Selbstbefreiung
von der endlosen Wiederholung des Fehlers,
den die Mehrzahl der Menschen einfach hinzunehmen
beschlossen hat.

D. H. Lawrence, *More Pansies*

7. Vergangene Existenzen und physische Krankheiten

Denker, hört zu, sagt mir, wovon ihr Kunde habt, das nicht in der Seele ist?
Nehmt einen Krug voll Wasser und stellt ihn auf das Wasser – jetzt hat er innen Wasser und Wasser außen.
Wir wollen alledem keinen Namen geben, damit die einfachen Gemüter nicht wieder davon anfangen, über den Körper und die Seele zu sprechen.

Kabir, Sufipoet und Mystiker

Jeder Teil des Körpers hat eine Geschichte zu erzählen.

Anna Halprin

Der Körper kann sich erinnern

Viele der Klienten, deren Fallgeschichten wir bisher betrachtet haben, litten unter auffälligen physischen Symptomen, von denen sich dann später erwies, daß sie mit einem auf der präexistentiellen Ebene angesiedelten Schlüsselerlebnis zusammenhingen. In manchen Fällen gingen wir sogar direkt von dem betreffenden körperlichen Leiden aus und ließen den Körper seine Geschichte erzählen. In Susans Fall (Kapitel 5) stellten wir fest, daß ihre verkrampfte Hals- und Schulterpartie Erinnerungen aus ihrem letzten Leben als holländischer Maler enthielten, wo sie sich wegen eines übermächtigen Schuldgefühls selbst umgebracht hatte. Gregorys Impotenz (Kapitel 4) war mit seinen bedrückenden Scham- und Kastrationserfahrungen an einem Adelshof im vorrevolutionären Frankreich verbunden. Hinter Melindas Frigidität (Kapitel 6) verbarg sich das Schicksal eines kleinen Mädchens, das mißbraucht und vergewaltigt worden war.

In allen drei Fällen hatte sich ein zentrales emotionales Problem in jenem Teil des Körpers »festgesetzt«, der in der früheren Existenz Schaden davongetragen hatte. Das Ergebnis war, daß die ungelösten emotionalen Probleme unbewußt mit dem jeweiligen somatischen

Trauma identifiziert wurden. Vom karmischen Standpunkt aus drängt sich der Eindruck auf, daß in solchen Fällen der betreffende Körperteil besonders störanfällig ist. Solche Prädispositionen pflanzen sich zugleich mit dem emotionalen Gehalt des Samskara, der von mir so genannten präexistentiellen Ebene des Komplexes, fort.

Gleichwohl ist eine solch enge Verbindung zwischen der körperlichen und der emotionalen Ebene nicht bei allen physischen Samskaras zu beobachten, die sich durch verschiedene Existenzen fortpflanzen. Häufig können sich Klienten lediglich an die körperlichen Traumatisierungen erinnern, während der emotionale und der gedankliche Gehalt bloß sekundär erscheinen. Die Erinnerungen des jungen Schriftstellers an diverse Beinverletzungen (Kapitel 4) gehörten ebenso zu dieser Kategorie wie viele der in Kapitel 6 erwähnten Phobien. Es ist deshalb ratsam, zwischen zwei verschiedenen Arten der Traumatisierung zu unterscheiden: 1. solchen präexistentiellen körperlichen Traumatisierungen, die ganz wesentlich durch einen emotionalen Konflikt bedingt sind oder diesen jedenfalls zum Ausdruck bringen, und 2. präexistentiellen körperlichen Traumatisierungen, die eher zufällig sind; also meist auf Unfälle zurückgehen.

Wenn man es mit Klienten dieser zweiten Kategorie zu tun hat, so muß man natürlich mit Hilfe kathartischer Techniken ebenfalls bestimmte Gefühle der Angst oder der Trauer behandeln, aber in solchen Fällen stellen diese Emotionen fast ausschließlich Reaktionen auf den betreffenden Unfall dar. Der von Alice (in Kapitel 2) erinnerte Tod des kleinen Jungen beispielsweise erforderte nicht allzuviel kathartische Arbeit, da das Kind in jener Existenz keine sonderlich starken Bindungen an sein irdisches Dasein entwickelt und daher auch kaum irgendwelche karmischen Probleme hinterlassen hatte. Wir haben aber auch einige Beispiele der ersten Kategorie kennengelernt, also Fälle, in denen emotionale Probleme auf subtile Weise mit bestimmten körperlichen Traumatisierungen gekoppelt sind: In Sols Nebenhöhlen (Kapitel 5) hatten offenbar alle seine unerledigten karmischen Verlustängste ihren Stempel hinterlassen, während Janes Rücken- und Nierenprobleme (Kapitel 4) auf einer tiefen organischen Ebene die Ambivalenz der Gefühle widerspiegelten, mit denen sie ihre Arbeit und ihr Single-Dasein betrachtete.

Ich bin mir darüber im klaren, daß ich mit der Idee der Vererbung präexistentiell erworbener psychischer Inhalte die Geduld meiner eher skeptisch gesonnenen Leser vermutlich bereits auf eine harte Probe gestellt habe. Die Feststellung, daß die Anfälligkeit für physische Krankheiten und sogar die Prädisposition für bestimmte Unfälle ebenfalls (ganz unabhängig von dem genetischen Erbe) vererbt werden kann, erscheint vor diesem Hintergrund vielleicht sogar doppelt problematisch. Vielleicht ist es hilfreich, wenn ich an dieser Stelle die Argumente vortrage, die für eine solche Auffassung sprechen, und kurz darstelle, wie Psycho- und Körpertherapeuten heutzutage den Seele-Körper-Zusammenhang einschätzen.

Wie allgemein bekannt, sind in der abendländischen Philosophie und Psychologie Körper und Geist oder Seele meist als zwei grundsätzlich getrennte Einheiten behandelt worden. Ich brauche an dieser Stelle nicht weiter auf die Geschichte dieser Lehrmeinung einzugehen, die gewöhnlich als »Leib-Seele-Dualismus« oder (nach René Descartes) als »kartesianischer Dualismus« bezeichnet wird, da jeder die entsprechenden Argumente in jedem beliebigen philosophischen Handbuch nachlesen kann. Die Konsequenzen dieser Auffassung sind klar: Ärzte und Physiologen sind für die Behandlung des Körpers zuständig, Psychologen und Psychiater befassen sich ausschließlich mit der »Seele«. Die an den Universitäten bestehenden Institute haben diese Unterscheidung überdies noch so sehr vertieft, daß ein fruchtbares Gespräch zwischen z. B. der medizinischen und der psychologischen Fakultät ein eher seltenes Ereignis ist. Die Psychiatrie, die in der Theorie den medizinischen wie den psychologischen Standpunkt in sich vereinigen sollte, sitzt seit mehr als einem Jahrhundert in der Falle dieses Dualismus gefangen und ist zunehmend dazu übergegangen, alles und jedes, was mit dem menschlichen Seelenleben zu tun hat, auf organische oder biochemische Ursachen zurückzuführen – manche würden sagen, zu reduzieren. Tatsächlich sind für viele Wissenschaftler und Autoren die Begriffe »Seele-Geist« und »Gehirn« inzwischen austauschbar geworden.[1]

In den vergangenen Jahren sind aber doch etliche Versuche unternommen worden, verschiedene Imaginationstechniken, etwa zur Krebsbehandlung, einzusetzen. Die weithin bekannten Arbeiten von Dr. Carl und Dr. Stephanie Simonton und das neue Verfahren der Psychoneuroimmunologie (PNI) sind hierfür die vielleicht bekanntesten Beispiele.[2] Auch die holistisch orientierte Richtung der Heilkunde versucht, eine Brücke über den Abgrund zwischen »Geist-Seele« und Körper zu schlagen, und nimmt dabei Bezug auf orientalische Systeme feinstofflicher Energien oder auf die Kraft der Gedankenformen. Allerdings sind die Prinzipien, nach denen Geist und Körper zusammenwirken, bis heute kaum wirklich erforscht, und noch weniger weiß man über die Rolle der Imagination und der inneren Bildwelt. Zwar hat es in der sogenannten psychosomatischen Medizin einige Fortschritte gegeben, aber im großen und ganzen hat auch diese Disziplin einen ziemlich aussichtslosen Kampf gegen jene Richtungen der Schulmedizin geführt, die immer ausgeklügeltere chirurgische und pharmazeutische Methoden entwickeln und die Bedeutung sowohl des Bewußtseins als auch des Unbewußten für die Genese organischer Erkrankungen vehement bestreiten.

Wilhelm Reich war ein Arzt, der später Psychoanalytiker wurde, sein Leben lang gegen den Strom schwamm und schließlich in einem amerikanischen Gefängnis starb. Er war fest davon überzeugt, daß organische Erkrankungen unmittelbar emotionale Störungen widerspiegeln und daß der Körper sich schließlich selbst heilt, falls es uns gelingt, die emotionale Dysfunktion auf einer energetischen Ebene wieder ins Gleichgewicht zu bringen.

Ich möchte hier nicht näher auf die um Reichs brillante Arbeit entbrannten Kontroversen eingehen, sondern nur ein von einem seiner Anhänger publiziertes Fallbeispiel erwähnen, das Reichs Prinzipien sehr gut zu veranschaulichen vermag und auch den in Wiedererinnerungen sehr häufig thematisierten somatischen Aspekt, um den es uns hier geht, zu erhellen vermag.

Dieser Analytiker ist der Australier Dr. Caron Kent, der in *Man's Puzzled Body*[33], einem Buch über die Reichsche Therapie, die Geschichte einer jungen Frau erzählt, die ihn wegen einer gravierenden Krümmung ihrer Wirbelsäule konsultiert hatte. Sie hatte bereits etliche Spezialisten aufgesucht, die übereinstimmend behauptet hatten, die Fehlentwicklung ihrer Wirbelsäule sei für einen operativen Eingriff bereits viel zu weit fortgeschritten und überhaupt werde sie sich mit ihrem Zustand wohl abfinden müssen. Dr. Kent erfuhr dann, daß die Rückgratverkrümmung erst in der Kindheit der Patientin aufgetreten und nicht angeboren war. Da sie in ihrer Kindheit weder unter schwerwiegenden Infekten, Verletzungen oder sonstigen Krankheiten gelitten hat, überlegte Kent, wodurch so schwerwiegende Symptome verursacht worden sein mochten.

Um der Ursache des Wirbelsäulenschadens der jungen Frau auf die Spur zu kommen, versetzte er sie hypnotisch in jene Phase ihrer Kindheit zurück, wo allem Anschein nach erstmals schwerwiegende Probleme aufgetreten waren. Kent ließ die in Trance versetzte Frau mit Hilfe eines Verfahrens, das anscheinend methodisch große Übereinstimmung mit der präexistenztherapeutischen Vorgehensweise aufweist, eine bestimmte traumatische Situation noch einmal durchleben. Als die Frau sechs Jahre alt war, hatte ihr Vater sehr stark getrunken, im Haus herumgetobt und seine Frau und seine Kinder bedroht. Einmal war er sogar mit einer Axt hinter ihnen her gerannt. In der Regression erlebte sich die Frau als sechsjähriges Mädchen, das sich in nacktem Entsetzen in einem Schuppen im Garten hinter einer Holztür versteckt, während ihr Vater hereinkommt und sie sucht. Als sie die Szene noch einmal durchlebte, nahm sie auf der Couch eine gekrümmte Position ein und lehnte sich stark nach einer Seite hin – vermutlich um sich noch mehr hinter die Tür zu quetschen. Da sie ihren Aufenthaltsort nicht verraten wollte, hielt sie außerdem den Atem an. Obwohl ihr Vater sie damals nicht gefunden und ihr auch nichts angetan hat, war ihr Atemrhythmus fortan gestört, und sie hat sich auch nie von dem Horror jener gräßlichen Momente erholt, in denen sie sich hinter jener Tür zusammenkrümmte und befürchten mußte, daß ihr Vater sie jeden Augenblick hervorzerren und totschlagen werde. Indem Kent die Frau diese völlig vergessene Szene noch einmal durchleben ließ, konnte sie sich von ihrem tiefsitzenden Schock befreien. Durch diese Katharsis geschah etwas außerordentlich Erstaunliches. Nach Kents Mitteilung richtete sich die Wirbelsäule der Frau wieder auf. Offenbar hatte das emotionale Trauma das kleine Mädchen physisch in der Haltung erstarren lassen, die es damals angesichts der Bedrohung durch ihren Vater eingenommen hatte – ein Ereignis, das in der Folge der Verdrängung anheimgefallen war. Kent schickte die junge Dame hinterher nochmals zu den Wirbelsäulenspezialisten, die sie zuvor konsultiert hatte, und diese waren alle bereit, den bemerkenswerten Heilungsprozeß zu bezeugen.

Andere, wenngleich weniger spektakuläre Beispiele dafür, wie emotionale Traumatisierungen sich dem Körper einzuprägen vermögen, finden sich in D. J. Wests Standardwerk *Psychical Research Today*.[4] In diesem Buch ist etwa die Fotografie eines Männerarms abgebildet, auf dem tiefe Einschnitte zu sehen sind, wie sie zum Beispiel durch eine Fessel entstehen können. Die Markierungen traten spontan auf, als der betreffende Mann in Trance noch einmal durchlebte, wie er gefangengenommen und mit einem Strick gefesselt worden war. West berichtet auch von dem Fall einer jungen Frau, an deren Körper Striemen sichtbar wurden, als sie während einer psychoanalytischen Sitzung noch einmal erlebte, wie sie geschlagen wurde.

Hypnotherapeuten wissen bereits seit langem, daß die Hautoberfläche extrem empfindlich ist und emotionale Konflikte widerspiegelt, die sich durch Suggestion heilen lassen. Wie jedoch Kents Beispiel der Rückgratverkrümmung zeigt, können sich Prägungen noch in einer viel tieferen organischen Schicht manifestieren.

Formen somatischer präexistentieller Prägungen

Was Caron Kent und andere Reichsche Therapeuten über die Einprägung emotionaler Traumata in Muskelstrukturen, verschiedene Organe und Körpersysteme herausgefunden haben, habe ich in meiner eigenen therapeutischen Praxis wieder und wieder bestätigt gefunden, allerdings mit dem Unterschied, daß zahlreiche physische Beschwerden einen präexistentiellen Ursprung hatten. Morris Nethertons Buch *Past Lives Therapy* ist bemerkenswert, weil in der Mehrzahl der von ihm beschriebenen Fälle neben seelischen auch körperliche Beschwerden zu verzeichnen waren, etwa: Magengeschwüre, Epilepsie, Migräne, Krebserkrankungen in frühen Stadien. Meine eigenen Ergebnisse bestätigen Nethertons Pionierarbeit vollkommen. Eine überraschend große Zahl organischer Beschwerden haben tatsächlich einen präexistentiellen Hintergrund und lassen sich lindern oder sogar heilen, wenn es gelingt, die entsprechenden Hintergrunderfahrungen kathartisch wiederzuerleben. Hier einige Beispiele für physische Probleme, bei denen eine Präexistenztherapie hilfreich sein kann:

– Eine junge Frau, die an einer geschwürigen Dickdarmentzündung litt, erlebte sich in der Wiedererinnerung als ein achtjähriges holländisches Mädchen, das von Nazi-Schergen zu einem Massengrab getrieben und erschossen wurde. Die Colitis war ein Ausdruck des Entsetzens, das sich dem Körper des kleinen Mädchens in den letzten Augenblicken vor der Hinrichtung eingeprägt hatte.

– Ein Mann mit chronischen Rückenschmerzen erlebte noch einmal, wie er mit gebrochener Wirbelsäule unter einem Wagen eingeklemmt war und unter großen Schmerzen starb. Nach der Sitzung nahmen seine Schmerzen spürbar ab.

– Eine Frau mit Augenproblemen und Asthma erinnerte sich an ein Leben als mittelalterlicher Mönch, der angeklagt wird, ein ganzes Dorf in die Ketzerei geführt zu haben. Die Bestrafung des Mönchs besteht darin, daß er zuschauen muß, wie alle Dorfbewohner vor seinen Augen lebendig verbrannt werden. Dabei brennt ihm der Rauch, der von dem verkohlenden Fleisch aufsteigt, in den Augen, bis sie tränen, und macht ihm auch das Atmen fast unmöglich.

- Ein unter epileptischen Anfällen leidender Mann durchlebte noch einmal, wie er auf dem Schlachtfeld an den Folgen gräßlicher Verstümmelungen starb. Elemente seines Todeskampfes schienen sich in der Struktur seiner epileptischen Anfälle abzubilden.

- Ein Mann, der unter dem Zwang litt, sich ständig die Hände waschen zu müssen, erlebte sich als Chirurg aus dem achtzehnten Jahrhundert, dem bewußt war, daß viele seiner Patienten wegen der mangelnden hygienischen Arbeitsbedingungen der Zeit hatten sterben müssen. Man hatte ihn damals zunächst mit seinem zwanghaften Händewaschen gewähren lassen, ihn jedoch später in eine Anstalt eingewiesen.

- Die chronische Migräne einer Frau verschwand, nachdem sie sich noch einmal als kleines Mädchen von sieben Jahren erlebt hatte, dessen Vater sie mit einer Eisenstange so lange auf den Kopf schlug, bis sie starb.

Ich könnte hier noch zahllose Beispiele sexueller Probleme anführen, die mit präexistentiellen Traumatisierungen verknüpft sind, aber da solche Fälle so allgemein verbreitet sind, habe ich für sie ein ganzes Kapitel reserviert. (Siehe Kapitel 8.)

In jedem Teil unseres Körpers kann sich potentiell ein alter Unfall oder eine alte Verletzung manifestieren. Aber die präexistentiellen Traumatisierungen stehen ausnahmslos in einem spezifischen und nicht nur allgemeinen Zusammenhang mit akuten körperlichen Problemen. Mit anderen Worten – nicht jede Migräne läßt sich auf eine Kopfverletzung oder auf Halsprobleme zurückführen, die auf Erhängen oder Erwürgen zurückgehen. Die Beschwerden fördern bei verschiedenen Menschen häufig ganz unterschiedliche Geschichten zutage. Der eine erinnert sich vielleicht daran, enthauptet worden zu sein, während ein anderer in einem früheren Leben erstickt oder vielleicht aufgehängt worden ist. Schmerzen in der Brust oder in der Herzgegend lassen bei verschiedenen Leuten Erinnerungsspuren an so unterschiedliche Dinge wie Messerstechereien, Verletzungen durch Gewehrkugeln, durch eine Lanze, einen

Pfeil oder vielleicht auch durch eine Granate auftauchen. Schmerzende Beine oder Arme rufen bei manchen Klienten die Erinnerung wach, daß die betreffende Extremität früher einmal gebrochen gewesen oder von einem umstürzenden Baum oder von einem Folterknecht zerschmettert oder durch Kreuzigung verletzt oder von wilden Tieren abgerissen worden ist. Eine besondere Anfällig- oder Empfindlichkeit im Bauchbereich weckt oft Erinnerungen an Schnittverletzungen oder an Schläge oder an das Aufschlitzen des Bauches oder an unerträglichen Hunger oder an Vergiftung. Empfindliche Füße und Hände sind meist in früheren Existenzen den verschiedensten Unfällen oder Verstümmelungen zum Opfer gefallen, deuten aber nicht selten auch darauf hin, daß der Betreffende anderen Furchtbares angetan hat.

In gewissen Körperzonen liegt schon dicht unter der Oberfläche so viel unbewußtes präexistentielles Material verborgen, daß es oft ganz unerwartet durch einfache körpertherapeutische Maßnahmen zutage gefördert wird. Viele meiner Klienten haben bereits Erfahrungen mit dem »Rolfing« gemacht, einer Technik der Tiefenmassage, die auch Fragmente präexistentieller Erinnerungen aktivieren kann, wenn bestimmte schmerzhafte Muskelpartien restrukturiert werden. Was mich selbst anbelangt, so erinnere ich mich noch äußerst lebhaft daran, daß ich laut aufgeschrien habe, als in einer Rolfing-Sitzung mein Allerwertester einschlägig behandelt wurde. Als der Masseur sich bei mir an diesem sehr »kompakten« Körperteil zu schaffen machte, erschien vor meinem inneren Auge sogleich das Bild eines Schulmeisters, der mir, als ich zehn Jahre alt war, einmal eine anständige Tracht Prügel verpaßt hatte. Dem Masseur fiel auf, um wieviel entspannter mein Gesäß war, nachdem ich geschrien hatte, und so wiederholte er die Anwendung noch einmal. Auch diesmal empfand ich starke Schmerzen und ließ es mir nicht nehmen, kräftig zu jammern und zu wehklagen, doch jetzt erlebte ich mich plötzlich als keltischen Krieger, der am Hinterteil verletzt wird.

Infolge der bis heute vorherrschenden kartesianischen Unterscheidung zwischen körperlichen und psychischen Problemen wissen die meisten Rolfer, Massagespezialisten oder Körpertherapeuten nicht, wie sie mit den Emotionen umgehen sollen, die bei der Körperarbeit auftauchen, und die meisten Psychotherapeuten verstehen kaum etwas von sachkundiger Körperarbeit. Ich bin deshalb der Auffassung, daß die professionellen Therapeuten der verschiedenen Richtungen noch eine Menge voneinander zu lernen haben; besonders sollten sie sich auf den Inhalt der Bilder konzentrieren, die vor unserem inneren Auge auftauchen, wenn wir unsere Aufmerksamkeit auf bestimmte Körperzonen richten oder diese massieren. Gleichwohl lassen sich auch schon heute erste Anzeichen für eine veränderte Haltung entdecken, ja es sind auf diesem Gebiet bereits beträchtliche Fortschritte erzielt worden. Äußerst fähige und innovativ wirkende Therapeutinnen wie Anna Halprin in Kalifornien und Ilana Rubenfeld in New York verbinden ihre körpertherapeutische Arbeit zunehmend mit der psychotherapeutischen Aufarbeitung des entsprechenden Bildmaterials.

Ein ähnliches Leib-Seele-Problem kommt beispielsweise auch bei intensiver Zen- oder Vipassana-Meditation ins Spiel. Obwohl bei diesen Meditationspraktiken nicht unmittelbar auf den Körper eingewirkt wird, ist jedoch bei häufigen und ausgedehnten Meditationssitzungen gleichsam als Nebenwirkung zu beobachten, daß die verfestigte Strukturierung der Muskulatur – also das, was Wilhelm Reich den Körperpanzer genannt hat – spontan zusammenbricht. Als ich einmal eine Zeitlang regelmäßig in einem buddhistischen Meditationszentrum »saß«, verspürte ich unter Schmerzen, wie meine unbewußt hochgezogenen Schultern langsam zwei bis drei Zentimeter nach unten sanken. Auch mit meiner Atmung passierten wunderliche Dinge. Als ich meine gesammelte Aufmerksamkeit – ohne jegliches Ausweichen – direkt auf den Schmerz richtete, durchlebte ich plötzlich den qualvollen Tod eines zwölf Jahre alten Mädchens, das während einer der frühen Christenverfolgungen im alten Rom gekreuzigt worden war. Mit meiner Atmung hatte diese Erfahrung deshalb soviel zu tun, weil bei einem Menschen, der am Kreuz hängt, das Zwerchfell langsam zusammenbricht, denn ohne gewisse aufwärts gerichtete Impulse aus dem Becken- und Beinbereich können wir nicht richtig atmen. In meinem Leben als zwölfjähriges christliches Mädchen trat der Tod dann auch folgerichtig ein, als der kleinen Märtyrerin die Beine gebrochen und ihr damit das Atmen unmöglich gemacht wurde. Ganz ähnlich erging es einem meiner Zen praktizierenden Klienten, der während seiner »Sitzungen« mit erheblichen Herzproblemen zu kämpfen hatte. Seine Lehrer wiesen ihn lediglich an, seine Aufmerksamkeit unbeirrbar auf den Schmerz zu richten, und schließlich fühlte sich der Mann in die Zeit der Kreuzzüge zurückversetzt und erlebte, wie er gemeinsam mit Tausenden anderer Menschen in einem fürchterlichen Gemetzel irgendwo im Nahen Osten verstümmelt und getötet wurde. Da es ihm allein nicht gelang, diese Vision in der Meditation zu Ende zu führen, suchte er mich auf. Gemeinsam erarbeiteten wir die ganze Geschichte, in der er als junger Mann einen Stich in die Brust erhielt und hinterher verbrannt wurde, bis zum Ende.

Nicht jeder regelmäßig Meditierende hat das Glück, einen Therapeuten zu finden, der ihm bei der Deutung und Verarbeitung solcher Bilder hilft. Einige Anfänger geben sogar das Meditieren wieder auf, weil sie das Gefühl haben, sie stünden am Rande eines seelischen und nervlichen Zusammenbruchs. Nach meiner Auffassung stammen diese oft schrecklichen inneren Bilder und Erfahrungen von der präexistentiellen Ebene ihrer Komplexe, die dabei sind, sich zu lösen. Denn je häufiger ein Mensch meditiert, das heißt die Ich-Steuerung seelischer und körperlicher Vorgänge aufgibt, um so mehr geraten auch die Komplexe ins Wanken.

Der Fall Edith:
Der vorzeitige Tod einer russischen Anarchistin

Je mehr Erfahrungen ich als Psychotherapeut mit der präexistentiellen Arbeit gesammelt habe, um so überzeugter bin ich, daß der Heilerfolg wesentlich davon abhängt, ob es mir gelingt, den Klienten mit der für sein Problem entscheidenden früheren Existenz, sozusagen seiner »Schlüsselgeschichte«, in Kontakt zu bringen. Erfahrungsgemäß stellt sich eine Heilung vielfach sehr rasch ein, falls es bereits in einer der ersten Sitzungen gelingt, zu einer solchen Geschichte vorzudringen – wo das jedoch nicht gelingt, befaßt man sich nicht selten eine ganze Weile mit allen möglichen Nebensächlichkeiten, bevor man zum Kern des Problems kommt. Ich gebe unumwunden zu, daß meine Bemühungen, zu der jeweiligen »Schlüsselgeschichte« vorzudringen, ebensooft fehlschlagen wie von Erfolg gekrönt sind. Die beiden folgenden Fallbeispiele sind also eingestandenermaßen durchaus nicht repräsentativ. Ich hoffe jedoch, daß der Umstand der raschen und dauerhaften Heilung von Edith und Arlett auch andere, genau wie mich selbst, von dem außerordentlichen therapeutischen Wert der Reaktivierung vergangener Leben überzeugen wird.

Edith war bereits eine Zeitlang von einem Kollegen behandelt worden, der zugleich Jungscher Analytiker und Arzt mit weitreichenden Kenntnissen in alternativen Heilverfahren ist. Die Klientin war eine Tänzerin von Ende Zwanzig, die unter der kaum erforschten

Krankheit *lupus erythematosus* litt. Bei diesem Leiden handelt es sich um eine nichtinfektiöse Erkrankung des Immunsystems, die mit den verschiedensten Symptomen einhergeht und bisweilen Entzündungen, aber auch eine Schädigung der Zellen verursacht. Auch Herz-, Gelenk- und Nierenleiden gehören durchaus zum Krankheitsbild. Nach Auskunft eines Experten »kann die Krankheit plötzlich durch gewisse Arzneien und Drogen, aber auch durch fremde Proteine, ultraviolette Strahlung oder eine psychische Traumatisierung ausgelöst werden«.[5] Es handelt sich also um ein ziemlich mysteriöses Leiden, und obwohl die Krankheit bei Edith nicht besonders schwer oder lebensbedrohlich war, schätzte der behandelnde Kollege ihre Heilungschancen nicht sehr optimistisch ein.

In Ediths Fall hatte die Krankheit zu einer schmerzlichen Gelenksteifigkeit geführt, die in mancherlei Hinsicht an eine Arthritis erinnerte. Als ich sie kennenlernte, waren ihre Gelenke von dem Leiden schon so weit in Mitleidenschaft gezogen, daß ihre berufliche Laufbahn gefährdet schien. Sie besuchte damals einen meiner Workshops, in dem ich mit einem Verfahren arbeitete, das ich als Aktivierung des »inneren Kämpfers« bezeichne. Ziel dieser Art von Workshops ist es, die Klienten mit ihrer Wut in Kontakt zu bringen, sie dann zu veranlassen, Bilder des Kampfes und der Selbstbestätigung in sich aufzubauen, so daß sie schließlich die Kraft des archetypischen Kämpfers in sich spüren (siehe auch Kapitel 8). Um dies zu erreichen, lasse ich die Teilnehmer eine Reihe verschiedener Körper- und Imaginationsübungen durchführen, damit sie diese nicht ganz einfachen Eigenschaften – die die meisten von uns entweder fürchten oder zu verdrängen suchen – sowohl somatisch als auch in Gestalt innerer Visionen bewußt erleben. In dem Workshop, an dem Edith teilnahm, verwendete ich für eine Übung auch ein paar musikalische Sequenzen von Holst und Schostakowitsch, um in den Teilnehmern unbewußte kriegerische Gefühle und Bilder zu erwecken.

Als die Musik vorbei war, hielten die Teilnehmer ihre Eindrücke schriftlich oder zeichnerisch fest. Doch Edith war zu beidem nicht fähig. Sie wirkte völlig konsterniert, so als habe die Musik sie in einen Schockzustand versetzt. Ich bot ihr an, gemeinsam mit ihr ihre Erfahrungen noch einmal durchzugehen, und sie willigte ein und legte sich auf den Teppich. »Schließen Sie jetzt bitte die Augen und gehen Sie in eine besonders lebendige Vorstellung oder intensive Empfindung hinein«, forderte ich sie auf. Sofort fing sie am ganzen Körper zu zittern an; Tränen schossen ihr in die Augen.

»*Wo sind Sie?*« *fragte ich.*
»*Ich weiß nicht. Ich glaube, ich bin gestorben. Ich weiß, daß ich gestorben bin. Ich weiß nicht, was passiert ist.*«
»*Wiederholen Sie Ihre letzten Worte bitte noch einmal*«, *sage ich.*
»*Ich weiß nicht, was passiert ist.*«
»*Was ist schiefgelaufen?*«
Ihr ganzer Körper dreht und windet sich, und sie wirft sich von einer Seite auf die andere. »*Ich weiß, was schiefgelaufen ist. Die Bombe ist zu früh hochgegangen. Ich sterbe. Oh, diese Schmerzen. Oh! Oh! Oh! Meine Gliedmaßen... Es ist schwarz. Ich bin nicht da!*«

Mir ist sofort klar, daß es hier um eine ziemlich dramatische Todeserfahrung geht und daß das Opfer der Bombe, mit dem Edith sich identifiziert, das Bewußtsein verloren hat. Augenscheinlich durchlebte Edith alle Symptome eines schweren Explosionsschocks, und nach der Reaktion ihres Körpers zu urteilen, hatte die präexistentielle Persönlichkeit, als die sie sich fühlte, furchtbare Verstümmelungen davongetragen. Da ich Zeuge vieler ähnlicher Situationen gewesen bin, weiß ich, daß der Betreffende sich von seinem Trauma nur befreien kann, wenn sein Körper das auslösende Ereignis noch einmal zur Gänze durchlebt, und daß das präexistentielle Opfer solcher Katastrophen das Bewußtsein nicht verlieren darf. Ich bat sie deshalb, sich noch einmal in jene Erfahrung hineinzubegeben und die Geschehnisse, die zu der Explosion geführt hatten, zu durchleben.

»*Ich habe mich einer Gruppe junger Männer angeschlossen*«, *sagt sie. Ich bin etwa neunzehn, ein Mann. Der Schauplatz ist Rußland. Wir werden sie umbringen. Wir hassen sie. Sie haben meinen Vater getötet! SIE HABEN MEINEN VATER GETÖTET!... Schon etliche aus unserer Gruppe sind umgebracht worden, aber wir kämpfen weiter. Wir haben genug von dieser Tyrannei. Es ist Zeit zurückzuschlagen.*«

Edith tobt eine Zeitlang, und es gelingt mir, die Bruchstücke ihrer Geschichte langsam zusammenzufügen. Sie durchlebt noch einmal die letzten Stunden eines jungen russischen Anarchisten in einer großen russischen Stadt (St. Petersburg?). Die Palastwachen haben brutal einen Hungeraufstand der Armen niedergeschlagen. Es ist Winter. Der Vater des jungen Mannes ist erst einige Tage zuvor während der letzten Welle des Aufstandes ums Leben gekommen, und er selbst gehört zu einer Gruppe junger Anarchisten, die es sich zum Ziel gesetzt haben, das Volk zu rächen und die Herrschenden zu stürzen. Der junge Mann und seine Kameraden wollen die Kasernen der Palastwachen mit selbstgemachten Bomben angreifen. Es ist Nacht. Sie treffen sich unweit der Kasernen an verschiedenen geheimen Angriffspunkten und vermeiden es sorgsam, die Wachen am Tor auf sich aufmerksam zu machen.

»*Ich stehe jetzt unten an der Mauer. Die Bombe steckt unter meinem Mantel. Ich muß nur noch den Zündmechanismus aktivieren... Jetzt hab ich's getan... AAH! AAH! AAH!*
Edith schreit und windet sich abermals. Wir sind jetzt wieder in der Anfangsszene angelangt.
»*Die Schmerzen, oh, diese Schmerzen... Oh, nein! Sie ist hochgegangen. Es ist schwarz. Ich bin nicht da.*«
»*Wo sind Sie?*« *frage ich.*
»*Ich weiß nicht. Alles ist schwarz. Ich bin nicht da. Ich weiß nicht, wo ich bin. Aber mein Körper schmerzt. Oh! Oh!*«

Während ihr Körper sich auf dem Teppich hin- und herwindet, stöhnt Edith immer wieder. Sie befindet sich in einem Zustand nackten Entsetzens, fürchterlicher Qualen und völliger Verwirrung. Ihr Körper bäumt sich unter anscheinend gräßlichen Schmerzen auf. Aber diese Konvulsionen sind offenbar von keinem Bewußtsein geleitet. Ist der junge Anarchist tot? Ist er ohnmächtig geworden? Ich dränge sie, sich einen Eindruck von der Situation zu verschaffen, egal wie.

»*Es ist schwarz. Es ist schwarz. Oh, ich befinde mich oberhalb, ich bin nicht in meinem Körper.*«
»*Gehen Sie jetzt hinunter und schauen Sie Ihren Körper an*«, *fordere ich sie auf.*
Plötzlich bricht sie in Tränen aus, fängt fast an zu schreien.
»*Oh, nein, nein, nein! Ich will das nicht sehen. Ich halte es nicht aus. Nein! Nein!*«
Da sie offenbar etwas sieht, dränge ich sie, genau hinzuschauen, wie furchtbar es auch sein mag.
»*Es ist mein Körper. Er ist ohne Arme und Beine. Die Bombe hat sie abgerissen. Oh! Oh! Oh!*«
Während sie dies sagt, windet sich ihr Körper noch immer auf dem Teppich hin und her. Daraus schließe ich, daß es offenbar noch eine letzte – bisher unerwähnt gebliebene – Phase ihrer Geschichte gibt.
»*Ich möchte, daß Sie in Ihren Körper zurückkehren und feststellen, ob er tatsächlich tot ist*«, *sage ich.*

»*Oh, nein! Er ist noch nicht tot. Ich liege einfach da und sterbe langsam, dabei ist mir bewußt, daß ich meine Arme und Beine nie mehr werde benutzen können.*«

»*Achten Sie auf die letzten Worte, die Sie sprechen, bevor Sie sterben, und gehen Sie an den Punkt, da Ihr Herz schließlich zu schlagen aufhört*«, sage ich.

»*Ich werde meine Arme und Beine nie mehr benutzen können. Oh, nein!*«

Edith weint bitterlich, als sie erkennt, daß es dieser unendlich schmerzliche Gedanke ist, der ihrer Angst vor ihrer rätselhaften Krankheit zugrunde liegt.

Ich weise sie an, mit sehr wachem Bewußtsein die letzten Sekunden zu erforschen, die sie in diesem verstümmelten Körper verbringt. »*Hat es noch andere Gedanken und Gefühle gegeben, die Sie in Ihren Armen und Beinen festgehalten haben, bevor Sie diese verloren haben?*« *frage ich.*

»*Ja. Ich wollte sie umbringen. Ich wollte, daß sie genauso leiden müssen wie mein Vater.*« *Sie fängt an zu weinen.* »*Aber jetzt habe ich unerträgliche Qual zu leiden.*«

»*Und möchten Sie die Wut, die Sie auf diese Leute empfinden, jetzt loslassen?*«

»*Ja, das möchte ich.*«

»*Dann lassen Sie jetzt all Ihre Wut und Ihren Schmerz los und sagen Sie mir, wann Sie endgültig aus Ihrem Körper heraustreten.*«

Edith atmet tief ein, und ihr ganzer Körper erschlafft. Im ganzen Raum läßt die Spannung spürbar nach, da sich ihr Körper während der ganzen tiefbewegenden Szene unentwegt hin- und hergewunden hat.

Zur Unterstützung des Geschehens schlage ich ihr als Gegenmittel gegen all ihren Schmerz und ihre Negativität vor, die beiden folgenden Affirmationen mehrmals zu sprechen:

»*Diese Arme und diese Beine sind stark und gesund und verrichten aufs wundervollste ihren Dienst.*«

Um ihr noch weitere Unterstützung zu geben, bitte ich alle Anwesenden, die Hände auf Ediths Arme und Beine zu legen, damit die junge Frau vollständig in ihren jetzigen Körper zurückkehrt.

Edith setzt sich nun auf und öffnet die Augen. »*Jetzt spüre ich keinen Schmerz mehr! Es ist alles vorüber. Jetzt verstehe ich das alles*«, *sagt sie und strahlt die übrigen Anwesenden glücklich an.*

Es war eine unglaublich qualvolle, fast unerträglich intensive Sitzung gewesen. Uns allen war deutlich geworden, welche präexistentiellen Ursachen hinter Ediths Gelenkschmerzen lagen. Der junge Anarchist war voller Qual und voller Rachegedanken gestorben, und diese Emotionen hatten sich psychisch seinen Gliedmaßen eingeprägt. Wegen der Explosion war er kurz vor seinem Ende ohnmächtig geworden, aber der Körper hatte dennoch jedes Detail der letzen Augenblicke registriert. Deshalb mußte ich zunächst dafür sorgen, daß der Körper der Klientin sich seiner Traumatisierung bewußt wurde, so daß diese kathartisch verarbeitet werden konnte. Ferner mußte Edith die Wut spüren, die sie, in ihrem Leben als Anarchist, gegen sich selbst gerichtet hatte, als sie kurz vor ihrem Ende gedacht hatte: »Ich werde meine Arme und Beine nie mehr benutzen können.«

Diese Sitzung stellte in Ediths Therapie den Wendepunkt dar. Ich sah sie noch einmal wieder, und zwar sechs Monate später: Sie teilte mir mit, daß alle Gelenkschmerzen verschwunden seien und sie langsam wieder zu tanzen anfange. Auch ihre rätselhafte Krankheit (lupus erythematosus) ging allmählich zurück. Die eine Sitzung hatte in ihr ein ganz neues Bewußtsein für die Rolle geweckt, die der Wut und der Angst vor Selbstbehauptung in ihrem Leben zukam. Sie hatte, wie es schien, die – so früh jäh abgeschnittene – jugendliche Energie des Anarchisten zurückgewonnen. Edith hatte einen Neuanfang in ihrem Leben gemacht.

Der Fall Arlette:
Eine Opernsängerin mit Bühnenangst

In Ediths Fall ließ sich ein Großteil des residualen Gehalts ihres präexistentiellen Traumas auf den physischen Schock zurückzuführen, den sie erlitten hatte, als ihr durch die Bombe ihre Gliedmaßen abgerissen worden waren. Wir haben es hier also mit dem von mir früher bereits erwähnten Unfall-Aspekt des physischen Karmas zu tun. Der Heilungsprozeß bestand deshalb darin, sie von den physischen Samskaras zu befreien, die auf ihren gegenwärtigen Körper übergegangen waren. Obwohl auch ein gewisses Maß an emotionalem Karma im Spiel war – in Gestalt der Wut, von der sie zum Zeitpunkt des Unfalls erfüllt war –, so konnte dieser Aspekt doch als sekundär gelten und den eigentlichen kathartischen Prozeß nicht wesentlich beeinträchtigen.

Wenn sich der emotionale Gehalt eines mit physischer Gewalt oder sogar mit Todeserinnerungen »besetzten« präexistentiellen Szenarios hingegen sehr verschlungen darstellt, wird auch der therapeutische Prozeß entsprechend komplizierter verlaufen. In einem solchen Fall ist es unter Umständen nötig, nicht nur das körperliche Trauma zutage zu fördern, zum Ausdruck zu bringen und loszulassen, sondern überdies hochkomplizierte Gefühle und Gedanken, die um Schuld, Versagen, Erniedrigung, Selbstekel etc. kreisen. In solchen Fällen erscheint die physische Traumatisierung dann sekundär, obwohl sie durchaus weiterhin schmerzlich spürbar bleibt, aber dem oder den betreffenden Körperteilen kommt unter solchen Bedingungen eine eher metaphorische oder symbolische Bedeutung zu.

So konsultierte mich einmal eine junge Ärztin, die an ihrem Arbeitsplatz im Krankenhaus erhebliche Machtkämpfe mit ihren Vorgesetzten auszustehen hatte und schon seit Jahren unter Magenproblemen litt. In der Wiedererinnerung erlebte sie sich als einen von seinem Land vertriebenen mittelalterlichen Bauern, der sich an seinem Feudalherrn rächen möchte. Als er in der festen Absicht, seinen Herrn umzubringen, bereits in die Burg eingedrungen ist, wird er von dessen Häschern überwältigt, die ihm den Bauch aufschlitzen und ihn einem elenden Tod überantworten. Zugleich mit der körperlichen »Entladung«, die die Frau während dieser Wiedererinnerung empfand, begriff sie, daß sie in ihrem früheren ebenso wie in ihrem jetzigen Leben ins »offene Messer« gelaufen war. Kurz nach der Sitzung sagte sie ihrem Vorgesetzten gehörig die Meinung, kündigte und eröffnete eine eigene Praxis.

Um einen wesentlich komplizierteren, jedoch nicht minder dramatischen Fall handelte es sich bei Arlette. Diese sehr attraktive Sängerin konsultierte mich einmal in Montreal. Als junges Mädchen hatte sie eine so außerordentlich schöne Stimme entwickelt, daß ihre Eltern und ihre Lehrer sie gleichermaßen gedrängt hatten, den Weg einer professionellen Sängerin einzuschlagen. Sie machte eine Gesangsausbildung, trat gelegentlich in Konzerten auf, scheute jedoch vor der Oper zurück, obwohl nach allgemeiner Auffassung gerade dort ihr Platz gewesen wäre.

»Irgendwie«, so erklärte sie mir, »hatte ich immer das Gefühl, noch nicht soweit zu sein.« Sie heiratete, bekam Kinder, gründete ein kleines Geschäft und konnte unter diesen Umständen natürlich stets schwerwiegende Gründe – oder vielmehr Ausreden – dafür vorbringen, weshalb sie ihr Talent brachliegen ließ. Doch ihre Angehörigen und Freunde ließen nicht locker, und so setzte sie ihren Gesangsunterricht fort, trat auch hin und wieder irgendwo auf und sang sogar verschiedentlich vor, wenn an irgendeinem Opernhaus eine wichtige Rolle zu vergeben war. Aber wann immer sie vorsang, litt sie unter einer Art Kehlkopfkrampf und brachte lediglich ein schwaches Echo ihrer sonstigen stimmlichen Brillanz zustande. Als sie einmal einem namhaften Opern-Impresario im Freundeskreis begegnete und sich ihr die Gelegenheit bot, vor ihm zu singen, war sie so total eingeschüchtert, daß sie überhaupt keinen Ton mehr herausbrachte.

»*Wodurch eingeschüchtert?« fragte ich sie in unserem ersten Gespräch.*

»*Durch meine Angst«, erwiderte sie. »Angst, daß ich es nicht schaffe, daß es nicht sicher ist..., am meisten davor, daß es nicht sicher ist, aber auch daß ich sie enttäuschen könnte. Wenn ich dieses Auswahlgremium vor mir sehe, muß ich jedesmal an ein hohes Gericht denken. Ich weiß, daß ich sie enttäuschen werde. Das ist erniedrigend. Ich weiß einfach, daß ich noch nicht soweit bin.«*

Wie bei jedem Komplex fügten sich auch hier etliche miteinander verschlungene, emotional geladene Themen ineinander. Und im Zentrum all dieser Befürchtungen stand das empfindlichste und zugleich expressivste Organ des menschlichen Gefühlslebens, der Kehlkopf und die Stimme. Aber was hatte es mit den Versagensängsten, mit den Richtern und Enttäuschungen auf sich, die offenbar irgendwie mit diesem ihrem kostbarsten Besitz zu tun hatten?

Ich bat sie, sich hinzulegen, die Augen zu schließen, diese Gefühle zu erforschen und dabei mit dem Satz »Ich bin noch nicht soweit« anzufangen; dabei sollte sie nach Möglichkeit mit Hilfe des Atems ihren Kehlkopf ein wenig öffnen. Zunächst sprudelte ein ganzer Schwall von Kindheitserinnerungen aus ihr hervor:

»*Nein, ich bin dafür noch nicht geeignet. Ich bin noch zu jung für meine jüngeren Brüder. Ich will nicht in das Flugzeug. Ich bin zu jung. Ich bin noch nicht soweit. Ein Mann betastet mich. Ich bin zu jung. Ich bin noch nicht soweit... Jetzt in der Schule ist es wieder das gleiche. Ich bin der Liebling der Lehrerin, aber ich bin noch nicht soweit. Ich muß sie enttäuschen. Es ist so erniedrigend... Jetzt bin ich bei meinem Vater. Ich bin ein schlechtes Mädchen. Ich habe ihn enttäuscht. Ich bin ein schlechtes Mädchen, weil ich ihn enttäuscht habe... Ich laß es nicht in mich eindringen. Ich fühle überhaupt nichts. Ich fliege, ich möchte schweben, aber es ist gefährlich zu schweben. Ich möchte, daß der Vogel mich mit sich nimmt.«*

Während dieser mächtige Strom konfuser Wörter und Gefühle aus Arlettes Unbewußtem hervorsprudelte, zogen bestimmte der von ihr verwendeten Bilder meine Aufmerksamkeit auf sich: die Angst, ihren Vater, ihre Lehrer, überhaupt die Erwachsenen zu enttäuschen; die Vorstellung, sie sei zu jung; das Wort »eindringen«; der Wunsch zu schweben. Ich vermute, daß all diese Vorstellungen um ein frühzeitiges sexuelles Erlebnis kreisen und um die mit dessen Aufdeckung verbundene Schande. Das Bild des Vogels legt den Gedanken an ungefesselte Gedanken nahe, die vergeblich nach einem Ausdruck suchen. Die weitere Auseinandersetzung mit der Kindheit der Klientin ergibt keinen Aufschluß über einen tief beschämenden Vorfall. Eher schon deuten ihre Reaktionen auf ein sekundäres Erwachen älterer Gefühle der Scham und der Erniedrigung.

»Wiederholen Sie jetzt mehrmals, daß Sie Angst haben, ihn zu enttäuschen«, sage ich, »und nehmen Sie dann jene Vorstellungskette auf, die sich Ihnen am deutlichsten aufdrängt – egal ob die Bilder sich auf Ihr jetziges oder auf ein anderes Leben beziehen.«

»Ich möchte ihn nicht enttäuschen. Ich bin sehr schlecht (mehrmals wiederholt). Ich bin sehr schlecht... Oh, ich sehe eine Farm vor mir... Ein Scheunentor. Ich darf ihn nicht enttäuschen. Ich sehe ihn jetzt vor mir. Es ist ein alter Mann mit einem weißen Bart. Er ist mein Großvater. (Sie weint.) Ich liebe ihn so sehr, aber ich muß fortgehen. Es ist erniedrigend für ihn. Ich bin schwanger. Ich bin erst achtzehn, aber ich muß von hier fortgehen. Ich bin zu jung. Aber ich muß von hier fortgehen. Aber ich bin noch nicht soweit, ich bin noch gar nicht darauf vorbereitet, jetzt schon von hier fortzugehen.«

Wir sind im Land der Amischen. Arlette erlebt sich als ein junges Mädchen in einem blauen Kleid, mit einer blauen Haube. Sie befindet sich nahe einer von Wiesen umgebenen Scheune. Über ihr am Himmel gleiten Vögel dahin. Aber sie kann oder darf nicht fortgehen, denn in der nächsten Szene, die vor ihrem inneren Auge auftaucht, wird sie vom Tribunal eines amischen Ältestenrats öffentlich der Schande preisgegeben.

»Ich bin bis ins Mark erniedrigt. All diese Männer. Es ist so ungerecht. Eine reine Männerwelt. Ich habe nichts zu melden. Oh, nein! (Ihr Körper wird immer starrer.) Jetzt bin ich irgendwo anders.

Es ist dunkel. Sie vergewaltigen mich. Nein! Nein! (windet sich qualvoll). Ich muß mich verschließen. Nein, ihr könnt mich nicht erreichen. Ich will es nicht fühlen. Ich bin zu jung. Sie haben alle Macht. Ich will nicht hier sein. Ich möchte mich abwesend machen. ICH WILL NICHT HIER SEIN.«

Zu diesem Zeitpunkt kann Arlette plötzlich keine klaren Bilder mehr sehen, obwohl ihr Körper sich weiterhin aufbäumt und windet. Sie hat sich, um es in den Worten der Amisch-Frau zu sagen, »abwesend gemacht«, das heißt, ihr Bewußtsein hat sich aufgespalten und sich durch eine Art von Wahrnehmungsblockade von ihrem Körper dissoziiert. Das ist eine natürliche Abwehr, die dazu dient, das Bewußtsein vor der Erfahrung der unerträglichen Scham und Qual zu schützen. Aber wie wir schon zuvor in Ediths Fall gesehen haben: Wenn das Bewußtsein den Körper verläßt, so prägen sich dem Organismus die durch die Situation ausgelösten Gedanken und Gefühle gleichsam unbewußt ein.

Es ist deshalb also zunächst einmal meine Aufgabe, dafür zu sorgen, daß Arlettes Körper die widersprüchlichen Empfindungen des Schmerzes und der Lust, von denen er durchflutet wird, überhaupt spürt, und daß sie sich der aus dem Gefühl der Erniedrigung, aber auch aus Ekel und Wut gemischten Empfindungen bewußt wird, die sie diesen grausamen und gemeinen Puritanern entgegenbringt. Da nicht allein ihr Körper, sondern auch ihre Selbstachtung als Frau den Attacken dieser rücksichtslosen Männer ausgesetzt ist, ist es wichtig, daß sie jedenfalls jetzt die Gedanken zum Ausdruck bringt, die sie damals – im Augenblick ihres Ohnmachtsanfalls – nicht aussprechen konnte – Gedanken, die, wie unschwer zu verstehen ist, ihr in der Kehle stecken.

»Sagen Sie denen jetzt, was Sie von ihnen halten«, ermuntere ich sie. »Die können Ihnen jetzt nichts mehr anhaben.«

»Ihr seid miese, verachtenswerte Tiere! Ihr Heuchler! Ihr habt euch meiner nur bedient. Nicht ich, sondern ihr solltet euch schämen. Ihr habt kein Recht, mir dies anzutun, nur weil ich schwanger bin. Ich bin nicht ›gefallen‹. Ich bin eine Frau. Ich habe meine Würde und meinen Stolz. Wagt es nie wieder, mich anzurühren.«

Arlettes Gesicht ist jetzt lebhaft rot, ihr Unterleib wirkt entspannt, und ihr Brustkorb weitet sich, während ihr aus diesen Worten neue Kraft und Energie zuströmt – Worten, die so lange in ihrer Kehle geschlummert haben.

»Mein Kehlbereich ist wieder offen. Mein Brustkorb tut weh. So verletzlich! (Sie hat Tränen in den Augen.) Sie haben mir so weh getan. Ich konnte nichts dagegen tun.«
Arlette weint, und ihre Brust hebt und senkt sich befreit.

Zugleich mit dieser schrecklichen Erinnerung gelangt ein ganzer Strom bis dahin verschütteter Emotionen zutage. Auch ich bin erstaunt über das vorherrschende Gefühl der Hilflosigkeit und Ohnmacht, aber auch über die Tatsache, daß der Standardsatz, den ich sie ursprünglich hatte wiederholen lassen – nämlich: »Ich bin noch nicht soweit« – in dieser Phase nur einmal kurz gefallen ist. Offenbar stehen diese Worte in keinem spezifischen Zusammenhang mit Arlettes Leben als Amisch-Frau. Da ich aus Erfahrung weiß, daß nicht selten verschiedene präexistentielle Szenarien mit einem bestimmten Thema oder auch einem Körperteil in Verbindung stehen, schlage ich ihr vor:

»Sprechen Sie jetzt mehrmals den Satz: ›Ich konnte nichts dagegen machen, ich war noch nicht soweit‹, und lassen Sie sich von diesen Worten in eine andere auftauchende präexistentielle Erfahrung hineinziehen.«

Als Arlette den Satz nun mehrmals wiederholt, wirft sie plötzlich den Kopf zurück, ihre Stimme klingt rauh und heiser:

»Ich konnte nichts tun. Ich war einfach noch nicht soweit. Es ist so traurig..., so traurig. Ich war noch nicht soweit. Ich hab' sie enttäuscht.«

»Wo sind Sie? Was geschieht gerade?« frage ich.

»Ich liege rücklings auf dem Boden. Um mich herum stehen weiße Pferde. Ich bin gestürzt. Ich fühle ein scharfes Stechen in der Brust... und im Hals! Ich kann nicht sprechen. Es ist so traurig. Ich bin ein Anführer im Krieg und gehöre zu einem kriegerischen Stamm. Sie haben mich zum neuen Kriegsherrn ernannt, mich alles gelehrt, was sie wußten. Ich habe sie enttäuscht. Gleich in der ersten Schlacht hat der Feind mich niedergestreckt. ICH KANN NICHT SPRECHEN! (Sie keucht und würgt.) MEINE KEHLE UND MEINE BRUST SIND VON PFEILEN DURCHBOHRT! Ich kann nichts tun. Ich sterbe, und ich kann es ihnen nicht einmal sagen. Es ist, als sei ich ihr Leitstern, der sie betrogen hat. Ich war einfach noch nicht soweit. Ich war noch zu jung. Sie umstehen mich alle mit nach unten gerichteten Speeren. Ich sterbe, und ich kann nicht mit ihnen sprechen. Es ist so traurig. All ihre Liebe und Hoffnung...«

In dieser Weise beklagt Arlette eine Zeitlang die Vergeblichkeit und das bittere Ende dieses jungen Lebens. Dann schlage ich ihr vor, sie solle doch die Gelegenheit nutzen und den Männern, die sie das Kriegshandwerk gelehrt haben, erklären, was sie für sie empfindet und damals nicht mitzuteilen vermochte:
»*Es tut mir ja so leid, daß ich euch enttäuscht habe. Ich war einfach noch nicht soweit. Ich habe mich so bemüht, all euren Erwartungen gerecht zu werden. Ihr habt eure ganze Liebe und Hoffnung in mich gesetzt, und ich habe versagt.*«
Dann erlebt Arlette, wie sie in der Identität des jungen Kriegers über dessen Körper schwebt und wie ein Habicht himmelwärts gleitet. »*Sie haben mich gehört. Sie tragen mir nichts nach. Sie verstehen mich.*«

Ich nenne Arlette nun einige Affirmationen, die ihr dabei helfen sollen, die Erniedrigung ihrer ersten und die Qualen ihrer zweiten Existenz auszuheilen:

»*Ich gebe stets meiner weiblichen Stärke und Würde Ausdruck.*«
»*Ich lasse die alten Schmerzen und Erniedrigungen aus der Vergangenheit los.*«
»*Es besteht kein Grund mehr zu der Befürchtung, daß ich meine Lehrer und Mitmenschen enttäusche.*«
»*Ich bin bereit für die Rolle des Star-Schülers. Ich kann jetzt schweben.*«
»*Es ist normal und völlig ungefährlich, daß ich beim Singen verletzlich bin.*«

Wenn wir uns diese beiden Wiedererinnerungen noch einmal anschauen, so ist leicht zu verstehen, weshalb Arlettes Selbstbewußtsein angesichts so tief eingegrabener karmischer Spuren – oder Samskaras – völlig darniederlag, wann immer sie sich vor anderen Menschen, insbesondere Männern, produzieren mußte. Es verwundert unter solchen Umständen nicht weiter, daß die Situation des Vorsingens vor einem Gremium von Opernexperten in ihr die unbewußte präexistentielle Erinnerung an das furchtbare Verhalten der Amisch-Männer weckte, aber auch daran, daß sie ihren Großvater enttäuscht hatte und die Lehrer, deren Hoffnung sie – in wieder einer anderen Existenz – als junger Kriegsherr nicht hatte erfüllen können. In beiden Geschichten spielte ihr Kehlbereich eine Rolle. In ihrem Leben als Amisch-Frau hatte sie im Kehlbereich unausgedrückte Gedanken festgehalten, während sich in ihrer Existenz als

Krieger der durch den tödlichen Pfeil verursachte Schmerz und die Scham, gegenüber ihren Lehrern versagt zu haben, dem Kehlkopf eingeprägt hatten.

Ähnlich vielschichtig waren die in Arlettes Genitalien festgehaltenen Empfindungen. Genau wie ihrer Kehle mehrere Geschichten »eingeschrieben« waren, so auch ihren Genitalien, und das war natürlich für ihren sexuellen Selbst-Ausdruck von erheblicher Bedeutung. Es stand aber auch im Zusammenhang mit ihrer Schwierigkeit, sich als Sängerin dem kritischen Urteil einer – männlichen – Öffentlichkeit zu stellen.

Ohne an dieser Stelle noch einmal allzusehr ins Detail zu gehen, möchte ich doch noch ein paar Anmerkungen zu einer weiteren Wiedererinnerung machen, die Arlette in einer der folgenden Sitzungen hatte:

Arlette erlebt sich als eine schwangere schwarze Sklavin irgendwo im Süden der USA. Sie wird von dem weißen Master, der sie geschwängert hat, im Stich gelassen und zu Tode geprügelt. Sie stirbt – von den durch die Schläge ausgelösten Wehen geschüttelt – mutterseelenallein und voller Scham. Hinter diesem elenden Tod treten Gedanken wie die folgenden zutage: »Ich hatte kein Recht auf ihn.« – »Ich habe es mir selbst zuzuschreiben.« – »Ich habe ihn so sehr geliebt.«

Als wir tiefer in diese Existenz eindrangen, erlebte Arlette sich als wunderschöne junge schwarze Frau, die bereitwillig mit ihrem weißen Herrn schläft, weil ihr dies einen besonderen Status garantiert – sie gibt zu, extrem eitel zu sein – und ihr die Möglichkeit eröffnet, sich durch die Geburt des Kindes eines weißen Mannes sozial aufzuwerten. Doch ihr bis dahin außerordentlich großzügiger und duldsamer weißer Geliebter entpuppt sich als wütender Mörder, sobald er erfährt, daß sie schwanger ist.

Hinter dieser Geschichte kam noch eine andere Befürchtung zum Vorschein, von der Arlette erfüllt war, sobald sie vor Männern singen mußte: die Angst nämlich, daß sie sich durch ihre starke sexuelle Ausstrahlung Ärger einhandeln könne. Als sie schließlich erkannte, daß diese Ängste aus lange zurückliegenden Existenzen herrührten, daß sie sich also nicht länger wegen ihrer attraktiven Erscheinung zu bestrafen brauchte, wurde sie von einem großen Gefühl der Erleichterung und von einem bis dahin unbekannten Selbstbewußtsein erfüllt.

Bereits nach ein paar Sitzungen berichtete Arlette mir, daß ihre Stimme inzwischen besser klinge denn je. Einige Wochen später überraschte sie sich selbst und ein männliches Juroren-Gremium mit einer in »schwebender« Vollendung vorgetragenen Arie. Noch nie zuvor war ihr das vor einer anspruchsvollen Zuhörerschaft gelungen. Sie erhielt die Hauptrolle in dem betreffenden Stück. Die Laufbahn, für die sie allem Anschein nach geboren war, hatte endlich begonnen.

Die Sprache des feinstofflichen Körpers

Der Erfolg, der meiner Arbeit mit Edith, aber auch mit Arlette beschieden war, hat natürlich auch mit ganz anderen als präexistenztherapeutischen Gesichtspunkten zu tun. Beide Frauen befanden sich in einem Stadium ihrer Entwicklung, da ihre unbewußten Konflikte »reif« für eine derartige Bearbeitung waren. Zudem ist anzunehmen, daß bei Edith, durch ihre vorangehende Arbeit mit ihrem Therapeuten, die entsprechenden psychischen Inhalte bereits relativ nahe unter der Bewußtseinsschwelle auf eine angemessene Aktivierung »warteten«. Arlette hatte, bevor sie zu mir in die Therapie kam, bereits etliche Male den Streß eines Vorsingens auf sich genommen, so daß auch ihr Unterbewußtes gleichsam nur eines letzten Anstoßes bedurfte. In beiden Fällen war der Leidensdruck immens. Der in den Symptomen der beiden Frauen liegende symbolische Gehalt rief geradezu um Gehör, so daß meine Aufgabe in beiden Fällen wesentlich darin bestand, den Körper seine Geschichte erzählen zu lassen.

Es liegt mir fern zu behaupten, man könne mit Hilfe der Präexistenztherapie alle organischen Erkrankungen auf wundersame Weise heilen, aber ich bin davon überzeugt, daß sich hinter einer Krankheit sehr häufig in symbolischer Gestalt eine alte »Niederlage« verbirgt. Denn eines ist klar, wie auch Stanislav Grofs LSD-Forschungen und die Tiefenerfahrungsanalyse gezeigt haben: Die physischen Traumatisierungen, die wir in diesem Leben erleiden – Geburt, Autounfälle, schwere operative Eingriffe etc. –, hinterlassen in unserer Psyche in Gestalt unbewußter Erinnerungen tiefe Narben. Die Erkenntnisse der Präexistenztherapie deuten nun außerdem darauf hin, daß einige dieser Narben vielschichtig sind. Es ist nicht ungewöhnlich, daß ein Klient, der einen irgendwie problematischen Bereich seines Körpers erforscht, sich zunächst an eine Operation in diesem Leben erinnert und dann an diverse Verletzungen, die er sich in früheren Existenzen an der gleichen Stelle seines Körpers zugezogen hat. So war ich beispielsweise einmal dabei, als eine Frau, die in der Regression eine Gebärmutterektomie noch einmal erlebte, in einer spontanen Wiedererinnerung plötzlich spürte, wie ihr als Opfer eines primitiven Blutrituals der Bauch aufgeschlitzt wurde.

Wenn wir die Möglichkeit vererbter Strukturen, die auf vergangene Existenzen zurückgehen, akzeptieren, so bedeutet das einerseits, daß z. B. ein empfindlicher Magen die präexistentielle Erinnerung an Vergiftung oder Hunger etc. trägt. Aber psychologisch signifikanter sind die physischen Samskaras, die einen emotionalen Gehalt haben. Wenn beispielsweise starke Spuren von Schuld mit bestimmten Teilen des Körpers verknüpft sind, so ist es schwierig, sie aufzulösen. Vielfach erfordert dieser Auflösungsprozeß jene von D. H. Lawrence so genannte »schwer zu vollbringende Reue«. Wie die in Teil IV dargestellten ausführlicheren Fallbeispiele noch zeigen werden – in den dort abgedruckten Wiedererinnerungen mancher Klienten wechseln sich »Täter«- und »Opfer«-Existenzen ab –, inszeniert die unbewußte Psyche bisweilen während mehrerer aufeinanderfolgender Existenzen Selbstbestrafungsaktionen für bestimmte Körperbereiche. In hochgezogenen Schultern etwa sind nicht selten mehrere Schichten präexistentieller Geschichten »abgelagert«, in denen ein und dieselbe Seele sich nach einer von Brutalität gekennzeichneten Existenz vielleicht als Sträfling reinkarniert – nach einem Leben als Sklavenhalter als Sklave, nach einer Existenz als Bösewicht wiederum als Opfer und so fort. Aus der Spirale der Selbstbestrafung herauszufinden ist nicht immer ganz einfach, wie spätere Fallbeispiele noch zeigen werden.

Ich bin häufig Zeuge gewesen, wie im Körper von Klienten, bei denen solche physischen Strukturierungen sich aufzulösen begannen, immense Energiemengen freigesetzt wurden und sich als Zittern oder Kribbeln oder in Form von Hitzewellen oder auch seltsamer Geruchsempfindungen manifestierten. Im Yoga sind diese Erscheinungen als *kriyas* bekannt, in der Reichschen Therapie nennt man diesen Prozeß »Fließen«. Die moderne Physiologie vermag diese Vorgänge weder zu erklären noch überhaupt nachzuweisen. Ich habe mich deshalb, um dieses Phänomen besser zu verstehen, mit östlichen Systemen wie dem Kundalini-Yoga und der Akupunktur näher befaßt, denen zufolge Ströme feinstofflicher Energie sich in einem als Äther- oder Energieleib bezeichneten nichtphysischen Medium bewegen. Heinrich Zimmer über diese yogische Lehre:

In seinem grobstofflichen Leibe, der nach dem Tode der Auflösung verfällt, besitzt jedes Lebewesen einen inneren feinstofflichen Leib, der aus den Sinnesfähigkeiten, dem Lebensodem und dem inneren Organ gebildet wird. Das ist der Leib, der immer überdauert. Von Geburt zu Geburt ist er Grundlage und Träger der reinkarnierten Persönlichkeit. Er verläßt die Hülle des grobstofflichen Leibes beim Tode und bestimmt dann die Art der neuen Existenz; denn in ihm haben sich – gleich Narben oder Runzeln – Spuren erhalten von allen Wahrnehmungen, Taten, Begierden und Willensregungen der Vergangenheit, von allen Neigungen und Tendenzen, von den ererbten Sitten und Gewohnheiten und von individuellen Bereitschaften, auf die eine oder andere Art oder überhaupt nicht zu reagieren.[6]

Außerdem ist dieser feinstoffliche Leib mit sphärischen Energiezentren ausgestattet, den sogenannten Chakras, die – dieser Theorie zufolge – häufig aus emotionalen oder karmischen Gründen blockiert sind.

Mir ist wiederholt aufgefallen, daß die präexistentiellen Verletzungen oft der Bedeutung, die jedes dieser feinstofflichen Zentren den Yogis zufolge hat, symbolisch entsprechen. Von Klienten wie Arlette, die im Hals- und Kehlbereich Probleme haben, könnte man beispielsweise sagen, daß ihr Kehl-Chakra *(Vishuddha-Chakra)* karmisch belastet ist. Nach Auskunft der Yoga-Theorie deuten solche Beschwerden darauf hin, daß es dem oder der Betreffenden in früheren Existenzen nicht gelungen ist, dem Selbst Ausdruck zu verleihen, oder daß er oder sie die Macht des Wortes mißbraucht hat oder sich der Heuchelei oder der Lüge schuldig gemacht hat und so fort. Menschen, die unter Herzbeschwerden leiden oder Situationen wiedererinnern, in denen ihnen ein Messer oder eine Kugel in die Brust eindringt, erleben analog in der Regression häufig, daß sie sich in früheren Existenzen engherzig oder gemein verhalten haben oder daß sie verzweifelt oder nicht imstande gewesen sind, ihre wahren Gefühle auszudrücken. In solchen Fällen ist häufig das Herz-Chakra *(Anahata-Chakra)* blockiert und muß wieder geöffnet werden.

Jungs Genius tritt unter anderem darin zutage, daß er die Doppelnatur der großen Symbole des Seelenlebens erkannte. Solche Symbole verweisen sowohl rückwärts auf ihren Ursprung als auch vorwärts auf ein Wandlungspotential. Auch die Bilder, die in Träumen oder in Wiedererinnerungen in Erscheinung treten, haben diesen janusköpfigen Charakter. So tragisch die Erinnerung an einen Tod durch Verhungern oder durch Bauchaufschlitzen auch sein mag, immerhin bietet sie die Chance, eine vielleicht blockierte Chakra-Region durch entsprechende Maßnahmen neu zu öffnen. Will man dies erreichen, so muß der Klient zunächst den alten Schmerz noch einmal voll bewußt durchleben und loslassen; danach gilt es dann, das alte emotionale Muster neu zu strukturieren (aus Arlettes »Ich habe Angst, dich zu enttäuschen« wird dann beispielsweise: »Ich bin froh, dir [durch mein Singen/meine Liebe] eine Freude machen zu können«). Und schließlich muß der Klient lernen, den Bereich, in dem er besonders verletzlich ist, offenzuhalten und sich dort nicht wieder zu verschließen. Auf diese Weise werden sich unsere Wunden in Kraftquellen verwandeln. Und zudem lehren sie uns, die Verletzungen anderer Menschen mit toleranteren Augen zu sehen, und erinnern uns beständig an unsere eigenen menschlichen Schwächen. Durch unsere seelischen Verletzungen lernen wir also, was man im Osten die Lektionen des Karma nennt.

8. Der mißbrauchte Eros: Präexistentielle Wurzeln sexueller Probleme

> Wenn wir unsere persönlichen Welten neu entdecken und zulassen, daß sie sich rekonstituieren, so sehen wir zunächst ein Bild der Verwüstung: einen halbtoten Körper, vom Herzen abgespaltene Genitalien, ein vom Kopf getrenntes Herz und einen von den Genitalien dissoziierten Kopf...
>
> R. D. Laing, The Present Situation

> Das – bis heute nicht erreichte und nur halb bewußte – Ziel der Psychoanalyse ist es, unsere Seele unserem Körper zurückzugeben, uns selbst wieder uns selbst zu übereignen und solchermaßen den menschlichen Zustand der Selbstentfremdung zu überwinden.
>
> Norman O. Brown, Life Against Death

Unsere Körper, unsere präexistentiellen Persönlichkeiten

In fast jeder ärztlichen oder psychotherapeutischen Praxis kann man heutzutage viele Frauen antreffen, die unter verschiedensten sexuellen oder gynäkologischen Problemen leiden: unter Unfruchtbarkeit, Eierstockzysten, Dysmenorrhöe, Frigidität, Gebärmutter- oder Brustkrebs und so fort. Vielleicht sind solche Störungen von jeher das traurige Los der Frauen gewesen, aber nach meinem Eindruck haben sie in den vergangenen Jahren eher zugenommen. Wir können uns glücklich schätzen, daß es der medizinischen Wissenschaft gelungen ist, viele dieser Leiden durch immer ausgeklügeltere diagnostische und therapeutische Verfahren einigermaßen unter Kontrolle zu bringen. Die Ursachen der meisten dieser Störungen bleiben indes rätselhaft.

Viele Frauen entschließen sich, die medizinische Behandlung durch eine Psychotherapie zu unterstützen, manche versuchen sogar, ihre Schwierigkeiten mit ausschließlich psychotherapeutischen Mitteln zu beheben, da sie spüren, daß solche Probleme mit Konflikten zu tun haben, die ihre tiefsten – und häufig verdrängten – Gefühle als Frau betreffen. Wie Dr. H. Lawrence, der den bewundernswerten Mut besessen hat – während er langsam von der Tuberkulose dahingerafft wurde –, unerschütterlich sein ganzes Wesen im Auge zu behalten, so wissen offenbar auch viele dieser Frauen, daß sie »an den Wunden der Seele, an dem tiefsten Selbst« kranken, das heißt in diesem Zusammenhang – an ihrem sexuellen und weiblichen Selbst.

In diesem Kapitel möchte ich mich in erster Linie mit Problemen beschäftigen, die etwas mit der weiblichen Sexualität und der Fähigkeit zu tun haben, Kinder zu gebären. Nicht, daß Männer keine sexuellen Probleme hätten – wir haben in Kapitel vier bereits über Gregorys präexistentiell bedingte Impotenz gesprochen –, aber Männer können weder menstruieren noch Kinder gebären. Und wegen dieser simplen Tatsache gibt es zwischen Mann und Frau hinsichtlich der beiderseitigen emotionalen wie physischen Konstitution grundlegende Unterschiede. Auch der Umstand, daß viele Frauen in einer bis vor kurzem total von Männern dominierten Welt ihre Gleichberechtigung erkämpft haben, sollte über diese Tatsache nicht hinwegtäuschen. Schließlich haben die heutigen Frauen weit stärkere seelische Belastungen auszuhalten als frühere Generationen, weil sie sich jetzt in einer oft feindseligen und von männlichen Werten geprägten Arbeitswelt durchsetzen müssen und zugleich den Kontakt zum innersten Wesen ihrer weiblichen Natur nicht verlieren dürfen.

Obwohl ich davon überzeugt bin, daß viele der sexuellen und gynäkologischen Probleme der heutigen Frauen unmittelbar mit diesem scharfen Konflikt zwischen inneren Werten und sozialer Identität zu tun haben, sehe ich aber auch noch eine andere Ursache dieser Schwierigkeiten. Denn seit ich etliche solche Fälle therapeutisch kennengelernt habe, ist mir noch eine andere unbewußte Ursache der erwähnten Probleme aufgefallen, eine psychische Realität, die ich als den »Archetypus der verwundeten Weiblichkeit« bezeichnen möchte. Dieser Archetyp kommt, wie ich meine, symbolisch verschlüsselt in den sexuellen und gynäkologischen Dysfunktionen vieler Frauen zum Vorschein. Was sich bei diesen Frauen oft unter Schmerzen und peinlichsten Gefühlen auf organischer oder emotionaler Ebene manifestiert, ist nichts weniger als die psychische Akkumulation des Frauenhasses und der Angst vor dem Weiblichen, die seit mehr als zweitausend Jahren in der abendländischen Kultur herumspuken. Die feministische Schriftstellerin Susan Griffin hat in ihrem brillanten Buch *Woman and Nature* gezeigt, daß im Zentrum unserer Kultur eine rücksichtslose patriarchalische Unterdrückung des Weiblichen vorherrscht, die auch noch in der Ausbeutung der Natur im Namen der Wissenschaft und in der Kolonialisierung und Unterdrückung des Körpers im Namen eines Geistes nachhallt, der primär als männlich angesehen wird. Ihre poetische Vision stimmt vollständig mit den Erkenntnissen überein, die ich im Laufe meiner präexistenztherapeutischen Arbeit gewonnen habe. Vorausgesetzt, wir alle – Männer wie Frauen – sind in unserem Unbewußten durch die Samskaras unserer früheren Existenzen – als Mann und Frau – in der abendländischen Kultur geprägt, dann ist in jedem von uns ein gewisses Maß an Misogynie psychisch bereits angelegt.① Das heißt, wir alle tragen den Archetyp des verletzten Weiblichen in uns, der sich überall in unserer Kultur zeigt. So verwunderlich es auf den ersten Blick scheinen mag, es sind beileibe nicht die Frauen allein, die sich an vergangene Existenzen der Gewalt, an Vergewaltigung und sexuellen Mißbrauch erinnern können. Viele Männer, mich selbst eingeschlossen, haben sich in Wiedererinnerungen als Frauen erlebt, denen derartige Horrorgeschichten widerfahren sind. Meine eigene ausgesprochen erniedrigende Wiedererinnerung an die Vergewaltigung, die Verstümmelung und den schließlichen Tod eines jungen Mädchens tauchte auf, als ein Rolfing-Therapeut an meiner Leistengegend arbeitete. Wie wir noch weiter hinten in diesem Kapitel sehen werden, erinnern auch Frauen frühere Existenzen, in denen sie als Männer auf dem Schlachtfeld – häufig sogar mit größtem Vergnügen – die übelsten Grausamkeiten begangen haben. Dieser Archetyp mit seinen zwei Polen – aktiv und passiv – ist in jedem von uns irgendwie wirksam.

Wenn ich in der Therapie nach den persönlichen Schicksalen forsche, die hinter den spezifischen sexuellen oder gynäkologischen Problemen meiner Klientinnen stehen, so gehe ich genauso vor wie bei anderen körperlichen Symptomen auch. Falls es sich um ein physisches Symptom handelt, so bitte ich die Klientin, ihre Aufmerksamkeit direkt auf den Schmerzherd zu richten, sei es eine Wucherung oder eine organische Dysfunktion, und ihre spezifischen Empfindungen genau zu beschreiben. Bisweilen fordere ich die Klientin aber auch auf, sich auf die vorherrschenden Gefühle zu konzentrie-

① Frauenfeindlichkeit

ren, die mit dem in Frage stehenden sexuellen oder »reproduktiven« Problem zusammenhängen. Danach beschäftigen wir uns so lange mit den um den betreffenden Komplex kreisenden Vorstellungen, Gefühlen und Empfindungen, bis das Unbewußte bestimmte Bilderfolgen freigibt.

Da der Genitalbereich der Frau im Normalfall meist nicht durch äußere Einwirkungen verletzt wird, sondern eher Schauplatz sehr intimer Gefühlsereignisse ist, sind die Geschichten, die im Zusammenhang mit diesem Teil des weiblichen Körpers zutage treten, für gewöhnlich sehr spezifisch und emotional komplex und erfordern infolgedessen häufig eine sorgfältige Entschlüsselungsarbeit, bevor eine volle Katharsis und Heilung stattfinden können. Die folgenden kurzen Überblicke über eine Reihe sexueller und gynäkologischer Probleme, mit denen ich es in meiner bisherigen Arbeit zu tun gehabt habe, sollen dem Leser verdeutlichen, worum es bei diesen Fragen ganz allgemein geht.

– *Eine junge Frau von Ende Zwanzig hatte große Probleme mit der Sexualität. Sie hatte das Gefühl, sie sei für Männer unattraktiv und daß diese sie nur zurückweisen würden. Sie war seit ihrem dreizehnten Lebensjahr leicht übergewichtig und wurde aus unerfindlichen Gründen immer wieder von dem Gedanken verfolgt, aus ihr werde noch einmal eine Hure werden. Von ihren Wiedererinnerungen warf besonders eine helles Licht auf die Hintergründe ihres negativen Selbstbildes. Sie erlebt sich als eine sehr hübsche junge Frau, die sich um ihren Vater kümmert – die Mutter ist schon viele Jahre zuvor gestorben. Ihr Vater zwingt sie in eine inzestuöse Beziehung, und sie bekommt zwei Kinder von ihm. Sie wird von zutiefst widersprüchlichen Gefühlen des Ekels und der Lust gequält. Sie versucht, aus dieser emotionalen Hölle auszubrechen, indem sie in einer örtlichen Taverne immer wieder anonym Männer abschleppt. Schließlich wird sie von einem Mann, den sie gleichzeitig lockt und immer wieder zurückweist, mit einer Axt ermordet.*

In einer anderen Existenz im amerikanischen Süden der Vorbürgerkriegszeit hat ihr Ehemann, während sie schwanger ist, Affären mit anderen Frauen, weshalb sie sich verlassen und häßlich fühlt. Es fiel ihr nicht schwer zu begreifen, wie diese alten unbewußten Dramen ihr gegenwärtiges Verhältnis zu den Männern beeinflußten.

– *Eine Frau mittleren Alters, die an einem unserer Workshops teilnahm, litt seit jeher unter furchtbaren prämenstruellen Krämpfen, obwohl sie bereits drei Kinder zur Welt gebracht hatte. Als wir den Ursachen dieser Schmerzen nachgingen, erlebte sie sich als afrikanische Frau, die bei der Geburt eines Kindes stirbt. Ihr total ungeschickter Ehemann bemüht sich, ihr bei der äußerst schwierigen Entbindung behilflich zu sein. Es handelt sich um eine Steißgeburt. In seinem ratlosen und unbeholfenen Bemühen hat der Mann schließlich dem Kind den Kopf abgetrennt. Die Frau stirbt unter fürchterlichen Schmerzen. Diese Erinnerung, die sich durch etliche Existenzen hindurch immer wieder in ihrer Gebärmutter manifestiert, wurde bei jeder Menstruation von neuem aktiviert.*

– Eine Frau von Mitte Dreißig berichtete in einem Workshop, sie habe bereits drei Unterleibsoperationen hinter sich: eine wegen eines geplatzten Blinddarms, eine andere wegen einer Eileiterschwangerschaft und eine dritte zwecks Entfernung einer Gebärmutterzyste. In allen drei Fällen gingen die Probleme mit Schwierigkeiten in ihrer jeweiligen Partnerschaft einher. In einer ihrer Wiedererinnerungen erlebte sie sich als junges Mädchen, das von seinem Vater vergewaltigt wird. Als Jugendliche wird sie dann schwanger, was ihren Vater veranlaßt, sie zu schlagen und in den Bauch zu treten und sie übelst zu mißhandeln. Als er sie aus dem Haus wirft, steht sie völlig mittellos da und stirbt kurz darauf an einer Lungenentzündung. Verständlicherweise war für diese Frau das Thema Schwangerschaft mit ausgesprochen zwiespältigen Gefühlen verbunden, und diese Ambivalenz manifestierte sich in Gestalt von Unterleibsbeschwerden, sobald sie eine enge Beziehung zu einem Mann aufnahm.

– Eine junge Akademikerin, die eine Zeitlang bei mir in Therapie war, hatte zwar über keine körperlichen Beschwerden zu klagen, empfand jedoch bei dem bloßen Gedanken, sie könne einmal Kinder bekommen, einen völlig irrationalen Widerwillen. Während des therapeutischen Gespräches tat sie immer wieder ihren Unwillen kund, über diese Frage auch nur zu diskutieren, aber es war unübersehbar, daß sie, wann immer dies Problem auch nur von ferne berührt wurde, mit einer großen inneren Erregung und auch entsprechenden Gefühlen zu kämpfen hatte. Als sie sich mit den in ihr aufsteigenden Empfindungen beschäftigt, erlebt sie sich (in der Wiedererinnerung) unversehens als Prostituierte mit einem unerwünschten Säugling. Diese junge Frau leidet offenbar unter Wochenbett-Depressionen. Der Vater ist auf Nimmerwiedersehen verschwunden. Halb irre und völlig verzweifelt, tötet sie das Kind, indem sie es gegen die Wand wirft. Zu ihrer

Depression kommt noch eine kraftraubende Krankheit hinzu. Schließlich stirbt sie schuldig, verloren und erschöpft in einem schmierigen Bordell. Ihr letzter Gedanke lautet: »Mir ist alles egal. Ich habe es nicht verdient, Kinder zu haben.« Jeder wird unschwer begreifen, daß unerledigte Schuldgefühle den Wunsch dieser jungen Frau, in ihrem jetzigen Leben Kinder zu bekommen, total blockiert hatten.

Im Fall der beiden ersterwähnten Frauen waren die Unterleibsprobleme letztendlich Schmerzensschreie, deren Ursache in unerledigten präexistentiellen Erfahrungen zu suchen war. Ihre Symptome besagten etwa: »Rühr mich nicht an!« – »Du tust mir weh!« – »Du bringst mich um!« – »Ich hasse dich!« – »Laß mich in Ruhe!« Die junge Frau, die unter keinen Umständen Kinder bekommen wollte, war in mancherlei Hinsicht etwas glücklicher dran, da ihr Körper ihre belastenden alten Wunden zumindest nicht dramatisch auslebte. Aber wegen des Schuldgefühls, das sie wegen der Ermordung ihres ungeliebten Kindes noch immer mit sich herumtrug, sperrte sich in ihrem Fall das Unbewußte gegen alles, was mit einer etwaigen Mutterschaft zu tun hatte.

Die therapeutische Bearbeitung solcher Fragen ist nicht ganz einfach und durchaus nicht immer erfolgreich, aber wenn meine Klienten den Mut und die Geduld aufbringen, die zur Erforschung dieser sensiblen und intimen Zonen der Persönlichkeit unerläßlich sind, so werden immer Ahnungen von den verschütteten Dramen ihres Innenlebens auftauchen. Als ich gemeinsam mit meinen Klientinnen das Bildmaterial untersucht habe, das hinter Gebärmutterfibromen, Wucherungen, Tumoren, schweren Menstruationsstörungen oder Empfängnisunfähigkeit verborgen liegt, sind ähnlich grauenhafte Geschichten zum Vorschein gekommen: erzwungene Abtreibungen, Kinderopfer oder auch unaussprechliche sexuelle Qualen oder Verstümmelungen. Falls jemand auf die Idee kommen sollte, sich hinsichtlich der guten alten Tage der matriarchalischen Gesellschaft irgendwelchen sentimentalen Illusionen hinzugeben, so kann ich mit etlichen Wiedererinnerungsprotokollen dienen, in denen davon die Rede ist, wie Kinder der großen Göttin geopfert werden oder wie bei manchen Stämmen Priesterinnen ihren Geschlechtsgenossinnen die Genitalien rituell entfernen und diese der großen Mutter opfern. Ich muß wohl kaum darauf hinweisen, daß die Gefühle der Schuld, Scham, Wut und des nackten Entsetzens, die in solchen Erinnerungen zum Vorschein kommen, dem Geschlechtsleben der betreffenden Frau – ohne daß sie die Ursache kennt – übel mitspielen können. Auf diese Weise können karmische Komplexe im Unbewußten der modernen Frau gegenwärtig und lebendig sein.

Der Fall Eliza

Vielleicht weil ich mich selbst in Wiedererinnerungen bereits als Frau erlebt habe, kann ich lebhaft nachempfinden, wie außerordentlich schmerzlich es für eine Mutter sein muß, die ein Kind viele Monate lang unter ihrem Herzen getragen hat, wenn sie das kleine Wesen plötzlich verliert. Wann immer ich mit einer Klientin zu tun gehabt habe, der karmisch ein solches Schicksal beschieden war, habe ich so manches Mal gewünscht, ich wäre im Besitz paranormaler Kräfte und könnte der Frau Trost »von der andern Seite« bringen. Aber leider verfüge ich nicht über solche Fähigkeiten und muß deshalb bei dem von mir erlernten Beruf bleiben, das heißt mit den Wiedererinnerungen des Unbewußten arbeiten. Der Fall Eliza bot mir immerhin eine der seltenen Gelegenheiten, der trauernden jungen Mutter durch meine Arbeit ein gewisses Maß an Erleichterung zu verschaffen.

Als Eliza zum erstenmal schwanger wurde, war sie Mitte Zwanzig und glücklich verheiratet. Die Schwangerschaft verlief völlig unkompliziert, bis sie etwa im sechsten Monat plötzlich starke Schmerzen in einem ihrer Eierstöcke bekam. Man entdeckte eine Zyste, und der betroffene Eierstock wurde operativ entfernt. (Schon vorher hatte man ihr aus der linken Brust eine Zyste entfernt.) Als das Baby, ein kleines Mädchen, geboren wurde, stellte sich heraus, daß es ein deformiertes Herz hatte. Nachdem die Ärzte etliche Wochen auf der Intensivstation um das Leben des Kindes gekämpft hatten, starb der Säugling.

Obwohl ungewiß war, ob die Entfernung des Eierstocks für den Herzfehler des Kindes unmittelbar ursächlich gewesen war, war für Eliza das Trauma der Operation fortan emotional eng mit dem Verlust ihres Babys assoziiert. Psychologisch gesprochen hatten sich die Auswirkungen dieser Ereignisse allesamt zu einem gemeinsamen Komplex verdichtet. Egal mit welchen Gefühlen Eliza bis dahin die mit einer möglichen Mutterschaft zusammenhängenden Fragen auch betrachtet hatte, sie konnte diese Empfindungen jetzt nicht mehr von den unglücklichen Erfahrungen des Vorjahres trennen.

In Übereinstimmung mit meiner Gepflogenheit, es dem Unbewußten des Klienten zu überlassen, wohin »die Reise« geht, bat ich Eliza, sich hinzulegen, die Augen zu schließen und ihre Aufmerksamkeit auf bestimmte innere Bilder und Sätze zu richten. Sie hat mir ihre Geschichte soeben detailliert erzählt und dabei auch erwähnt, daß sie schon immer furchtbare Angst vor Messern gehabt habe. Ich notiere mit diese Phobie und frage mich im stillen, welche präexistentielle Erfahrung diese Angst ausgelöst haben mag. In erster Linie jedoch halte ich sie dazu an, sich mit ihren jüngsten Erfahrungen auseinanderzusetzen. Ich habe ganz entschieden den Eindruck, daß ihre unglückliche Schwangerschaft und der Verlust ihres Kindes für sie mit den intensivsten Emotionen verbunden sind. Da erübrigt es sich zunächst einmal, nach weiteren Traumatisierungen zu suchen, solange wir diese schmerzlichen Umstände nicht näher ausgelotet haben.

Eliza ist zufällig mit der Rebirthing-Atemtechnik vertraut, einem Verfahren, das auch ich in meiner therapeutischen Arbeit immer wieder angewandt habe. Da diese Technik hervorragend geeignet ist, Traumatisierungen aller Art zu öffnen, bitte ich Eliza so zu atmen, wie sie es gelernt hat, und alles, was an die Oberfläche drängt, zuzulassen. Schon nach kurzer Zeit fängt sie an, den Kopf von einer ①
Seite auf die andere zu werfen – so als habe sie mit etwas zu kämpfen. Dann sagt sie plötzlich:

»Da ist Blut. Blut. Er ist gelb gekleidet. Es ist der Arzt. Nein, ich will nicht. Bitte nicht schneiden. Bitte nicht schneiden. Das tut weh. Ich kann mich nicht bewegen. BITTE NICHT SCHNEIDEN! BITTE NICHT SCHNEIDEN! Ich kann mich nicht bewegen. Ich kann nichts tun. Er schneidet in mir.«

Hypnotherapeuten wissen schon seit langem, daß unser Unbewußtes durch eine Narkose nicht ausgeschaltet wird. Obwohl unser Bewußtsein in diesem Zustand »sanft entschlummert« oder sich in angenehmen Phantasien verliert, verzeichnet das Unbewußte jedwedes Detail einer Operation – und zwar auch noch, wie ich leider sagen muß, solche Randerscheinungen wie die schlechten Witze oder die bedrohlichen Prognosen, die so manchem Chirurgen bei dieser Gelegenheit entschlüpfen. Ich bin also keineswegs überrascht, als Elizas Unbewußtes das Trauma ihrer Ovarektomie noch einmal durchlebt. Ich möchte jedoch in erster Linie herausfinden, wie ihr unbewußtes Selbst auf die Geschehnisse reagiert:

① B.O.

»*Er schneidet in meinem Unterleib. Da unten ist auch mein Baby. LASS MEIN BABY IN RUHE! BITTE TU MEINEM BABY NICHTS ZULEIDE! Er fragt die Schwestern irgendwas. Jetzt schneidet er wieder. Oh, mein Eierstock! Er sagt, der Eierstock ist explodiert – geplatzt. Er schneidet ihn heraus. Er reinigt den anderen Eierstock. Ich habe meinen Eierstock verloren. Ich kann mich nicht bewegen. Ich kann nichts tun. Was geschieht nur mit mir? Ich werde sterilisiert. Ich kann kein Baby mehr bekommen. Ich bin keine Frau mehr. Schwester, sag mir, daß alles in Ordnung ist.*«

Es besteht gar kein Zweifel daran, daß auf der unbewußten Ebene, also dort, wo der Körper Eindrücke unmittelbar verzeichnet, jede Operation als traumatisches Geschehen registriert wird. Eliza reagiert auf die Operation, auf den Verlust ihres Eierstocks und auf die Bedrohung ihres Babys, wie es vermutlich auch jede andere Frau in einer vergleichbaren Situation tun würde. Aber in gewisser Hinsicht könnte man die Reaktionen von Elizas Unbewußtem auch als übertrieben bezeichnen. Ihr »Bitte nicht schneiden!« ruft mir sogleich ihre Messer-Phobie ins Gedächtnis, während ihre allgemeine Hilflosigkeit und die Angst, daß sie keine Frau mehr ist, auf tiefere Schichten zu deuten scheinen.

Während des größten Teils dieser Sitzung befassen wir uns mit Elizas Wiedererleben jener Operation, damit sie die Traumatisierung noch einmal bewußt erfahren kann, die dieses Geschehen für ihren Körper bedeutet hat. Auf diese Weise erhält sie Gelegenheit, ihren damaligen Schmerz rückhaltlos zum Ausdruck zu bringen und sich so von den entsprechenden seelischen Verletzungen zu befreien. Aber ihre Angst vor Messern und ihre Zweifel an ihrer Weiblichkeit bleiben weiterhin bestehen. Ich lasse sie einige Sätze wiederholen, die mir emotional besonders stark »geladen« erscheinen, und bitte sie dann: »Überlassen Sie es Ihrem Unbewußten, Sie in eine Erfahrung hineinzuführen, die vielleicht eine Erklärung für Ihre Messer-Phobie und Ihre Zweifel an Ihrer Weiblichkeit bietet. Wiederholen Sie jetzt mehrmals den Satz: ›Bitte nicht schneiden.‹«

Dies ist eine Zusammenfassung dessen, was nun folgte:

»*Bitte nicht schneiden. Bitte nicht schneiden. BITTE NICHT SCHNEIDEN! Ich kann nichts tun ... Ich bin in einer Scheune, einem Heuschober. Er schneidet mich. Es ist ein Mann, er trägt eine blaue Hose. Es ist noch ein anderer Mann da. Ich bin schwanger. Ich will nicht sterben. Ich glaube, ich befinde mich im siebzehnten Jahrhun-*

dert. Sie versuchen mir zu helfen. Eine furchtbare Geburt. Sie machen einen Kaiserschnitt... Meine Arme sind an einem Balken festgebunden. Ich bin nur teilweise bekleidet. Ich kann nichts tun. Es fließt Blut, viel Blut aus meinem Unterleib... Das Kind, es ist tot. (Sie weint.) Ich sterbe. Ich will nicht sterben. Ich verliere den Kontakt zu meinem Leben. Ich muß fort... Ich sehe meinen Körper von außen. Ich bin nicht mehr da. Es ist eine junge Frau. Der Mann war mein Bruder. Er wollte mich retten. Das Baby ist tot. Es war eine Totgeburt. Ich konnte nichts tun. Es ist gefährlich, ein Kind zu bekommen. Ja, es ist gefährlich.«

Wiederum nehmen wir uns die Zeit, all den Schmerz und all die Traurigkeit, die mit dieser Geschichte verbunden sind, vollständig zu verarbeiten – nur diesmal handelt es sich offenbar um Traumatisierungen, die eine junge Frau aus der Vergangenheit betreffen, eine von Elizas präexistentiellen Persönlichkeiten. Während der therapeutischen Arbeit wird uns klar, wie tief dieses Leid jener Frau aus dem siebzehnten Jahrhundert mit Elizas erst kurz zurückliegender schmerzlicher Schwangerschaftserfahrung zu tun hat. Als ihr dies bewußt geworden ist, vermag Eliza, diese andere Quelle der Angst von ihrem akuten Trauma zu unterscheiden, was ihr Erleichterung verschafft. Sie muß sich aber noch von dem negativen Gedanken befreien, daß es gefährlich sei, ein Kind zu bekommen. Zu diesem Zweck gebe ich ihr ein paar Affirmationen mit auf den Weg. Es ist, als sei in dieser einen Sitzung eine große Last von ihr abgefallen.

Tiefe psychosomatische Verletzungen dieser Art lassen sich nur selten innerhalb von ein oder zwei Therapie-Stunden heilen, außerdem sind solche Traumatisierungen nur in den seltensten Fällen auf ① eine frühere Existenz zurückzuführen. Fast immer haben schwerwiegende Symptome wie Elizas Brust- und Eierstockzysten einen vielschichtigen Hintergrund. In der Sprache der Präexistenztherapie ausgedrückt, sind sie häufig Bestandteil eines sich wiederholenden Musters. Und genau dies stellte sich auch im Verlauf unserer weiteren Arbeit heraus, über die ich im folgenden sprechen möchte.

In einer späteren Sitzung befaßten wir uns noch einmal eingehend mit dem Bereich des schmerzenden Eierstocks:

Eliza erlebte sich jetzt als ein Dienstmädchen in einem Dorf in der nördlichen Sahara. Die historische Periode bleibt unklar, aber wir scheinen uns in einer fernen Zeit zu befinden. Mit vierzehn Jahren wird dieses Mädchen von Soldaten belästigt, die sexuell mit ihr verkehren

① auf eine einzige

möchten. Sie erklärt ihnen, daß sie sich vor ihnen ekle. Einer von ihnen schlägt daraufhin brutal auf sie ein und tritt sie, als sie zusammenbricht, mit seinen schweren Stiefeln in den Rücken. Dabei werden ihre Nieren und Eierstöcke so schwer verletzt, daß sie ihr Leben lang unter chronischen Schmerzen zu leiden hat. Von nun an lebt sie meistens alleine und wird pausenlos von dem Gedanken verfolgt: »Ich habe Angst vor Männern, sie tun mir weh. Ich will nicht, daß sie mich berühren. Ich lebe lieber allein.«

Auch in dieser Erfahrung steht ihr Eierstock im Mittelpunkt einer äußerst schmerzhaften und erniedrigenden Begegnung. Dieses Trauma pflanzt sich dann als physisches Samskara fort, das in diesem Leben während ihrer Schwangerschaft wieder zum Vorschein kommt.

Nachdem diese grausame Wiedererinnerung zutage getreten war und auch die schreckliche Erfahrung des mißlungenen Kaiserschnitts verarbeitet schien, versuchte ich Elizas Unbewußtes dazu zu animieren, eine Erinnerung an ein Leben freizugeben, in dem sie erfolgreich Kinder zur Welt gebracht hatte. Sie erlebte sich als eine blonde Frau im Mittleren Westen der USA im neunzehnten Jahrhundert – mit sechs Kindern! Diese Wiedererinnerung empfand sie als außergewöhnlich wohltuend, deshalb schlug ich vor, sich mit dieser gesunden präexistentiellen Persönlichkeit einmal näher zu befassen.

Aber noch waren nicht alle traumabehafteten früheren Existenzen verarbeitet. Ihre bereits operierte Brust fing plötzlich zu schmerzen an, und im Verlauf unserer Arbeit sah sie jetzt immer häufiger Bilder von Messern und blutigen Händen. Hinter diesen Vorstellungen entdeckten wir zwei grausige Erinnerungen an Menschenopfer. In einer dieser Wiedererinnerungen ist sie ein aztekischer Mann, der in Gefangenschaft gerät und enthauptet wird, in der anderen ist sie eine Frau von Anfang Fünfzig, die einem mittelalterlichen Satansritual zum Opfer fällt. Wann genau dies geschieht, bleibt offen. Sie wird vergewaltigt und entsetzlich zugerichtet. Wieder tauchen Messer auf. Diesmal sind wir offenbar endgültig an das volle Grauen herangekommen, denn dieses Leben endet damit, daß ihr ganzer Körper aufgeschlitzt und ihre Brüste abgeschnitten werden. Das also war das somatische Bild, das mit der Zyste in ihrer Brust und den Schmerzen in ihrem Eierstock innigst verbunden war. Diese Erfahrung sowie die Erinnerung an den mißglückten Kaiserschnitt lagen also am Grund des Entsetzens, von dem sie während der Operation gepackt wurde.

War Eliza in all ihren früheren Existenzen stets nur das Opfer gewesen? Offenbar doch nicht – denn in der nächsten Wiedererinnerung, die im Anschluß an jene blutigen Bilder auftauchte, erlebte sie sich plötzlich als Soldat in einem Schützengraben des Ersten Weltkriegs. »Ich hätte es nicht tun sollen. Ich hätte es nicht tun sollen«, jammert der Soldat. Er steht vor dem blutüberströmten Körper eines jungen Feind-Soldaten, dem er soeben das Bajonett in den Unterleib gestoßen hat. Offenbar hat er das Bajonett schon vorher des öfteren benutzt, aber jetzt plötzlich durchzuckt es ihn wie ein Blitz. Er kehrt zwar aus dem Krieg lebendig nach Hause zurück, wird aber fortan wegen seiner früheren »Untaten« von unausgesprochenen Gewissensbissen gequält. Er bekommt Arthritis in den Händen, den Beinen und im Rücken. Auf die Frage nach den Ursachen dieses Leidens sagt der ehemalige Soldat in Eliza, daß er krank geworden sei, weil er sich wegen der vielen Toten, die auf seinem Gewissen lasteten, selbst gehaßt habe.

Eine Frage, vor die man sich bei der Auseinandersetzung mit früheren Existenzen immer wieder gestellt sieht, lautet: Sind wir zunächst und in erster Linie Opfer oder Täter? Da im Sinne des linearen historischen Zeitverlaufs das Leben des Soldaten aus dem Ersten Weltkrieg auf die anderen blutig beendeten Existenzen folgte, kann man es schwerlich als deren karmische Ursache betrachten. Aber im Unbewußten haben die Begriffe »früher« und »später« eine andere Bedeutung als im Wachbewußtsein. Im Unterbewußtsein sind sämtliche Existenzen ständig gegenwärtig. Das karmische Pendel ① von Aktion und Reaktion läßt sich eher mit einem riesigen Fluß vergleichen, dessen Strömungen von einem Ufer zum anderen zurückgeworfen werden. Wenn eine Seele durch menschliche Hand Entsetzliches hat leiden müssen – sei es durch ein Messer, durch Feuer, Wasser oder was auch immer –, so hinterläßt der entsprechende Schmerz einen tiefen Abdruck.

Fast ausnahmslos lösen Gedanken des Opfers wie »Warum hat er mir das nur angetan?« oder »Das zahle ich ihm heim«: die Wunschvorstellung aus, einem anderen ebenfalls Schmerz zuzufügen. Aber auch der Folterer identifiziert sich vielfach so sehr mit den Qualen seines Opfers, daß er sich dessen Schmerzen insgeheim ausmalt. Im großen Rad der Existenzen wird das Opfer zum Verfolger oder Folterer, und weil dieser ständig andere Menschen quält, muß er die gleichen Schmerzen leiden, wie er sie anderen zugefügt hat. In allen

① SETH: Alles läuft gleichzeitig ab."

Komplexen, die irgendwie mit Gewalt und Unterdrückung zu tun haben, findet sich diese tiefe und beunruhigende Identität der Gegensätze: Aus dem Herrn in diesem Leben wird in einer anderen Existenz der Sklave; der Revolutionär mutiert zum Tyrannen. Auch Stanislav Grof hat während seiner LSD-Forschungen beobachtet:

> Im tiefsten Wesen ist der Gefühlszustand des sadistischen Folterers dem des Gefolterten ähnlich, und die rasende Wut des Mörders verschmilzt mit der Qual des sterbenden Opfers.[1]

Der Augenblick, da der Soldat auf dem Schlachtfeld des Ersten Weltkrieges in letzter Verzweiflung seinen toten Feind betrachtete, war für Eliza von höchster Bedeutung. Denn es handelte sich um ein Erlebnis, das James Joyce als Epiphanie bezeichnet hat, als einen Augenblick, da die Dinge sich in ihrem wahren Wesen zeigen und eine tiefreichende spirituelle Bedeutung offenbar wird – in diesem Fall die mystische Identität zwischen dem Opfer und dem Mörder. Solche Epiphanien transzendieren sogar noch die persönliche Ebene präexistentieller Erfahrungen und vermitteln einen Eindruck von der Dimension der Archetypen, die ich in dem Lotus-Diagramm in Kapitel fünf skizzenhaft dargestellt habe. Hätte Eliza sich mit allen ihren vergangenen Existenzen auseinandergesetzt, in denen Gewalt eine Rolle spielte, so hätte sie vielleicht gleichermaßen eine solche Einsicht gewonnen, aber ihr wurde sie letztendlich durch den Soldaten aus dem Schützengraben zuteil. Diese Erinnerung markierte für sie in der Tat das Ende eines Zyklus von Existenzen, die von Gewalt beherrscht waren. In der nachfolgenden therapeutischen Arbeit konzentrierten wir uns in erster Linie auf ihre Beziehungen zu anderen Menschen und auf einige Fragen, die ihre eigene Geburt betrafen. Der schmerzvolle Prozeß der Austreibung dieser alten Samskaras, die sich in ihren Fortpflanzungsorganen festgesetzt hatten, war nun vorüber, und sie konnte den traurigen Tod ihres Kindes jetzt aus einer völlig neuen Perspektive sehen.

Vergewaltigung, Rache und das Karma der Gewalt

Ich habe weiter vorne von den beiden Frauen Melinda und Arlette berichtet, die beide wegen ihrer präexistentiellen Vergewaltigungserlebnisse in ihrem gegenwärtigen Sexualleben und in ihrer Kreativität schwer beeinträchtigt waren. Melinda (Kapitel sechs), deren Erinnerung an eine Vergewaltigung durch den Mißbrauch, der mit ihr als junges Mädchen getrieben wurde, neu belebt worden war, war sexuell so gut wie frigide. Arlettes Karriere als Opernsängerin kam in erster Linie wegen der Probleme, die sie mit ihrem Kehlkopf hatte, nicht vom Fleck (Kapitel sieben), aber die ihrem Genitalbereich eingeprägte Erinnerung an eine Vergewaltigung während einer Schwangerschaft hatte ihr Selbstvertrauen gegenüber Männern stark unterminiert.

Wenn man präexistentielle Vergewaltigungserfahrungen heilen möchte, so kommt es entscheidend darauf an, daß die betreffende Frau im Genitalbereich ihre volle Empfindungsfähigkeit und Bewußtheit zurückerlangt, falls diese Körperzone durch das Trauma gefühllos geworden ist. In diesem Zusammenhang ist es von entscheidender Bedeutung, daß der Körper der Klientin – gemäß den Prinzipien der Reichschen Schule beziehungsweise der Gestalttherapie – die betreffenden Erfahrungen nochmals durchlebt. Man sollte bei dieser Arbeit aber auch Morris Nethertons Entdeckung im Auge behalten, daß sich das Bewußtsein in präexistentiellen Erinnerungen häufig vom physischen Trauma abspaltet. Gerade bei Frigidität und Anorgasmie ist dies oft der Fall. Auch hierfür ist Melinda wieder ein gutes Beispiel. In der intensivsten Phase ihrer Vergewaltigungserinnerung verspannt sich plötzlich ihr Becken, und ihre Beine werden steif. Was ihre Körpersprache in diesem Augenblick über ihren präexistentiellen Konflikt aussagt, ist von entscheidender Bedeutung.

»Ich will das nicht fühlen. Ich werde euch nie zeigen, daß es mir gefällt« (Becken und Genitalien).

»Rührt mich nicht an. Haut ab. Ich bring euch um. Ich trete euch« (Beine).

»Ich will das nicht sehen. Es ist alles nicht wahr« (Kopf).

Ihr Kopf, ihr Körper und ihre Gefühle liegen allesamt in einem tragischen Streit miteinander. Ein Teil ihrer Genitalien empfindet anfangs Lust – was ihr Bewußtsein mit Schamgefühl beantwortet –, aber binnen kürzester Zeit schlägt es in schreckliche Schmerzen um, die sie natürlich nicht fühlen will. Zugleich steigt Wut in ihr auf, die sie nicht zum Ausdruck bringen kann, und sie verdrängt das furchtbare Wirrwarr von Gefühlen, Gedanken und Empfindungen, die in ihr rumoren, in ihr Unbewußtes. Die nun unbewußt gewordene Erfahrung, die eines Tages nach den Gesetzen des Karma wieder an die Oberfläche drängen muß, beeinträchtigt von nun an Melindas Fähigkeit, sexuelle Intimität zu ertragen oder gar zu genießen.

Ein anderes Beispiel dafür, wie sehr präexistentielle Genitaltraumatisierungen das Sexualleben und die genitale Sensibilität eines Menschen dauerhaft zu schädigen vermögen, ist Gwen:

Gwen war eine junge Frau, die durch ihre Angst vor der sexuellen Penetration regelmäßig ihre Beziehung zu Männern zerstörte. Sie hatte außerdem Angst vor dem Alleinsein und befürchtete, sie werde niemals Kinder haben. Zunächst erlebte sie in der Rückführung eine beschämende und schmerzhafte urethrale Penetration zur Untersuchung eines Blasenleidens, die man bei ihr im Alter von sechs Jahren vorgenommen hatte. Dies wiederum löste eine Wiedererinnerung an eine Existenz aus, wo sie eine Bauersfrau ist, die einen Säugling entwendet, als sie feststellt, daß sie unfruchtbar ist. Sie wird festgenommen, ihre Genitalien werden mit einem glühenden Eisen kauterisiert. Danach wirft man sie für den Rest ihres Lebens irgendwo am Ende der Stadt in ein dunkles Verlies und läßt sie bei Wasser und Brot dahinvegetieren. Diese gräßliche Geschichte verbarg sich hinter ihrer Angst vor Sexualkontakten, vor einer Schwangerschaft und vor der Einsamkeit.

Wenn man die Historie als ein lineares Geschehen auffaßt, so müßte unser Karma eigentlich von Existenz zu Existenz immer mehr zunehmen. Die Gemeinheiten und Unmenschlichkeiten, zu denen sich im Laufe der Geschichte (meistens) die Männer gegenüber den Frauen haben hinreißen lassen – insbesondere in der Epoche des Christentums und des abendländischen Kolonialismus –, haben sich in Gestalt entsetzlicher Schuldgefühle im kollektiven Unbewußten festgesetzt. In seiner kulturpessimistischen Arbeit *Das unentdeckte Selbst* weist auch C. G. Jung auf diese »grimmigen« Fakten hin und behauptet, daß im kollektiven Unbewußten »nichts ein für allemal verschwindet und nichts wiedergutzumachen ist« und daß »keiner von uns sich den schwärzesten Schatten der Menschheit zu entziehen vermag«.[2] Von den Hexenverbrennungen über die Konzentrationslager bis hin zu den im heutigen Südamerika spurlos »Verschwundenen« gibt es nicht viel Erbauliches zu berichten, und wir haben eine beträchtliche Bewußtseinsarbeit zu leisten, wenn wir uns vom kollektiven inneren Zwang dieser Grausamkeiten befreien und keine neuen Greuel hinzufügen wollen.

Manche Frauen – aber auch Männer – haben sich offenbar mit massiveren Erfahrungen sexueller Gewalt herumzuschlagen als andere. Im Sprachgebrauch C. G. Jungs könnte man von diesen Menschen sagen, daß sie zur Bewußtwerdung der Menschheit einen besonders großen Beitrag leisten können, da sie an dem von ihm so genannten schwarzen Schatten, der über der Menschheit lastet, einen größeren Anteil haben als die übrigen. Allerdings ist es für die Kinder schändlich mißbrauchter Mütter oder Väter häufig sehr schwierig, aus der endlosen Spirale der Gewalt, die immer neue Gewalt gebiert, auszubrechen. Es ist heute weithin bekannt, daß Erwachsene, die Kinder sexuell mißbrauchen, fast immer selbst als Kinder ebenfalls mißbraucht worden sind. W. H. Auden hat diesen Gedanken an einem bedrückenden Tag des Jahres 1939 so ausgedrückt: »Jene, denen Übel angetan wird, erwidern dieses Übel mit neuem Übel.«

Obwohl ich persönlich nicht in sozialen Einrichtungen gearbeitet habe, in denen solche Verhältnisse an der Tagesordnung sind, habe ich von meinen Klienten schon häufig Horrorgeschichten gehört, in denen sie davon berichten, als Kinder immer wieder geschlagen oder verführt worden oder anderen körperlichen oder seelischen Grausamkeiten ausgesetzt gewesen zu sein:

Eine attraktive, etwa vierzigjährige Frau aus guten Verhältnissen, die ich Yvonne nennen werde, ist schon als Dreijährige von ihrem Vater sexuell belästigt worden. Als sie sieben Jahre alt war, hat er sie gezwungen, ihn in einer kleinen Kammer oral zu befriedigen. So ging es einige Jahre lang. Sie hatte zuviel Angst, um mit jemandem über diese Geschehnisse zu sprechen. Mit elf Jahren schließlich vertraute sie sich ihrer Mutter an, die sich weigerte, ihr zu glauben. Ihr Vater erlaubte sich bei dieser Gelegenheit noch die perverse Befriedigung, sie zu schlagen, weil sie angeblich »gelogen« hatte. »Es ist die totale Hölle«, erklärt sie, während sie diese Erfahrungen noch einmal durchlebt. Als sie vierzehn Jahre alt war und gerade unter schmerzhaften Monatsblutungen litt, flößten zwei Männer und eine Frau ihr Valium ein, banden ihr eine leichte Schlinge um den Hals und zwangen sie zu oralem Sex. Seit jenem Zeitpunkt hatte sie während ihrer Periode stets Hals- und Nackenschmerzen.

Als sie mit achtzehn schwanger wird und ohne Schulabschluß direkt in eine kaputte Ehe schlittert, muß sie sich von ihrem Vater anhören, daß sie Abschaum sei. In ihren Zwanzigerjahren gerät sie dann in gewalttätige Drogenkreise. Sie erlebt, wie ein Mann getötet wird, und fällt auch beinahe selbst einem Mordkomplott zum Opfer. Kurz darauf verbrennen zugleich mit ihrem Haus auch alle ihre Habseligkei-

ten. Ihr Sexualleben in diesen Jahren ist freudlos und leer, was angesichts ihrer Vorgeschichte nicht weiter überrascht. Zu all diesem Elend kommt noch hinzu, daß sich eines Tages herausstellt, daß sie im Nackenbereich und in den Brüsten unter Krebsgeschwulsten leidet. Außerdem machen ihr Herzprobleme und chronische Rückenschmerzen zu schaffen.

Obwohl ich nur einige wenige Sitzungen mit ihr arbeitete, traten die karmischen Komplexe, die all dieser Gewalt und all diesem Leiden zugrunde lagen, erstaunlich rasch zutage. Das erste somatische Symptom, das sie in der Regression wiedererlebte, war das Erstickungsgefühl, das sie mit sieben Jahren in jenem Kämmerchen empfunden hatte. Ihr Körper mußte die Erinnerung an den oralen Verkehr mit ihrem Vater gleichsam ausspucken. Die mit diesem Erstickungsgefühl verbundene symbolische Resonanz führte sie unmittelbar zu ihrer Geburt zurück, als sie mit um den Hals geschlungener Nabelschnur in diese Welt eingetreten war. Danach erlebte sie sich in einer Wiedererinnerung als einen Mann, der im sechzehnten Jahrhundert wegen Mordes erhängt wird.

Ihr Hals und ihr Rücken wanden sich in Schmerzen, als sie ihren damaligen Tod noch einmal durchlebte. Zugleich lief ihre ganz blutige Geschichte von damals vor ihrem inneren Auge ab. Sie erlebte sich in der Identität eines berüchtigten Seeräubers, der im Laufe seines rücksichtslosen Piratendaseins zu einem blutrünstigen Scheusal degeneriert war. Dieser Verbrecher schreckte auf seinen Beutezügen auch nicht davor zurück, andere Menschen zu verstümmeln, zu kastrieren oder ihnen die Glieder abzuhacken. Im übrigen unterhielt er eine unterwürfige homosexuelle Beziehung zum Kapitän des Schiffes, der ihn immer wieder zu oralem Sex zwang. Schließlich bringt er den Kerl um, mustert ab und endet in einem Hafen als grobschlächtiger Engelmacher. Er ist völlig herzlos und genießt es sogar noch, fremdes Leben auszulöschen.

In der nächsten Existenz erlebt sich Yvonne als eine Nonne, die von marodierenden Soldaten vergewaltigt und sexuell gequält wird – dabei werden ihr, bevor sie stirbt, die Brüste und die Vagina verstümmelt. In wieder einem anderen Leben erfährt sie sich in der Identität eines rücksichtslosen und gewalttätigen Gangsters im alten Westen der USA. Dieser Pistolenheld wird von einer Frau, die er zuvor gequält und mißbraucht hat, durch einen Schuß mitten ins Gesicht getötet. Es bereitete Yvonne keine große Mühe zu erkennen, wie sehr die Narben aus jenen früheren Existenzen in ihr immer noch wirksam waren und *unbewußt in ihr immer wieder all die Krankheits- und traumatischen Erfahrungen – sexuellen Mißbrauch, Halsprobleme, Krebs, Morddrohungen etc. – ausgelöst hatten. Sie begreift nun, daß sie diese Leiden in ihrem jetzigen Leben sozusagen eingeladen hat als Ausgleich für die Schuld, die sie in früheren Existenzen auf sich geladen hat. Ich forderte sie auf, sich noch einmal all jene Menschen zu vergegenwärtigen, die sie als Pirat gequält hatte, und sie um Vergebung zu bitten. Als sie dies tat, kamen ihr die Tränen. Dann bat sie die von ihr abgetriebenen Kinder um Verzeihung und fing plötzlich fröhlich zu lachen an.*

»Ich glaube, für diese Gemeinheit habe ich bereits bezahlt«, sagte sie.

»Vor ein paar Jahren habe ich einmal den unerklärlichen Drang verspürt, mich als Fahrerin eines Schulbusses anzubieten. Ich habe diese Tätigkeit regelrecht gehaßt, aber ich wußte irgendwie, daß ich mich über meine inneren Widerstände hinwegsetzen mußte. Ich habe es drei Jahre lang durchgehalten, und eines Tages wußte ich dann plötzlich, daß es genug war. Jetzt erst verstehe ich, wozu das alles notwendig war.«

Ich stimmte Yvonne darin bei, daß sie sich im Verlauf unserer therapeutischen Arbeit mit beeindruckendem Erfolg darum bemüht hatte, die karmischen Spuren der Gewalt zu neutralisieren, die sie mit in dieses Leben gebracht hatte. Ich erklärte ihr, daß es jetzt wohl an der Zeit sei, ihren Körper als Tempel des Heiligen Geistes zu lieben und zu ehren – und ihn nicht länger als karmisches Schlachtfeld zu behandeln.

Die Wiederaneignung der Kraft: Der Fall Hildegard

Abschließend möchte ich noch meine therapeutische Arbeit mit Hildegard schildern, die nach einem Workshop, in dessen Verlauf sie sehr lebhaft eine Vergewaltigung wiedererinnert hatte, meine Unterstützung suchte. Sie hatte bereits eine Zeitlang mit Hilfe eines anderen Therapeuten traumatische sexuelle Erfahrungen aufgearbeitet, die aus ihrer Kindheit herrührten. Sie litt unter starker Angst vor Sexualität und hatte an dem Workshop teilgenommen, weil sie vermutete, daß diese Schwierigkeiten nicht allein von ihren Kindheitserfahrungen herrühren könnten. Sie hatte in ihrem bisherigen Leben nur wenige Beziehungen zu Männern gehabt und war stets von der fixen Idee verfolgt worden, daß sie »zur Strafe« als Frau leben müsse. Auch fiel es ihr schwer, ihre Energie zu aktivieren. Sie hatte zwei körperliche Probleme: Erstens hatte sie sich als Kind am Rücken schwer verletzt, und zweitens mußte sie sich immer wieder mit Gebärmutterfibromen herumplagen.

Vermutlich weil sie die traumatisierenden sexuellen Erfahrungen ihrer Kindheit bereits in der vorhergehenden Therapie durchgearbeitet hatte, erlebte sie sich in der Regression sogleich als eine Frau im Mittelalter, die von drei Soldaten brutal vergewaltigt wird, wobei sie von ihren Angreifern am Unterleib und an der Vagina schwer verletzt wird:

»Warum nur haben sie das getan? Wohin soll ich jetzt gehen? Wer wird mich noch haben wollen?« schreit sie in ihrer Qual und Verzweiflung. Und dann folgt der Gedanke, dem wir in ähnlichen Szenen schon so häufig begegnet sind: »Ich will das (da unten) nicht spüren.«

Dieser Gedanke prägt sich – wie wir gesehen haben – der betroffenen Körperzone ein und bildet in der Folge eine für künftige Existenzen bestimmende karmische Struktur. Und während Hildegard die oben erwähnten Empfindungen noch ausspricht, drängen sich Bilder aus einer anderen Existenz vor ihr inneres Auge – Bilder aus dem Schlachtenleben eines Soldaten. Ich bitte sie jedoch, ihre Aufmerksamkeit weiterhin auf jene Verletzung zu richten, die sie so verzweifelt vergessen möchte. Als wir die Geschichte nun zu Ende führen, stellt sich heraus, daß jene Frau im Mittelalter an den Folgen der Vergewaltigung nicht gestorben, sondern halbtot in ein nahe gelegenes Kloster gebracht worden und dort wieder gesund gepflegt worden ist; dennoch hat sie sich von jener Gewalttat nie wieder richtig erholt.

Wir beschäftigen uns eine Zeitlang mit der Aufarbeitung der durch die Vergewaltigung hinterlassenen traumatischen Eindrücke; dabei erinnert Hildegard auch den stechenden Schmerz, den einer der Unholde ihr verursachte, indem er ein Knie brutal in ihre Brust bohrte. Ihre Brust ist offenbar ein Bereich symbolischer Resonanz, denn plötzlich ist Hildegard nicht mehr jene Frau, sondern der Soldat, mit dem sie sich schon vorher einmal kurz identifiziert hatte:

»Es steckt in meiner Brust (schwer atmend). Ich kann nicht aufstehen. Es ist ein Speer. Ich liege niedergestreckt am Boden. Ich bin vom Pferd gefallen. Mein Bein... Es ist durchbohrt. Ich kann mich nicht bewegen. Mein Hals ist verrenkt. Füße treten auf meinen Kopf. Ich sterbe. Aus meinem Mund und aus meinem Unterleib quillt Blut...

Mein Gesicht und meine Brust sind schwarz von Fliegen. Ich bin unbeugsam und stark. Ich gehe nur von hier, weil ich muß. Ich hatte einen schönen starken Körper... Vielleicht werde ich nie wieder ein Mann sein... Es ist alles vorbei.«

Als er dann sein Soldatenleben noch einmal Revue passieren läßt, fühlt er tiefes Bedauern wegen der Brutalität, die er immer wieder an den Tag gelegt hat:

»*Ich habe mich Frauen gegenüber oft schäbig verhalten. Ich habe Frauen vergewaltigt und umgebracht. Dabei habe ich mich stark gefühlt. Ich verdiene es nicht, noch einmal ein Mann zu sein.*«

Ich bitte Hildegard, vor ihrem inneren Auge noch weitere Existenzen unter dem Gesichtspunkt der Grausamkeit gegenüber Frauen zu prüfen. Die erste Existenz, die sie wiedererinnert, ist das Leben eines Mannes in einem primitiven Volksstamm. Dieser Mann macht seiner Frau das Leben zur Hölle und wird schließlich von deren Bruder umgebracht. Danach findet sie sich in dem kraftvollen Körper eines zum Patrizier aufgestiegenen römischen Offiziers wieder:

Dieser Charakter ist grausam und selbstsüchtig. Er tötet in einem Wagenrennen bedenkenlos einen völlig harmlosen Konkurrenten und genießt hemmungslos die Macht, die er über seine Sklaven und seine Frau ausübt. Um die Verhärtung seines Körpers, aber auch seines Herzens zu kompensieren, vergnügt er sich immer häufiger bei Trinkgelagen mit jungen Frauen. Von der anmaßenden Vorstellung besessen, daß er alles haben kann, was er nur will, begeht er offen Ehebruch mit der Frau eines hochgestellten Mannes. Sein Verlangen nach dieser Frau steigert sich zur Besessenheit. Sie lebt jedoch in immer größerer Angst vor ihrem Mann. Schließlich wird ihm in einem öffentlichen Dampfbad die Kehle durchgeschnitten. Er stirbt voll rasender Wut auf jene Frau, die er des Verrats bezichtigt. Es ist ein häßliches, selbstsüchtiges Leben. Im Rückblick erkennt dieser Charakter, daß er bei all diesen Frauen genau jene Zuneigung und Wärme gesucht hat, die er in sich selbst nicht finden konnte.

Dem einen Leben als Vergewaltigungsopfer hatte Hildegards Unbewußtes nicht weniger als drei von Gewalt gekennzeichnete männliche Existenzen gegenübergestellt. Kompensierte sie vielleicht in diesem Leben ihre frühere Grausamkeit und Hartherzigkeit? Hatte sie mehr männliche als weibliche Existenzen durchlebt, wie dies nach Auskunft paranormal Begabter bei manchen Seelen der Fall ist?

Ganz sicher jedenfalls empfand Hildegard wegen der Grausamkeit dieser männlichen Figuren unbewußt eine tiefe Scham, die sie auch in der Entfaltung ihrer Weiblichkeit blockierte. Es verwundert auch nicht weiter, daß die Dominanz männlicher Figuren in ihrer Psyche sie zu dem Glauben verleitet hat, daß es eine Art Strafe sei, als Mädchen geboren zu werden. Und tatsächlich bestrafte sie sich in gewisser Hinsicht selbst. So hatte sie nicht nur das Gefühl, eine männliche Identität nicht mehr verdient zu haben – so als habe sie dieses Recht verwirkt –, aber was noch entscheidender ist: In ihrem tiefsten Innern war sie davon überzeugt, daß sie wegen der Brutalität ihrer maskulinen Seite diese in ihrem jetzigen Leben nicht zur Geltung bringen dürfe. Deshalb schnitt sie sich unbewußt selbst von der wahren Quelle ihrer eigenen Kraft ab.

Seine langwierige Beschäftigung mit sekundären Persönlichkeiten in den Träumen von Frauen führte C. G. Jung zur Entdeckung einer in diesen Träumen immer wiederkehrenden archetypischen männlichen Figur, die er als »Animus« bezeichnete.[3] Eine Frau, in deren Psyche eine starke, unkomplizierte Animus-Figur wirksam ist, wird im allgemeinen freudig und tatkräftig in die Welt hinaustreten und auf die männlich-harten Bedingungen des heutigen beruflichen und gesellschaftlichen Wettbewerbs elastisch, humorvoll und selbstbewußt reagieren. Aber wenn die Animus-Figur in einer Frau sich ihrer selbst insgeheim schämt, wie es auf Hildegard zutraf, oder sich schuldig fühlt, wie es bei Yvonne der Fall war, so besteht die Gefahr, daß die betreffende Frau sich im Leben nicht durchsetzen kann, vor einem wirklichen Engagement zurückschreckt oder aber unbewußt Katastrophen oder Attacken provoziert, die diesen Mangel an Selbstwertgefühl immer wieder als berechtigt erweisen.

Ein sehr anschauliches Beispiel einer Frau, deren Animus-Figur präexistentiell geschädigt ist, bot mir einmal eine relativ scheue, jedoch hochkreative Graphikerin namens Ellen, die in aller Stille zu Hause arbeitete, weil sie die in den großen Werbeagenturen rauhen Sitten nicht ertragen konnte.

In einer bedrückenden Wiedererinnerung erlebte sich Ellen als einen – im Wald lebenden – scheuen jungen Mann, der sich weigert, gemeinsam mit einer Gruppe älterer Männer auf eine orgiastische Vergewaltigungstour zu gehen. Voller Verachtung über seine »Schwäche« kastrieren die Männer ihn, und er zieht sich völlig aus der Welt zurück und lebt fortan in einer abgelegenen kleinen Hütte. Die verletzte Animus-

Figur dieser jungen Frau hegte allem Anschein nach noch immer die Befürchtung, von einer harten Männerwelt abermals entmannt zu werden. Ich freue mich, berichten zu können, daß Ellen nach Abschluß unserer gemeinsamen therapeutischen Arbeit die Kraft fand, sich den Anforderungen des Lebens neu zu stellen. Zuvor jedoch mußte sie jene furchtbare Erinnerung loslassen.

In Elizas, Yvonnes und Hildegards Fall war jeweils eine Verwandlung aus einem weiblichen Opfer in eine brutale männliche Figur zu beobachten. Alle drei mußten sich mit den männlichen Persönlichkeiten auseinandersetzen, die in ihnen lebendig waren. Während Elizas Animus-Figur relativ gesund war, hatte Yvonne den Piraten in sich ebenso verdrängt wie Hildegard »ihren« römischen Patrizier.

Nicht selten fordere ich Frauen – aber auch Männer – auf, den Schmerz und die Erinnerung laut herauszuschreien, die sie empfinden, wenn sie in der Regression vergewaltigt, gefoltert oder auf andere Weise brutal behandelt werden. Häufig reicht dieser Kontakt mit der verschütteten Wut bereits aus, um das Bild eines Kriegers oder Kämpfers heraufzubeschwören. Diese Gestalt entspricht der archetypischen oder astrologischen Figur des Mars, des Symbols der Kampfkraft, des Mutes und der gesunden Verteidigungsbereitschaft – gelte dieser Einsatz nun dem Schutz eines geliebten Menschen, der Verteidigung der eigenen Gesellschaft oder Meinung. Aber diese »martialische« Funktion ist, wie ich bereits früher angemerkt habe, in unserer aggressiven Kultur derart außer Kontrolle geraten, daß das von den Klienten unter diesem Vorzeichen zutage geförderte Bildmaterial anfangs häufig alles andere als »gesund« ist, wie auch die vorstehenden Beispiele zeigen. Feministische Therapeutinnen haben ganz recht, wie mir scheint, wenn sie zunächst einmal die Wut auf die patriarchalischen Mißbräuche in unserer Gesellschaft zu aktivieren suchen, aber in ihrer nur allzu berechtigten Empörung vergessen sie – jedenfalls in den Augen zahlreicher außenstehender Beobachter – nur zu häufig, jene Figur in ihrem Inneren anzuschauen, die diese Wut schürt. Nicht nur das Gewaltopfer, das in jedem von uns steckt, sondern auch der Schinder oder Vergewaltiger in uns bedarf der Heilung und der Vergebung. Und es sind nicht nur die Männer, die sich mit dieser bedrohlichen Nachtseite ihres Wissens auseinanderzusetzen haben.

Der Präexistenztherapeut versucht unter anderem auch herauszufinden, in welchem Maße die weibliche Identität einer Frau durch vorherrschende männliche Präexistenzen bestimmt beziehungsweise blockiert wird – obwohl sich diese Frage im Einzelfall ganz sicher nie erschöpfend beantworten läßt. Er möchte aber auch umgekehrt herausfinden, wie stark das Element weiblicher Existenzen in der Persönlichkeit des männlichen Klienten dominiert. Wie immer die Antwort im einzelnen auch ausfallen mag – sowohl wir Männer als auch die Frauen sind gefordert, die Begegnung mit den »inneren« Figuren des anderen Geschlechts zu suchen und der Entwicklung der eigenen Persönlichkeit kreativ dienstbar zu machen. So kann eine Frau im Verlauf einer Präexistenztherapie etwa Einsicht in die Mechanismen der Ausübung – oder des Mißbrauchs – von Macht gewinnen, während ein Mann von der Anima-Figur, die er in sich trägt, vieles über Zärtlichkeit, Opferbereitschaft und Mitempfinden zu lernen vermag. Diese – überaus lohnenswerte – Arbeit erfordert von uns sicherlich Mut und die Bereitschaft, uns auf der somatischen Ebene mit jenen traurigen Konsequenzen auseinanderzusetzen, die unsere Kultur durch die Mißachtung des Weiblichen – also des Körpers, der Erde und des mütterlichen Elementes – versucht hat.

9. Die vielen Leben der Seele

> Der Mensch ist ein pluralisches Wesen. Wenn wir von uns selbst sprechen, sagen wir normalerweise »ich«. Wir sagen: »Ich habe dies getan« – »Ich denke dies« – »Ich möchte dies oder jenes tun«, aber das ist ganz falsch. Es gibt kein solches »Ich«, oder vielmehr gibt es in jedem von uns Hunderte, Tausende kleiner »Ichs«. Wir sind in uns selbst vielfach unterteilt, aber wir können diese Pluralität unseres Seins nicht erkennen, es sei denn durch Beobachtung und beständiges, genaues Hinsehen.
>
> Georg I. Gurdjieff, *Man is a Plural Being*[1]

> Es sind insbesondere die Phänomene des Somnambulismus, des doppelten Bewußtseins, der gespaltenen Persönlichkeit etc...., was uns instand gesetzt hat, die Möglichkeit einer Mehrzahl von Persönlichkeiten in ein und demselben Individuum zu akzeptieren.
>
> C. G. Jung, *Psychologische Typen*

> ... am wichtigsten jedoch ist Jungs Idee, daß *jede Persönlichkeit im Grunde* multipel ist... Die multiple Persönlichkeit ist die Grundstruktur des menschlichen Daseins.
>
> James Hillman, *Archetypal Theory*[2]

Präexistentielle Identitäten

Obwohl der Begriff »Komplex« nun bereits seit vielen Jahrzehnten selbstverständlicher Bestandteil des psychologischen Sprachgebrauchs ist, lehnen die meisten Menschen die Vorstellung ab, unsere Persönlichkeit sei »multipel« strukturiert. Dies ist im Lichte von Sensationsgeschichten wie *The Three Faces of Eve* oder von Hollywood-Thrillern wie *Der Exorzist* vielleicht verständlich. Unsere Ablehnung dieser Vorstellung ist aber auch teils darauf zurückzuführen, daß die Bezeichnung »multiple Persönlichkeit« in der Vergangenheit fast ausschließlich als Etikett zur Charakterisierung einer schweren Dissoziierung oder Spaltung der Persönlichkeit gedient hat, die dem Wahnsinn gleichkommt.

Zum Krankheitsbild der häufig zu Unrecht als Spaltung oder Multiplizität der Persönlichkeit verstandenen Schizophrenie gehört es, daß der Betreffende den Eindruck hat, zahlreiche Stimmen oder imaginäre Wesenheiten seien darauf aus, seine Selbstwahrnehmung als geschlossene Persönlichkeit oder seine Ich-Identität zu beeinflussen oder zu untergraben. (Klinisch unterscheidet sich die multiple von der schizophrenen Persönlichkeit hauptsächlich dadurch, daß die getrennten »Identitäten« der multiplen Psyche sich strikt auf ihr jeweiliges »Revier« beschränken und ihre übrigen Konkurrenten vorgeblich gar nicht wahrnehmen. Ein Schizophrener hingegen weiß zu seinem eigenen Leidwesen meistens nur zu gut, daß in ihm zahlreiche Stimmen und Wesenheiten am Werk sind, die er indes nicht kontrollieren kann.)

Aber ganz gleich über welche psychischen Störungen wir auch sprechen, die Vorstellung einer seelischen »Multiplizität« weckt stets wesentlich furchterregendere Assoziationen als die gute alte Bezeichnung »Komplex«. So können wir beispielsweise gegenüber einem völlig Fremden auf einer Cocktailparty in den meisten Fällen völlig entspannt etwa über unseren »Geld-Komplex« sprechen, während die meisten Leute es sich ganz gewiß zweimal überlegen, bevor sie etwa sagen: »Mit dem Geld habe ich so meine Schwierigkeiten: Der Mönch in mir drängt mich unentwegt, endlich das Armutsgelübde abzulegen.«

Die Arbeit mit inneren Figuren – egal wie wir deren Herkunft auch erklären mögen – ist allerdings nicht ganz einfach. Denn wir müssen ein Gespür dafür entwickeln, wie die Gedanken, Gefühle und Erfahrungen solcher »Wesenheiten« im einzelnen unsere Gedanken und Gefühle sowie unser alltägliches Verhalten beeinflussen, und dann versuchen, jenen Einfluß zu verändern.

Tatsächlich ist es gar nicht so schwierig, die eine oder andere jener zahlreichen »Identitäten« zu aktivieren, die in den Kulissen unseres seelischen Bühnenraumes gleichsam auf ihren Auftritt warten. Von Zeit zu Zeit gelingt es sogar einer von ihnen, den Hauptdarsteller, nämlich unser Ich, auszustechen und diesem die Schau zu stehlen. »Ich war nicht ganz bei mir«, sagen wir dann hinterher oder: »Ich weiß nicht, was in mich gefahren ist« oder: »Diese Worte sind mir nur so herausgeflogen«. In solchen flüchtigen Augenblicken werden wir – wenn auch nur dunkel – Zeuge, wie ein anderes Selbst unser Ich-Selbst kurzfristig beiseite schiebt. Manche von uns hören beständig die Stimmen dieser anderen »Identitäten«. Aber die von einigen populären Psychologien verbreitete Annahme, es handle sich bei alledem lediglich um in der Kindheit internalisierte elterliche Stimmen, ist falsch. Einige der Figuren, die in unserem Innern um die Vorherrschaft streiten, wären aus der Sicht unserer Eltern wahrscheinlich alles andere als gesellschaftsfähig!

Wenn wir diese Figuren in uns aktivieren, so löst dies freilich eine Menge Beunruhigung und Widerstand aus. Unsere Angst, nicht Herr im eigenen Haus zu sein, ist wesentlich durch die Erkenntnis und das Eingeständnis begründet, daß wir, falls tatsächlich diverse Unterpersönlichkeiten in uns um einen Platz im Rampenlicht rangeln, innerhalb des gleichen Kontinuums beheimatet sind wie der Schizophrene.

Aber niemand behauptet schließlich, wir sollten den hartnäckigen, bisweilen zwanghaften Forderungen jener anderen »Identitäten« in uns nachgeben. Zunächst einmal gilt es, sie überhaupt zu erkennen. Danach müssen wir uns mit ihnen arrangieren – wie ein König, der sich bemüht, eine Gruppe bis dahin sträflich vernachlässigter Untertanen zu befrieden, und sich deshalb aufmerksam ihre Klagen und Wünsche anhört. Während weitere Unterdrückung den Unmut dieser Bürger nur noch steigern würde, bieten wohlwollende Verhandlungen die Chance, das Königreich innerlich zu harmonisieren und zu stärken.

Wer vor der – ganz und gar nicht abnormalen – Multiplizität der Psyche Angst hat, das heißt vor ihren vielen Leben, vielen Gesichtern, den extremen Abgründen und Höhen, der fürchtet letzten Endes die Seele selbst. Wenn so viele Menschen die Vorstellung einer inneren Welt und die Idee einer Multiplizität von »Identitäten« beunruhigend und unangenehm finden, so ist das nur ein weiterer Beweis für die in unserer Gesellschaft vorherrschende unpsychologische und seelenfeindliche – und damit zugleich auch geistfeindliche – Grundstimmung. Der bekannte Psychiater R. D. Laing hat vor nicht allzu langer Zeit einmal festgestellt, daß die Menschen im Westen »psychophobisch« geworden seien, will sagen Angst vor der Psyche und vor inneren Erfahrungen haben. Er hat seine psychiatrischen Kollegen häufig genug dafür kritisiert, daß sie diese Tendenz durch ihre entfremdende Verwendung klinischer Etikettierungen für seelische Störungen sogar noch unterstützen.

Grundelemente der Präexistenztherapie

Die von Laing als Psychophobie bezeichnete Haltung ist in unserer Kultur – in zahlreichen, oft überraschenden Formen – weit verbreitet. Eine dieser Formen ist das gegenwärtig große Interesse am sogenannten »Channeling« und den auf diesem Weg erlangten spirituellen Lehren. Auch wenn ich vielen dieser Lehren einen gewissen Informationswert nicht absprechen möchte, so halte ich doch die heute populäre Interpretattion des Channeling-Phänomens für fragwürdig.

Denn manche »Medien« erwecken durch ihr Gehabe und ihre Sprache den Eindruck, besagte »geistigen Wesen« seien in einer jenseitigen Sphäre beheimatet, zu der nur medial begabte Menschen in Trance Zugang haben, das heißt, klinisch gesprochen, in einem Zustand tiefer Dissoziierung. Ein auf diese Weise dissoziiertes Medium kann sich des eigenen Zustands durchaus bewußt sein, ebensogut aber ist es möglich, daß der oder die Betreffende von den »eigenen« Kundgaben erst Kenntnis erhält, wenn diese bereits vorüber sind. In beiden Fällen indes werden das Ich und die »Wesenheit« allein schon durch die Struktur des Rituals, das heißt, durch eine systematich herbeigeführte Persönlichkeitsspaltung, deutlich voneinander getrennt.

① Viele der »geistigen Wesenheiten«, die sich durch solche »Kanäle« kundtun, erinnern frappierend an präexistentielle Persönlichkeitsfragmente. Allerdings distanziert sich das sogenannte Medium von diesen anderen »Identitäten«, während der therapeutische Prozeß gerade deren Wiederaneignung bewirken möchte. Überdies glaubt der Therapeut, daß jene Sphäre, die die Tiefenpsychologie als Unbewußtes bezeichnet, prinzipiell jedermann zugänglich ist, während sich die heute populäre »Metaphysik« auf den Standpunkt stellt, daß nur bestimmte, für besagte Trance-Dissoziierung besonders begabte Leute diese Fähigkeit besitzen.

Viele Channeling-Medien erwähnen das Unbewußte so gut wie überhaupt nicht, statt dessen sprechen sie von der »anderen Seite«, ein Sprachgebrauch, der wiederum entfremdend und dissoziativ wirkt. Auf diese Weise fügt sich die heute populäre Form des Channeling nahtlos in die in unserer Gesellschaft vorherrschende Psychophobie ein. Jene andern »Wesenheiten« haben Gott sei Dank nichts mit uns selbst zu tun, und wir können es getrost »Experten« überlassen, den Kontakt zur »anderen Seite« für uns herzustellen. Und weil diese Experten ihre eigenen »Führer« als unabhängige Wesenheiten betrachten, so fühlen wir uns ebenfalls berechtigt,

① Trifft nicht auf SETH, ORIN, SANAT KUMARA zu

entsprechende »Identitäten« in uns selbst wie etwas Fremdes zu behandeln. Wir haben bereits gesehen, daß die Technik der Wiedererinnerung dem Klienten die Möglichkeit eröffnet, sich mit diesen inneren Figuren emotional engagiert und in aller Plastizität auseinanderzusetzen. Zunächst kommt es dabei zu einer Art dramatischer Identifizierung – das heißt, wir werden für die Dauer der Wiedererinnerung eins mit dem jeweiligen präexistentiellen Selbst; in einem nächsten Schritt lösen wir dann diese Identifizierung wieder auf und nehmen Abstand von den Samskaras jenes Selbst, indem wir im Dialog oder mit Hilfe bestimmter Imaginationstechniken die »unerledigten Reste« jener Existenz auflösen.

Wenn dann immer mehr Existenzen zutage treten, verlagert sich die therapeutische Arbeit zunehmend auf eine andere Ebene – jetzt geht es darum, die diversen Existenzen in eine dynamische Beziehung zueinander zu bringen. In dieser Phase erinnert die Arbeit James Hillman zufolge an ein Symposion: Der Klient nimmt erstmals den Chor der in ihm nachklingenden Stimmen bewußt wahr und sieht vor seinem inneren Auge all jene präexistentiellen Lebenswege in ihrer innerer Verwobenheit. Diese wiedererinnerten Existenzen sind jedoch nicht etwa Persönlichkeitsfragmente, die es auszutreiben, zu entfernen oder zu verjagen gilt. Nein, sie sind vielmehr lebendige Energien, die wir gegeneinander und mit unserem Ich ausbalancieren müssen, damit sie in einer qualitativ neuartigen, das heißt erweiterten Selbstwahrnehmung ihren »Platz« finden können. Jetzt ist für den Klienten der Zeitpunkt gekommen, dem grausamen Tyrannen, der egoistischen Priesterin, der tief bedrückten Bettlerfrau, dem raffgierigen Kaufmann, dem feigen Krieger oder dem angstgeschüttelten Kind oder einer der anderen Gestalten – die in den endlosen Dramen unseres Lebens in Erscheinung treten und uns soviel kostbare Energie entziehen – mitfühlend und offen ins Gesicht zu blicken.[3]

Das Drama der psychischen Gegensatzpaare

»Ohne Gegensätze gibt es keinen Fortschritt«, hat William Blake, einer der treffsichersten Kommentatoren der Dynamik unserer Innenwelt, einmal geschrieben. Sobald wir uns einmal mit einer ganzen Sequenz früherer Existenzen auseinandersetzen, springt eines sofort ins Auge – daß nämlich die Persönlichkeitstypen sich von Leben zu Leben andauernd in ihr Gegenteil verkehren. Auch die moralische Perspektive und die in den verschiedenen Geschichten vorherrschenden Themen schlagen von Leben zu Leben beständig in ihr Gegenteil um. So haben wir es nicht selten mit ganzen Zyklen von Existenzen zu tun, in denen der Persönlichkeitstyp in einer Art Pendelbewegung unentwegt wechselt – aus der Konkubine wird der Zölibatär, aus dem Verschwender ein Geizkragen, aus dem Herrn ein Diener, aus dem Stubenhocker ein Abenteurer und so fort.

Auch wechselt in solchen Wiedererinnerungen häufig die moralische Perspektive: Auf eine Existenz hartherzigster Mißachtung menschlichen Lebens – als Krieger, als Opferpriester, als Henkersknecht – folgt ein Dasein selbstloser Hingabe an den Mitmenschen – als Heiler, als Mönch, als Chirurg. Auch die vorherrschenden Themen und das soziale Umfeld unterliegen solchen Umschwüngen; dabei folgt dann etwa auf den ganz Spanien beherrschenden römischen Prokonsul ein landloser holländischer Bauer, auf den verfemten Sklaven ein chinesischer Kriegsherr, auf das sexuell mißbrauchte Kind ein mit seinem Haufen raubend, plündernd und vergewaltigend durchs Land ziehender Söldner. Diese Extremzustände der menschlichen Natur trägt offenbar jeder von uns in einer Art prekärem Gleichgewicht in sich.

Als einer der ersten hat der griechische Mystiker und Philosoph Heraklit beobachtet, daß die Dynamik unserer Psyche dahin tendiert, sich in einem unaufhörlichen Wechsel in gegensätzliche Energien und Persönlichkeiten aufzuspalten. Er bezeichnete diese Dynamik als *enantiodromia,* das heißt als ein »wechselseitiges Sichentgegenlaufen«. Auch Jung stieß in Traumsequenzen immer wieder auf dieses Phänomen. Wir sehen dieses Prinzip aber auch am Werk, wenn wir ganze Serien früherer Existenzen wiedererinnern.

Wenn wir es unserer Psyche gestatten, sich diesem Gezeitenstrom der stets in ihr Gegenteil sich verkehrenden existentiellen Strukturen und Persönlichkeiten zu überlassen, und wenn wir dann diese Pendelbewegung und all ihre widersprüchlichen Elemente betrachten, so entsteht im Bewußtsein des Betrachters eine immense seelische Spannung. Die große Herausforderung besteht jetzt darin, die Gegensätze zu vereinigen und die Bedeutung dieser polarisierten Persönlichkeiten, samt ihrer scheinbar unauflöslichen karmischen Residuen aus vergangenen Existenzen, zu verstehen. Ich möchte deshalb am Beispiel von Klienten, die durch diese Reversionsarbeit gegangen und dadurch zu einem völlig neuen menschlichen und moralischen Selbstverständnis gelangt sind, diesen Prozeß darstellen:

– Eine Frau erinnert zunächst eine Existenz als Blaurock-Soldat in den amerikanischen Indianerkriegen. Er stirbt angewidert von all dem Gemetzel. Im nächsten Leben sieht sie sich als eine indianische Medizinfrau, deren Stamm systematisch von Soldaten ausgerottet wird. Unfähig, an diesen Geschehnissen irgend etwas zu ändern, erkennt sie, daß es ihre Rolle ist zuzusehen, wie ihr Stamm langsam dem Hunger und der Zermürbung zum Opfer fällt. Das einzige, was sie tun kann, ist, ihren dahinvegetierenden Stammesbrüdern und -schwestern ein wenig Trost zu spenden. Sie sieht, daß diese beiden Existenzen sich zueinander wie umgekehrte Spiegelbilder verhalten.

– Ein Mann erinnert ein Leben im späten Mittelalter. Es bereitet ihm offenbar großes sadistisches Vergnügen, Hexen zu foltern und umzubringen. Danach findet er sich plötzlich in einem anderen Leben als Naziopfer wieder und wird wegen einer Information, über die er gar nicht verfügt, zu Tode gequält. Während er stirbt, erkennt er in der Figur seines Folterers ein Abbild seines eigenen früheren Selbst und begreift, wie groß die Gefahr ist, daß er in eine Spirale endloser höllischer, sadomasochistischer, rachedurstiger Existenzen hineingerät. Er bringt jedoch die Kraft auf, seinem Folterer zu verzeihen, und scheint fortan von weiterer karmischer Gewalt, sich selbst oder anderen gegenüber, frei zu sein. ①

– Eine Frau erlebt sich in der Wiedererinnerung als Anführer eines unter römischer Herrschaft stehenden Inselstammes. Die Römer machen sich einen Spaß daraus, diesen Häuptling immer wieder zu erniedrigen, und zwingen ihn sogar, seine eigene Frau zu töten. Er leistet diesen Befehlen nur Folge, um die Inselgemeinschaft zu schützen. Als die Klientin dann ein Leben erinnert, das offenbar weiter zurückliegt als die Existenz des Inselfürsten, erlebt sie sich als einen Kapitän, der eine ganze Schiffsladung kriegsgefangener Bauern ertränkt. Bei der anschließenden Betrachtung fällt ihr auf, daß die Zahl der Stammesmitglieder auf jener Insel, die ihr Anführer unter so großen persönlichen Opfern zu schützen versucht hat, genauso groß ist wie die Anzahl der damals ertränkten Bauern.

Die Sünden der Väter – und Mütter: Wendy und Paula

Es gibt wahrscheinlich kein enger verknüpftes Paar psychischer Gegensätze als die Polarität Eltern-Kind. Nicht zufällig hat die Psychotherapie seit Freud ihr Augenmerk in so hohem Maße auf das

① "Das Spiel ist aus"

Drama zwischen dem Kind und seinen Eltern gerichtet. Die präexistenztherapeutische Erforschung dieser wirkmächtigen Dyade fördert immer wieder neue Beweise für den karmischen Charakter zahlreicher, wenn nicht aller präexistentieller Konflikte zutage – egal ob es sich um körperliche Mißhandlungen, Inzest oder Verlassenheit handelt.

Wann immer ich es in einer Präexistenztherapie mit einem Eltern-Komplex zu tun habe, arbeite ich mit Themen und Sätzen, in denen die festgefahrene Beziehung zwischen meinem Klienten und dem betreffenden Elternteil symbolisch erfaßt ist. Auf diese Weise rege ich das Unbewußte des Patienten dazu an, genaue Auskünfte über eine etwaige frühere Beziehung zwischen dem fraglichen Kind und dem betreffenden Elternteil in anderen Existenzen zu erteilen, wobei die Rolle zwischen Elternteil und Kind oft auch umgekehrt ist. Die auf diese Weise zutage tretenden Ketten karmischer Verknüpfungen sind nicht selten recht erstaunlich. Im folgenden möchte ich über zwei Fallbeispiele berichten, die typisch sind für die »Umkehrung« der Elternteil-Kind-Polarität.

Wendy hatte sich zeitlebens mit ihrem Vater, einem Politiker und Rechtsanwalt, gestritten. Auch sie selbst war Anwältin geworden und gab zu, daß die zwischen ihr selbst und ihrem Vater bestehenden Spannungen teilweise schlicht auf Rivalität zurückzuführen seien. Als wir die Intensität der Gefühle erforschten, die sie für ihren Vater hegte, stellte sich heraus, daß die beiden in nicht weniger als sechs früheren Existenzen miteinander – in verschiedenen Konstellationen – zu tun gehabt hatten:

1. Zunächst fühlt sie sich ins siebzehnte Jahrhundert zurückversetzt und erlebt sich als eine schottische Frau, deren Vater eine wichtige Rolle bei Hofe spielt. Er macht aus ihr eine Art politisch-diplomatische Assistentin, nimmt sie mit auf Reisen, insbesondere Geheimmissionen, so daß ihr ganzes Leben zusehends in den Sog seiner Arbeit gerät. Sie bleibt in jenem Leben unverheiratet und stirbt schließlich voll Verbitterung darüber, daß sie alle eigenen Ansprüche zugunsten ihres Vaters beiseite geschoben hat.

2. Als nächstes erinnert sie das Leben einer Schriftstellerin um die Wende zum zwanzigsten Jahrhundert. Auch diesmal arbeitet sie für ihren Vater, der nun Besitzer einer Zeitung ist. Der Vater verhält sich ihr gegenüber sehr besitzergreifend, hütet eifersüchtig ihre Talente und sabotiert faktisch sämtliche Beziehungen zwischen ihr und anderen Männern. Verbittert fängt sie an zu trinken und stirbt als alte Jungfer.

3. Als nächstes erinnert sie das Leben eines Mannes in einem Mittelmeer-Dorf irgendwann im Mittelalter. In der Identität dieses Mannes behandelt sie ihren kleinen Sohn unduldsam und aggressiv, weil dieser aus »ihrer« Sicht nicht stark genug ist. Dieser Sohn wird später ein Heiler, aber als sein Vater neidet sie ihm diese Gabe und blockiert seine Entwicklung.

4. Jetzt erinnert Wendy ein Leben als Fischer, dessen zehn Jahre alter Sohn ertrinkt, als er sich gemeinsam mit seinem Vater auf See befindet. Der Vater leidet wegen des Verlusts seines Sohnes schwere Gewissensqualen.

5. Nun erinnert sie das Leben eines Mannes, dessen Vater als – allerdings charakterlich schlechter – Dorfschamane tätig ist. In dieser Existenz wird sie als kleiner Junge vom Vater körperlich mißhandelt und läuft schließlich weg, um fortan allein in den Hügeln zu leben. Der Einsiedler hat nie wieder Kontakt zu irgendwelchen Menschen.

6. Schließlich erinnert sie das Leben eines alten chinesischen Dorfvorstehers, der auch über schamanistische und Heilfähigkeiten verfügt. In einem nahe gelegenen Dorf gibt es einen weiteren angeblich mächtigen – feindlich gesonnenen – Schamanen. Der Vorsteher fordert diesen anderen Schamanen zu einem Kräftemessen heraus, lockt ihn jedoch in einen Hinterhalt und läßt ihn umbringen. Die durch diesen Mord verursachten Gewissensqualen belasten ihn ein Leben lang; er hatte überwiegend aus Stolz und Angst so gehandelt.

Diese Sequenz von Wiedererinnerungen zeigt nicht nur, daß Wendy in früheren Existenzen bereits mehrmals schwere Konflikte mit Vaterfiguren auszustehen gehabt, sondern daß sie auch des öfteren das Geschlecht gewechselt hat. In einigen dieser Existenzen (1, 2, 5) war sie Tochter oder Sohn eines besitzergreifenden oder grausamen Vaters, und so hatte Wendy allen Grund, verbittert zu sein. Es fiel ihr deshalb auch nicht schwer zu erkennen, daß sie im Verhältnis zu ihrem jetzigen Vater jene alten Muster immer wieder von neuem durchspielte.

Aber in der Sequenz von Existenzen gab es auch drei Leben, in denen »sie« entweder als Vater (3, 4) oder als mächtiger Führer (6) Dinge getan hatte, die sie hinterher bereut hatte. Es sprach vieles dafür, daß der Mord an dem (von ihr mit ihrem heutigen Vater identifizierten) rivalisierenden Schamanen, den sie als chinesischer Dorfvorsteher veranlaßt hatte, eine Kettenreaktion in Gang gesetzt hatte, wie man im Sprachgebrauch der östlichen Philosophie vielleicht sagen würde. Der Tod eines kleinen Sohnes durch Ertrinken (4) und der Neid auf einen anderen Sohn (3), dies beides diente offenbar dazu, die aus dem Leben als Chinese herrührenden Schuldgefühle neu zu entfachen. In den beiden unserer eigenen Zeit näherliegenden Existenzen (1, 2) hatte Wendy wahrscheinlich versucht, durch den Dienst an ihrem jeweiligen Vater das karmische Gleichgewicht wiederherzustellen. Aber trotz besten Willens hatte ihre Verbitterung die Oberhand gewonnen, so daß sie in diesem Leben schließlich wieder anfing, mit ihrem Vater zu rivalisieren.

Wendy begriff rasch, daß ihre auf ihren Vater gerichteten negativen Gedanken eigentlich von den in ihr lebendigen präexistentiellen männlichen Persönlichkeiten ausgingen, die sowohl ihre gesellschaftliche als auch ihre elterliche Macht mißbraucht hatten. Diese Sequenz vermittelt uns daher einen lebhaften Eindruck von Wendys innerem Ringen mit dem verbitterten, verletzten und eifersüchtigen Vateraspekt ihrer Psyche. Ganz sicher war es deshalb wichtig, an einem Dialog zwischen diesen verschiedenen »Identitäten« und dem inneren Bild ihres gegenwärtigen Vaters zu arbeiten.

Paula hingegen hatte in ihrem gegenwärtigen Leben sowohl mit ihrer Mutter als auch mit ihrer Stieftochter Tamara schwere Konflikte auszustehen. In der Beziehung zu diesen beiden Menschen hatte sie beide Seiten der Dyade kennengelernt: Wie viele andere Frauen auch war sie in ihrem jetzigen Leben sowohl Mutter als auch Tochter. Ihre eigene Mutter hatte sie in ihrer Kindheit sowohl sexuell mißbraucht als auch körperlich mißhandelt. Sie litt noch immer unter starken Kreuzschmerzen, die sie auf die Schläge zurückführte, die sie als Kind von ihrer Mutter erhalten hatte. Was ihre Stieftochter Tamara anbelangte, so hatte es zwischen ihr selbst und dem Mädchen seit dessen früher Kindheit stets Streit gegeben. Als wir uns mit diesen Problemen näher auseinandersetzten, hatte Paula die folgenden Wiedererinnerungen:

1. Paula erlebt sich in der Wiedererinnerung als ägyptische Frau, die als Kind von ihrer Mutter geschlagen wird. Die Mutter verübelt ihr, daß sie ein Mädchen ist, weil sie – nach den Wertmaßstäben jener

Gesellschaft – aus Statusgründen lieber einen Jungen gehabt hätte. Ihre Mutter begeht schließlich Selbstmord, als die Tochter mit achtzehn Jahren das Haus verläßt und mit einem Mann zusammenlebt. Diese ägyptische Frau ist nach dem Selbstmord ihrer Mutter tiefverstört und offenbar von deren Geist besessen; auch sie bringt sich schließlich selbst um.

2. Jetzt erinnert Paula das Leben einer europäischen Frau, die eine Tochter, jedoch keinen Ehemann hat, weil der Vater nicht da ist, und versucht bereits mit vier Jahren, sich zu ertränken. Als die Tochter achtzehn Jahre alt ist, verläßt sie das Haus, um mit einem Mann zusammenzuleben. Die Mutter fühlt sich von der Tochter betrogen und bleibt niedergeschlagen zurück.

3. Paula erinnert das Leben einer Frau mit einer kleinen Tochter im mittelalterlichen Spanien. Sie ist sehr besitzergreifend und versucht sich ihre Tochter total gefügig zu machen. Als die Tochter mit achtzehn das Haus verläßt, schneidet sich die Frau in ihrer Verzweiflung die Kehle durch.

4. Paula erlebt sich jetzt als eine Frau im Europa des neunzehnten Jahrhunderts mit einer äußerst besitzergreifenden und herrschsüchtigen Mutter. Wegen der Macht, die ihre Mutter über sie ausübt, lebt sie zu Hause, verfällt in Depressionen und bringt sich schließlich mit fünfundvierzig Jahren durch Gift um.

5. Jetzt gleitet Paula spontan in eine schmerzliche Kindheitserinnerung aus ihrem jetzigen Leben. Als sie zwei Jahre alt war, hat ihre Mutter sie einmal sadistisch geschlagen, geschüttelt, sie herumgeworfen und beinahe erstickt.

6. Als nächstes erinnert Paula ein Leben als dreizehnjähriges Mädchen irgendwo im Nahen Osten. Während einer Wüstendurchquerung wird sie von ihren Eltern gezwungen, wie ein Tier das Gepäck zu tragen. Schließlich muß sie sogar noch ihre Mutter tragen. Als sie unter der Last zusammenbricht, schlägt ihre Mutter wütend auf sie ein. Sterbend bleibt sie in der Wüste zurück.

7. Nun erinnert Paula ein Leben, in dem sie – ein unerwünschtes Kind – von ihrer Mutter gequält wurde. In diesem kurzen Leben wird sie umgebracht, weil der Stamm keine Nahrung mehr hat.

8. Dann erlebt Paula sich als Mutter mit einem kleinen Kind in einem primitiven Stamm. Weil dem Stamm die Nahrung ausgegangen ist, nimmt sie eine Axt und erschlägt ihr Baby durch einen Hieb in den Rücken. Kurz darauf stirbt auch die Mutter vor Hunger. Nach dem Tod begegnet sie ihrem toten Kind wieder und versöhnt sich mit diesem.

9. *Schließlich erlebt Paula sich als Frau im Europa der Jahrhundertwende. Sie ist glücklich mit ihren Eltern und hat eine besonders gute Beziehung zu ihrer Schwester. Diese heiratet und stirbt im Kindbett. In der Identität jener Frau hat Paula das Gefühl, daß ihre heutige Stieftochter Tamara mit diesem ungeborenen Kind identisch ist.*

Diese erschütternde Sequenz von Wiedererinnerungen spiegelte die intimen und wechselseitig destruktiven Beziehungen, die Paula sowohl mit ihrer Mutter als auch mit ihrer Stieftochter Tamara unterhielt. Paula erkannte, daß in den ersten vier Wiedererinnerungen ihre gegenwärtige Tochter Tamara als durch Selbstmord endende (1) und als herrschsüchtige Mutter (4) auftaucht. Sie erkennt in Tamara aber auch die Tochter wieder, die sie in der zweiten und dritten Wiedererinnerung nicht loslassen kann. In diesen beiden Fällen spielt Paula selbst die Rolle der herrschsüchtigen und durch Selbstmord endenden Mutter. So findet ein ständiger Rollenwechsel statt. Es spricht alles dafür, daß es sich um eine fast symbiotisch/karmische Beziehung zwischen Paula und Tamara handelt. Die wechselseitige Abhängigkeit voneinander war so stark, daß sie es nicht ertrugen, getrennt zu sein, und jedesmal in Selbstmord endeten, wenn es doch einmal zu einer Trennung kam.

In ihrem gegenwärtigen Leben hatte Paula verzweifelt um die Ablösung von ihrer biologischen Mutter gekämpft. Als sie achtzehn Jahre alt gewesen war, war ihr dies jedoch nur um den Preis des Anschlusses an eine religiöse Sekte gelungen. Durch diese Kompromißlösung hatte sie sich jedoch auch weiterhin vom Leben abgeschnitten. Die Schuldgefühle, die sie empfand, weil sie in früheren Existenzen ihre eigene Mutter verletzt hatte, waren unbewußt noch immer so stark wirksam, daß sie einen echten Trennungsstrich noch nicht ziehen konnte. Die vergangenen Existenzen, die Paula mit Tamara verbracht hatte, spiegelten gleichsam ihre eigene tiefsitzende Furcht, von ihrem Heim und ihrer Mutter getrennt zu werden. Paula erkannte jetzt, daß sie ihre eigenen ungelösten Ängste in Tamara hineinprojiziert und sie unbewußt benutzt hatte. Gegen diese Einschränkungen ihrer Freiheit hatte Tamara sich verständlicherweise vehement aufgelehnt.

In den folgenden vier Wiedererinnerungen (5–8) wurde der zutiefst pathologische Charakter der Verbindung zwischen Paula und ihrer Mutter in diesem Leben sichtbar. Sowohl ihre frühkindlichen Erfahrungen als auch die vergangenen Existenzen, in denen sie mit ihrer Mutter ebenfalls eng verbunden gewesen war, zeigen, daß die Brutalität ihrer Mutter fast schon psychotische Züge trägt. Nichtsdestoweniger mußte Paula sich in der Wiedererinnerung (8), in der sie ihr eigenes Kind (= Mutter) mit der Axt umbrachte, auch mit ihrem eigenen Schatten auseinandersetzen. Während sie diese schreckliche Erinnerung noch einmal durchlebte, erkannte Paula, daß die Stelle, wo sie ihrem Kind die Axt in den Rücken gebohrt hatte, genau jenem Bereich entsprach, wo ihre Mutter sie in diesem Leben (5) immer geschlagen hatte und wo sie noch heute chronische Schmerzen empfand. Es ist schwer festzustellen, wo und bei wem dieser Teufelskreis der Grausamkeit und des Hasses seinen Ausgang genommen hat, aber an irgendeinem Punkt hatten sich die entsprechenden Samskaras aufgeladen, und beide Beteiligten wurden – ob nun in der Gestalt der Mutter oder der Tochter – schier unwiderstehlich zueinander hingezogen.

Die blutige Auflösung dieser entsetzlichen Sequenz vergangener Existenzen, die damit endet, daß Paula ihr verhungerndes Baby mit einer Axt tötet und dann selbst stirbt, ist dennoch ein Hinweis auf ihre überraschende psychische Versöhnung mit ihrer Mutter. Im nachtodlichen Zustand kommt es zwischen den beiden nämlich zur Versöhnung. Dies ist allerdings nur möglich, weil es Paula mit Hilfe ihrer Wiedererinnerung gelingt, ihren eigenen mörderischen Haß auf ihre Mutter anzuerkennen und zum Ausdruck zu bringen. Es ist stets eine tiefgreifende und heilende Erfahrung, wenn man einen Blick auf den eigenen dunkelsten Schatten zu werfen vermag – besonders wenn eine Frau die archetypische Todesmutter in sich selbst wahrnimmt.

Als ein symbolischer Hinweis darauf, daß nach Paulas achter Existenz ein Prozeß karmischer Ausbalancierung und Integration stattgefunden hatte, kann auch die Tatsache gelten, daß sie sich in der folgenden Wiedererinnerung als Tochter liebender Eltern und einer ihr sehr nahestehenden kleineren Schwester erlebte. Während dieser Regression setzte sich in Paula die Überzeugung fest, das im Kindbett gestorbene Baby sei identisch mit Tamara. Und obwohl sie den Wunsch dieses Wesens nach Liebe verspürt hatte, hatte sie sich gesagt, daß sie für diesen »Geist« nicht länger die Verantwortung trage. Dies war eine wichtige Wahrnehmung, da Paula jetzt endlich ihre Schuldgefühle gegenüber ihrer Stieftochter ebenso loslassen konnte wie ihre übertriebene Mutterfixierung. In der therapeutischen Arbeit war es uns gelungen, zumindest einen Gutteil dieses immens verworrenen karmischen Mechanismus aufzulösen. So gelang es Paula, die verschiedenen Gestalten der verletzten Mutter und Tochter, die in ihr lebten, zu akzeptieren.

In der Hölle des Sadomasochismus: Der Fall Wayne

Viele Leser werden sich zweifellos an der Fülle der in diesem Buch aufgeführten abstoßenden und grausamen Wiedererinnerungen stören. Manchem mögen die entsprechenden Bilder sogar unheimlich oder sensationslüstern erscheinen. Aber die menschliche Psyche ist nun einmal ein Spiegelbild unserer gesellschaftlichen Verhältnisse. Wenn Gewalt auf der Straße und in der U-Bahn zum Alltag gehört und auch im Fernsehen und in den Kinos massenhaft zu besichtigen ist, warum sollte sie dann unter der Oberfläche des Unbewußten ausgerechnet nicht vorhanden sein?

Als ich Wayne anläßlich eines Workshops irgendwo im Westen erstmals begegnete, wäre es mir nie in den Sinn gekommen, mit diesem großen, kräftigen Mann von Mitte Dreißig das Wort »gewalttätig« in Verbindung zu bringen. Ich ordnete ihn vielmehr in die Kategorie »sanfter Riese« ein. Und tatsächlich war er ein sanfter freundlicher Mann, der – wie sich herausstellte – mit schwererziehbaren Jugendlichen arbeitete und in seinem Beruf sehr erfolgreich war.

Wir kamen miteinander ins Gespräch, und schon bald zeigte sich, daß Wayne innerlich tief gespalten war. Er hatte nur wenig oder kaum Interesse an Frauen und war in einer extrem dürftigen Beziehung zu seiner Mutter aufgewachsen. Sexuell fühlte er sich in erster Linie zu jungen Männern hingezogen. Glücklicherweise war Wayne zu klug, um dieser Neigung in seinem Beruf auch nur im geringsten nachzugeben, da dies, wie er sehr genau wußte, verheerend gewesen wäre. Aber in seiner Phantasie konnte er entsprechende Gelüste natürlich nicht vollständig unterdrücken. Mit diesen Phantasien mischten sich bei ihm sadomasochistische Bilder, über die er während unserer ersten Sitzung kaum zu reden wagte.

Aber nicht nur zu seiner Mutter hatte Wayne eine schlechte Beziehung gehabt, sondern auch zu seinem Vater, einem selbstzerstörerischen Mann, der vor seinem frühen Tod zum Spieler und Trinker geworden war. Selbst vaterlos aufgewachsen, war es nicht weiter überraschend, daß Wayne sich zu vaterlosen Jungen hingezogen fühlte.

Wayne, der regelmäßig Gewichtheben betrieb, war am ganzen Oberkörper, besonders aber an den Armen, dem Hals und den Schultern reichlich mit Muskeln ausgestattet. Als ich seiner Muskelpakete ansichtig wurde, fiel mir dafür sofort die von Wilhelm Reich geprägte Bezeichnung »Panzer« ein. Ich spürte instinktiv, daß sich unter dieser starken Muskulatur eine Menge unterdrückte Wut verbarg. Weiterhin war es für Waynes körperlichen Zustand bezeichnend, daß er auf der rechten Seite des Oberrückens unter chronischer Verspannung litt. Er erzählte mir auch, daß er sich beim Gewichtheben vor einiger Zeit eine Bandscheibe verletzt habe. Außerdem hatte er Angst vorm Ertrinken, und beim Schwimmen befürchtete er stets, nicht genug Luft zu bekommen.

Wie bei vielen »sanften Riesen«, die sich in Fitneß-Studios oder Sporthallen abquälen, kontrastierte auch bei Wayne ein fast schüchternes Wesen mit einem mächtigen Körper, der sich wie kampfbereit immer in Höchstform befand. Lag in ihm eine Krieger-Geschichte verborgen, die nach Ausdruck drängte? Und wie hing das alles mit seinen sadomasochistischen Phantasien und seiner Vorliebe für junge Burschen zusammen?

Viele Menschen, die sich wegen unangenehmer körperlicher Symptome einer Therapie unterziehen, haben den Kontakt zu den in ihrem Körper gespeicherten Erlebnisspuren so vollständig verloren, daß die Therapie nur langsame Fortschritte macht. Die stärkeren Emotionen sind in solchen Fällen so sehr abgespalten, daß es längere Zeit in Anspruch nimmt, an sie heranzukommen. Mit solchen Klienten mache ich häufig zunächst Körper- und Atemarbeit, oder aber ich schicke sie zu einem tüchtigen Körpertherapeuten. Eine Präexistenztherapie, die lediglich Bilder ohne Gefühle zutage fördert, während ein flach atmender und völlig verkrampfter Körper daliegt, ist für mich selbst wie für den Klienten reine Zeitverschwendung. Wer so vorgeht, der macht die Spaltung zwischen Körper und Geist/Seele eher noch schlimmer.

Glücklicherweise war Wayne nicht in dieser Weise gespalten. Er hatte schon in anderen Therapien das Verfahren der geleiteten

Imagination und die Bedeutung innerer Bilder kennengelernt und bereits akzeptiert, daß diverse Subpersönlichkeiten in ihm wirksam waren. Zudem schätzte ich unsere Erfolgsaussichten positiv ein, weil er immerhin fähig war, seine sadomasochistischen Phantasien – wenn auch gegen innere Widerstände – anzuerkennen. Denn solche Bilder vermögen die tiefe Spaltung zwischen Körper und Geist/Seele zu überbrücken. So bringt etwa die Visualisierung einer Gewaltszene unweigerlich gewisse körperliche Empfindungen mit sich: ein Kribbeln im Magen, ein Prickeln, einen trockenen Mund oder Herzpochen oder Spannungsgefühle in den Genitalien etc. Und wenn die Körperteile, zu denen solche Bilder gehören, diese »anerkennen«, so entstehen natürlicherweise Emotionen. Ist diese Verbindung zwischen Visualisierungen, Emotionen und Körperempfindungen einmal hergestellt, so kann die betreffende – präexistentielle oder »aktuelle« – Erinnerung zutage treten und führt mit der ihr eigenen Dynamik unmittelbar zu einer gewissen Karthasis oder psychischen Entspannung.

① In Waynes Fall fingen wir mit intensiver Atemarbeit an und versuchten so, seinen mächtigen Brustpanzer aufzuweichen. Angesichts der Offenheit, die er gegenüber der dunklen Seite seines Phantasielebens an den Tag legte, war ich nicht weiter überrascht, daß in seiner ersten Wiedererinnerung Züge zum Vorschein kamen, die zu seiner bewußten Persönlichkeit in deutlichem Gegensatz standen. Fast erinnerte mich die Szene an Dr. Jekyll und Mr. Hyde:

»Ich geleite diese gutangezogene Frau zu ihrer Kutsche. Offenbar befinden wir uns im achtzehnten Jahrhundert. Ich bin wie ein Gentleman gekleidet – Schnallenschuhe, weiße Hose, langes Jackett, modischer Hut. Ich bin höflich, aber innerlich koche ich. Ich kann sie nicht bekommen, und je weniger ich sie bekommen kann, um so mehr hasse ich sie. Ich möchte sie töten. Ich möchte ihr weh tun, wie sie mir weh getan hat.«

Da mir nicht entgeht, daß wir es hier mit einem gewaltgeladenen Affekt zu tun haben, dränge ich Wayne, den Gefühlen dieses Mannes in ihrer ganzen Intensität nachzuspüren und sich von ihnen führen zu lassen:

»Ich hasse sie. Ich möchte sie töten.« (Er ballt die Fäuste, hebt die Schultern und wiederholt mit wutverzerrtem Gesicht:) *»Ich bring' dich um, du Hure. Geh schon runter und tu es . . . Ich befinde mich in einem*

① Quantum Light Breath Meditation

Gasthof in einem der oberen Räume. Ich bin bei diesem Zimmermädchen oder was immer sie ist. Meine Hose ist offen. Sie bedient mich gerade sexuell. Aber das verschafft mir keine Erleichterung, ich werde nur immer wütender auf die Frau, die ich nicht bekommen kann...
Tu es, tu es! Nein, das darfst du nicht! Nein, das darfst du nicht! Gott, wie ich dich hasse. Ich hasse euch alle... Ich steche auf sie ein, wieder und wieder... Mit einer Schere... überall ist Blut... Auf ihrem Gesicht, auf ihrer Brust... So, jetzt ist sie tot. Es ist vorbei. Ich empfinde keinerlei Mitgefühl. Ich uriniere auf sie... Eigentlich hättest du eine noch schlechtere Behandlung verdient gehabt... Du Hure... Ich empfinde keinerlei Mitgefühl... Jetzt fühle ich mich besser.«

Andere Bilder der Gewalt tauchen vor Waynes innerem Auge auf: wie er einen Stallburschen schlägt, wie er irgendwo auf See einem Kind die Kehle durchschneidet. Die Visionen stammen offenbar aus seiner Existenz im achtzehnten Jahrhundert oder aus einem anderen Leben. Sie gehören eindeutig allesamt zu jenem überaus mächtigen sadistischen Komplex. »Schauen Sie noch einmal nach, wohin Ihre Wut Sie in jener Existenz schließlich geführt hat«, fordere ich Wayne auf.

»Ich befinde mich auf einer dunklen Pflasterstraße. Ich folge diesem Mann auf seinem Heimweg. Er hegt keinerlei Verdacht, weil ich gut gekleidet bin. Ich habe vor niemandem Angst. Ich bin ein großer Mann. Der Mann ist der Vater der Frau, die ich unbedingt haben möchte. Er findet mich ungehobelt. Er läßt mich nicht mehr in sein Haus. Jetzt bekommt er, was er verdient hat.
Ich habe ihn eingeholt. Ich habe seinen Hals mit den Händen umklammert. Ich bin sehr stark. Seine Knochen bersten. Ich lass' ihn fallen und trete ihm mit dem Stiefel ins Gesicht. Ich fühle nichts als Verachtung für ihn. Sie werden mir nichts antun, weil ich zu stark bin. Sie haben alle Angst vor mir.«

Er spricht von den Bewohnern der kleinen Landstadt, in der all dies geschieht. Tatsächlich wird er von allen als soziale Bedrohung empfunden, als ein Bösewicht, der öfter die Kontrolle über sich verliert. Heutzutage würde man einen solchen Menschen als Soziopathen bezeichnen. Aber hinsichtlich der Dörfler gibt er sich einer Täuschung hin. Ein Mitglied des örtlichen Landadels fordert ihn zu einem Duell in einem Wald, wo eine ganze Gruppe von Dörflern dem Mörder einen Hinterhalt bereitet. Ein ungesetzlicher Akt, aber durchaus wirksam. Der Mann wird überwältigt, dann treibt man ihm einen spitzen Stab durch den Bauch; anschließend werden ihm im Stil des im Mittelalter verbreiteten Vierteilens von Pferden die Beine abgerissen. Zum Schluß rammt man ihm ein Messer in die Brust. Noch seine letzten Gedanken sind von Rachegelüsten und Haß erfüllt: »Das werdet ihr mir heimzahlen. Ich werde noch viele weitere Menschen quälen.«

Weshalb aber ist dieser Mann charakterlich derart verroht? Ich bitte Wayne, noch früher in die Geschichte des Mannes zurückzugehen und dort nach möglichen Hinweisen Ausschau zu halten. Vor seinem inneren Auge blitzen nun die folgenden Szenen auf:

»Ich bin ein Baby. Ich liege in einer Art Krippe, aber draußen im Regen. In der Nähe befindet sich eine wundervoll gekleidete Frau. Allerdings hat sie keinerlei Interesse an mir. Sie mag mich nicht. Ich habe fürchterliche Angst und fühle mich sehr allein.

Jetzt bin ich dreizehn. Dieser ältere Mann läuft hinter mir her. Er ist sehr kräftig gebaut. Er ist auf dem Gut als Hufschmied tätig. Er sagt, ich hätte sein Geld gestohlen. Er prügelt mich mit einer Peitsche. Ich bin so traurig. Ich bin nichts wert. Sie wollen mir nur weh tun, aber sie werden dafür bezahlen.«

Es spricht manches dafür, daß die Rohheit dieses Mannes teilweise auf die Ablehnung und Kälte seiner Mutter zurückzuführen ist. Offenbar ist der Vater des Bösewichts bereits gestorben, als dieser noch ein Säugling gewesen ist. Schließlich läuft er von dem elterlichen Gut fort und entwickelt sich zu einem gewalttätig-kriminellen Herumstreuner, der seinen Lebensunterhalt durch Lügen, Stehlen und Verstellung bestreitet – ein Betrüger des achtzehnten Jahrhunderts, der sich ständig ungerecht behandelt fühlt und auf diese Weise von einer Konfrontation in die nächste gerät, bis er – wie wir gesehen haben – schließlich in seinem eigenen Blut endet.

In dem Charakter, dessen Schicksal Wayne noch einmal durchlebt, ist bereits das Doppelthema des Verletzens und Verletztwerdens angelegt. »Sie wollen mir nur weh tun, aber sie werden dafür bezahlen«, so lautet offenbar seine Rachelitanei, eine Litanei, die sich sowohl gegen Männer als auch gegen Frauen richtet. Kann man soviel Gewaltbereitschaft jedoch einzig auf eine kalte und abweisende Mutter und auf einen Hufschmied zurückführen, der diesen Mann als kleinen Jungen brutal geschlagen hat? Wohl nicht, denn bereits in unserer nächsten gemeinsamen Sitzung tritt aus einer anderen Schicht von Waynes Komplex eine nicht minder brutale Figur zutage. Diesmal erlebt Wayne sich als Berufssoldat in einer der rücksichtslosesten und blutigsten Epochen der abendländischen Geschichte, nämlich im Mittelalter – zur Zeit der Kreuzzüge. Wayne kann sich an große Teile dieses Lebens genau erinnern. Stärker noch als irgendeine der übrigen gewalttätigen Persönlichkeiten, die während unserer Arbeit zum Vorschein kamen, war das Bild dieses Soldaten mit erotischer und sadistischer Energie geladen. Wahrscheinlich hatte diese abstoßende Geschichte beständig im Hintergrund seines Bewußtseins gelauert und die sadomasochistischen Phantasien genährt, von denen er sich gleichermaßen angezogen wie gequält fühlte. Im folgenden möchte ich die Schlüsselszene jenes von Gewalt überschäumenden Soldatenlebens wiedergeben:

»*Ich bin ein Ritter in einer Rüstung, offenbar italienischer Herkunft. Ich sitze mit einem Helm und Stiefeln bekleidet und mit einem Speer in der Hand auf einem Pferd. Mein Oberkörper ist in eine Tunika gehüllt, auf der ein weißes Kreuz prangt. Ich bin wohl der Anführer dieser Soldatengruppe. Die Landschaft ist heiß, staubig und steinig – eine mediterrane oder nahöstliche Szenerie. Wir befinden uns am Rande eines kleinen Dorfes. Ein Stück weit entfernt steht eine Mutter mit ihrem etwa zwölf Jahre alten Sohn. Ich gebe meinem Pferd die Sporen, reite auf die Frau zu und durchbohre ihre Brust mit meinem Speer. Ich schleife die fast tote Frau hinter mir her. Dann ziehe ich den Speer aus ihrer Brust heraus, steige ab, steche auf sie ein, zerschmettere ihr Gesicht, spieße meinen Speer in ihre Genitalien. Dann werfe ich ihren Körper von einem nahegelegenen Felsvorsprung. Der Sohn sieht dieses Schauspiel entsetzt und hemmungslos weinend mit an. Ich wische das Blut von meinem Speer und gehe zu dem Jungen hinüber. Ich versetze ihm einen harten Schlag und befehle ihm, mit dem Weinen aufzuhören und mitzukommen. Dann fordere ich die Dorfbewohner auf, in ihre Häuser zu gehen, und befehle meinen Männern, das Dorf zu besetzen und sich zu nehmen, was sie brauchen. Jetzt reite ich mit dem Jungen fort, nachdem ich zuvor erklärt habe, daß ich vielleicht zurückkehre, vielleicht aber auch nicht.*«

In den Augen dieses Kreuzfahrers ist der Junge lediglich eine homosexuelle Kriegsbeute. Aber die Entführung des Kindes bringt noch etwas anderes zum Vorschein, wie sich aus dem Selbstgespräch entnehmen läßt, das »Wayne« mit sich führt, während er mit dem Jungen davonreitet:

»Plötzlich tut es mir leid, daß ich die Frau getötet und den Jungen entführt habe. Ich muß an einen jungen Mann denken, der einmal mein Liebhaber gewesen ist; er war so verletzlich und schutzlos.«

Offenbar war die frühere Adoleszenz in Waynes psychologischer Entwicklung von zentraler Bedeutung gewesen – eine Zeit also, da Brutalität, Verrat und Traurigkeit immer wieder in das Leben des jungen Menschen einbrechen. Der Sadist aus dem achtzehnten Jahrhundert erinnert sich, wie er mit dreizehn Jahren von dem Hufschmied geschlagen worden und wie damals sogleich Trauer in ihm aufgestiegen ist, die er jedoch zugunsten seiner Rachegefühle unterdrückt hat. In Waynes gegenwärtigem Leben ist sein Vater gestorben, als der Junge in diesem Alter war. Er erkennt auch, daß es kein Zufall ist, daß er ausgerechnet einen Beruf gewählt hat, der ihn viel mit verhaltensgestörten und einsamen Jugendlichen zusammenbringt. Dieser verletzte Bereich ist offenbar vielfältig durch negative Erfahrungen aus anderen Existenzen geprägt, wobei in seinem jetzigen Leben der Schmerz durch den Tod seines Vaters neu entfacht worden ist.

Die Schwierigkeiten, die es Wayne bereitet, in einer Vater-Sohn-Beziehung Liebe zu geben oder zu empfangen, wird auch in der nächsten Episode aus dem Leben des Kreuzfahrers deutlich:

»Ich bin jetzt mit dem Jungen auf dieser Burg. Ich habe sie gezwungen, mir Unterkunft und Nahrung zu geben. Man bringt mir Wasser für ein Bad. Ich wasche den Jungen und öle ihn. Er hat furchtbare Angst.
›Verstehst du, warum ich deine Mutter umgebracht habe?‹ frage ich ihn.
›Ja, edler Herr‹, erwidert er.
›Das glaube ich nicht. Frauen dienen nur dazu, uns auf die Welt zu bringen. Ansonsten können wir mit ihnen machen, was wir wollen.‹
Ich spiele mit seinen Genitalien und sauge daran. Dann binde ich ihn an den Tisch und schlage ihn, allerdings nicht sehr stark. Das erregt mich, deshalb lasse ich ihn jetzt an meinen Genitalien saugen. Dann penetriere ich ihn anal, aber das befriedigt mich nicht. Ich bin von Verzweiflung, Traurigkeit und Wut erfüllt. Kein Vergnügen ist mir vergönnt. Ich nehme mein Messer und schlitze ihn auf; dabei schreie

ich. Ich schneide sein Herz heraus. Dann lasse ich die Diener seinen Körper wegschaffen.«

Diese schockierende Episode offenbart, wie schmerzlich das schwer gepanzerte Krieger-Selbst in Wayne sich nach Liebe sehnt, jedoch unfähig ist, den verkrusteten Haß und die Gewaltbereitschaft, die es in sich verschlossen hat, loszulassen. So pendelt der Kreuzfahrer zwischen Zärtlichkeit und Besorgtheit auf der einen und Grausamkeit und Verachtung auf der anderen Seite hin und her. Aber sein homosexuelles Verlangen nach dem Jungen ist gleichwohl ein Versuch, einen tiefverletzten Teil seiner selbst zu lieben und anzuerkennen. Aber wieder einmal kommt der aus seinem eigenen Schmerz geborene Haß ihm in die Quere. Einen vergleichbar furchtbaren inneren Konflikt hat Oscar Wilde zum Ausdruck gebracht, als er im Gefängnis von Reading auf seinen Prozeß wegen Homosexualität wartete. Dabei dachte er über die bevorstehende Hinrichtung eines anderen Gefangenen nach, der seine eigene Frau getötet hatte:

> Doch jeder tötet, was er liebt,
> Das hört nur allzumal!
> Der tut's mit einem giftigen Blick,
> Und der mit dem Schmeichelwort schmal.
> Der Feigling tut es mit dem Kuß,
> Der Tapfre mit dem Stahl.
>
> Die einen töten ihr Lieb, wenn sie jung,
> Die andern, wenn sie alt;
> Der drosselt mit den Händen der Lust,
> Mit den Händen von Golde der krallt:
> Der Beste braucht ein Messer, denn so
> Wird bald der Tote kalt.[4]

(Deutsch von Albrecht Schaeffer)

Der Impuls, das Bild dessen, was wir am meisten ersehnen, jedoch nie bekommen haben, zu »töten« und zu unterdrücken – in Waynes Fall sowohl die Mutter- als auch die Vaterliebe –, ist tief im Innern eines jeden Menschen wirksam, wie Wilde sehr klar gesehen hat. Wenn wir diesem Impuls nachgeben, so geraten wir in einen karmischen Teufelskreis. Als wir nach den Wurzeln der Grausamkeit jenes Kreuzfahrers Ausschau hielten, gelangten wir zunächst zu seiner Geburt:

»*Ich werde geboren* ... *überall um mich her sind diese großen Frauen. Meine Mutter, sie ist schwach. Oh, nein, sie stirbt! Sie kümmern sich nicht darum. Niemand zeigt irgendwelche Anteilnahme. Sie könnten mich umbringen, wenn sie es wollten.*«

Die Mutter stirbt im Kindbett. Der Kreuzfahrer wächst als ungeliebte Waise auf und wird von seinem Vater fast wie ein Sklave behandelt. Er hat eine Schwester, die immerhin freundlich zu ihm ist. Mit vierzehn Jahren schließlich tötet er seinen Vater, indem er – als dieser schläft – das Haus in Brand setzt.

Wieder die gleichen Motive, die auch für das Leben im achtzehnten Jahrhundert bestimmend gewesen sind – nur noch liebloser und düsterer: keine Mutter, ein brutaler Vater und ein Leben verbitterter Grausamkeit. Wayne erkennt nun, daß der Mord des Kreuzfahrers an der Frau und dem Jungen in vertauschten Rollen genau das wiederholt, was ihm selbst in jenem Leben widerfahren ist. Indem er die Mutter umbringt, macht er den Jungen mutterlos, genau wie er nach seiner Geburt mutterlos zurückgeblieben war. Dann ermordet er – in der Gestalt des Kreuzfahrers – den Jungen und erweist sich durch diese Tat selbst als unmenschlicher Vater. Dieser Vorgang ist ein erschreckendes Beispiel für das, was Jung über die Umkehrung der psychischen Gegensätze gesagt hat: »Wir erweisen uns immer als genau das, was wir am meisten bekämpfen.«

Unter karmischen Vorzeichen betrachtet, ist die wiederholte Umkehrung bestimmter innerer Zustände in ihr Gegenteil der schlimmste aller Teufelskreise. Je mehr Waynes präexistentielle »Identitäten« nämlich von einem mörderischen Haß auf Frauen erfüllt waren, um so stärker fühlten sie sich zu hassenswerten oder abweisenden Mutterfiguren hingezogen. Aber je mehr er als Kind von solchen grausamen Müttern zu leiden gehabt hatte, um so größer war der Haß, den er ihnen als Erwachsener entgegenbrachte.

In Waynes Fall gelang es uns nicht, diesen Kreis aufzubrechen. Gewiß ist es kein Zufall, daß bei Dante vom ersten und von weiteren Kreisen der Hölle die Rede ist. Psychologisch gesprochen stellt jede Form einer sich aus sich selbst heraus unaufhörlich erneuernden Qual einen solchen Kreis dar – einer Schlange vergleichbar, die ihren eigenen Schwanz verschlingt. In solchen Fällen kann man nichts anderes tun, als einen Standpunkt außerhalb des Kreismechanismus zu suchen und die karmische Falle von außen zu betrachten – und zwar in der sicheren Gewißheit, daß nur dieser bestimmte karmische

Komplex erstarrt ist, nicht hingegen die Gesamtpersönlichkeit, die durchaus über weitere Entwicklungsmöglichkeiten verfügt.

In der nächsten Sitzung gelang es Wayne dann, von diesem schrecklichen Samskara Abstand zu gewinnen, was sogleich zu einer bemerkenswerten Veränderung führte. Wir hatten zwar bereits einen flüchtigen Eindruck vom Tod des Kreuzfahrers gewonnen, der sich offenbar durch Ertränken selbst das Leben genommen hatte, aber trotzdem mußte Wayne das Ende dieses schändlichen Lebens noch einmal in allen Phasen durchleben, um auf diese Weise von jener Existenz Abstand zu gewinnen. Der Kreuzfahrer hat die Vierzig kaum überschritten, als der Tod ihn ereilt:

»Ich bin irgendwo am Meer. Ich habe meine Männer verloren. Ich habe meine Männer irgendwo in einem Dorf zurückgelassen. Sie halten irgendwo in der Nähe ein paar Geiseln gefangen. Ich begreife, daß ich in meinem Leben an einen Punkt gelangt bin, da ich nichts anderes mehr tun kann als Menschen umbringen. Ich bin so voller Wut, daß ich nicht weiß, wie ich ihrer Herr werden soll. Ich schäme mich meiner vergangenen Taten, aber das macht mich nur noch wütender, und wieder taucht der Wunsch in mir auf zu töten. Aber ein Teil von mir ist zugleich traurig. Ich habe genug von alledem. Ich möchte sterben.

Ich ziehe meinen Dolch und gehe ins Meer hinaus. Ich stoße ihn mir in den Bauch. Mein Körper krümmt sich vornüber. Das Wasser um mich her ist blutrot. Ich gehe weiter, stolpere, stürze vornüber und schlucke Salzwasser. Es ist kalt. Ich sacke langsam zusammen. Auf eine perverse Weise hat dieses ganze Geschehen etwas Erhabenes. Ich sinke nun nach unten. Wasser dringt in meine Lungen... Ich liege auf dem Grund. Es ist vorbei... Ich bin erleichtert, sehr erleichtert.

Es ist vorüber. Es ist wirklich vorüber (Tränen treten ihm in die Augen). Ich verlasse jetzt meinen Körper. Ich nehme Abschied von ihm. Ich kann wieder ein Mensch werden. Es tut mir so leid um ihn, um alles. All die furchtbaren Erfahrungen meiner Kindheit haben wie eine Last auf mir gelegen, ich wollte nie wieder das Opfer spielen... Jetzt sehe ich jene Mutter und den Jungen, die ich getötet habe (er weint). Und ich sehe die Schwester, die mit mir aufgewachsen ist; sie lächelt. Sie hat mich nicht gehaßt.«

Das Bild der Schwester hat etwas zutiefst Rührendes. Offenbar ist sie in jenem Leben der einzige Mensch gewesen, der dem Wüterich je mit Zärtlichkeit begegnet ist, auch wenn diesem das damals überhaupt nicht bewußt geworden ist. Unversehens befinden wir uns jetzt in einer Szene aus einem völlig anderen Leben:

»*Ich trage ein Kleid, ein langes, weißes Kleid. Ich tanze mit einem Partner. Er ist sehr nett. Ich bin sehr vergnügt, es muß eine Art Ball sein... Offenbar in Frankreich. Ich bin eindeutig eine adelige Dame. Jung, Anfang Zwanzig. Und oh..., ich habe mit diesem Mann etwas vor!*
Es ist inzwischen später in der gleichen Nacht! Wir liegen im Bett und lieben uns. Ich fühle mich so weich und warm... Und voller Zuneigung. Ich habe nie gewußt, daß es so sein kann.«

Wayne ist angenehm überrascht, als er sich im Körper dieser Frau wiederfindet. Hier kommt in ihm eine Persönlichkeit zum Vorschein, die Waynes Bild von sich selbst und dem Kreuzfahrer völlig verändert. Was er dann berichtet, läßt sich etwa so zusammenfassen:

Die Französin ist das völlige Gegenteil des Kreuzfahrers – weich, nachgiebig, sinnlich und gut zu jedermann. Sie ist ein in die französische Aristokratie des achtzehnten Jahrhunderts hineingeborener freier Geist. Sie führt zunächst ein ziemlich freizügiges Leben, wie es für den Adel der damaligen Zeit üblich ist, doch dann findet sie einen Mann, den sie aufrichtig liebt und mit dem sie eine glückliche Ehe führt. Dann bricht die Revolution aus, und sie, ihr Mann und die beiden Kinder, ein Junge und ein Mädchen, können nach England fliehen, wo sie einige Jahre als Emigranten in einem ziemlich heruntergekommenen Farmhaus leben. Aber sie beklagt sich nicht und zieht fröhlich ihre Kinder auf, wobei ihre besondere Zuneigung ihrem außerordentlich hübsch geratenen Sohn gilt. Die Familie siedelt dann nach London über, wo die junge Frau sich kunsthandwerklich betätigt. Doch sie stirbt bereits ziemlich bald nach einer Frühgeburt an Kindbettfieber.

Die Wirkung dieser Wiedererinnerung auf Wayne ist außerordentlich. Er ist erstaunt und erleichtert zugleich, daß es ihm möglich ist, sich innerlich so tief mit dem Gefühls- und Bewußtseinsleben einer Frau zu identifizieren. Er ist gerührt darüber, wie warmherzig und selbstverständlich diese Frau zu geben vermag. Ich erinnere ihn daran, daß diese liebenswerte, sinnliche und nährende Frau in ihm sehr lebendig ist und ein Gegengewicht zu dem Kreuzfahrer und dem Sadisten in ihm bildet.

Wayne hat im Kontext dieser beiden Wiedererinnerungen die Erfahrung einer sehr starken *Enantiotropie* gemacht, also einer gegenläufigen Bewegung von einem psychischen Pol zum andern. Seine Verwandlung vom Killer und Krieger in eine großherzige Dame aus dem Adel beschreibt gleichsam archetypisch den Durchlauf durch Existenzen, die von Mars, dem Gott des Krieges dominiert wurden, hin zu einer von der Liebesgöttin Venus beherrschten Lebensform. Diese Ausbalancierung der Mars-Energie ist absolut notwendig, wie sowohl die Astrologie als auch die Mythologie immer wieder gelehrt haben. In den griechischen Mythen wird dieses Paar als Aphrodite und Ares bezeichnet. Die aus den Wellen geborene Aphrodite vermag als einzige die wilden, kriegerischen Leidenschaften des Ares zu besänftigen, indem sie ihn mit Hilfe ihres Zaubergürtels dazu verführt, seine blutüberströmte Rüstung abzulegen und sich in der Kunst der Liebe, nicht des Krieges zu üben.

Wie Heraklit und Jung übereinstimmend festgestellt haben, kann der Strom der Libido seine Fließrichtung erst ändern, wenn er einen extremen »Punkt« erreicht hat. Einen solchen extremen »Punkt« stellte offenbar die Existenz des Kreuzfahrers dar. Dessen kriegerische Energie war inzwischen soweit erschöpft, daß das flüchtige Bild der Schwester bereits erste Anzeichen jener Traurigkeit zum Vorschein brachte, die so lange in Wayne verschüttet gewesen war. Diese Schwester stellte so etwas wie eine Vorankündigung dessen dar, was Jung als *anima* bezeichnet hat, als das weibliche Selbst des Mannes.[5] Diese Schwesterfigur und die in ihr personifizierten Gefühle brachten Wayne dazu, sich mit dem reicheren und reiferen Anima-Selbst der französischen Adeligen zu identifizieren.

Aber der notwendige therapeutische Prozeß, dem Wayne sich zu unterziehen hatte, war mit der Offenbarung dieses weiblichen Selbst noch lange nicht abgeschlossen. Immerhin leitete diese Figur einen außerordentlich folgenreichen Austausch psychischer Energien zwischen Waynes männlicher und seiner weiblichen Seite ein.

Obwohl während unserer therapeutischen Arbeit nur diese eine weibliche Figur auftauchte, löste ihr Erscheinen in Wayne einen tiefgreifenden Wandlungsprozeß aus. Er gewann zu seiner Homosexualität ein wesentlich entspannteres Verhältnis und geriet deswegen nicht mehr mit sich selbst in Konflikt. Tatsächlich entdeckte er in sich selbst die nährende Mutter, die er nie gehabt hatte. Aber das schwierigste weiterhin ungelöste Problem blieb: Was konnte er tun, um in sich ein starkes männliches – allerdings nicht rohes und sadistisches – Selbst zu finden, welches das jugendliche männliche Selbst in ihm unterstützte, statt auf dessen Zerstörung aus zu sein? Er mußte sich also einem Dilemma stellen, das in der Psychologie der Archetypen durch das Bild des »verschlingenden Vaters« versinnbildlicht wird. So beneidet etwa in der griechischen Mythologie der Gott Kronos seine Söhne um ihre Jugendlichkeit und versucht sie mit einer Sichel zu kastrieren.

In den Wiedererinnerungen, die wir in den nachfolgenden therapeutischen Sitzungen durcharbeiteten, traten etliche verschlingende Väter in Erscheinung. Einmal erlebte Wayne sich als Sohn eines Bauern, der von diesem Sohn verlangte, seinen eigenen Vater homosexuell zu befriedigen. Dieser eindeutig psychotische Vater ließ seinen Sohn zunächst blenden und dann ermorden. In einer anderen Wiedererinnerung erlebte sich Wayne als scheuen Jungen, der von seinem Vater gnadenlos ausgepeitscht wurde. Als Erwachsener wandte sich dieser der Päderastie zu, fand in diesem Tun jedoch keine wirkliche Befriedigung. Als nächstes erinnerte Wayne das Leben eines polnischen Jugendlichen, der in einem Konzentrationslager von Nazis totgeschlagen wurde. Dann erfolgte ein geradezu vorhersagbarer reaktiver Umschwung: Wayne erlebte sich jetzt plötzlich als grausamer Räuber im mittelalterlichen Deutschland, als einen Mann, der genau wie der Kreuzfahrer infolge der grausamen Behandlung verroht war, die er als Kind über sich hatte ergehen lassen müssen.

Als er sich als einen kleinen Jungen sah, der von einer Gruppe älterer Frauen sexuell belästigt wird, erschienen auch sein Frauenhaß und die ausgeprägte Empfindlichkeit seiner Genitalien in einem neuen Licht. Diese Vorstellung vermischte sich mit einer schmerzlichen Erinnerung, in der er zunächst seine Beschneidung als kleiner Junge noch einmal durchlebte und dann in das Leben eines amerikanischen Ureinwohners hinüberglitt, dessen Genitalien gefoltert werden.

All diese Erfahrungen mußte er noch einmal aufarbeiten, bevor er den Schmerz, die Wut und die Erniedrigung, die in ihm fortwirkten, wirklich loslassen konnte. Um die Heilung dieser Wunden zu beschleunigen, gab ich Wayne einige Affirmationen, die ihm dabei helfen sollten, sein männliches Selbst als angenehm und kraftvoll wahrzunehmen, ohne deshalb in jene aggressive, schwer gepanzerte Verteidigungshaltung zurückzufallen, die ihm in seinen vergangenen Existenzen Sicherheit gegeben hatte.

Jetzt gelangten auch die Paare präexistentieller Persönlichkeiten, die in ihm wirksam waren, deutlicher zutage: der brutale Vater und der wütende Sohn; der homosexuelle Vergewaltiger und der unterwürfige Jüngling; der sadistische Unhold und das auf Rache sinnende Opfer; der Krieger und der Liebende. Als Wayne nun lernte, die mit den genannten Gegensatzpaaren notwendig verbundenen Energieumschwünge zu tolerieren und zu akzeptieren, tauchten vor seinem inneren Auge plötzlich zwei völlig neue Figuren auf: die eine war ein prachtvoller amerikanischer Ureinwohner, der von seiner Mutter geliebt wurde, stolz auf sein junges Mannestum war und sich als hervorragender Jäger, Krieger und Ehemann erwies. In voller Übereinstimmung mit dem Weiblichen und der Erde lebte er ein gutes Leben. Tatsächlich handelte es sich bei dieser Wiedererinnerung um eine heilende Vision.

In der zweiten heilenden Wiedererinnerung, die vor seinem inneren Auge ablief, erlebte er sich als großen Finanzier Anfang des Jahrhunderts in Nordamerika. Auch diesmal tauchten wieder Bilder einer guten Ehe und gesunder Kinder auf. Gegen Ende seines Lebens erlebte dieser Mann sogar eine Art spiritueller Erweckung.»Ich habe endlich gelernt, Vertrauen in meine eigene Zärtlichkeit zu setzen«, sagte Wayne nach Abschluß dieser Wiedererinnerung.

Ich hatte den Eindruck, daß unsere Arbeit sich allmählich auszahlte. Was wir im Laufe des therapeutischen Prozesses zutage gefördert hatten, war bisweilen abstoßend, und manchmal hatte ich den Eindruck, daß wir für immer in einem von Waynes sadomasochistischen Teufelskreisen gefangenbleiben würden. Natürlich gab es zwischen den Ereignissen in Waynes Kindheit und diesen Erinnerungen immer wieder bestimmte Resonanzen, besonders im Zusammenhang mit der harten und lieblosen Behandlung, die seine Eltern ihm hatten angedeihen lassen. Überdies hatte unsere gemeinsame Arbeit ihm die Augen dafür geöffnet, daß sich in seinen leiblichen Eltern lediglich unerledigte Residuen präexistentieller Erfahrungen gespiegelt hatten, die sich zu unbewußt gewordenen Komplexen verdichtet hatten, in denen gegensätzliche Grundhaltungen sich wechselseitig am Leben erhielten: der Mörder das Opfer und umgekehrt der Sadist den Masochisten.

Dank des positiven Einflusses, den sein Anima-Selbst in Gestalt der französischen Aristokratin auf ihn ausübte, konnte Wayne sich aus dieser Falle befreien und wieder wirkliche Gefühlswärme in sich zulassen; dabei entdeckte er, daß er sehr wohl in der Lage war, zu anderen Menschen in eine liebevolle Beziehung zu treten. Aber dies alles erreichte er erst, als er seine dunkle Seite nicht mehr zurückwies, sondern sich zu ihr bekannte. Dr. Jekyll *ist* Mr. Hyde, Jago ist Othello *und* Desdemona. Jeder von uns ist eine Person, die mehrere Persönlichkeiten in sich enthält. Nur wenn wir diese Vielschichtigkeit in uns bejahen, insbesondere unsere Schattenseiten, können wir wahrhaft ganz, wahrhaft menschlich werden. Diese Erkenntnis ist aus meiner Sicht die große Herausforderung, aber auch der große Gewinn einer im Geiste Jungs praktizierten Präexistenztherapie.

IV.
Der größere Kontext

Sie sagen nämlich, die Seele des Menschen sei unsterblich, so daß sie zu einer Zeit zwar ende, was man sterben nennt, zu anderer Zeit jedoch wieder werde, untergehe aber niemals [...]. Weil nun die Seele unsterblich ist und oftmals geboren und, was hier ist und in der Unterwelt, alles erblickt hat: so ist auch nichts, was sie nicht in Erfahrung gebracht hätte, so daß nicht zu verwundern ist, wenn sie auch von der Tugend und allem anderen vermag, sich dessen zu erinnern, was sie ja auch früher gewußt hat. Denn da die ganze Natur unter sich verwandt ist und die Seele alles innegehabt hat: so hindert nichts, daß, wer nur an ein einziges erinnert wird, was bei den Menschen lernen heißt, alles übrige selbst auffinde, wenn er nur tapfer ist und nicht ermüdet im Suchen. Denn das Suchen und Lernen ist demnach ganz und gar Erinnerung.

Platon, *Menon*

10. Das große Rad:
Die Geburt und was davor kommt

> Ich bin noch ungeborgen; schenk mir Trost,
> ich fürchte, die Menschen werden hohe Mauern um mich bauen,
> mit starken Drogen mich vergiften, mit klugen Lügen mich betrügen,
> auf schwarze Folterbänke mich strecken, in Strömen von Blut mich wälzen.
>
> Louis MacNeice, *Prayer Before Birth*

> Gedulde dich, wir kamen weinend an,
> Du weißt, wenn wir die erste Luft einatmen.
> Schrei'n wir und winseln [...]
> Wir Neugebor'nen weinen, zu betreten
> Die große Narrenbühne ...
>
> Shakespeare, *König Lear*

Die Stunde unserer Geburt

Ein schlagender Beweis für die außerordentliche Macht unserer unbewußten Komplexe ist der Umstand, daß sie eine völlig harmlose Situation unversehens in ein hochdramatisches Geschehen verwandeln können. Wir haben dies beispielsweise im Zusammenhang mit Elizabeth und ihren Katzen gesehen. Die Freudianer haben schon früh davon gesprochen, daß in solchen Situationen etwas »ausagiert« wird, weil sie erkannten, wie sehr unsere Komplexe dazu neigen, sich dramatisch darzustellen. Die Populärpsychologie benutzt zahllose Metaphern, um solche Abläufe zu beschreiben. So sprechen wir etwa von der Welt als Bühne, vom Drama des Lebens, von bestimmten Familienszenarien oder davon, daß wir uns mit bestimmten Rollen identifizieren.

Welche Situation könnte unschuldiger sein als die Geburt eines Babys? Aber zugleich ist dieses Geschehen hochdramatisch, wie jeder Geburtshelfer oder jede Hebamme mit unzähligen Geschichten belegen könnte. Trotz der vollkommensten Geburtsvorbereitung, der ausgeklügeltsten Notdienste kommen Kinder immer wieder unter den ungewöhnlichsten Umständen zur Welt: im Fahrstuhl, neben der Autobahn, im Taxi, bei Flugzeugunfällen, in Fußballstadien und so fort. Der Beginn und die Dauer der Wehentätigkeit einer künftigen Mutter sind so geheimnisvoll und unvorhersehbar, daß sehr oft die Mutter entweder nicht mehr rechtzeitig die Entbindungsstation erreicht oder die Hebamme bei einer Hausgeburt zu spät eintrifft.

Und selbst wenn die Mutter bequem in einer Klinik untergebracht ist oder die Hebamme lange vor Einsetzen der Preßwehen bereitsteht, können während der Geburt noch immer alle möglichen Komplikationen eintreten: Es kann zu einer Steißgeburt kommen oder zu Blutungen, oder das Kind kann bei einer Zangengeburt Verletzungen am Kopf davontragen – ganz zu schweigen von Früh- oder Totgeburten und den mit der Entbindung von Zwillingen, Drillingen oder gar Vierlingen oder mit einem Kaiserschnitt verbundenen Schwierigkeiten. Trotz der von der technischen Medizin inzwischen entwickelten Ultraschall- und sonstiger diagnostischer Verfahren oder chemotherapeutischer Möglichkeiten vermögen die meisten Geburtshelfer kaum genauer vorherzusagen, wie eine bestimmte Geburt verlaufen wird, als die Geburtshelferin eines primitiven Stammes. Es kann durchaus geschehen, daß eine Frau bereits komplikationslos vier Kinder zur Welt gebracht hat, bei ihrer fünften Geburt jedoch wider Erwarten massive Schwierigkeiten auftreten.

Seit Frederic Leboyer haben die Kritiker der modernen Entbindungspraktiken mit einigem Recht die in unseren Krankenhäusern üblichen Verfahren der Geburtshilfe selbst für so manche Traumatisierung von Mutter und Kind verantwortlich gemacht. Aber diese Prozeduren verursachen nach meiner Auffassung nur zusätzliche Schwierigkeiten. Denn das wirkliche Drama vollzieht sich zwischen Mutter und Kind. Die Mutter ist sozusagen die Bühne und das in ihr heranwachsende Kind der oder die Hauptdarsteller(in), ein kleines von Lampenfieber geschütteltes Wesen, das unvorstellbare Angst davor hat, sich hinauszubegeben und seine ersten unverständlichen Textzeilen zu sprechen. Wie die Forschungen etlicher unabhängig voneinander arbeitender Psychologen – genannt seien nur Arthur Janov, Leonard Orr, Elizabeth Fehr, R. D. Laing, Morris Netherton und Stanislav Grof[1] – in den letzten Jahren ergeben haben, sind während jeder Schwangerschaft und in jeder Geburtssituation zahllose äußerst vielschichtige unbewußte Faktoren wirksam. Wie sehr wir auch dazu neigen mögen, jede bei einer Entbindung auftauchende Komplikation oder Katastrophe den »unfähigen« Geburtshelfern anzulasten, so gibt es gleichwohl unleugbare Beweise dafür, daß das bei einer Geburt sich vollziehende einzigartige Drama zwischen Mutter und Kind von zahllosen unbewußten Kräften gesteuert wird.

Der erste Psychologe, der sich ernstlich mit der Wirkung der Geburtserfahrung auf die Persönlichkeitsentwicklung befaßte, war Otto Rank, ein früher Anhänger Freuds. Ranks 1923 verfaßtes klassisches Werk *Das Trauma der Geburt* ist bis heute ein unverzichtbarer Beitrag zur Erforschung der symbolischen und mythischen Nachklänge, die die Passage durch den Geburtskanal im Unbewußten eines jeden Kindes hinterläßt.

Rank konnte zeigen, daß jedes Traumbild eines Gefäßes, einer Höhle oder eines Verlieses eine im Unbewußten des Kindes symbolisch verdichtete Erinnerung an den Zustand im Mutterleib ist. In der Literatur, der Mythologie und der Folklore finden sich zahllose Berichte über gefährliche Reisen durch Schluchten, Höhlen, Tunnel oder Meeresengen, die immer wieder ein dunkles Wiedererkennen der Ängste evozieren, die wir bei der Passage durch den Geburtskanal ausgestanden haben. Eine dieser Geschichten findet sich in Homers *Odyssee,* wo der Held sein Schiff zwischen dem Meeresungeheuer Scylla und dem Todesstrudel Charybdis hindurchsteuern muß.

Nach Ranks Auskunft hinterlassen die Qualen der Geburt selbst und die mit dieser einhergehenden mannigfachen Komplikationen im Unbewußten des betreffenden Kindes Bilder brutalster Gewalt: Vorstellungen des Ertrinkens, Verbrennens, Erstickens, Zerschnitten-, Zermalmt- oder Zerteiltwerdens, der Enthauptung und sogar der Kreuzigung. Die Entdeckung dieser extremen Bilder der archetypischen Geburtserfahrung verdankte Rank seiner Arbeit mit Patienten in den frühen Tagen der Psychoanalyse. Die Richtigkeit seiner Einsichten wurde drei Jahrzehnte später durch die äußerst gründlichen psychedelischen Forschungen Stanislav Grofs eindrucksvoll belegt. Der tschechische Psychiater entdeckte, daß jeder seiner Patienten im Fortgang der LSD-Psychotherapie Visionen hatte, die in der einen oder anderen Weise genau mit den Symbolen des Geburtstraumas übereinstimmen, wie Rank sie beschrieben hatte.

Grof war von diesem Bildmaterial so beeindruckt, daß er glaubte, es bilde unterhalb des Freudschen Kindheitsbewußten eine eigene psychische Schicht: er nennt diese Schicht »Ranksches« oder »perinatales Unbewußtes«.[3] (Wir haben in dem Modell des Lotus-Rades in Kapitel 5 auf diese Schicht bereits kurz hingewiesen.)

Obwohl Grof heute im allgemeinen mit bestimmten Atemtechniken und kaum mehr mit LSD arbeitet, zeigt sich in seiner therapeutischen Praxis immer wieder, daß dieses perinatale Bildmaterial durchaus bewußtseinsfähig ist. Leon Orrs als »Rebirthing« bezeichnetes Hyperventilationsverfahren fördert solches Material ebenso zutage wie Morris Nethertons Technik des geleiteten Gewahrseins. Die grauenerregenden Vorstellungen, zermalmt, erwürgt oder gekreuzigt zu werden, von denen Rank und Grof berichten, lassen sich eindeutig auf die intensiven körperlichen Belastungen zurückführen, denen das Kind in der letzten Phase der Schwangerschaft ausgesetzt ist. Im Jungschen Sprachgebrauch könnte man vielleicht sagen, daß das Kind archetypische Szenarien tödlicher Gefahren und furchtbarer Tode durchlebt, die aus den Tiefen des kollektiven Unbewußten aufsteigen. In diesem Sinne muß man die physische und die psychische Erfahrung der Geburt wohl für ein universelles Phänomen ansehen, in dem Tod und Geburt als zwei Aspekte eines und desselben umfassenden Archetyps in Erscheinung treten.

Sowohl auf der von Jung beschriebenen als auch auf der von Rank entdeckten Erfahrungsebene kommt der Mutter offenbar eine ganz und gar unpersönliche Rolle zu. Der Säugling erfährt die Mutter nicht als Person, sondern als große Mutter, als ein universelles archetypisches Wesen also, dem die »größere« Psyche bereits in zahllosen Geburten millionenfach begegnet ist. Die Mutter ist für das Kind zunächst das archetypische Gefäß ozeanischer Glückseligkeit, danach das bedrückende oder einengende Gefängnis oder Grab, und schließlich ist sie der Rachen des Todes, aus dem das Kind sich in seinem Kampf triumphierend befreit. In diesem ganzen Prozeß wird jeder von uns, ohne sich dessen bewußt zu sein, in die Freuden und Leiden des Menschseins eingeführt. Diese Initiation par excellence erweist sich somit als der Prototyp aller im weiteren Verlauf des Lebens noch zu erwartenden Initiationen und Verwandlungen.

Jede Frau hat teil an dieser großen überpersönlichen Erfahrung, wenn sie ein Kind zur Welt bringt. Bei vielen Frauen – besonders wenn sie während der Wehen Schmerzmittel erhalten haben – verschmelzen die Erinnerungen an die eigene Geburt mit der Erfahrung des Gebärens. Einige haben irritierende Visionen von Todesengeln oder von Gewalttaten. Dies alles ist eine Folge davon, daß in dieser Situation jener vielschichtige duale Archetyp wirksam ist. Sowohl die gebärende Frau als auch das in die Welt eintretende Kind haben teil an der universellen Erfahrung des weiblichen Geschlechts, und zu dieser Erfahrung gehören auch die im großen Gedächtnis der Menschheit gespeicherten Verluste, Opferungen und Tode kleiner Kinder. Und natürlich kommen bei solchen Gelegenheiten nicht selten Gefühle der Verzweiflung und der Schuld spontan zum Vorschein. Man sollte sich jedoch stets vor Augen halten, daß solche Gefühle nicht persönlicher Natur sind, sondern einer archetypischen oder transpersonalen Erfahrungsschicht angehören. Nirgendwo ist die große Mutter in ihrem Doppelwesen (als Leben im Tod und Tod im Leben) gegenwärtiger als in dieser Situation.

Aber diese archetypischen Geburtserlebnisse machen nicht die Gesamtheit der Erfahrungen aus, die den Fetus vor und während der Geburt berühren. Tatsächlich gibt es auch ein persönlicher geartetes Element, das etwas mit der Einstimmung des ungeborenen Kindes auf das individuelle Bewußtsein der schwangeren Mutter zu tun hat und mit den Eindrücken, die das Kind bereits aus früheren Existenzen mitbringt. Von Morris Netherton einmal abgesehen, hat bisher kaum jemand über diese beiden anderen Faktoren des perinatalen Unbewußten und ihr Zusammenwirken geschrieben. Im weiteren Verlauf dieses Kapitels werde ich deshalb versuchen, den Charakter dieser subtilen und überaus wichtigen Beziehung näher zu erläutern.

Vorgeburtliches Leben: Neuere wissenschaftliche Erkenntnisse

Aus neuen Forschungsergebnissen, die Dr. Gerhard Rottmann von der Universität Salzburg unlängst vorgelegt hat, geht hervor, daß sich im Bewußtsein des Fetus während der Schwangerschaft unmittelbar der jeweilige Gefühlszustand der Mutter »abbildet«. Er geht davon aus, daß es vier Kategorien von Müttern gibt, die sich entsprechend ihrer bewußten oder unbewußten Einstellung gegenüber dem in ihnen heranwachsenden Fetus unterscheiden lassen. Die beiden äußeren Pole auf dieser Skala bilden die »idealen« und die »Katastrophen-Mütter«.

Als »ideale Mütter« werden jene Frauen eingestuft, die den von Rottman angewandten psychologischen Tests zufolge ihr ungeborenes Baby sowohl bewußt als auch unbewußt bejahten. Diese Mütter hatten meistens beschwerdefreie Schwangerschaften und problemlose Entbindungen, und ihre Kinder waren im allgemeinen gesund und munter. Die von Rottman als »Katastrophen-Mütter« bezeichneten Frauen lehnten – wie schon ihre Bezeichnung nahelegt – Kinder grundsätzlich ab und litten infolgedessen während der Schwangerschaft unter allen möglichen medizinischen Problemen und brachten meistens vorzeitig untergewichtige und emotional gestörte Kinder zur Welt. Zwischen diesen beiden Extremen liegen die »ambivalenten Mütter«, die nach außen hin dem Anschein nach ihr ungeborenes Kind bejahten, innerlich jedoch diesbezüglich Zweifel hegten. Die Mitglieder dieser Gruppe litten häufig unter Verhaltensstörungen und Darmproblemen. Schließlich gab es noch die Gruppe der »kühlen Mütter«, die wegen ihrer Karriere oder wegen finanzieller Probleme bezüglich ihres Kinderwunsches »äußerlich« unschlüssig waren, sich jedoch unbewußt nach einem Kind sehnten. Rottman fand heraus, daß der Fetus im Mutterleib diese beiden widersprüchlichen Botschaften »mitbekommt« und sich als Säugling entsprechend apathisch und lethargisch verhält.

Diese und weitere vergleichbar eindrucksvolle Ergebnisse kann man in Thomas Verneys und John Kelleys Buch *The Secret Life of the Unborn Child* nachlesen. Dieses bemerkenswerte Buch stellt in vielerlei Hinsicht einen Meilenstein der psychologischen Erforschung des perinatalen Unbewußten dar und sollte deshalb möglichst weite Verbreitung finden. Nur wenige Leute wissen überhaupt, daß bereits seit Jahrzehnten derartige Forschungen angestellt werden. Aus der in diesem Buch vertretenen Perspektive nehmen die meisten der betreffenden Autoren einen sehr zurückhaltenden Standpunkt ein, aber gerade weil sie sich in ihren Schlußfolgerungen auf die neuesten neurologischen und physiologischen Forschungen stützen, sind ihre Ergebnisse um so wertvoller. Ich möchte Verney und Kelly ihre Resultate deshalb in ihren eigenen Worten präsentieren lassen:

> Wir wissen jetzt, daß das ungeborene Kind ein wahrnehmendes, auf Reize reagierendes Menschenwesen ist, das vom sechsten Monat an (oder sogar schon früher) ein aktives Gefühlsleben »führt«. Neben dieser Erkenntnis haben wir noch die folgenden Entdeckungen gemacht:
> – Der Fetus kann im Uterus bereits vor der Geburt sehen, hören, Erfahrungen machen, schmecken und auf einer sehr fundamentalen

Ebene sogar bereits lernen. Aber was noch wichtiger ist, er kann fühlen – nicht in der Differenziertheit des Erwachsenen, gleichwohl kann er fühlen.

– Die Schlußfolgerung aus dieser Entdeckung ist: Die Gefühle und Wahrnehmungen des ungeborenen Kindes formen bereits die Einstellungen und Erwartungen, die es sich selbst entgegenbringt. Ob der Fetus sich im späteren Leben letztendlich als glücklich oder traurig, aggressiv oder sanftmütig, sicher oder verängstigt erfährt und entsprechend handelt, das hängt teilweise bereits von den Botschaften ab, die er im Mutterleib empfängt.

– Als »Sender« dieser formgebenden Botschaften fungiert die Mutter des betreffenden Kindes. Das bedeutet indes nicht, daß jede flüchtige Sorge, jeder Zweifel und jedes Angstgefühl der Mutter sich in voller Stärke ihrem Kind mitteilen. Entscheidend sind die tiefsitzenden chronischen Gefühlsmuster. Wenn allerdings die Frau in ständiger Angst lebt und hinsichtlich ihrer Mutterschaft unentwegt von quälenden Zweifeln heimgesucht wird, dann kann dies in der Persönlichkeit des ungeborenen Kindes eine tiefe Narbe hinterlassen. Andererseits können solche lebensbejahrenden Gefühle wie Freude, Heiterkeit oder hoffnungsfrohe Erwartung beträchtlich zur emotionalen Entwicklung eines gesunden Kindes beitragen.

– Die neuere Forschung beschäftigt sich inzwischen aber auch wesentlich mehr mit den Gefühlen des Vaters. Noch vor kurzem wurden seine Emotionen völlig vernachlässigt. Unsere neuesten Untersuchungen zeigen jedoch, daß diese Haltung nicht ungefährlich ist. Sie belegen ferner, daß das Gefühl, das der Mann seiner Frau und dem ungeborenen Kind entgegenbringt, einer der für den Ausgang der Schwangerschaft wesentlichen Faktoren ist.[4]

Alles, was diese Forscher berichten – einschließlich der wichtigen Entdeckungen Rottmans –, wird durch meine eigene, nicht so umfangreiche Beschäftigung mit perinatalen Erinnerungen und dem Geburtstrauma voll bestätigt. Eine der Feststellungen Verneys und Kelleys möchte ich allerdings entschieden modifizieren. Sie sehen die Mutter als »Sender« der für die Bewußtseinsentwicklung des ungeborenen Kindes bestimmenden »Botschaften«. Diese Auffassung möchte ich bestreiten. Vielmehr möchte ich behaupten, daß das Bewußtsein der Mutter während der Schwangerschaft lediglich psychische Strukturen oder Samskaras wiederbelebt, die sich bereits in früheren Existenzen der Psyche des Kindes eingeprägt haben.

Diese Aussage verschiebt die Gewichte ganz erheblich und befreit viele Mütter – wie ich hoffe – von der Last, sich bei einer Frühgeburt, einem Kaiserschnitt oder etwaigen Geburtsschäden mit völlig unnötigen Schuldgefühlen herumzuschlagen. Deshalb möchte ich nachdrücklich darauf hinweisen: Jedes Kind tritt mit seinen »ganz persönlichen« unerledigten karmischen Prägungen in diese Welt ein. Die Schwangerschaft und die Geburt sind – wie wir allmählich begreifen – lediglich die erste Gelegenheit, einige dieser Strukturen zu reaktivieren. Das erneut in diese Welt eintretende Kind fühlt sich nicht aus freier Wahl zu einem bestimmten Vater und einer bestimmten Mutter hingezogen – viele von uns treten sogar höchst widerwillig in die neue Existenz ein –, sondern weil die Unsicherheiten, Hoffnungen, Ängste oder die Streitsucht bestimmter Eltern die in der unbewußten Psyche des ungeborenen Kindes »gespeicherten« karmischen Residuen wirkungsvoll reaktivieren. Überdies bietet das Blendwerk der heutigen Geburtstechnologie dem Unbewußten eine große Zahl von Gelegenheiten, eine Reihe unerledigter Kämpfe auf Leben und Tod, die in problematischen früheren Existenzen nicht entschieden werden konnten, abermals auf die Bühne zu bringen.

Die Erforschung und Behandlung präexistentieller Zustände erweitern Rottmans ungemein wertvolle Ergebnisse um die folgende Erkenntnis: Die neu ins Dasein eintretende Seele oder Protopersönlichkeit fühlt sich von einer Mutter und einem Vater angezogen, die dem sich neu verkörpernden Wesen während der Schwangerschaft und bei der Geburt dabei helfen, seine unerledigten karmischen Residuen zur Darstellung zu bringen. Eine solche wieder ins Dasein eintretende Seele, in der noch Erinnerungen an Katastrophen, gewaltsame Tode, Entbehrungen und Verlassenheit vorherrschen, wird sehr leicht zu der von Rottman beschriebenen »Katastrophen-Mutter« hingezogen. Wenn in dieser Mutter der unbewußte Gedanke »Ich möchte dieses Kind eigentlich gar nicht haben« lebendig ist, so spiegelt sich dies im Unbewußten des ungeborenen Kindes wider als: »Ich möchte eigentlich überhaupt nicht hier sein. Niemand will mich.« Dabei sind diese Gedanken des Kindes Überreste einer präexistentiellen Traumatisierung. Sie werden durch die unbewußten Erwägungen der Mutter nicht eigentlich verursacht, sondern lediglich reaktiviert. Glücklicherweise ist das Gegenteil aber ebenso richtig: Wenn eine Schwangere (Rottmans »ideale Mutter«) den Fetus von ganzem Herzen annimmt, dann wird sich ein von negativem Karma relativ freies Kind zu ihr hingezogen fühlen.

Zwischen diesen Extremen wiederum finden wir die ambivalente und die kühle Mutter, die entweder Kinder anzieht, die dem Leben in dieser Welt mit erheblichen Zweifeln oder mit Widerwillen entgegensehen. In der Therapie zeigt sich dann später, daß solche Menschen als Ungeborene von Gedanken wie »Das ist kein sicherer Ort hier« oder »Ich werde es nie schaffen« oder »Ich bin nur eine Belastung« beherrscht worden sind. Mit Ausnahme der »idealen Mutter« werden deshalb Frauen der drei übrigen Kategorien – die »ambivalente«, die »kühle« und die »Katastrophen-Mutter« – unbewußt »Kandidaten« anziehen, die im Kontext von Schwangerschaft und Geburt eines jener in ihrem Verlauf unvorhersagbaren Dramen zu Aufführung bringen.

Wie aber gelangen denn nun die Gedanken und Gefühle der Mutter überhaupt in das pränatale Bewußtsein des Fetus hinein? Und auf welche Weise werden die präexistentiellen Samskaras oder die alten karmischen Dramen reaktiviert? Wir werden diese hochkomplizierten Fragen zunächst einmal getrennt behandeln und erst gegen Ende dieses Kapitels zu einem Gesamtbild gelangen.

Unter den Therapeuten, die sich mit der Reaktivierung von pränatalen und Geburtserinnerungen befassen, herrscht ein allgemeiner Konsens darüber, daß das Unbewußte des Fetus bereits vor und während der Geburt außerordentlich wach ist, auch wenn man dem kleinen Wesen noch kein Ich-Bewußtsein im Sinne einer bewußten Identität zusprechen kann. Es besteht wohl kein Zweifel daran, daß das ungeborene Kind vom Augenblick der Empfängnis an viele der Gedanken und Gefühle der Mutter ebenso aufnimmt wie etwaige Bilder oder Ereignisse, von denen es betroffen ist. Morris Netherton – der wahrscheinlich mehr pränatale Erinnerungen gesammelt hat als irgendein anderer mir bekannter Therapeut – beschreibt diesen vorgeburtlichen Zustand so: »Das Unbewußte des Kindes im Mutterleib läßt sich am besten mit einem Tonbandgerät vergleichen; es nimmt unbehelligt durch den Filter der Ich-Abgrenzung alles wahr, was um es her vor sich geht.«[5]

Psychologisch gesehen bedeutet dies, daß das Kind zwischen seinen eigenen und den Gefühlen der Mutter nicht unterscheiden kann, solange es sich noch nicht als abgegrenztes Ich erfährt. Falls also die Mutter beispielsweise denkt: »Ich muß alles allein machen« (wenn der Vater beispielsweise häufig geschäftlich unterwegs ist oder sich im Krieg befindet), gelangt dieser Gedanke unmittelbar in das Unbewußte des Fetus und hinterläßt dort vielleicht lebenslänglich das Gefühl »Ich muß alles alleine machen«.

Nicht nur einzelne Gedanken prägen sich dem Unbewußten des Fetus ein – sondern ganze Szenen zwischen Mutter, Vater, Arzt und anderen Menschen – und lassen Strukturen wiederaufleben, die später häufig in Gestalt belastender Komplexe zutage treten. Eine Frau, deren betrunkener Mann während der Schwangerschaft gierig über sie herfällt, denkt oder sagt vielleicht: »Er ist abstoßend. Warum läßt er mich nicht in Ruhe? Ich hasse diese primitive Art von Sex.« Dies hinterläßt auch im Unbewußten des ungeborenen Kindes hinsichtlich der Sexualität Unsicherheit und Ablehnung. Zwei kurze Fallbeispiele aus meiner therapeutischen Praxis verdeutlichen die außerordentliche Komplexität und Detailliertheit derartiger prä- und perinataler Prägungen.

1. Miriam war eine junge Frau, die zu mir in Therapie kam. Sie hatte Schwierigkeiten mit ihrem Selbstwertgefühl und konnte sich in Beziehungen nicht voll einbringen. Sie hatte außerdem Angst, daß ihr Freund sie verlassen werde. Hier ein Ausschnitt aus der Wiedererinnerung ihrer Geburt:

»Ich bin ganz allein. Niemand berührt mich. Ich möchte weg hier. Ich mag das Licht nicht. Es ist zu hell . . . Ein weißer Raum . . . Weißgekleidete Menschen . . . Sie legen mich beiseite und lassen mich einfach liegen . . . Der Mann schlägt mir auf den Po, bis ich anfange zu schreien. Ich möchte weg hier. Ich will nicht allein sein. Ich bin zwar hier, aber niemand nimmt von mir Notiz. Niemand sorgt sich um mich. Sie stoßen mich immer nur beiseite. Ich bekomme Magenschmerzen davon. Sie benutzen einen nur und legen einen dann einfach zur Seite.

Jetzt höre ich die Stimme meiner Mutter: Ich will nicht, daß sie dich nehmen. Ich möchte dich halten. Das ist nur natürlich. Bitte nehmen Sie sie mir nicht weg. Ihr dürft sie nicht wegbringen. Es ist Unsinn, sie einfach wegzubringen, so als wäre sie etwas Schlechtes. Sie machen mich nicht einmal sauber. Ich fühle mich schmutzig und häßlich. Niemand kümmert sich wirklich um mich. Sie manipulieren nur an einem herum und stopfen einen mit irgendwas voll.

Ich fühle den Schmerz meiner Mutter. In ihrem Körper sind Schmerzen. Jetzt ist da eine Glasflasche. Sie ist häßlich. Die Häßlichkeit steht zwischen uns.

Wieder spricht Mutter: Sie ist von mir getrennt. Sie ist häßlich, weil sie ihr Fläschchen nicht will, deshalb will ich nichts mit ihr zu tun haben.

Ich bin zutiefst enttäuscht. Ich möchte, daß Mutter mich pflegt und in den Arm nimmt. Ich möchte, daß jemand mich festhält. Ich fühle mich kalt und weit weg... So wird es immer sein. Ich werde immer allein sein. Sie werden an mir herummanipulieren und mich allein lassen.«

Es ist unschwer zu erkennen, daß Miriam durch die sterile Unpersönlichkeit der Krankenhausroutine daran gehindert wurde, sich sowohl emotional als auch physisch mit ihrer Mutter zu verbinden. Das helle Licht, der rituelle Klaps, das kalte von der Mutter getrennte Bettchen und die Verweigerung des Stillens, dies alles hinterließ nicht nur in der gerade geborenen Miriam, sondern auch in ihrer Mutter ein schweres Trauma. Mit Medikamenten vollgepumpt und erschöpft, zwischen der Autorität der Ärze und ihren natürlichen Impulsen hin- und hergerissen, fühlt Miriams Mutter sich schlecht und häßlich und ihrem Kind entfremdet. Ihre Verwirrung und ihr Schmerz vermischen sich mit den Empfindungen und der Qual des Säuglings, so daß dieser sich jetzt schlecht und häßlich und doppelt einsam fühlt. Kein Wunder, daß Miriam als Erwachsene von nagenden Zweifeln an ihrer Weiblichkeit heimgesucht wird und Liebesbeziehungen mit äußerstem Mißtrauen betrachtet. Denn schon bei ihrer Geburt ist diese Struktur in ihr angelegt worden. Und so ist es meine therapeutische Aufgabe, sie dahin zu bringen, daß sie die alten schmerzlichen Gefühle loslassen und neue Wege finden kann, Liebesbeziehungen mit vertrauensvollen Augen zu sehen.

2. Janice kam mit ganz ähnlichen Problemen zu mir in Therapie wie Miriam. Auch sie litt unter einem schwachen Selbstwertgefühl und unter Beziehungsschwierigkeiten. Außerdem war sie verbittert über die Männer, die ihr aus ihrer Sicht immer nur weh taten und sie in einem permanenten Gefühl der Hilflosigkeit zurückließen. Infolge dieses Hintergrundes hatte sie es sich zur Gewohnheit gemacht, das Leben durch eine Wolke grollender Abneigung zu sehen. Sie hatte keine Ahnung von den Umständen ihrer Empfängnis, und als diese in der Therapie zum Vorschein kamen, war sie außerordentlich überrascht. In der von ihrem perinatalen Unbewußten freigegebenen Szene befand sich ihre Mutter in der Praxis eines Arztes. Die beiden sprachen unumwunden über eine Abtreibung:

»Ich bin auf so etwas im Augenblick einfach nicht vorbereitet. Es ist schlicht der falsche Zeitpunkt... Ich muß es loswerden. Was soll ich

nur tun? Ich bin so hilflos... Was soll ich tun, Doktor? Können Sie mir helfen?
Jetzt die Stimme des Arztes: Sie können gar nichts tun. Es ist zu spät, um noch etwas zu unternehmen, Mrs. Wicker. Sie müssen es jetzt durchstehen.
Ich will es zwar nicht, aber mir bleibt wohl keine andere Wahl. Warum muß ausgerechnet mir so etwas passieren?«

Diese kurze Szene macht deutlich, wie viele der Janice in ihrem Erwachsenenleben bewegenden existentiellen Probleme durch die Ablehnung begründet sind, mit der ihre Mutter damals auf die Schwangerschaft reagiert hatte. Janices dürftiges Selbstwertgefühl läßt sich darauf zurückführen, daß ihre Mutter zum damaligen Zeitpunkt ihr Kind innerlich ablehnte. Das Gefühl der Hilflosigkeit scheint sich ihr bereits in der Praxis jenes Arztes eingeprägt zu haben. Und ihre Verbitterung über die Männer läßt sich damit erklären, daß ihre Mutter sowohl auf Janices Vater wütend gewesen war, weil dieser sie geschwängert hatte, als auch auf den Arzt, weil dieser eine Abtreibung abgelehnt hatte. Nachdem Janice sich diese tiefsitzenden Prägungen jedoch einmal bewußt gemacht hatte, konnte sie sich allmählich von den damaligen Gefühlen ihrer Mutter distanzieren, so daß die entsprechenden Prägungen nach und nach ihre Macht über sie verloren.

Vergangene Existenzen: Die perinatale Schnittstelle

Jene Therapien, die – wie Janovs Primärtherapie – ihre Aufmerksamkeit in erster Linie auf pränatale und Geburtserinnerungen richten, behaupten, die Zeit der Schwangerschaft und das Geburtstrauma seien die entscheidenden Strukturierungsmomente aller nachfolgenden Neurosen. In Miriams und Janices Fall scheint diese Auffassung berechtigt. Das Kind im Mutterleib wird von den oben genannten Therapeuten als ein völlig passives Opfer dargestellt, das absolut hilflos der Ambivalenz, den Ängsten und der Negativität der Mutter ausgeliefert ist, ja sogar ihren körperlichen Süchten.[6] Selbst Nethertons Vergleich des fetalen Bewußtseins mit einem Tonbandgerät scheint in diese Richtung zu deuten, wenn man die Aussage aus dem Zusammenhang reißt.

Aber diese Auffassung erweist sich angesichts dessen, was wir über andere – durch das Modell des Lotus-Rades veranschaulichte – Aspekte des Bewußtseins wissen, doch als ziemlich vereinfachend. Man darf schließlich nicht allein die Mutter zum »Sündenbock« machen. Denn die Gesamtproblematik ist wesentlich vielschichtiger, insbesondere wenn man sich mit der Schnittstelle zwischen unseren präexistentiellen Toden und den perinatalen Erfahrungen unseres jetzigen Lebens befaßt. Als Susan wiedererinnerte, wie der holländische Maler sich aufgehängt hatte, folgte kurz darauf bereits die Vorstellung, daß sie bei ihrer »letzten« Geburt fast an der Nabelschnur erstickt wäre (Kapitel 5).

Häufig verläuft der Prozeß genau andersherum. Die Erinnerung an eine schwierige Entbindung führt zum Wiedererleben eines gewaltsamen präexistentiellen Todes – häufig durch Ersticken. Im Kapitel 8 haben wir gesehen, wie Yvonne sich zunächst an ein Erstickungserlebnis in ihrer Kindheit erinnerte, sich dann bei der Geburt mit der Nabelschnur um den Hals wiedererlebte und schließlich in der Wiedererinnerung noch einmal durchlebte, wie sie in einer früheren Existenz erhängt worden war. Die durch das Geburtstrauma aktivierten symbolischen Resonanzen erwecken, wie es scheint, präexistentielle Dramen zu neuem Leben oder umgekehrt. Dies impliziert offenbar – selbst wenn das Morris Nethertons Tonband-Metapher ein wenig zurechtrückt –, daß unser psychisches Tonband weder im Mutterleib noch bei der Geburt völlig »unbespielt« ist. Schon bei der Empfängnis sind dem Unbewußten des Kindes präexistente Eindrücke oder Samskaras eingeschrieben. Diese lassen sich durch gewisse Gedanken und Handlungen der Mutter oder durch zwischenmenschliche Erfahrungen, die sie während der Schwangerschaft und bei der Geburt macht, reaktivieren und neu beleben. Und so traten denn auch im weiteren Verlauf der Therapie bei Miriam und Janice Wiedererinnerungen auf, deren Grundthemen nicht nur mit den in den beiden Frauen dominanten emotionalen Strukturen in symbolischer Resonanz standen, sondern in denen sich auch sehr klar die perinatalen Dramen spiegelten, die die beiden Klientinnen durchlebt hatten.

In Miriams schmerzlicher Erinnerung an ihre Geburt tauchten etliche Sätze auf, die wieder gewisse präexistentielle Erfahrungen in ihr wachriefen. Einer dieser Sätze lautete: »Ich bekomme Magenschmerzen davon. Sie benutzen einen nur und legen einen dann einfach zur Seite.« Dieser Satz löste eine Wiedererinnerung an das

Dasein einer jungen Sklavin aus, die in den Tagen des transatlantischen Sklavenhandels von ihren Eltern getrennt wird. Diese Sklavin wurde von den Matrosen sexuell benutzt und dann zur Seite gestoßen. Der Satz »Ihr dürft sie nicht wegbringen« erweckte in Miriams Unbewußtem die Erinnerung an ein Leben als junger Mann in einem Stamm in Mittelamerika, dessen Frau von den Spaniern gefangen und verschleppt wurde. Er blieb machtlos im Dschungel zurück und kam schließlich im Kampf mit den Soldaten um, ohne seine geliebte Frau vorher noch einmal gesehen zu haben. Ein drittes Thema, nämlich das Gefühl häßlich und abstoßend zu sein, erweckte die Wiedererinnerung an das Leben eines aus der Gesellschaft verstoßenel Leprösen. Dieser Leprakranke lebte und starb mutterseelenallein in einer Höhle in der Wüste.

Auch in Janices Fall kamen eine Reihe früherer Existenzen zum Vorschein, die mit bestimmten Sätzen resonierten. Aufgeschnappt hatte sie diese »Stichwörter« offenbar, als ihre Mutter damals vergeblich wegen einer Abtreibung bei ihrem Arzt vorgesprochen hatte. Der Satz »Ich bin auf so etwas im Augenblick einfach nicht vorbereitet« erweckte in ihr die Erinnerung an ihren frühzeitigen Tod auf dem Schlachtfeld als junger Rekrut. »Ich muß es loswerden. Ich bin so hilflos« reaktivierte in Janice die Erinnerung daran, wie sie früher einmal als Mutter in einer Pestepidemie hilflos hatte zusehen müssen, wie ihre Kinder eines nach dem anderen starben. Die von ihrer Mutter gehegte grollende Ablehnung, mit der Janice sich so lange identifiziert hatte – »Sie können gar nichts tun«... »Warum muß ausgerechnet mir so etwas passieren?« – förderte die Wiedererinnerung an das Dasein eines Galeerensklaven zutage, der seine Häscher und Aufseher zutiefst haßte.

In diesem Zusammenhang möchte ich nun auf den recht radikalen Standpunkt zu sprechen kommen, zu dem ich aufgrund meiner Auseinandersetzungen mit zahlreichen – den vorstehenden strukturell sehr ähnlichen – Wiedererinnerungen gelangt bin. Ich befinde mich mit dieser Auffassung übrigens in voller Übereinstimmung mit Nethertons und Grofs Ergebnissen.

Jeder Mensch ist bereits bei der Empfängnis mit bestimmten schon bestehenden psychischen Dispositionen oder Samskaras ausgestattet, die seinem Unbewußten eingeschrieben sind. Diese in unserem Unbewußten latenten karmischen Residuen werden während der Schwangerschaft und bei der Geburt durch bestimmte Gedanken und Gefühle der Mutter und durch deren Erfahrungen mit anderen

Menschen – dem Vater, den Ärzten, dem medizinischen Personal – reaktiviert. Während Therapeuten wie Verney und Janov annehmen, daß Neurosen bereits im Uterus strukturell vorgeprägt werden, geht die Präexistenztherapie davon aus, daß seelische Fehlhaltungen karmisch, das heißt präexistentiell, determiniert sind.

So hat ein Kind, dessen Eltern sich während der Schwangerschaft unter Alkoholeinfluß ständig streiten, mit großer Wahrscheinlichkeit eine präexistentielle Vorgeschichte, in der Gewalt beziehungsweise Alkohol- oder Drogenabhängigkeit eine Rolle spielt. Der Junge, dessen Mutter während der Schwangerschaft unentwegt über ihren Wunsch nach einem Mädchen nachbrütet, hat meistens bereits in früheren Existenzen Probleme mit seiner Geschlechtsidentität gehabt. Analog bringt auch das Mädchen, das bereits im Mutterleib mitbekommen hat, wie der Vater für seinen künftigen Sohn Pläne schmiedete, häufig schon eine präexistentiell vorgeprägte Unsicherheit dem eigenen Geschlecht gegenüber mit.

Die Zeit der Schwangerschaft ist deshalb eine für die Formung der Persönlichkeit entscheidende Periode. Denn das Bewußtsein des Fetus ist nicht nur ein unkritischer Beobachter und Registrator all dessen, was die Mutter tut, denkt und fühlt, sondern befindet sich auch in einem Prozeß der unbewußten Auseinandersetzung mit den unerledigten Resten, die der Embryo aus früheren Existenzen mitbringt.

Die Inhalte, mit denen sich das Unbewußte des Fetus befaßt, sind konstitutiv für das Karma, mit dem der kleine Mensch sich *post natum* auseinanderzusetzen hat. Diese beiden noch von keinem urteilsfähigen Ich geprüften Strömungen des Bewußtseins bilden die Matrix der später in Erscheinung tretenden Persönlichkeit.

Die Auseinandersetzung mit den präexistentiellen Resten wird während der Schwangerschaft in dem betreffenden Kind in erster Linie durch Vorgänge im Bewußtsein und im Leben der Mutter angeregt und nicht so sehr durch physiologische Prozesse – es sei denn, es kommt zu Komplikationen, Unfällen oder Gewaltanwendung. Im letzten Stadium der Schwangerschaft, das heißt beim Einsetzen der Wehen, werden im Fetus dann allerdings intensive körperliche Empfindungen ausgelöst, die sich mit der Wahrnehmung der mütterlichen Reaktion auf die Geburtssituation und die allgemeinen Umstände vermischen. Die während des letzten Monats im Mutterleib herrschende Enge und die mit den Wehen verbundenen Kontraktionen überfluten die von Rank untersuchte Ebene des fetalen Bewußtseins nun zunehmend mit präexistentiell bedingten Gewaltbildern und mit archetypischen und visionären Erfahrungen. Am gründlichsten erforscht hat diese vor und während der Geburt massiv auftretenden Erfahrungen Stanislav Grof. Er hat Protokolle zahlloser LSD-Sitzungen gesammelt, in denen durchgängig von solchen Empfindungen und Bildern die Rede ist. Aufgrund seiner Ergebnisse hat er die letzte Phase der Schwangerschaft dann in vier Etappen unterteilt, die er als »Perinatale Grundmatrize« (PGM) bezeichnet. In seinem bahnbrechenden Buch *Realms of the Human Unconscious* hat Grof diesen perinatalen Bewußtseinszustand in allen Einzelheiten dargestellt. Wie diese »Matrizen« mit den früheren Existenzen des betreffenden Kindes zusammenhängen, möchte ich im folgenden erläutern:

Grofs »Perinatale Grundmatrize 1« bezeichnet das Stadium des intrauterinen Lebens vor der Geburt. In diesem Stadium herrschen angenehme Erinnerungen und Erfahrungen paradiesischer oder kosmischer All-Einheit vor. Das Gefühlsleben der Mutter hingegen ist in dieser Phase instabil, was – wie wir gesehen haben – das Auftauchen präexistentieller Erinnerungen begünstigt.

Im Zustand »Perinatale Grundmatrize 2« hat das Kind körperlich und seelisch unter den nun einsetzenden Wehen zu leiden. In diesem Stadium tauchen laut Grof archetypische Höllenbilder oder apokalyptische Kriegsvisionen oder Vorstellungen von den Schrecken der Konzentrationslager oder der Inquisition auf. Die in dieser Phase zu verzeichnenden Visionen sind immer wieder mit Bildern des Leidens, der Folterung, der Verlassenheit und schwerer Erkrankungen verbunden.

Im Stadium »Perinatale Grundmatrize 3« treten Erinnerungen an den Geburtsvorgang selbst zutage, das heißt an die Passage durch den Geburtskanal. In dieser Phase steigert sich noch die Intensität der im Zustand PGM 2 wahrgenommenen Schreckensvisionen. Der mit allen weiter oben beschriebenen Komplikationen verbundene traumatisierende Geburtsvorgang fördert Grof zufolge Bilder blutiger Opferzeremonien sowie Todes- und Wiedergeburtsvisionen zutage. In dieser Phase kommt es häufig auch zur Identifizierung mit dem Leiden Christi, Dionysos', Hiobs und anderer archetypischer Figuren. Auch ist in diesem Stadium eine Überschneidung der drei transpersonalen Blütenblätter des Lotus-Rades zu beobachten – das heißt, die Geburts-, die archtepyische und die präexistentielle Ebene überlappen sich.

Unter »Perinatale Grundmatrize 4« beschreibt Grof den nachgeburtlichen Zustand der Dekompression, in dem Gefühle des Wiedergeborenseins, der Befreiung, der Erlösung und der universellen Liebe das Kind durchfluten. In meiner therapeutischen Arbeit beobachte ich immer wieder, daß Kinder, die Schwierigkeiten haben, zu ihrer Mutter und zu ihrer Umwelt eine enge Gefühlsbindung herzustellen, häufig unter präexistentiellen Traumatisierungen leiden, die mit Trennungen zusammenhängen. Häufig gibt es auch eine Parallelität zwischen präexistentiellen Hungertoden und frühkindlichen Koliken oder allergischen Reaktionen auf Muttermilch. Eine Frühgeburt ist häufig ein Hinweis darauf, daß das betreffende Kind in einer früheren Existenz eines vorzeitigen Todes gestorben ist.

In meiner eigenen therapeutischen Praxis habe ich immer wieder festgestellt, daß sich hinter den intrauterinen Erfahrungen (PGM 1) eines Kindes häufig Wiedererinnerungen an Zurückweisungen, Zustände der Verlassenheit oder mangelnde Unterstützung durch andere verbergen, Erlebnisse also, die in der ambivalenten Einstellung der Mutter gegenüber der Schwangerschaft zum Ausdruck kommen, wie wir es beispielsweise bei Janice gesehen haben. Häufig hegen Menschen mit einem solchen Erfahrungshintergrund Zweifel an ihrer Kompetenz, oder aber sie haben Angst vor Gefahren und Krankheiten. Nicht selten hört man von ihnen Sätze wie »Das werde ich nie überleben« – »Das kann ich unmöglich schaffen« – »Das bringt mich um«. Bei Kindern, deren Eltern in Unfrieden miteinander leben, deren Vater sie sexuell mißbraucht hat oder ständig abwesend ist, verzeichnet der Therapeut häufig Wiedererinnerungen an Gewaltszenen, Mißhandlungen, Vernachlässigung durch Männer – Erfahrungen also, die dazu führen, daß die betreffende Frau Beziehungen mit Mißtrauen begegnet. Und so bekommt man dann von solchen Frauen beispielsweise zu hören: »Die Männer wollen mich nur verletzen und mich dann im Stich lassen.«

Die wichtigsten und dramatischsten symbolischen Resonanzen und die erschütterndsten archetypischen Todes- und Wiedergeburtsvisionen allerdings tauchen bei der Geburt selbst auf. Das ist zweifellos der Grund dafür, weshalb Grof den relativ kurzen Geburtsprozeß in zwei Stadien (PGM 2 und 3) aufteilt. Ich habe immer wieder die Erfahrung gemacht, daß die Auseinandersetzung mit dem Geburtstrauma häufig die besten therapeutischen Erfolge zeitigt, und zwar weil genau hier auch die noch unverarbeiteten präexistentiellen Tode zum Vorschein kommen. Wir haben bereits anhand zahlreicher Beispiele gesehen, wieviel blockierte Energie freigesetzt wird und wie tiefe Einsichten zu gewinnen sind, wenn der Therapeut gemeinsam mit dem Klienten dessen Todestrauma durcharbeitet; weitere Beispiele werde ich im folgenden Kapitel präsentieren. Das gleiche gilt für das Geburstrauma, besonders da in dieser Erfahrung die karmischen Residuen vergangener Tode in hochverdichteter Form sehr deutlich anklingen.

Tod und Geburt: Der Fall Chris

Wenn es bei der Geburt eines Menschen zu einer schweren Traumatisierung kommt, so spiegeln sich in diesem Trauma meistens recht genau der Terror und die Not präexistentieller Todeserfahrungen. Sehr häufig werden durch die mit Wehentätigkeit und der Entbindung verknüpften physischen Zustände in der Innenwelt des Fetus präexistentielle Gewaltszenen reaktiviert. So weckt beispielsweise eine Zangengeburt oftmals die Erinnerung an einen gewaltsamen Tod durch einen Schlag auf den Kopf. Im folgenden sind eine Reihe von Geburtserfahrungen oder -umständen aufgelistet, in denen sich bestimmte präexistentielle Erfahrungen spiegeln:

– *Durch Schleim bedingte Würgeanfälle* spiegeln einen Tod durch Ertrinken, Erhängen oder Ersticken, oder sie deuten darauf hin, daß der oder die Betreffende lebendig begraben worden ist.

– *Blutungen* und *Bluttransfusionen* erwecken Erinnerungen an einen »blutigen« Tod oder an langsames Verbluten.

– *Ein Kaiserschnitt* fördert bei dem Kind häufig die Vorstellung zutage, in früheren Existenzen von einem Schwert oder Messer zerhackt oder zerschnitten worden zu sein – manchmal aber auch die Erinnerung an ein Kindesopfer. »Bitte nicht schneiden«, lauten in einem solchen Fall vielleicht die Worte der Mutter, die im kindlichen Unbewußten widerhallen.

– *Steißgeburten* lassen Erinnerungen an – durch das Herausreißen oder Strecken der Extremitäten verursachte – gewaltsame Tode aufsteigen.

– *Eine verlängerte Austreibungsphase* ruft unweigerlich traumatische Erinnerungen an gewaltsame Tode in Gefangenschaft oder an ein langsames Sterben etwa durch Lawinen, umgestürzte Bäume oder Bomben wach. Die für solche Menschen typischen Sätze sind: »Ich kann hier nicht raus« – »Ich stecke fest« – »Ich werde es nie schaffen«.

Überdies können extreme Temperaturschwankungen während der Geburt Erinnerungen an einen Tod durch Verbrennen oder Erfrieren aktivieren. Die hellen Lichter des Kreißsaales wecken die Vorstellung der über einem Schlachtfeld in der Wüste gleißenden Sonne. Es gibt zahllose derartige Assoziationsketten. Ironischerweise aktiviert die mechanische und seelenlose Effizienz vieler moderner Entbindungsstationen häufig entsetzliche Erinnerungen an den modernen Krieg und an die faschistischen Vernichtungslager – das heißt Bilder von Maschinengewehren, Panzern, Gaskammern und Luftangriffen. Die klinisch-unpersönliche Distanziertheit vieler heutiger Ärzte, die routinemäßige Trennung der Neugeborenen von ihren Müttern, aber auch ein längerer Aufenthalt im Brutkasten oder die Anwendung lebenserhaltender Apparate – dies alles ruft im Unbewußten des Kindes vielfach Erinnerungen an die Brutalität von Soldaten, an Kerkerhaft oder an Folterungen mit Seilen, Drähten oder scharfen Instrumenten wach.

Vom karmischen Standpunkt aus gesehen, sind die Kliniken für diese Verhältnisse genausowenig zu tadeln wie etwa die ambivalenten Mütter. Jedes einzelne Geburtsdrama ist offenbar für die unerledigten präexistentiellen Komplexe eine Gelegenheit, im Unbewußten des Kindes zu neuem Leben zu erwachen. Ob jene paranormal Begabten, die behaupten, daß wir unsere Eltern und die Umstände unserer Geburt selbst »auswählen«, recht haben oder nicht, eines ist jedenfalls klar: Es gibt einen gewaltigen psychischen Magnetismus, der allem Anschein nach das karmische Rohmaterial einer potentiellen neuen Persönlichkeit gerade in jenen Mutterschoß »hineinsaugt«, wo das betreffende Wesen daran erinnert wird, daß es noch eine Menge Arbeit vor sich hat.

Kaum ein anderer meiner Klienten war vom Leben so herumgestoßen worden wie ein junger Mann namens Chris, der mich eines Tages konsultierte. Chris war als Sohn eines lieblosen Vaters und einer alkoholsüchtigen Mutter auf einer Farm aufgewachsen und von Kindesbeinen an mit Streitereien, körperlichen Mißhandlungen und fliegenden Fäusten vertraut. Er war eine Frühgeburt. Mit zwölf Jahren brachte sein erster Ausreißversuch ihn in ein Erziehungsheim und markierte den Beginn eines durch selbstzerstörerisches Verhalten und Gewalt geprägten Lebens. Er hatte ständig Schlägereien und zog dabei nicht selten den kürzeren. Auch war er häufig in Autounfälle verwickelt – entweder als Verursacher oder als Opfer. Häufig mußte er erfahren, daß ihm nahestehende Menschen ums Leben kamen oder Unfälle erlitten. Mehrmals zu Gefängnisstrafen verurteilt, geriet er in eine trostlose Spirale aus Depressivität, Alkoholabhängigkeit und Lebensmüdigkeit. Selbst seine Ehe schien vom Tod überschattet. Sein kleiner Sohn war früh dem Krippentod zum Opfer gefallen. Es erübrigt sich fast zu sagen, daß er bereits alle möglichen Therapien hinter sich hatte.

Die Litanei, die sich hinter Chris' emotionalem Zustand verbarg, hätte kaum trostloser sein können »Ich bin allein. Ich tauge nichts. Ich möchte sterben.«

Ich forderte ihn auf, den Satz »Ich bin allein« mehrmals zu wiederholen und sich von diesen Worten in seiner jetzigen oder in einer früheren Existenz in eine mit diesem Selbstbild resonierende Szene versetzen zu lassen.

»Ich bin allein. Es ist kalt. Sie kommt nie. Es handelt sich um eine Kinderschwester. Sie kümmert sich nicht um mich. Niemand will mich... Helles Licht. An meinem Körper sind Dinge befestigt. Sie wollen mich nicht. Ich will nicht hier sein. Ich möchte sterben. ICH WILL STERBEN.«

Chris befindet sich in einem Brutkasten. Er ist drei Monate zu früh auf die Welt gekommen. Offenbar leidet er Schmerzen und ist innerlich von Verzweiflung geschüttelt. Ich weise ihn an, sich in den vorgeburtlichen Zustand zurückzuversetzen. Dann folgt ein wirrer Strom von Empfindungen – von seiner Mutter gesprochene Sätze vermischen sich mit seinen eigenen Gedanken.

»Ich habe solche Angst, solche Angst. ›Ich will es nicht. Ich will dies Kind nicht. Das schafft einfach zu viele Probleme.‹ Ich will nicht hier sein. Ich will nicht hier drinnen sein. Ich habe es verdient zu leben. Laß(t) mich leben. ›Das schafft einfach zu viele Probleme. Ich tue mir selbst etwas an, dann brauche ich kein Kind zu bekommen. Ich werde mich erstechen – mich umbringen! Ich trinke mich zu Tode.‹

Es ist Weihnachten, draußen schneit es. Sie telefoniert. ›Mami, hilf mir! Ich bekomme ein Kind. Ich will es nicht haben. Gott, hilf mir,

aber ich will das Kind nicht haben. Ich kann nichts machen, Mami. Ich tu mir was an.‹
Sie befindet sich im Bad – mit einem Messer. Sie will sich etwas antun. Sie trommelt auf ihren Bauch. ›Oh, mein Herz, wie weh es tut.‹ Jetzt stürzt sie. ›Oh, wie weh es tut!‹ Sie liegt unten vor der Treppe. ›Hilfe!‹
Wir befinden uns in einem Auto. Sie ist halbwach. Ich komme aus ihrem Körper heraus. Ich will nicht mehr hier drinnen sein. Überall Blut.
Eine Schwester spricht: ›Sie verliert Blut. Wir müssen uns beeilen. Es kommt. Oh, wie klein es ist. Das Kleine wird es nicht schaffen. Auch sie ist sehr schwach.‹
Ich bin so klein. Sie tut nichts. Ich bin ihr völlig egal. Jetzt bin ich allein. Ich befinde mich in diesem Kasten... Ich habe Bauchweh. Ich will nicht hier sein. Ich will nicht hier sein.«

Wir sprechen diese Szene mehrmals durch und versuchen, ihren Sinn zu ergründen; dabei bemühen wir uns, zwischen Chris' kindlichen Gedanken und dem betrunkenen und haßerfüllten Monolog seiner Mutter zu unterscheiden. Auch die Motive seiner Mutter treten jetzt klarer zutage. In der Szene im Bad schwankt sie innerlich, ob sie sich selbst oder das Baby umbringen soll. Sie trommelt mit ihren Fäusten auf ihren Leib und überlegt, ob sie sich selbst und Chris mit einem Messer aufschlitzen soll, nimmt dann aber von diesem Vorhaben Abstand.

Nach einem verzweifelten Anruf bei ihrer Mutter, stürzt sie dann betrunken die Treppe hinunter. Dieser Sturz löst die Wehen und Blutungen aus, so daß sie von einem Krankenwagen in die Klinik gebracht wird. Kurz darauf wird – drei Monate zu früh – Chris geboren, in einen Brutkasten gelegt und an den Tropf angeschlossen. Er bleibt drei Monate lang in diesem Behältnis.

Zunächst helfe ich ihm dabei, sich von den negativen und destruktiven Gedanken, die seine Mutter ihm entgegengebracht hat, so gut wie möglich abzulösen. Er erkennt, daß er sich stets als ein »Problem« gesehen hat. Der Satz »Das schafft zu viele Probleme« geistert durch seine Kindheit. Aber besonders deutlich bewußt wird ihm, wie tief sich der Todeswunsch seiner Mutter »Ich werde mich erstechen – mich umbringen« seinem Unbewußten eingeprägt hat. Nun erinnert sich Chris plötzlich an alle möglichen Herausforderungen des Todes, zu denen er sich als Jugendlicher hat hinreißen lassen. Er hat unbewußt fast sein ganzes Leben lang versucht, die Abtreibungs- und Selbstmordgedanken seiner Mutter in die Tat umzusetzen.

Da ein so großer Teil von Chris' Leid in seiner Erfahrung des einsamen Brutkastendaseins eingeschlossen ist, lasse ich ihn einige der Sätze wiederholen, die die Erinnerung an diese unglückliche Zeit seines Lebens wachrufen.

»Ich bin ganz allein. Ich will nicht hier sein. Ich möchte sterben. Ich werde hier nie rauskommen. Mir ist übel... Es ist wie in einem Kerker. Ich bin an eine Wand gekettet. Sie sind alle fort – haben uns im Stich gelassen. Die Engländer, die verdammten Engländer. Die Schweine! Jetzt werd' ich nie mehr hier rauskommen. Ich kann es nicht mehr lange aushalten. Ich werd's nie schaffen. Es ist so kalt. Sie haben uns vergessen, wir sind ihnen egal. Ich sterbe.«

Allem Anschein nach handelt es sich bei diesem Erlebnis um den elenden Tod eines Gefangenen in Schottland. Mißhandelt, von der Ruhr geschlagen und dem Tod überlassen, hängt dieser Mann in Ketten und richtet seine ganze Wut auf jene, die ihn gefangen haben. Die Erinnerung an das Leiden in dem kalten, feuchten Kerker vermischt sich mit der Erfahrung des unerwünschten und verlassenen Babys in dem Brutkasten. Von einer bedrückenden Wiedererinnerung gleitet Chris jetzt in die nächste. Diesmal erlebt er sich als einen durch Krankheit geschwächten Jüngling in einem Indianerstamm im Nordwesten der USA. Der Vater hat den Sohn praktisch verstoßen, weil dieser für die Laufbahn eines Kriegers zu schwach ist, und der Medizinmann führt die Krankheit des Jungen auf böse Mächte zurück.

»Ich möchte nicht hier sein. Ich bin nur eine Last. Ich habe versagt.« Der Stamm wird von weißen Soldaten belagert, und im Verlauf des Winters sind die Nahrungsmittel rasch zusammengeschmolzen. Sein Vater läßt ihn auf dem Begräbnisplatz des Stammes zurück. Als der junge Mann ganz allein dahinsiecht und schließlich stirbt, wandern seine Gedanken zurück zu seinem Vater und zu seiner Mutter: »Sie hat mich nie gewollt. Er [der Vater] hat mich nie gewollt. Ich tauge nichts. Ich habe den Tod verdient.«

Diese Todesszene vermischt sich kurz mit einem weiteren Tod, den Chris als Mitglied eines Stammes in der Alten Welt erleidet. Diesmal ist er ein alter Mann, der allein in einer Höhle dem Tod überlassen wird. Noch halb lebendig, wird er von einem Bären gefressen. Auch hier stehen wieder das Elend der Verlassenheit und Einsamkeit und eines gewaltsamen Todes im Vordergrund. Gibt es eine karmische Ursache all der Qualen und der Gewalt, die Chris in seinen früheren Existenzen auszustehen gehabt hat, unglücklichen Existenzen, die noch in den perinatalen Dramen, die seine Geburt begleiten, ihren Ausdruck finden? In einer späteren Sitzung dränge ich ihn, in sich nach weitcren Gewaltszenen Ausschau zu halten, besonders solchen, in denen Messer eine Rolle spielen. Zwei weitere Existenzen treten zutage, die ein Licht auf seine Problematik werfen.

»Ich bin ein kleiner Junge – offenbar in China. Vater arbeitet im Hafen. Er hat keine Zeit für mich. Mutter ist Prostituierte. Sie ist grausam. Sie läßt mich Wache stehen, während sie es mit ihren Freiern treibt. Ich hasse diese gemeine Hure.
›Rühr mich nicht an.‹ Ständig versucht sie, auch mich zu verführen. Ich hasse sie. Ich schlage sie mit den Fäusten, bis sie mich in Ruhe läßt. Was für eine Hure!«

In Chris steigt bei dieser Wiedererinnerung die Wut hoch, er ballt die Fäuste, bis seine Fingerknöchel weiß werden. Ich bitte ihn nachzuschauen, welche Bilder sonst noch aus dieser Wut hervordrängen.

»Ich bin dreizehn oder so. Stärker. Gott, wie ich sie hasse – und die Frauen. Ich bin nicht zu Hause und schlafe im Hafen. Ich stehle. Ich bin inzwischen zum Kriminellen geworden.«

Kurz darauf taucht ein furchtbares Bild auf:
»Ich bin in einem Haus und raube diese Frau aus. Sie ist schwanger. Ich töte sie mit meinem Messer – ich schneide ihr Herz heraus und dann ihr Baby. Dabei denke ich unentwegt an meine Mutter. Oh, Gott, das viele Blut. Was habe ich nur getan? Ich wollte es gar nicht tun, aber ich habe einen solchen Haß auf sie empfunden.«

In dieses erschreckende Szenario drängen sich immer wieder pränatale Bilder von Chris' Mutter, die sich selbst und ihr Kind mit dem Messer umbringen wollte. Chris hat nun das Gefühl, daß in all den Geschehnissen eine unerbittliche Gerechtigkeit am Werk ist.

Dann erlebt er ein weiteres durch und durch von Frauenhaß geprägtes Leben, das von tiefer karmischer Schuldverstrickung gekennzeichnet ist. Diesmal sieht er sich als einen Eskimo-Mann, der bei seinen Stammesbrüdern als unkontrollierter Psychopath gilt. Dieser unglücklich mit einer – ihm verhaßten – zänkischen Frau verheiratete Mann drängt sich in seinem Stamm allen Frauen sexuell auf, die sich seinem Ansinnen beugen. In diesem Verhalten sieht er eine Rache an seiner boshaften Frau. Schließlich ermordet er sie, und der ganze Stamm wendet sich gegen ihn. Er wird gepfählt und in der Kälte der Polregion seinem Tod überlassen. Wieder erscheint ein Bär. Diesmal ist es ein Eisbär, der dem Leben des Mannes ein blutiges Ende bereitet. Aber dieser stirbt ohne Reue. Er nimmt seinen Frauenhaß in Gestalt blutrünstiger Rachegedanken mit sich. Diese Gedanken nehmen in ihm in jeder neuen Existenz wieder und wieder Gestalt an, wie es scheint, ihm im Leib seiner heutigen Mutter nochmals das Spiegelbild all seiner vergangenen Brutalitäten vor Augen zu führen.

Unsere Sitzungen wirken auf Chris deutlich ernüchternd und geben ihm viel Anlaß zum Nachdenken. Die oben beschriebene Neigung zur Gewalttätigkeit ist seiner Psyche tief eingegraben, und er muß noch sehr daran arbeiten, sich selbst zu akzeptieren und zu verzeihen. Aber in seinen Wiedererinnerungen mußte er durch vieles hindurchgehen, und er sieht sich selbst jetzt in einem ganz neuen Licht. Jetzt muß er sich entscheiden, ob er weiterhin seine gewalttätigen Eltern anklagen will – in denen sich doch nur sein eigenes Wesen widerspiegelt – oder ob er für das Maß an Dunkelheit, mit dem er auf die Welt kam, um es zu bearbeiten, voll die Verantwortung tragen will.

Der kosmische Kreislauf:
Die tibetische Auffassung von der Wiedergeburt

Eine so schmerzlich verschlungene Geschichte wie die vorstehende verlangt auch vom Therapeuten ein Höchstmaß an Wachsamkeit. Beständig zwischen Mutterleibserinnerungen, halbstarken Raufereien und präexistentiellen Erfahrungen hin- und herzupendeln ist bisweilen – gelinde gesprochen – ziemlich verwirrend. Gerade deshalb unterliegt man immer wieder der Versuchung, auf solche psychiatrischen Kategorisierungen wie »psychotische Episode« oder »Borderline-Persönlichkeit« zurückzugreifen, was dem Therapeuten immerhin die Möglichkeit verschafft, Bilder, die gegen unsere Vorstellung von rationaler oder gesunder Erfahrung verstoßen, gleichsam zu neutralisieren. Von einem anderen Standpunkt aus betrachtet, kann man diese Fragmente von Geschichten aber auch als einen Hilferuf verstehen, der aus den Tiefen einer nach Verständnis und Sinn suchenden Seele kommt.

Auch ich selbst drohe in dem Strom der Worte und Bilder, die bei solchen Gelegenheiten aus dem Unbewußten des Klienten hervorsprudeln, die Orientierung zu verlieren, wenn ich mir nicht jedesmal wieder den multidimensionalen Charakter der Psyche vergegenwärtige. Um diesen Umstand nicht aus den Augen zu verlieren, richte ich während der therapeutischen Arbeit immer wieder gleichsam meinen Blick auf das Lotus-Rad. Ganz gleich ob wir uns gerade im biographischen, im perinatalen oder im präexistentiellen Kreis befinden, stets versuche ich mir bewußt zu sein, daß die Psyche ihre eigenen Resonanzen erzeugt und auf diese Weise Gefühle und Bilder freisetzt, die uns Schritt für Schritt zum Kern des jeweiligen Komplexes hinführen. Ich helfe dem Klienten lediglich dabei, im Strudel der Gefühle nicht den Überblick zu verlieren, bis er oder sie wieder in ruhigere Wasser gelangt.

Ungeachtet dessen aber vermitteln die oben beschriebenen Geburtserfahrungen ebenso wie die im folgenden geschilderten Todeserlebnisse dem Leser vielleicht einen Eindruck davon, daß an der Schnittstelle zwischen den drei transpersonalen Aspekten der Psyche – der präexistentiellen, der archetypischen und der perinatalen Dimension – außerordentlich subtile symbolische Resonanzen stattfinden. Ganz unabhängig von unserer persönlichen Erfahrung erscheinen während des Übergangs vom Tod hinüber in jenseitige Zustände offenbar sehr ähnliche Bilder, wie sie auch bei der Geburt beim Übergang von der jenseitigen in die diesseitige Welt auftreten.

Wir wissen inzwischen, daß die Qualen, die unsere früheren Tode begleitet haben, große Übereinstimmungen mit jenen Nöten aufweisen, die wir während unserer Geburt durchleiden. Außerdem weiß man heute, daß die mehr oder weniger glückseligen Zustände *nach* dem Tod große Übereinstimmungen mit den glücklichen oder weniger glücklichen Befindlichkeiten nach der Geburt aufweisen. Stanislav Grof hat zahlreiche dieser Übereinstimmungen aufgelistet und sie seinem Schema der vier perinatalen Grundmatrizen (PGM) zugeordnet. Dieses Schema leistet bei der provisorischen Einteilung psychischer Erfahrungen gute Dienste, aber es leidet ein wenig unter seiner übertriebenen Systematik. In manchen Fällen wird doch allzuviel gleichzeitig in die »perinatale« Schublade hineingepreßt.

Es ist in diesem Text schon des öfteren vom *Tibetanischen Totenbuch* die Rede gewesen, jenem bekannten psycho-spirituellen Handbuch des Sterbens, das im Abendland seit nunmehr gut einem halben Jahrhundert vorliegt. Nachdem ich dieses Buch und entsprechende

Kommentare sorgfältig studiert hatte, habe ich eine – vielleicht etwas vereinfachte – Theorie darüber entwickelt, wie Geburt, Tod und das Jenseits miteinander zusammenhängen. Die tibetische Auffassung ist Grofs perinatalen Matrizen und meinem eigenen Lotus-Rad-Modell überlegen, weil sie als Bestandteil einer authentischen Metaphysik zugleich offener und dynamischer ist und sich in sehr spezifischer Weise mit dem Prozeß von Geburt und Wiedergeburt beschäftigt.

Die buddhistischen Lamas Tibets, in deren Augen letztlich alles eine Geistes- oder Bewußtseinsform ist, bezeichnen veränderte oder besonders intensive Bewußtseinszustände als *bardo*. Das Wort *bardo* steht für gewisse Zwischenzustände der Psyche. Die Tibeter haben aber nicht nur ein, sondern etliche Bardos beobachtet, die sehr genau den Zuständen entsprechen, die wir bei der Arbeit mit präexistentiellen und perinatalen Erfahrungen auseinanderzuhalten suchen. So gibt es beispielsweise ein Bardo für den Augenblick des Todes, ein Bardo der nachtodlichen Visionen, ein Bardo für das Streben nach Wiedergeburt und ein Bardo des intrauterinen Zustands, der zur Geburt hinführt. Ferner werden die Zustände des Träumens, der Meditation und der höchsten Erleuchtung mit bestimmten Bardos identifiziert.

Je mehr ich mich mit dem Originaltext und mit diversen Kommentaren befaßt und über meine eigenen Erfahrungen mit Klienten nachgedacht habe, um so einfacher und inhaltsreicher wurde das Bild, das sich mir aufdrängte – nämlich die Vorstellung eines Kreislaufs. Im folgenden möchte ich deshalb erläutern, was man sich unter dem im Osten sogenannten großen Rad der Existenzen nach meiner Auffassung vorzustellen hat.

Zu diesem Zweck werde ich deshalb zunächst das auf S. 262 abgedruckte Diagramm näher erläutern. Zum Verständnis: Durchgezogene Linien kennzeichnen inkarnierte beziehungsweise verkörperte Existenz, unterbrochene Linien hingegen stehen für nichtkörperliche Formen der Erfahrung. Zweitens: Die horizontalen Linien bezeichnen bewußte Existenzen »in der Zeit«, der gestrichelte Kreis hingegen verweist auf einen »zeitlosen« Zustand im Unbewußten, der jedoch in der Meditation oder in der therapeutischen Arbeit etc. zugänglich ist. Nachdem dies klargestellt ist, können wir uns jetzt in der Reihenfolge der Numerierung dem dynamischen Fluß des Diagramms überlassen:

Der grössere Kontext

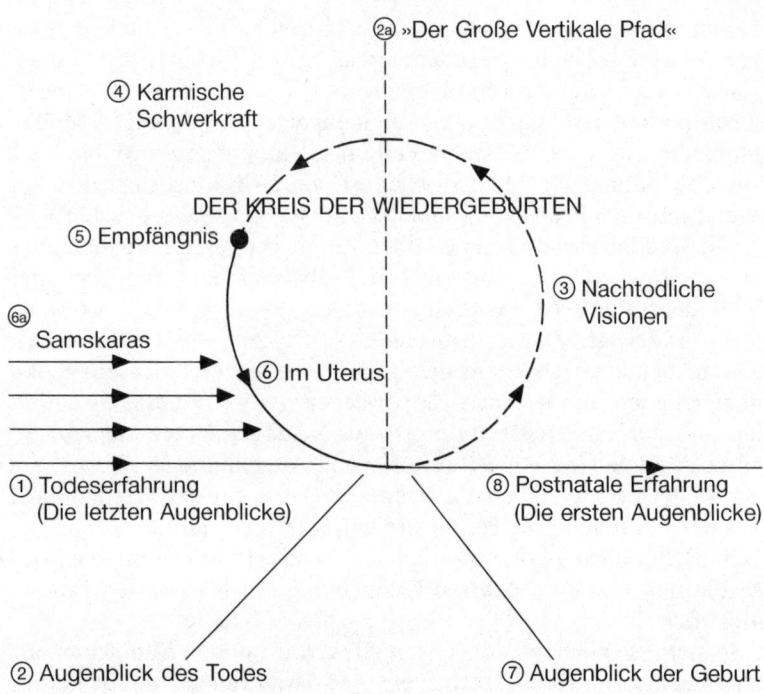

DER KREIS DER WIEDERGEBURTEN

1. Die Todeserfahrung: Die tibetischen Lamas weisen immer wieder auf die Bedeutung der letzten Augenblicke des verkörperten Bewußtseins hin. Wie wir bereits im vorigen Kapitel festgestellt haben, befinden wir uns zum Zeitpunkt des Todes in einem Zustand besonders intensiver Aufnahmebereitschaft, und das wiederum führt dazu, daß sich unserem ins Jenseits hinübergleitenden Bewußtsein die in dieser Übergangssituation auftauchenden Gedanken und Gefühle besonders tief einprägen. In der Sprache der religiösspirituellen Tradition Indiens könnte man auch sagen, daß die Samskaras zum Zeitpunkt des Todes besonders stark sind und folglich ein entsprechend intensives Karma verursachen. In tibetischen Augen ist es deshalb von entscheidender Bedeutung, daß wir den Augenblick des Todes mit klarstem Bewußtsein begleiten. Natürlich ist ein friedvoller Tod besonders erstrebenswert, denn nur

so kann es uns gelingen, unsere diesseits gerichteten Wünsche und Begierden loszulassen und das Maß unseres Karmas möglichst gering zu halten. Aber wie wir in den vorstehenden Darlegungen schon x-fach gesehen haben, ist häufig genug das Gegenteil der Fall. Viele Menschen sterben allein oder unter Schmerzen – mit bitteren oder verzweifelten oder rachsüchtigen Gedanken, die dann in künftigen Existenzen als Samen neuer Komplexe wirken.

2. Der »Augenblick des Todes« wird deshalb nicht nur psychisch besonders intensiv erlebt, sondern bietet dem Sterbenden auch die Möglichkeit, sich durch exzeptionelle Bewußtseinsklarheit von karmischen Bindungen zu befreien. Wenn ein Mensch zwar eines gewaltsamen Todes stirbt, aber sein Geschick als gerechtfertigt hinnimmt und weder Groll noch Rachegefühle hegt, dann werden seine künftigen Existenzen weder durch irgendwelches Karma noch durch Samskaras belastet. Der Wert der Wiedererinnerung vergangener Leben besteht zum Teil auch darin, daß sich bei dieser Gelegenheit die negativen Gedanken- und Gefühlsstrukturen, die im Augenblick des Todes zu verzeichnen waren, vor das Bewußtsein bringen, von dem samskarischen Komplex abkoppeln und auf diese Weise depotenzieren lassen. So haben wir zum Beispiel gesehen, wie sich Edith bei der Wiedererinnerung ihres Todes als russische Anarchistin – ungeachtet des Verlusts ihrer Arme und Beine – von dem Gedanken »Ich werde meine Arme und Beine nie mehr benutzen« lösen konnte.

Obwohl sich in diesem Buch dafür keine Beispiele finden, möchte ich dennoch kurz erwähnen, daß die Tibeter ein besonderes Bardo kennen, in das der Sterbende im Augenblick des Todes eintreten kann. Diese nur selten erreichte Bewußtseinsebene wird auch als Zustand höchster Erleuchtung bezeichnet. Wer sich zu dieser Ebene zu erheben vermag, der wird nicht nur von gewissen karmischen Konsequenzen befreit, sondern von jeglichem Karma schlechthin. Im Zustand der Erleuchtung sieht der Sterbende nicht nur das klare Licht der Leere – von dem viele lediglich einen kurzen Blick erhaschen –, sondern er geht ganz darin auf. Dieses in den Augen des Buddhisten das Rad der Wiedergeburten ein für allemal transzendierende Geschehen wird auch als der »Große vertikale Pfad« (2a) bezeichnet. Im *Shvetastâshvatara-Upanishad,* einer der heiligen Schriften des Hinduismus, wird dieser Vorgang sehr schön beschrieben. Dort heißt es:

> Dieses unermeßliche Universum ist ein Rad, darauf alle Kreaturen sich befinden, die dem Tod und der Wiedergeburt unterworfen sind. Unaufhörlich dreht es sich im Kreis. Es ist das Rad des Brahman. Solange die Einzelseele sich von Brahman getrennt glaubt, dreht sie sich mit dem Rad endlos im Kreis. Aber wenn sie durch Brahmans Gnade ihre Identität mit diesem erkennt, so dreht sie sich nicht länger mit dem Rad im Kreis. Sie erlangt Unsterblichkeit.[7]

3. Nachtodliche Visionen: Dieses Bardo beschreibt den Zustand des Bewußtseins, nachdem es den Körper verlassen hat. Es kann in dieser Phase zu kurzen Visionen des klaren Lichts der Leere kommen. Aber sie klingen rasch wieder ab. Dann erscheinen andere Bilder, die auf die eine oder andere Weise mit dem soeben zu Ende gegangenen irdischen Leben zu tun haben. Im nächsten Kapitel werde ich ausführlich auf die – zu einem geringen Teil schmerzlichen, überwiegend jedoch angenehmen – Post-mortem-Erfahrungen etlicher meiner Patienten zu sprechen kommen. Weißleuchtende Gestalten sind in diesem Stadium sehr häufig zu beobachten, die von den Tibetern als friedliche Gottheiten bezeichnet werden. Diese Gestalten helfen dem Verstorbenen dabei, sich über die karmischen Lektionen seines vergangenen Lebens Klarheit zu verschaffen. Visionen dämonischer oder übelwollender Gestalten – von den Tibetern als zornige Gottheiten bezeichnet – kommen nach meiner Erfahrung nur in Ausnahmefällen vor. So hatte etwa eine meiner Klientinnen im Anschluß an die Wiedererinnerung eines besonders gewalttätigen Lebens als Soldat eine Vision der – Körper zerhackenden und Blut trinkenden – Todesgöttin Kali.

4. »Karmische Schwerkraft« bezeichnet den Zustand, den die Tibeter als Bardo charakterisieren, »das nach Wiedergeburt strebt«. Mit diesem Begriff ist der den karmischen Komplexen innewohnende Magnetismus gemeint, das heißt, er beschreibt all jene – zu Samskaras verdichteten – unerlösten Gedanken und Gefühle, deren Dynamik dazu drängt, sich in menschlicher Form neu zu verkörpern. Die Möglichkeit, diese Gedanken und Gefühle mit Hilfe von Geist-Führern und/oder dämonischen Bildern des eigenen Karma auf einer rein visionären Ebene zu bearbeiten, besteht in diesem Stadium nicht mehr. Jetzt ist es für das Bewußtsein Zeit, »nach einem Schoß Ausschau zu halten«, wie es im *Tibetischen Totenbuch* ganz prosaisch heißt.

Ich habe immer wieder die Beobachtung gemacht, daß die karmische Schwerkraft sich für gewöhnlich auf die eine oder andere Weise der symbolischen Resonanz der samskarischen Residuen bedient. Entweder führt eine Verletzung durchs Schwert unmittelbar zu anderen Leben mit körperlicher Behinderung oder aber in die Gebärmutter einer Frau, die sich bei der Geburt beispielsweise einem Kaiserschnitt unterziehen muß. Oder aber das Bild eines in einer Gewaltsituation qualvoll gestorbenen Kindes prägt sich der Psyche ein und versetzt den sich Erinnernden direkt in eine Existenz, in der er oder sie selbst als Kind auf ähnliche Weise hat leiden müssen.

Wenn wir uns nicht unmittelbar mit Hilfe symbolischer Resonanzen in eine bestimmte Szene aus einer früheren Existenz hineinversetzen lassen, sondern dem ganzen Prozeß von Tod und Wiedergeburt folgen, können wir den Augenblick unserer eigenen »Empfängnis« (5) in der im *Tibetischen Totenbuch* beschriebenen Weise genau beobachten. Wir sehen dann, wie unsere eigenen künftigen Eltern kopulieren und fühlen uns zu unserem gegengeschlechtlichen Elternteil sexuell hingezogen – genau wie Freud es im Zusammenhang mit dem Ödipuskomplex beschrieben hat, allerdings aus einer anderen Perspektive.

6. Im Uterus durchläuft das Bewußtsein – wie die Tibeter sehr weise eingeräumt haben – einen besonderen Bardo-Zustand. Aus der Abbildung des kosmischen Kreislaufs, aber auch aus den früheren Ausführungen in diesem Kapitel läßt sich der Grund rasch ersehen. Der zeitlose intrauterine Zustand wird in der Graphik als ein langsamer Abstieg in das inkarnierte Dasein dargestellt. In dieser Phase tiefen Lauschens werden die präexistentiellen Samskaras (6a) des Fetus durch die Gedanken, Worte und die positiven oder negativen Vorgänge im Bewußtsein der Mutter neu belebt.

7. Der »Augenblick der Geburt« stellt einen abrupten Übergang aus dem Bardo dieses zeitlosen Sinnens im Mutterleib in die volle irdische Verkörperung dar. Die Graphik zeigt sehr deutlich, wie alle durch unglückliche und schmerzhafte Tode verursachten Samskaras sich um die Erfahrung dieser gefährlichen Passage durch den Geburtskanal herum gruppieren. Dieser Vorgang stellt das psychische Schlüsselerlebnis des gesamten Zyklus dar, wie Grof in seinen Untersuchungen nachgewiesen hat. Wie in den krisenhaften Augenblicken des Todes können in dieser Situation gewaltige Quanten

karmischer Reste geweckt und mit fachkundiger Unterstützung aufgelöst werden.

8. Postnatale Erfahrung: Der Lebens-Todes-Kampf ist nun ausgestanden. Die im Geburtsgeschehen reaktivierten schaurigen Todeserfahrungen sind vorüber, und der Säugling wird von einem Gefühl der Befreiung durchflutet. Vielfach ist dies wiederum eine Phase besonders intensiven Bewußtseins, dem Augenblick des Todes vergleichbar. Häufig kommt es zu transzendenten Erfahrungen des liebenden Wiedererkennens von Mutter und Vater, in einem Akt intuitiver Erkenntnis »weiß« der kleine Mensch plötzlich, warum er noch einmal zurückgekehrt ist, oder er durchlebt einen Zustand hingerissener, fast göttlicher Freude. In anderen Fällen beenden der berühmte Klaps des Geburtshelfers, die hellen Lichter und das Silbernitrat in den Augen auf einen Schlag alle paradiesischen Gefühle. Der ganze Körper gerät in einen konvulsivischen Schockzustand. Abermals wird im Unbewußten eine alte karmische Struktur reaktiviert und neu inszeniert. Dieses Drama wird dann auf der voll mechanisierten Bühne aufgeführt, welche die moderne Medizintechnik großzügig bereitstellt.

Aber was am schlimmsten ist – viele Kinder erleiden in dieser Phase den tiefen Schock der Trennung. Ob es sich um eine Frühgeburt handelt oder nicht – so manches schreiende Kind wird immer wieder für (wenigstens in der subjektiven Wahrnehmung) längere Zeitintervalle weitab von der Mutter in ein – in gleißendes Neonlicht getauchtes – getrenntes Bett verfrachtet. Häufig werden in den betreffenden Kindern auf diese Weise Erinnerungen der Einsamkeit, der Trennung und der Verlassenheit wiederbelebt. Oder falls medizinische Komplikationen einen dringenden chirurgischen oder sonstigen Eingriff erfordern, so stellen sich mitunter im Unbewußten des verängstigten und desorientierten Kindes quälende Wiedererinnerungen an Kindsmord, Kinderopfer oder an eine Abtreibung ein.

Sosehr Eltern und Geburtshelfer sich auch bemühen, ideale Geburtsbedingungen zu schaffen, der karmische Zwang alter Strukturen und Traumatisierungen bringt sich offenbar stets mit Macht zur Geltung. Aus einer perfekt vorbereiteten Hausgeburt wird in solchen Fällen nicht selten eine wilde Hatz ins Krankenhaus, die optimal geplante Klinik-Entbindung findet gar nicht erst statt, weil die Wehen zu früh und unerwartet einsetzen und keine Zeit mehr bleibt, die werdende Mutter in das gewünschte Hospital zu bringen.

Solche und vergleichbare dramatische Umstände gehören vielfach genauso zur Geburt dazu wie die guten und bösen weiblichen Gestalten, von denen in den Märchen immer wieder die Rede ist. Das tibetische Bild des Kreislaufs der Geburten verdeutlicht sehr anschaulich, daß wir mal auf rosigen Wolken des Glücks und mal auf den schwarzen Wolken des Elends daherkommen. Anders können wir des unentrinnbaren Doppelcharakters der menschlichen Existenz nicht inne werden. Diesen Doppelcharakter hat wohl kaum jemand besser gekannt als der englische Dichter William Blake, der in einem seiner Gedichte über Unschuld und Erfahrung geschrieben hat:

Geschaffen ist der Mensch für Freud und Weh,
Und wenn wir dies nur recht verstehen,
Durch die Welt wir sicher gehn.
Fein gewoben sind Freud und Leid,
der göttlichen Seele ein prächtiges Kleid.[8]

11. Das große Rad: Der Tod und was danach kommt

Durchlebte er sein Leben noch einmal in allen Einzelheiten der Begierde, Versuchung und Hingabe während jenes höchsten Augenblickes erfüllten Wissens? Flüsternd schrie er einem Bild, einer Vision zu – zweimal schrie er, ein Schrei, der nicht mehr war als ein Hauch:
»Das Grauen! Das Grauen!«

Joseph Conrad, *Herz der Finsternis*

Dein eigenes Bewußtsein, leuchtend, leer und untrennbar von dem großen Strahlungskörper, hat weder Geburt noch Tod und ist das unveränderliche Licht – Buddha Amitabha.

Das Tibetanische Totenbuch, »Das Bardo der Augenblicke des Todes«

Todesdramen:
Zwei Fallbeispiele – Michael und Burton

»Die Menschen fürchten sich vor dem Tod wie Kinder vor der Dunkelheit«, schrieb Francis Bacon vor vierhundert Jahren. Ungeachtet der Fortschritte der modernen Medizin, der Tröstungen der mit »der anderen Seite« vertrauten Spiritisten und der Erkenntnisse der Thanatologie, der Wissenschaft vom Sterben, haben wir auch heute noch immer genausoviel Angst vor dem Tode wie Bacons Zeitgenossen im sechzehnten/siebzehnten Jahrhundert. Ja im Grunde genommen hat das klägliche Scheitern der materialistischen Wissenschaft und Medizin im Kampf gegen diesen »letzten Feind« die Angst des modernen Menschen vor jener furchtbaren Macht nur noch gesteigert. Der heute »populäre« und von Nancy Mitford so benannte *American Way of Death* hat nichts anzubieten als Leugnung und Verdrängung. In den USA werden Leichen kosmetisch behandelt, damit sie aussehen, als würden sie in der Blüte ihrer Gesundheit lediglich friedlich schlafen. Über tödliche Krankheiten zu sprechen ist stärker tabuisiert als die Sexualität. Der Akt des Sterbens wird vor

Erwachsenen ebenso wie vor Kindern geheimgehalten. Außer in den sogenannten Hospiz-Heimen ist es so gut wie unmöglich, friedlich und in Würde in einer Klinik zu sterben, ohne zuvor mit den aufdringlichen und rücksichtslosen Maßnahmen der moderen Apparatemedizin behelligt zu werden. Leben zu retten scheint unendlich viel wichtiger, als dem Tod sein natürliches Recht zu geben.

Ich glaube, daß die Präexistenztherapie uns wichtige Aufschlüsse über den Tod und das Sterben geben kann, insbesondere wenn wir dieses Geschehen als einen psychischen Prozeß auffassen. Obwohl ich persönlich insgesamt vielleicht nur fünfmal beim Sterben eines Menschen anwesend gewesen bin, fühle ich mich wegen der zahllosen präexistentiellen Tode, durch die ich meine Klienten geleitet habe, fast wie ein professioneller Thanatologe.

In früheren Kapiteln sind wir bereits Zeuge etlicher – vielfach dramatischer, grausamer, häufig sogar tragischer – präexistentieller Sterbeszenen geworden. In der Therapie treten naturgemäß vorwiegend schmerzliche Wiedererinnerungen zutage, in denen sich das gegenwärtige Leiden des Klienten spiegelt. Da die Mehrzahl traumatischer Samskaras auf Gewaltszenen und unglückliche Tode zurückzuführen ist – auf Kriegserlebnisse, Krankheiten, Hunger, Trennungserfahrungen, Hinrichtungen etc. –, müssen wir uns während unserer Arbeit anfangs hauptsächlich mit der Reinigung dieser alten Seelenwunden beschäftigen. Die neben Todeserlebnissen am häufigsten zu verzeichnenden präexistentiellen Traumatisierungen sind Verlassenheits- und Trennungserfahrungen, wie auch die Beispiele in Kapitel 5 gezeigt haben.

Aber ob es sich im Einzelfall um einen gewaltsamen oder friedlichen Tod handelt, der Klient kann aus einer solchen Übergangs-Erfahrung stets großen Gewinn ziehen. Deshalb führe ich meine Patienten in fast jeder therapeutischen Sitzung über die Schwelle präexistentieller Todeserfahrungen, weil dies dem oder der Betreffenden ein Gefühl der Ganzheit und der Befreiung vermittelt und vielfach, allerdings nicht immer, eine Art Erlösung.

Michael, ein Mann in den Dreißigern, der eher dazu neigt, seine Gefühle zu verbergen, erinnert ein Leben als Frau im New York des frühen zwanzigsten Jahrhunderts. Als sie in den zwanziger Jahren beim besten Willen keine Arbeit finden kann, wird diese Frau schließlich als Edelprostituierte tätig und verkauft ihre Gunst in teuren Bars an reiche Geschäftsleute. Zielstrebig ködert sie sich einen Mann, der sich in sie verliebt, sie zunächst zu seiner Mätresse macht und sie, nachdem er sich hat scheiden lassen, heiratet. Nach einem selbstsüchtigen Leben stellt sie schließlich fest, daß all ihre materiellen Privilegien ihr wenig bedeuten. Und so wiedererlebte Michael ihre Sterbeszene:

»*Ich bin jetzt ziemlich alt und krank. Ich leide unter einer Lungenentzündung. Ich weiß, daß ich bald sterben muß. Die andern [Familienmitglieder] wissen es ebenfalls. Sie sind alle da. Mein Ehemann, meine erwachsenen Kinder Fred, Angela und Minny... Mein Zustand ist ihnen völlig egal. Sie spielen nur die liebenden Angehörigen. Sie können es gar nicht mehr erwarten, daß ich endlich abkratze... Oh, meine Brust, ich kann nicht mehr atmen... Wie weh es tut... Ich bin sehr geschwächt. Jetzt sterbe ich.*« Er windet sich, hustet und liegt dann plötzlich ganz entspannt da.

»*Was ist passiert?*« frage ich.

»*Ich bin nicht mehr da. Offenbar schwebe ich über meinem Körper. Jedenfalls bin ich nicht mehr in meinem Leib – der zu atmen aufgehört hat. Gott sei Dank, es ist vorbei. Meine Güte, wie die mich gehaßt haben. Und ich hab' ihnen auch allen Grund dazu gegeben. Ich habe sie alle nur ausgenutzt, besonders Henry [ihren Ehemann]. Alle Achtung, Winny weint sogar, sie war schon immer sentimental. Aber auch sie hat mich nicht lieber gehabt als die andern. Gut, ich muß jetzt fort von hier. Alles wirkt so fern. Ich schwebe in eine andere Sphäre. Oh, wie meine Brust schmerzt.*«

»*Atmen Sie ein paarmal tief durch, und sagen Sie dann, was in Ihrer Brust vor sich geht*«, weise ich ihn an.

Michael atmet nun eine Zeitlang intensiv, und Tränen steigen in seinen Augen auf.

»*Oh, ich war so egoistisch. Ich war immer nur darauf aus, Macht über sie auszuüben.*« Er beginnt herzerschütternd zu schluchzen. »*Ich glaubte, man könne Liebe kaufen, aber das geht nicht. Sie haben mich nie geliebt, weil ich sie nie geliebt habe. Oh, was für eine Verschwendung, was für eine Verschwendung! All das viele Geld, es hat mir nichts bedeutet, sobald ich es erst einmal in den Händen hatte. Oh, wie weh es mir in der Brust tut.*«

»*Schauen Sie sich jetzt noch einmal Ihr ganzes Leben an*« – ich spreche noch immer direkt zu der Frau – »*und versuchen Sie herauszufinden, wie Ihre Selbstsucht entstanden ist.*«

»*Oh, ich sehe mich als kleines Mädchen in einer Mietwohnung in Brooklyn spielen. Meine Mutter war verbittert. Es war ihr kaum etwas zum Leben geblieben, nachdem Vater uns verlassen hatte. Ich lernte, mir die Dinge einfach zu nehmen, begriff, daß man überhaupt nichts bekommt, wenn man nicht zugreift.«*

»Finden Sie, daß dafür das kleine Mädchen die Verantwortung trägt?«

»Nein, ich habe ihr nichts vorzuwerfen. Sie hat sich genauso verschlossen wie Mutter.«

»Gibt es etwas, was Sie jetzt im Rückblick zu ihr sagen möchten?«

»Ja – ich möchte sagen: Verschließe dich nicht. Das Leben ist hart, aber das ist kein Grund, hartherzig zu werden.« Er legt die Hand auf seine Brust – ohne sich der symbolischen Bedeutung dieses Aktes bewußt zu sein – und bricht abermals in Schluchzen aus.

»Ich möchte ihnen sagen, wie leid es mir tut«, sagt er.

»Gut. Rufen Sie sich Ihren Ehemann und Ihre Kinder innerlich vor Augen, und sagen Sie ihnen, wie leid Ihnen alles tut.«

»Bitte vergebt mir, Fred, Angela und Minny... Und dich, Henry – wie ich dich mißbraucht und schikaniert habe. Du warst wirklich ein guter, einfacher Mann. Ich habe dir nie für irgend etwas gedankt. Wie könnt ihr mir nur vergeben?«

»Bitten Sie sie.«

»Könnt ihr mir vergeben?... Sie lächeln. Sie konnten bloß nicht zu mir durchdringen. Ja, sie vergeben mir. Ja, wirklich.«

»Was geschieht jetzt?«

»Ich befinde mich in einem einfachen Zimmer, aber nicht hier auf der Erde. Man hat mich hierhingeschickt. Ich muß nur dasitzen und über meine Selbstsucht nachdenken. Wie der Egoismus innerlich noch immer an mir nagt... Ich werde lange hier verweilen, bevor ich wiederkomme.«

Der vorstehend beschriebene Prozeß wird von vielen Präexistenztherapeuten als Rückblicks-Phase bezeichnet. Die Trennung vom präexistentiellen Körper, die Michael erlebt hat, ist eine für die präexistentielle Arbeit typische Übergangssituation. Freilich gibt es keine Möglichkeit, die Korrektheit dieses Sterbeberichts zu verifizieren, aber diese Art der Darstellung jenes Geschehens ist so verbreitet, daß ich in diesem Punkt keine Zweifel hege. Vielmehr lasse ich die präexistentielle Persönlichkeit im Zustand der Losgelöstheit ihr vergangenes Leben noch einmal bewerten. Ich versetze beispielsweise die Frau in dem vorstehenden Beispiel in ihre Kindheit zurück, lasse sie noch einmal ihre damaligen Schwierigkeiten durchleben und hinterher die Gedanken und Gefühle ausdrücken, die in jenem Leben ungesagt geblieben sind.

Man könnte diese nachtodlichen Dialoge auch als ein Psychodrama bezeichnen, das durch gezielte Interventionen meinerseits in Gang gesetzt wird. Mitunter werden in diesem Zusammenhang sogar wechselseitige Vorwürfe erhoben, die dann unmittelbar in einen Konflikt einmünden, zu dem es in wieder einer anderen Existenz gekommen ist. Aber wenn ein Mensch – wie beispielsweise diese Frau – echte Reue fühlt, so kann es auch zu ehrlich gemeinter Vergebung kommen. Wenn das Karma auf diese Weise aufgelöst wird, ist häufig ein Rückgang der körperlichen Symptome zu verzeichnen, die mit den blockierten Energien in Zusammenhang stehen. Ganz sicher verbarg sich in der Brust dieses Mannes die Erinnerung an ein »kaltes Herz«, und das brach nun auf, bevor es sich verflüchtigte.

Ein weiteres Beispiel für eine physische Entladung und Entlastung durch das erneute Durchleben einer Todeserfahrung war Winifred. Diese Frau mittleren Alters litt seit ihrer Jugend unter einer chronischen Nebenhöhlenvereiterung. Während eines Workshops wiedererinnerte sie den Tod eines als Waise in London aufgewachsenen jungen Mannes auf einem der Schlachtfelder des Ersten Weltkriegs. Der junge Mann hatte in den Schützengräben dieses Krieges erstmals so etwas wie Freundschaft kennengelernt. Als er bei einer Attacke Senfgas einatmete, wurde ihm, als er sterbend dalag, blitzartig der Wert seiner eben erst geschlossenen Freundschaftsbeziehungen klar. Er bedauerte diesen Verlust zutiefst. Aber das Gas hinderte ihn daran, zu weinen und zu trauern. Als Winifred diese Erfahrung nochmals durchlebte, erkannte sie, wieviel Kummer der junge Mann zurückgehalten hatte – und sie konnte diesem Gefühl jetzt Ausdruck geben. Fast wie durch ein Wunder öffneten sich plötzlich ihre Nebenhöhlen. Und als sie einige Tage später an einer weiteren Veranstaltung teilnahm, berichtete sie, daß sie an diesem Morgen das erste Mal seit zwanzig Jahren frei durch die Nase habe atmen können.

Wenn das wiedererinnerte Leben relativ glücklich und erfüllt gewesen ist, erübrigen sich solche nachtodlichen Psychodramen. Das Bewußtsein des Verschiedenen spricht dann meistens Sätze wie: »Es war ein gutes Leben. Ich habe getan, was meine Pflicht war. Vielleicht habe ich hier und da nicht ganz richtig gehandelt, aber alles in allem kann ich zufrieden sein.« Das in Kapitel 6 geschilderte Leben Leonards als chinesischer Herrscher ist ein Beispiel dafür.

Von ganz anderer Art und wesentlich schwieriger zu therapieren waren die Wiedererinnerungen von Burton. Burton war ein Architekt von Mitte Dreißig, der mit Mühe und Not ein kleines Büro über Wasser hielt. Er kam wegen einer ausgeprägten Todesangst zu mir in Therapie. Er hatte bereits unter diversen körperlichen Beschwerden zu leiden gehabt, aber seine nagende Hauptsorge war der Gedanke: »Das Leben übergeht mich einfach. Ich werde bald sterben.« Ich forderte ihn auf, sich mit geschlossenen Augen auf die Couch zu legen und den Satz »Ich werde bald sterben« mehrmals zu wiederholen. Ich hoffte, dieser Satz werde ihn in das Zentrum seiner Angst führen. Fast augenblicklich wurde die Natur seines unbewußten Konfliktes in aller Lebendigkeit deutlich. Im folgenden erleben wir ihn als einen jungen Soldaten von etwa sechzehn Jahren, der offenbar während der Napoleonischen Kriege tödlich verwundet auf einem Schlachtfeld liegt:

»Ich muß bald sterben. Nein, ich laß es nicht zu. Ich muß in Bewegung bleiben. Ich muß. Ich halt' es nicht aus. Ich werde die Kontrolle über mich zurückgewinnen... Nein, ich will nicht sterben. Ich kann nicht sterben. Ich werde durchhalten. Ich will nicht sterben. Nein! Sie versuchen mich wegzubringen... ›Laßt mich hier liegen, oder ich wehre mich. Laßt mich in Ruhe! Werft mich nicht auf einen Leichenhaufen. Laßt mich in Ruhe!‹ Sie hören nicht auf mich. Aber ich bleibe hier. Ich bin ein Soldat. Ich habe Angst. Ich will nicht sterben.«

Burton setzt diesen halb delirischen, halb bewußten Monolog noch eine Weile fort. Der junge Soldat redet sich jetzt unerbittlich ein, daß er entgegen jeglichem Augenschein nicht zu sterben braucht. Er liegt offenbar – von den anderen für tot gehalten – stundenlang da, bevor er schließlich stirbt.

»Ich kann meinen Unterleib nicht mehr bewegen. Ich spüre meine Beine nicht mehr. Alles tot da unten. Vielleicht steht es doch schlimmer um mich, als ich glaube. Deshalb haben sie mich im Stich gelassen. Niemand hilft mir. Ich kann nicht sterben. Ich darf nicht sterben. Ich weiß nicht, wie man stirbt. Ich weiß nicht, wie man sich selbst losläßt. Ich weiß, wie man kämpft. Das ist eine gute Eigenschaft. Deshalb mochten mich die Leute. Ich will nicht sterben. Es ist schlimm, ohne Körper zu sein. Ich spüre keine Schmerzen mehr. Mein ganzer Unterleib ist gefühllos. Ich bin wütend. Ich bin viel zu jung zum

Sterben. Es gibt hier keine Engel, keine Menschen, nichts... Ich muß jetzt fort. Es ist so traurig. So ein Jammer... Ich war so naiv, so jung.«
»*Was geschieht jetzt?*« *werfe ich ein.*
»*Ich bin nicht mehr in meinem Körper. Ich sehe ihn von der Seite. Er trägt einen weißen Mantel, hat blondes Haar. Seine Hüften, sein Unterleib, seine Gedärme – alles weggeschossen.*«
»*Was für ein Typ sind Sie?*«
»*Ich bin ein Romantiker, ein gutmütiger Kerl. Ich war für Napoleon, die Freiheit und das alles. Ich hatte eine Schwester, die ich sehr mochte. Es ist so traurig.*« *Er weint eine Zeitlang.*
»*Verspüren Sie irgendwo an Ihrem Körper Schmerzen?*« *frage ich.*
»*Ja, im Kreuz.*«
»*Ich möchte, daß Sie noch einmal in Ihren Körper als junger Soldat zurückgehen und sagen, wie sich Ihr Rücken anfühlt*«, *bitte ich ihn.*
»*Ich versuche, meinen Körper zusammenzuhalten. Ich bin wütend. Es geht nicht. Ich kann ihn nicht zusammenhalten.*«
»*Sagen Ihnen diese Worte etwas in Ihrem jetzigen Leben als Burton?*« *frage ich.*
»*Oh, ja. Das ist mein beständiger Kampf. Ich habe unentwegt Angst, daß alles auseinanderfällt – daß ich versage.*«
»*Vergessen Sie nicht, daß diese Worte dem Leben des Soldaten angehören, nicht Ihrem jetzigen. Sie können diese Worte aus sich entlassen, wenn Sie innerlich dazu bereit sind*«, *sage ich zu ihm. Dann gebe ich ihm einige Affirmationen, die ihm helfen sollen, die alte Negativität loszulassen, die er in seinem Unterleib* »*gespeichert*« *hat. Er spricht nun mehrmals die Worte:*
»*Ich lasse den Schmerz und die Verbitterung jenes Soldaten los. Ich lasse seine Angst vor dem Sterben los. Ich lasse meinen Wunsch nach Selbstkontrolle los. Mein ganzes Leben liegt noch vor mir. Ich habe noch genügend Zeit.*«
Der Schmerz läßt nach, und Burton fühlt sich sehr erleichtert, aber es bleibt noch eine Menge Arbeit zu tun. Ich lasse ihn noch ein wenig die Gedanken des unglücklichen und vom Leben enttäuschten Soldaten aussprechen, damit er innerlich mit dieser Existenz abschließen kann:
»*Ich bin tot, aber ich bin traurig. Es war so unfair. Da drüben habe ich meine Schwester, meine Mutter und meine Freunde zurückgelassen. Sie wissen nicht, wo ich bin. Am liebsten würde ich immerzu weiterkämpfen. Ich fühle mich betrogen. Ich hasse dich [Gott]. Du hättest mich wieder zusammensetzen sollen.*«

Was Burton jetzt, da er sich seine alten Schmerzen bewußt gemacht hatte, tun konnte, war, mit dieser präexistentiellen Figur zu leben. Ganz sicher würde er noch eine Zeitlang daran arbeiten müssen. Ich empfahl ihm, ein Tagebuch anzulegen und dort seine inneren Dialoge mit dieser Figur niederzuschreiben. Dies würde die Aufmerksamkeit auf die Verbitterung und die Angst des Soldaten, die Burton gequält hatten, lenken. Langsam würden diese Empfindungen dann schwächer werden. Was Burtons tiefe Todesangst anbelangte, so war sie nach dieser einen Sitzung vollständig verschwunden. Burton sah ganz klar, daß er unbewußt die Befürchtungen des zu früh verstorbenen ① jungen Mannes in sein heutiges Leben hineingetragen hatte. Ganz neue Energiepotentiale standen ihm nach unserer Arbeit offen.

Für das Selbst ersterben: Die Praxis des Nicht-Anhaftens

Wenn ich gemeinsam mit Klienten wie Michael, Winifred, Burton oder anderen in diesem Buch erwähnten Personen deren Sterbeerfahrungen durcharbeite, so verfolge ich damit zwei wesentliche therapeutische Ziele. Erstens sind – traumatische ebenso wie friedvolle – Todeserfahrungen häufig der Kristallisationspunkt der Gedanken, Gefühle und Empfindungen eines früheren Daseins. In der therapeutischen Arbeit versuchen wir auf verschiedenen Wegen, die psychischen Rückstände freizusetzen, zum Ausdruck zu bringen oder vielleicht sogar umzukehren: auf psychodramatische Art, oder durch Dialog, Affirmationen oder Meditation.

Zweitens können Todeserfahrungen, sofern man nur richtig damit umgeht, dank ihrer archetypischen Struktur ein wertvolles Ritual für eine psychodramatische Heilung liefern. Wenn der Klient im Geiste noch einmal all die Schrecken und die Erhabenheit eines früheren Todes durchleidet, so ist dies ein psychisches Ereignis von solcher Intensität, daß das betreffende Individuum die Chance erhält, sich jetzt ganz bewußt von dem in einer oder in mehreren Existenzen stark aufgeladenen Eindrücken oder Samskaras zu befreien. Dies Vorgehen weist große Übereinstimmungen mit der Technik des Patanjali-Yoga auf. In der yogischen Meditation lernt der Praktizierende, sich von den Samskaras des eigenen Geistes zu befreien, ganz ähnlich dem, was der heilige Thomas von Kempen in seinem Buch *Nachfolge Christi (De imitatione Christi)* als »Ersterben für das Selbst« bezeich-

① Sanat Kumara: "Zeit zur Freude"

net. Im modernen psychologischen Jargon könnte man sagen, daß der Klient dank der intensiven Identifikation mit der Sekundär-Persönlichkeit oder dem anderen Selbst, das sein Denken und Verhalten unbewußt gesteuert hat, einen kathartischen Ego-Tod durchlebt.

Die Übung, bildlich oder symbolisch für das eigene Selbst zu ersterben, findet in dem bereits erwähnten *Bardo Thödol* oder *Tibetanischen Totenbuch,* einem Handbuch des Sterbens, einen noch reicheren Hintergrund. Diese der buddhistischen Tradition des alten Tibet entstammende Textsammlung befaßt sich in erster Linie mit der Möglichkeit, bewußt zu sterben. Obwohl eine oberflächliche Lektüre des Buches zu der Annahme verleiten könnte, der Leser habe es in erster Linie mit rituellen Texten zu tun, die beim Begräbnis eines Verstorbenen rezitiert werden, zeigt die nähere Beschäftigung mit dieser Tradition sehr rasch, daß es sich hier um Meditationen handelt, die der Vorbereitung auf den Tod dienen. Während der Adept über alle Aspekte meditiert, die die Zeit vor und nach dem Tod betreffen, lernt er, auch wenn er in Wirklichkeit gar nicht stirbt, daß er das Ereignis des Todes bei klarstem Bewußtsein erleben und wahrscheinlich vermeiden kann, sich von eben jenen negativen Gedanken absorbieren zu lassen, die wir weiter oben beschrieben haben. Stanislav Grof zitiert daher gerne die Spruchweisheit: »Wer gelernt hat zu sterben, bevor er stirbt, der stirbt nicht, wenn er einmal stirbt.«

Dies alles mag den westlichen Leser ein wenig exotisch anmuten, solange er einen fundamentalen Grundsatz des Buddhismus außer acht läßt, den man als das »Prinzip der determinierenden Macht der Gedanken« bezeichnen könnte. In einem der Basistexte des Buddhismus, dem *Dhammapada* (etwa: *Weg der Wahrheit),* lesen wir gleich in den Eröffnungszeilen:

> Alles, was wir sind, ist das Ereignis dessen, was wir gedacht haben: Es gründet sich auf unsere Gedanken, es ist aus unseren Gedanken gewebt.
> Wenn der Mensch sprechend oder handelnd Böses denkt, so folgt ihm das Leid, wie das Rad dem Fuß des Ochsen folgt, der den Wagen zieht...
> Wenn der Mensch sprechend oder handelnd lauter denkt, so folgt ihm das Glück wie ein Schatten, der ihn nie mehr verläßt.[1]

Hier ist wie in einer Nußschale die Essenz der buddhistischen Karma-Lehre in ihrer reinsten psychologischen Ausprägung gesammelt. Die tibetischen Meister weisen im *Bardo Thödol* immer wieder auf die außerordentliche Bedeutung dieses Prinzips für die beiden wichtigsten Übergangssituationen der menschlichen Existenz hin: Geburt und Tod. Seit Menschengedenken hat man immer wieder beobachtet, daß an diesen schicksalhaften Wendepunkten, während die Seele des Menschen aus der Zeitlosigkeit in die Zeit und vice versa hinübergleitet, unser Bewußtsein von gesteigerter Intensität ist.

Jeder kennt die volkstümliche Legende, daß bei Ertrinkenden noch einmal blitzartig das ganze Leben Revue passiert. William Goldings Roman *Pincher Martin* stellt dieses Thema in aller Breite dar. Wie wir im vorigen Kapitel gesehen haben, durchlebt auch das Kind während und nach der Geburt eine Phase gesteigerten Bewußtseins. Wenn Klienten wie etwa Susan (Kapitel 5) ihre Geburt wiedererleben, drängt sich ihrem Bewußtsein häufig ein bestimmter Gedanke oder eine bestimmte Erkenntnis auf, die vor ihrem Geiste steht, während sie in diese Welt eintreten. Vielleicht erkennt der Säugling in der Mutter eine(n) gute(n) alte(n) Freund(in) wieder oder aber – wie es das Karma will – eine(n) alte(n) Feind(in). Oder aber es taucht – wie in meinem eigenen Fall – der bedrückende Gedanke auf: »Ich möchte nicht hier sein.«

Das erhöhte Bewußtsein, das beim Tod zu verzeichnen ist, prägt sich dem, was wir als Seele, Geist, Ätherleib oder *akasha* bezeichnen, in Gestalt unserer Gefühle, Gedanken und Empfindungen ein – und wird so für künftige Existenzen »aufbewahrt«. Häufig werden diese Eindrücke während des Geburtstraumas wiederbelebt. Die Nabelschnur, die bei Susans Geburt um ihren Hals gewickelt war, löste sogleich die Erinnerung an ihren aus Schuldverstrickung resultierenden Selbstmord durch den Strick aus. Aber ob dies geschieht oder nicht, die Qualität des Todesbewußtseins in früheren Existenzen drückt der in eine andere Sphäre hinüberwechselnden Psyche in Gestalt der Samskaras, das heißt karmischer Komplexe, unvermeidlich einen bestimmten Stempel auf.

Wir haben (in Kapitel 2) gesehen, wie Helen voll Verbitterung und Zorn über den Mann starb, der sie hatte sitzenlassen – und sich in ihrem gegenwärtigen Leben in ihren Romanen fast zwanghaft mit diesem einen Thema beschäftigte. Gregory (in Kapitel 4) projizierte seine Schuldgefühle auf die eigenen Genitalien. Edith (in Kapitel 7) hatte auf ihren Körper die präexistentielle Vorstellung übertragen:

»Meine Gliedmaßen werden nie mehr funktionieren.« Michael, dessen Fall ich oben geschildert habe, wurde von der Angst vor einem frühzeitigen Tod gequält – einer Befürchtung, die mit einem präexistentiellen Tod auf dem Schlachtfeld zu tun hatte. Im vorigen Kapitel haben wir auch gesehen, wie vielschichtig und verheerend sich die Sterbe-Gedanken eines Opfers von Vergewaltigung oder Folter in späteren Existenzen auswirken können.

Im folgenden möchte ich aus meiner Praxis ein paar Beispiele für die im Augenblick des Todes stattfindende karmische Prägung geben.

– Eine Anwältin erlebt sich als kleines Mädchen, das versehentlich das Haus ihrer Eltern in Brand setzt und mit dem Gedanken stirbt: »Es ist alles mein Fehler. Ich habe nicht genug getan, sie zu retten.« Dieser Gedanke führte dazu, daß sie sich in ihrem jetzigen Leben im Beruf übertrieben pflichtbewußt verhält und sich sogar für die Probleme ihrer Freunde verantwortlich fühlt, ohne zu wissen warum.

– Ein Mann erinnert sich, wie er im Zweiten Weltkrieg als Pilot Dresden bombardiert hat. Er gerät beim Abwurf der Bomben in einen schweren Konflikt und denkt: »Ob das tatsächlich richtig ist?« Kurz darauf wird er abgeschossen. In seinem gegenwärtigen Privat- und Berufsleben wird er von ständiger Unentschlossenheit gequält.

– Eine Frau erinnert sich, in der Antike als besonders grausamer Herrscher gelebt zu haben, dem es Freude bereitet, seine Sklaven auspeitschen zu lassen. Er stirbt mit dem Gedanken: »Ich bin einer Machtposition moralisch nicht gewachsen.« In ihrem jetzigen Leben wehrt sich die Frau innerlich gegen die Übernahme verantwortungsvoller Positionen, obwohl sie für entsprechende Aufgaben bestens geeignet wäre.

– Eine Frau erinnert sich, in einem südamerikanischen Stamm als allseits verehrtes – künftiges – Menschenopfer herangewachsen zu sein. »Ich werde zu den Göttern erhoben«, denkt sie, als man ihr das Herz herausreißt. In ihrem heutigen – an Schwierigkeiten wahrlich nicht armen – Leben fühlt sie sich ihren Mitmenschen wegen ihrer Leiden innerlich überlegen. (Ähnliche Schwierigkeiten haben bisweilen auch Menschen, die sich als christliche Märtyrer wiedererleben.)

– Ein Mann erlebt in der Wiedererinnerung, wie er im Mittelalter als Hexe zu Tode gequält wird, deren letzter Gedanke lautete: »Es ist mir

gleichgültig, was ihr sagt.« In seinem jetzigen Leben ist er fast unfähig, sich selbst zum Ausdruck zu bringen, und tut dieses Problem zynisch ab. (Auch viele Frauen erinnern solche Geschichten.)

– Eine chronisch depressive Frau erinnert ein Leben als Mann, dessen geliebte Frau im Kindbett stirbt. Er erholt sich nie mehr von dem Verlust und erhängt sich. Seine letzten Gedanken lauten: »Nichts hat irgendeinen Wert. Ich fühle mich in diesem Leben nicht heimisch.« Dieser bedrückende Gedanke hat sich im Hals und in den Schultern der Frau festgesetzt und beraubt sie in diesem Leben ihrer Vitalität.

Andere häufig vorkommende präexistentielle Todes-Szenarios, die karmisch wirksam werden, sind: der Verlust der Eltern als Kleinkind (»Ich muß alles alleine machen«), ein plötzlicher Tod durch einen Unfall oder einen Überraschungsangriff (»Es ist zu gefährlich rauszugehen/sich mit der Welt auseinanderzusetzen/allein zu sein« etc.), der Betrug durch einen Partner des anderen Geschlechts (»Ich werde nie mehr einem Mann/einer Frau Vertrauen entgegenbringen oder meine Gefühle zeigen«), Unglücksfälle oder Folterung (»Ich möchte nie mehr in einem Körper sein«).

Natürlich finden sich in der wachsenden präexistenztherapeutischen Literatur zahllose Variationen dieser Themen und auch Hunderte weiterer Motive und Situationen. Sie alle bestätigen die Einsichten der alten tibetischen Yogi-Meister, daß der Sterbende im Augenblick des Todes sowohl ein mächtiges Karma erzeugen als auch sich von einem solchen befreien kann. Eine alte tibetische Spruchweisheit drückte diesen Zusammenhang so aus:

> In einem Augenblick von Zeit wird eine deutliche Unterscheidung geschaffen;
> In einem Augenblick von Zeit wird vollkommene Erleuchtung erreicht.[2]

Für die meisten Menschen, die nicht in die Geheimnisse der Meditation eingeweiht sind und nicht gelernt haben, vergangene Existenzen wiederzuerinnern, sind solche Augenblicke erleuchteter Klarheit äußerst selten. Wegen unserer Unwissenheit und der Ängste unseres Gemüts besteht die Gefahr, daß wir im Augenblick des Todes verwirrt oder panisch reagieren und »eine deutliche Unterscheidung schaffen« – das heißt im menschlichen Bereich nach einem Ausweg oder einer Zuflucht suchen. Statt den vom *Tibetanischen Totenbuch* als »großen lotrechten Pfad« zur Erleuchtung vorgezeichneten Weg einzuschlagen, also eine Haltung einzunehmen, die zur Befreiung unseres individuellen Bewußtseins aus dem endlosen Kreislauf der Wiedergeburten und zu dessen Wiederverschmelzung mit dem einen göttlichen Sein führt, fühlen sich die meisten von uns durch die bezwingende Macht des Karma und besonders durch die Energie jener Gedanken, die sich in unserer letzten Stunde wieder und wieder aufgedrängt haben, abermals zu einem Mutterschoß hingezogen. Die »Vollkommene Erleuchtung« geschieht nur in den seltensten Fällen, aber dennoch können die von mir beschriebenen Methoden dabei helfen, sich bei der Wiedererinnerung an die Übergangssituation des Todes von bestimmten karmischen Komplexen zu befreien.

Spontane nachtodliche Visionen

Wenn ich mit präexistentiellen Übergangssituationen, also mit wiedererinnerten Todeserfahrungen arbeite, mache ich häufig aktive Interventionen und Vorschläge, um dem Klienten die Ablösung von karmisch geladenen Gedanken zu erleichtern. Ich habe die Dialoge und Erwägungen aus der therapeutischen Arbeit mit Michael und Burton dargestellt. Es gibt aber auch Klienten, die während der präexistentiellen Übergangserfahrung des Sterbens ein so tiefgreifendes Befreiungserlebnis gehabt haben, daß sie einen Zustand von Luzidität erfahren, in dem sich spontan Visionen von überwältigendem Licht und außerordentlicher spiritueller Schönheit manifestieren. Ich möchte im folgenden einige Beispiele solch »himmlischer« Visionen bringen, um das eher trostlose Bild ein wenig zu korrigieren, das bis hierher entstanden sein mag. Aber zuvor möchte ich noch einen kurzen Überblick darüber geben, was mir Klienten über den nachtodlichen Zustand berichtet haben – sowohl in Therapie bei mir als auch in Workshops, die ich gemeinsam mit meiner Frau geleitet habe.

Die meisten Klienten, die in der Regression einen präexistentiellen Tod durchlebt haben, berichten, daß sie das Sterben ungeachtet ihrer konkreten Gedanken als eine große Befreiung empfunden haben, als einen friedvollen Abschied von all den gewöhnlichen oder ungewöhnlichen Leiden des menschlichen Lebens – etwa von Altersgebrechlichkeit, Einsamkeit oder Krankheit. In 95% der von mir dokumentierten Fälle berichtete der Klient in der Wiedererinnerung, daß das Bewußtsein des Sterbenden zunächst über dem Körper schwebe und dann in ein unbeschreibliches Reich des Friedens und der Ruhe hinübergleite. Nur ein kleiner Teil der Betreffenden konnte sich an kurze Lichtvisionen erinnern. Von den restlichen 5 % meiner Klienten berichtete ungefähr die Hälfte, sie seien friedlich von der Erde aufgenommen worden, während die übrigen den Eindruck hatten, in fremdartige Strudel oder in eine schwer zu beschreibende Dunkelheit zu stürzen. Zwar bin ich in meiner therapeutischen Praxis immer wieder Erinnerungen an »höllische« Zustände auf Erden begegnet, von nachtodlichen Höllen-Bildern dagegen habe ich kaum je gehört, obwohl bisweilen von solchen Eindrücken berichtet wird. Ein Beispiel einer solchen Erfahrung ist weiter hinten abgedruckt. Die meisten Höllen-Visionen – und in diesem Punkt stimme ich Stanislav Grof voll zu – sind nicht im nachtodlichen Zustand zu verzeichnen, sondern vielmehr in der perinatalen Phase, in einem Stadium also, da alle negativen Samskaras mit geballter Kraft auf den Säugling einwirken, wie wir im vorigen Kapitel gesehen haben.

Von den 95 % derjenigen, die sich als nach oben schwebend erleben, und den 2,5 % jener, die sich von der Erde reabsorbiert fühlen, finden sich die meisten – ungefähr 80 % – sehr rasch in einer anderen Existenz oder auch in ihrer augenblicklichen Inkarnation wieder. Sie befinden sich nach eigenen Angaben entweder im Schoß einer neuen Mutter oder aber im Körper eines noch relativ kleinen Kindes. Häufig werden sie aber auch durch einen bestimmten »letzten« Gedanken direkt in diesem oder in einem anderen Leben in ein Erwachsenen-Drama hineinkatapultiert, wobei sie die Kindheit einfach überspringen. Eine Frau, die sich in der Wiedererinnerung als dicken semitischen Häuptling erlebt hatte, starb mit dem Gedanken: »Ich war zu egoistisch, ich muß mich mehr um das Wohl anderer sorgen.« Fast augenblicklich fand sie sich als Nonne in einer Lepra-Kolonie wieder. Ich könnte Hunderte solcher Beispiele anführen.

Von dem kleineren Prozentsatz jener, die nicht sogleich auf die Erde zurückkehren, sehen einige, während sie dem Jenseits entgegenschweben, »spontan« (das heißt ohne meine Intervention) körperlose beziehungsweise Geist-Erscheinungen. Hierbei handelt es sich häufig um verstorbene Freunde oder Familienangehörige aus dem gerade zu Ende gegangenen präexistentiellen Leben – häufig um einen bereits verschiedenen Ehegatten oder geliebten Menschen oder um ein dem Betreffenden während seines Erdenlebens besonders nahestehendes Kind oder um einen ihm besonders zugetanen Elternteil. Mitunter kommt es aber auch spontan zur Begegnung mit einem oder mehreren Feinden, die der Verstorbene getötet hat.

Häufiger treten in einer folgenden Existenz eine oder mehrere Personen auf, die Ähnlichkeit mit dem früheren Gegner aufweisen, zwischen zwei Existenzen sind solche Begegnungen eher die Ausnahme. Viele Klienten aus der oben erwähnten Minderheitsgruppe treffen auf der »Reise« alter Lehrer oder Gurus aus der soeben zu Ende gegangenen oder aus einer noch früheren Existenz. Einige berichten, daß sie während etlicher Existenzen als je neue Persönlichkeit immer wieder zu demselben Lehrer zurückgekehrt sind.

Ziemlich verbreitet ist auch die nachtodliche Erfahrung, daß die körperlose Persönlichkeit einer – Liebe und Weisheit ausstrahlenden – weißgekleideten Gestalt begegnet. Häufig treten auch etliche dieser Figuren in kleinen Gruppen auf, das heißt als »karmische Komitees«, wie ich manchmal augenzwinkernd sage. Eine solche Gruppe hilft dem Verschiedenen dabei, die Lektionen des vergangenen Lebens noch einmal Revue passieren zu lassen und die notwendigen Schlußfolgerungen zu ziehen.

Eine Frau berichtete mir einmal, sie sei von einer solchen Lichtgestalt in einen himmlischen Tempel geführt worden, wo man ihr ein großes Buch gezeigt habe, in dem das Leben, das sie gerade wiedererinnerte, und »viele weitere Existenzen« aufgezeichnet gewesen seien. Eine andere Frau erlebte etwas ähnliches, als ein Geistwesen ihr einen Ausschnitt eines riesigen Wandteppichs zeigte, auf dem alle ihre miteinander verwobenen Existenzen dargestellt waren. Bisweilen erhaschen Menschen in diesem Zustand aber auch einen kurzen Blick auf himmlische Gärten, Berge oder Inseln. Einige Klienten, die sich in der Wiedererinnerung als Angehörige amerikanischer Eingeborenenstämme erlebten, haben mir wiederum berichtet, daß sie nach ihrem präexistentiellen Tod in einen himmlischen Wald gelangt seien, der große Ähnlichkeit mit den legendären »glücklichen Jagdgründen« aufgewiesen habe.

Menschen, die ein frommes christliches Leben wiedererinnern oder ein früheres Martyrium, haben häufig Visionen von Jesus, aber diese Vorstellungen sind offenbar in gleicher Weise von einem christlichen Leben abhängig wie die himmlischen Jagdgründe von einem vorhergehenden Dasein in einer Jägerkultur. Eine bestimmte Form der nachtodlichen Visionen, die gewisse Übereinstimmungen mit schamanistischen Erfahrungen aufweist, ist die Begegnung mit einem heiligen Tier oder Vogel – Bären, Wölfen, Hirschen, Adlern, Habichten –, bisweilen kommt es dabei sogar zu einer Verwandlung in die Geistform dieser Tiere.

Solche Visionen tauchen allerdings meistens erst auf, wenn der Klient bereits mehrere schmerzliche Existenzen durchgearbeitet hat. Sie scheinen einem Stadium der Integration vorbehalten zu sein, einem Zeitpunkt also, da ein Großteil des Karmas bereits vor der Auflösung steht. Aus diesem Grund lehne ich es auch ab, meine Klienten auf der Suche nach spirituellen Führern oder früheren Lehrern therapeutisch zu begleiten oder sie zu himmlischen Quellen zu führen. Ich habe den Eindruck, daß solche Erfahrungen eine Gnade sind, die von der Weisheit des größeren Selbst freizügig gewährt wird, sobald ein Mensch dafür bereit ist. Sie vor ihrer Zeit herbeizwingen zu wollen, erinnert mich an jene Dramatiker des achtzehnten Jahrhunderts, die die Schlußszenen von Shakespeares besonders düsteren Dramen umschrieben, weil diese Szenen gegen ihre von der Aufklärung geprägte Auffassung davon verstießen, wie ein vollkommene Welt auszusehen habe.

Viele dieser wiedererinnerten Todeserfahrungen weisen deutliche Übereinstimmungen mit den – von Dr. Raymond Moody, Dr. Kenneth Ring und anderen gesammelten – Berichten über die Erlebnisse Beinahe-Toter auf.[3] Uns liegen mittlerweile unzählige Aussagen klinisch für tot Erklärter vor, die dann doch wieder ins Leben zurückgekehrt sind. Und sie alle berichten übereinstimmend davon, daß sie über dem Körper und über der Erde geschwebt sind, von Himmelslichtern, verstorbenen Verwandten und Geistgestalten in Weiß. Die einzige in diesen Berichten dokumentierte bedeutende Erfahrung, von der ich in meiner therapeutischen Arbeit noch nie gehört habe, ist das Empfinden, durch einen Tunnel vorwärtsgeschleudert zu werden; aber natürlich läßt sich mein Privatarchiv nicht mit der umfassenden Dokumentensammlung dieser außerordentlich gründlich arbeitenden Wissenschaftler vergleichen. Die vielen ins Auge springenden Übereinstimmungen sprechen allerdings nach meiner Auffassung eindeutig dafür, daß dies archetypische bzw. universelle Todes- und Übergangserfahrungen sind, die im kollektiven Unbewußten des einzelnen »gespeichert« sind.

Von Todeserfahrungen lernen

Zum Abschluß dieser kurzen Darstellung präexistentieller Todes- und Übergangserfahrungen möchte ich nun noch drei Fallbeispiele anführen, in denen der jeweilige Klient eine ganz neue Ebene des Todesbewußtseins betrat. Ob es sich hierbei um strikt religiöse

Erfahrungen handelt oder lediglich um Momente eines erweiterten Selbst-Verständnisses in all seinen vielschichtigen und widersprüchlichen Ausprägungen, vermag ich nicht zu entscheiden. Aber jedenfalls geht es bei diesen Erfahrungen um archetypische Visionen, in denen auf die eine oder andere Weise die erhabenen Höhen und die barbarischen Tiefen, aus denen die menschliche Komödie komponiert ist, zu einer Einheit zusammenflicßen. In dieser Komödie, so scheint es, hat wohl jeder von uns bis heute schon etliche verschiedene Rollen gespielt.

1. **Madeleine,** eine junge Lehrerin von Anfang Dreißig, begann eine Präexistenztherapie, als sie wegen ihrer schweren Depressionen an den Rand des Selbstmords geriet. Sie hatte es in den zurückliegenden Jahren bereits mit einer Primär- und mit anderen Therapien versucht und war – was die Entwicklung ihres Lebens und ihrer Therapie anbelangte – der Verzweiflung nahe. Im Verlauf etlicher Sitzungen arbeiteten sowohl meine Frau Jennifer als auch ich selbst mit ihr und entdeckten eine ganze Serie früherer Existenzen, in denen gewaltsame Tode, Folter und Vergewaltigung geradezu an der Tagesordnung gewesen zu sein schienen. Allem Anschein nach war sie in einem karmischen Teufelskreis gefangen, wobei der beherrschende Gedanke hinter all diesen Existenzen lautete: »Es ist alles mein Fehler. Ich bin ein böser Mensch und leide verdientermaßen.«

Was aber hatte diesen überaus belastenden negativen Gedanken verursacht? In der Folge traten dann zwei entscheidende Wiedererinnerungen zutage – von denen eine sich auf eine erst kurz, die andere hingegen auf eine bereits lange zurückliegende Existenz bezog. Diese beiden Geschichten warfen viel Licht auf jenen Teufelskreis der Verzweiflung und Selbstbestrafung. Die erste dieser Wiedererinnerungen wies auffallende Übereinstimmungen mit Yvonnes (in Kapitel 8 geschildertem) Dasein als Pirat auf. Madeleine beschrieb in allen Einzelheiten zahllose Hinrichtungen, Vergewaltigungen und Verstümmelungen. Hier ein Beispiel:

»Wir befinden uns auf See. Wir haben ein Schiff gekapert. Das erste Opfer ist ein junger Offizier in Uniform. Wir enthaupten ihn. Seine Augen glotzen, sein Körper bricht zusammen... Jetzt kommt ein anderer Mann an die Reihe. Wir schießen ihm mitten ins Gesicht. Sein halbes Gesicht ist verschwunden. Ein Auge hängt herunter...«

In dieser Weise geht dieses blutrünstige Leben immer weiter. Eine Mord-Orgie reiht sich an die andere. Aber anders als in Yvonnes Piratenleben kommt es in diesem Dasein zu keiner Vergeltung. Als er zu alt geworden ist, um weiterhin zur See zu fahren, hängt dieser Pirat in den Hafenkneipen herum und stirbt schließlich im Obergeschoß einer Gastwirtschaft einsam und verlassen an einem Fieber:

»*Ich sterbe sehr langsam. Ich bin alt. Mir ist heiß, ich schwitze... Ich bin nicht mehr richtig da... Ich weiß nicht mehr, wo ich bin... Überall ist ein dunkler Nebel... Oh, Hilfe, ich sehe die Gesichter der Leute, die wir umgebracht haben. Sie sind gekommen, um mich zu verfolgen. Ich sehe ihre glotzend-vorstehenden Augen, das Blut. Sie sind so zahlreich – jung und alt –, es ist wie in der Hölle. Auch ich bin jetzt ein Geist. Es scheint so, als müßte ich nun für lange, lange Zeit als Geist auf Erden umherziehen. Es gibt keinen Platz für mich. Ich bin völlig allein. Niemand nimmt mich wahr. Das ist meine Strafe. Ich befinde mich nicht auf der Erde, sondern auf irgendeinem anderen trostlosen Planeten; alles ist dunkel und von kaltem Nebel umwölkt. Ich muß dort eine lange, lange Zeit verweilen. Kommt mir vor wie eine Ewigkeit.*

Ich bestrafe mich selbst. In dieser Dimension ist einem Teil von mir bewußt, daß ich dies alles tun muß, um für das zu büßen, was ich anderen angetan habe. Damit ich wieder Mensch sein kann, muß ich mich zunächst so einsam, hoffnungslos und allein fühlen wie meine Opfer, bevor sie gestorben sind.«

In dieser und den folgenden Sitzungen durchstreift Madeleine pausenlos jene schreckliche psychische Wildnis, und es scheint so, als erkenne sie jedes einzelne Gesicht der Männer, Frauen und Kinder, die sie in ihrem Piratenleben gequält hat. Offenbar fühlt sie sich zu einem Akt ganz außergewöhnlicher Buße getrieben. Schließlich kommt es zu einem erstaunlichen Umschlag:

»*Ich gehe von rechts nach links. Vor mir ist ein Licht. Es wird immer wärmer. Ich trete auf Gras. Vor mir sind Menschen und Stimmen, und ich höre eine beeindruckende Stimme sagen:* ›*Genug, genug. Du hast genug getan.*‹ *Und ich weiß, daß meine Bestrafung jetzt vorüber ist.*«

Kurz darauf verändert sich die Szene abermals, und Madeleine findet sich für kurze Zeit im Schoß einer Mutter wieder und kommt als kleiner Junge zur Welt. In den folgenden Szenen wird ein einfaches, aber erfülltes Leben sichtbar. Der Junge wird erwachsen, erlernt den

Beruf eines Zimmermanns, heiratet die Frau, die er liebt, und lebt ein glückliches Leben.

»Womit hatte ich nur so ein gutes Leben verdient?« fragt sich Madeleine, als diese Existenz vorüber ist. Daraufhin erwidert die Stimme der Weisheit in ihr: »Du mußt durch Liebe lernen, nicht nur durch Leiden.«

Madeleine hat einen Zustand durchlebt, der dem nachtodlichen Stadium, das in den buddhistischen Schriften als »Reich der *pretas*« (Hunger-Geister) bekannt ist, nicht ganz unähnlich ist. Allerdings versinnbildlichten Geister für sie jenes glückliche Leben, das sie anderen Menschen, aber auch sich selbst verweigert hatte. Erst nachdem sie die Fähigkeit, glücklich zu sein, zurückgewonnen hatte, war sie von dem Zwang befreit, sich endlos in jenem Kreislauf der Selbstbestrafung zu drehen, der sowohl in den von ihr zuvor erinnerten gewalttätigen Existenzen als auch in jenem Höllenzustand seinen Ausdruck gefunden hatte. Sie war in ihre eigene karmische Hölle hinabgestiegen und jetzt mit der Bereitschaft zurückgekehrt, dem Leben voll Freude und Dankbarkeit entgegenzutreten. Natürlich blieb für sie noch eine Menge zu tun, aber diese Vision stellte für sie den Angelpunkt ihrer präexistentiellen Erfahrungen dar.

2. Milton war ein Mann mittleren Alters, der sich, kurz bevor er mich konsultierte, von seiner Frau getrennt hatte. Zunächst konzentrierten wir uns besonders auf vergangene Leben, in denen sein Beziehungsverhalten sichtbar wurde. Dabei zeigte sich, daß er in etlichen dieser Existenzen von geliebten Frauen verraten oder verlassen worden war. Dies brachte ihn auf den Gedanken, daß man »seine Leidenschaften beherrschen muß«. Als wir nach dem Ursprung dieses Musters des Verlassenwerdens Ausschau hielten, wurde plötzlich eine Art Gegenbild sichtbar, wie das bei intensiver therapeutischer Arbeit häufiger der Fall ist. Jetzt plötzlich erinnerte Milton Existenzen, in denen er Räuber, Soldat, Sklavenbesitzer etc. gewesen war, so daß nun seine grausame, rohe und lieblose Seite zum Vorschein kam, jene vom bewußten Ich abgelehnte Seite, die Jung als den Schatten bezeichnet. Ganz ähnlich wie Madeleine mußte auch Milton einen Blick auf seine dunkelsten Impulse werfen, bevor er sich mit sich selbst auf einer tieferen Ebene wieder versöhnen konnte.

Den Höhepunkt von Miltons Wiedererinnerungen stellte ein Leben dar, in dem er als marokkanischer Banditenführer aktiv gewesen war. Während dieser Existenz befaßte er sich fast ausschließlich mit Überfällen, Beutemachen und Morden. Hier eine typische Szene aus diesem Dasein:

»Wir sind beritten und machen sie nieder. Sie sind schlecht bewaffnet. Meine Männer schlagen einigen von ihnen den Kopf ab. Ich mache einige Frauen nieder. Sie treiben andere in die Häuser und setzen diese in Brand. Jetzt bin ich bei dieser Frau. Ich vergewaltige sie. Es ist wundervoll. Nun schneide ich ihr die Kehle durch. Es gibt mir ein Gefühl der Stärke und Souveränität, wenn ich über das Leben und das Lustempfinden eines anderen Menschen entscheiden kann.« (Diese Allmachtsvorstellung steht in schärfstem Gegensatz zu der Verwundbarkeit, die für Miltons frühere Existenzen bezeichnend gewesen war. Aus dem Opfer ist nun der Verfolger geworden.)

Dieser Bandit, der sein Leben dem Schwert verschrieben hat, stirbt auch durch das Schwert. Bei einem mißglückten Überfall wird ihm ein Spieß in den Bauch gerammt, und hinterher schneidet man ihm dann die Kehle durch. Sein Bewußtsein entschwebt aus seinem blutüberströmten Körper, und er ist noch immer erregt von der Wut des Kampfes. Aber als er nun immer höher schwebt, überkommt ihn eine gewisse Ruhe, dann erscheint ihm plötzlich eine Geist-Gestalt, eine Art Führer (er ist in keiner seiner früheren Wiedererinnerungen einer solchen Figur begegnet). Die Gestalt beginnt zu sprechen:

»Du mußt lange über dein verflossenes Leben nachdenken und dir bewußt machen, was du getan hast. Du mußt den Leuten ins Gesicht sehen, die du getötet hast, deine Taten prüfen und herausfinden, ob es richtig war, was du getan hast. Du wirst viel Zeit haben, über diese Dinge nachzusinnen – Dinge, über die du in deinem letzten Leben kaum einmal nachgedacht hast, weil du derartige Geanken einfach beiseite geschoben hast. Mit dieser Aufgabe wirst du dich so lange beschäftigen wie nötig.«

Milton beschrieb dann seine Meditation mit den folgenden Worten:

»Ich fühle mich sehr allein – allein und doch nicht allein. Es ist nichts da, nicht einmal einen Zeitsinn habe ich. Es scheint ewig zu dauern, ohne daß jedoch irgendeine Zeit vergeht. Ich kann keinen einzigen neuen Gedanken entdecken, alle meine Gedanken sind mir bereits

bekannt. Nun werde ich mir der Gegenwart all der Seelen bewußt, die ich niedergemetzelt habe. Alle nehme ich sie gleich stark wahr, weil alle gleich wichtig sind. Ich empfinde Mitleid für diese Seelen, bedaure, daß ich sie der Chance beraubt habe, sich in jenem Leben voll zu entfalten. Aber ich bedaure ebenfalls, daß ich mich dieser spirituellen Dimension, in der ich mich jetzt befinde, nicht mehr angenähert habe. Zugleich aber bin ich froh, daß ich diese Seelen zu der ihnen bestimmten Zeit aus der körperlichen Welt entfernt habe und daß auch ich selbst von dort entfernt worden bin. Ich bin glücklich in dem Bewußtsein, daß jene, die lebten, damals lebten, und jene, die gestorben sind, gestorben sind.

Ich stehe wie gebannt vor der Schönheit von allem und jedem. Ich bin mir fast des gesamten Universums bewußt und zugleich auch meiner selbst. Solch ein Friede, solch eine Schönheit! Und die ganze – materielle, immaterielle, lebendige und mineralische – Schöpfung, dies alles ist eine Offenbarung der Wahrheit, der Wahrheit, wie sie ist. Sonst gibt es nichts. Ich bin mir bewußt, daß jenes Leben ein Leben des Handelns gewesen ist, ein Leben, in dem ich mich in meinem Tun nicht von dem Gedanken an Gut und Böse, sondern ausschließlich an Lust und Schmerz habe leiten lassen. In jenem Leben hatte ich Macht und habe sie ohne Rücksicht auf Recht und Unrecht, ja sogar ohne ein Bewußtsein von Richtig und Falsch ausgeübt. Für Allah habe ich nur beiläufig Interesse empfunden. Ich war in jener mir bekannten Welt eine Macht, aber eine gedankenlose Macht. Dennoch war es ein Leben, durch das ich hindurch mußte. In jenem Leben habe ich getötet, vergewaltigt, geplündert – ohne auch nur einmal darüber nachzudenken, was ich eigentlich tat. Ich war nichts als ein Instrument meiner Augenblicksleidenschaften...«

In diesem tief nachdenklichen Zustand erschienen in Miltons Bewußtsein Bilder anderer Existenzen – er erlebte sich als spanischen Edelmann, der aus Eifersucht zum Mörder wird, oder als einen entlaufenen Häftling, der sich zum Herrscher über einen Indianerstamm aufschwingt, oder als eine im amerikanischen Bürgerkrieg umgekommene Frau oder als einen einsamen Cowboy, der jegliche Macht ablehnte, und so fort. Das ganze Spektrum möglicher Reaktionen auf Macht und Leidenschaft lief in diesen Wiedererinnerungen vor seinem inneren Auge ab – von Existenzen völliger Machtlosigkeit bis hin zu dem Dasein jenes gedankenlos gewalttätigen Banditen. Milton muß sich gleichsam mit allen Extremen seines

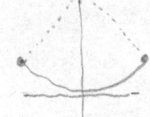

karmischen Komplexes auseinandersetzen und sie akzeptieren, sie sich zu eigen machen und sich mit ihnen versöhnen. Wir sind beide durch diesen Augenblick tief gerührt und zugleich ernüchtert. Am Ende der Sitzung schweigen wir. Weiterer Kommentare meinerseits bedarf es nicht. Als ich an jenem Tag nach Hause ging, mußte ich immer wieder an die Schlußzeilen von Coleridges *Ancient Mariner* denken:

> Wie einer, der, der Sinne beraubt,
> In langer Ohnmacht lag –
> Und trauriger und weiser hob
> Er sich am nächsten Tag.[4]

3. Sherry war eine attraktive junge Frau, die unter Depressionen und einem schwachen Selbstwertgefühl litt. »Am liebsten wäre ich nicht hier«, sagte sie. »Alles erscheint mir so hoffnungslos.« Beziehungen waren bei ihr offenbar stets zum Scheitern verurteilt. Sie glaubte, es sei ihr Schicksal, allein zu sein. Überdies sehnte sie sich nach einer Art religiöser Erfahrung, aber auch dieser Wunsch war bisher unerfüllt geblieben.

In den meisten ihrer Wiedererinnerungen erlebte sie sich als Opfer, oder aber sie wurde verlassen und lebte in Einsamkeit und Verzweiflung. Es gab aber auch Wiedererinnerungen, in denen sie sich als Mönch oder als Nonne sah, und hierin traten ganz deutlich ihre religiösen Sehnsüchte zutage. Und so war es auch nicht weiter verwunderlich, daß sie während einer unserer Sitzungen die folgende religiöse Erweckungserfahrung wiedererinnerte. Sherry sah sich als römischen Soldaten zur Zeit der Christenverfolgungen unter Kaiser Decius:

»Ich bin in der Armee. Hier hat man auf Befehle zu hören. Wer sich weigert, wird getötet. Ich trage für einen der Gefängnistrakte unter dem Kolosseum die Verantwortung. Alle, die sich weigern, Cäsar zu würdigen, werden hierhergeschickt und dann von den wilden Tieren und den Gladiatoren getötet. Ein blutiges Unterfangen. Sie bringen sie alle um: Frauen, Kinder, jeden. Aber was für erstaunliche Leute. Ich kann nicht umhin, ihren Mut und ihre Geduld zu bewundern...

Ich gehe durch einen der unterirdischen Korridore. Ich höre eine Frau singen. Von irgendwoher ertönt Löwengebrüll. Diese Frau wird aus irgendeinem Grund separat verwahrt. Sie ist sehr schön. Ich frage sie, ob sie es sich nicht noch einmal anders überlegen möchte. Sie

schaut mich direkt und intensiv an. »Wollen Sie es sich nicht vielleicht anders überlegen?« fragt sie. Ich ignoriere die Frage und sage, daß ich ihr helfen möchte, hier rauszukommen, wenn sie es wünscht.
Während der nächsten Tage gehe ich immer wieder zu ihr. Ihre Schönheit, ihre Würde, ihr lichtes, ruhiges Wesen beeindrucken mich stärker, als mir bewußt ist. Verliebe ich mich etwa in sie? Ich möchte sie retten, aber es ist bereits zu spät. Ihr unerschütterlicher Glaube gibt mir das Gefühl, nicht gut genug zu sein. Ich habe fast den Eindruck, die Verdammnis verdient zu haben. Aber nach allem, was ich getan habe, könnte ich wohl nie mehr ein Christ sein.

Ich überlege, ob ich sie in das Frauenverlies bringen lassen soll, wo die Soldaten sich amüsieren, aber das würde nur ihre Qualen verlängern. Sie sagt, daß ich das Wesentliche übersehe, wenn ich sie nur um meines eigenen Seelenfriedens willen retten möchte. Als ich sie eines Tages beobachte, scheint sie von einem goldenen Licht umgeben. Es nimmt immer mehr zu, bis es auch mich einschließt. Plötzlich werde ich innerlich ganz weit, und dann trete ich aus meinem Körper heraus. Ich schwebe oberhalb des Kolosseums. Einen Augenblick lang lerne ich die andere Seite des Todes kennen. Ich sehe Chöre ermordeter Märtyrer, die über der Arena eine Art Kuppel bilden. Plötzlich ist alles wieder vorbei. Ich habe das Gefühl, daß ich etwas für sie tun muß, und so bleibe ich bei ihr, bis die Soldaten sie abholen. In diesen letzten Augenblicken spricht sie zu mir von Christus und von seiner Liebe. Ich weiß nicht, was ich jetzt tun werde. Nie zuvor hat sich mein Herz so weit geöffnet. Sie spricht über Verzeihung, darüber, daß ich mir selbst vergeben muß. Sie flößt mir große Ehrfurcht ein. Sie hat keine Angst zu sterben. Vor solcher Kleinmütigkeit wird sie durch ihren Glauben geschützt. Ich begreife jetzt, daß ich nur ein Werkzeug bin, das ihrer Erfüllung dient.

Sie führen sie fort. Ich bleibe in ihrer Zelle, und auch als sie nicht mehr da ist, bin ich weiterhin von dem Licht umstrahlt. Irgendwo in mir spüre ich ihre körperlichen Qualen. Ich fühle mich verzückt, zugleich tut sich ein großes Loch in mir auf. Es ist fast so, als versuche sie immer noch, mir zu helfen. Ich höre ihre Stimme – ein sanftes Flüstern: ›Friede sei mit dir.‹«

Diese Erfahrung erschütterte das gesamte Leben des Soldaten. Er reicht seinen Abschied von der Armee ein und lebt fortan als Landwirt in einem kleinen Dorf am Meer. Er läßt sich insgeheim taufen und nimmt auch an geheimen Zusammenkünften mit anderen

Christen teil. Er erreicht ein hohes Alter und stirbt eines Nachts unter dem erhabenen Sternenhimmel am Strand. Als er seinen Körper verläßt, denkt er:

»*Ich bin zutiefst dankbar für die große Wandlung, die sich in meinem Leben vollzogen hat. Macht ist für mich kein Thema mehr, aber ich weiß, daß ich noch viel über die Liebe zu lernen habe. Ich erlebe mich plötzlich wieder über dem Kolosseum schwebend und blicke auf die Arena hinab. Ich sehe all die Märtyrer. Aber sie sind nicht alle rein, manche sind von ihrer eigenen Verbittertung gefangen. Für diese fühle ich mich besonders verantwortlich, denn ich trage Mitschuld an ihrem Geschick. Ich sehe jene Frau vor mir. Sie fordert mich auf, noch höher hinaufzusteigen, in das Reich Christi, wo ich Klarheit und die Fülle des Seins antreffen werde. Sie sagt, daß ich jenen Märtyrern von hier unten aus nicht helfen kann. Ich kann sie nur hinaufbitten.*

Als ich in dieser Weise nachsinne, erkenne ich, daß ich mich während des Großteils meines früheren und meines jetzigen Lebens von Selbstsucht habe leiten lassen. Ich muß anderen um ihrer selbst, nicht um meinetwillen helfen, jene höhere Sphäre zu erreichen. Es ist Zeit, meine Selbstsucht aufzugeben. Ich empfinde noch immer Kummer wegen dieser Frau: Sie war eine Art Seelen-Gefährtin. Sie wird immer bei mir sein.«

Die Gestalt dieser inspirierenden Lehrerin aus Sherrys Wiedererinnerung reflektiert wahrscheinlich eine historische Persönlichkeit, die einmal großen Einfluß auf ihr präexistentielles Selbst hatte. Aber die Gestalt ist zugleich untrennbar mit dem archetypischen Lehrer verbunden, der in jedem von uns wohnt. Die Schönheit solcher Erfahrungen besteht darin, daß – sobald wir uns der entsprechenden Zusammenhänge einmal bewußt sind – solche Lehrer uns in unseren Träumen, Phantasien und Meditationen begleiten und daß wir sie mit ihrer Weisheit und Liebe in uns kultivieren können. Sherry hatte nun in sich selbst einen Quell der Weisheit und Inspiration entdeckt, der ihr jederzeit offenstand. Und natürlich hatte sie auch die Figur des Soldaten in sich, der fähig war, sich zu wandeln. Wer immer die Frau in der blutrünstigen Geschichte über die Christenverfolgung auch gewesen sein mag, ihr leuchtendes Bild ist jetzt ein Bestandteil von Sherrys Psyche. Und die außergewöhnliche nachtodliche Vision der Seelen über dem Kolosseum stellte Sherry symbolisch die Alternative vor Augen, entweder eine Art verbitterten Martyriums auf sich zu nehmen oder sich zu jener spirituellen Kraft hinaufziehen zu lassen, die in Christus verkörpert ist. All dies wird von dem in ihr lebendigen Lehrer vermittelt, der ein Symbol der in ihr schlummernden Entwicklungsmöglichkeiten ist.

Solche Augenblicke sind auch in der präexistenztherapeutischen Praxis die Ausnahme, aber wenn es doch einmal zu einer solchen Erfahrung kommt, so erkennt man plötzlich demütig, wie zahlreich und vielfältig die Wege sind, auf denen die Seele zu sich selbst finden kann. Jede der zahllosen Arten menschlichen Sterbens kennt ihre besonderen Momente, in denen die Gnade und die Erleuchtung unversehens in unser Dasein einbrechen können.

12. Jenseits der Therapie: Einige Schlußfolgerungen

> Die Heilung des Schmerzes liegt im Schmerz selbst. Gut und Böse sind gemischt. Wenn ihr nicht beides habt, so seid ihr keiner von uns.
>
> Jalal Al-Din Rumi, sufischer Mystiker

> Nur jenes Glück ist von Dauer, das sich der in einem Mörser in eins gestampften Qual und Ekstase verdankt und der Intensität dieses Prozesses.
> Nur ein Wissen ist wahr, das sich der Erforschung des Zweifels und des Glaubens verdankt und der Tiefe dieser Suche.
>
> Anonymer chinesischer Weiser der Ming-Dynastie,
Discourse on Vegetable Roots

Grenzen der Präexistenztherapie

Ich könnte an dieser Stelle die Präexistenztherapie als die einzig wahre Therapie in den höchsten Tönen preisen. Ich könnte behaupten, daß diese Therapie auch dort noch weiterhilft, wo andere Methoden versagen, daß sie neue Einsichten in die Natur aller möglichen körperlichen Symptome vermittelt, daß sie zahlreiche therapeutische Disziplinen in sich vereint und uns einen humanistischen ebenso wie einen transpersonalen Blick auf die Psyche eröffnet.

Solche Ansprüche wären indes übertrieben und falsch. Die Präexistenztherapie führt nicht in jedem Fall zu positiven Ergebnissen. Bisweilen ist sie machtlos. Wie jeder andere Therapeut habe auch ich mitunter Klienten, denen ich nicht helfen kann. Im Leben vieler Klienten bildet die Vorstellung, ein Versager zu sein, sozusagen das Hauptthema. Und auch in der Therapie bietet sich wieder eine »willkommene« Gelegenheit, mit einem »Ich hab's Ihnen doch gleich gesagt!« dieses alte Muster zu bestätigen. In manchen Fällen versagt die Präexistenztherapie aber auch, weil der betreffende Klient sich mit einem Komplex so absolut identifiziert, daß er weder in der diesseitigen noch in der präexistentiellen Ebene bereit ist, von dieser Identifikation abzulassen. Ein Mann, der in früheren Existenzen brutal gemordet und in diesem Leben seine an Krebs sterbende Frau im Stich gelassen hat, war so tief mit seinem Schuldkomplex identifiziert – »Mein Leiden ist nur allzu berechtigt« –, daß ich ihn nicht im geringsten dazu bewegen konnte, sich selbst zu vergeben. Im Jungschen Sprachgebrauch könnte man vielleicht sagen, daß dieser Mann unter einer negativen Inflationierung litt und sich als »den größten aller Schurken« sah, und so hatte er wie der Ewige Jude, Ahasver, das Gefühl, daß er zur Strafe bis ans Ende der Zeiten leiden müsse.[1]

Zwar ist es richtig, daß präexistenztherapeutische Arbeit in der von mir beschriebenen Weise bei bestimmten körperlichen Symptomen Linderung bringen kann, aber es wäre voreilig, von meinen persönlichen Erfolgen in meiner Privatpraxis und in den von mir geleiteten Workshops allgemeine Schlußfolgerungen hinsichtlich ihrer psychosomatischen Wirkung abzuleiten. Ich habe in einigen Fällen tatsächlich eine bemerkenswerte Besserung chronischer organischer Beschwerden beobachten können, aber das gleiche können auch zahlreiche Körpertherapeuten von sich behaupten, die völlig andere Verfahren anwenden. Präexistenztherapeutische Bemühungen, die auf der Annahme basieren, daß in unserem Körper bestimmte Bilder und Erfahrungen gespeichert sind, können häufig Symptome auf eine andere Ebene bringen und sie dort auflösen. Die von mir hier vorgestellte Methode stellt gleichwohl nur einen der Wege dar, mehr Transparenz in den Körper-Seele-Zusammenhang zu bringen.

Was den Eklektizismus der Präexistenztherapie und ihren außerordentlich weitgesteckten philosophischen Rahmen anbelangt, so könnte man vielleicht einwenden, daß das Verfahren zu viele Aspekte in sich vereinigt und gerade dort, wo andere Therapien sich durch einfache, elegante Erklärungsmuster auszeichnen, ein etwas unüberschaubares Bild bietet. So mancher wird auch die Verwendung von Yoga-Terminologie und die Einführung einer Metaphysik der Reinkarnation für unpassend und geschmacklos halten. Andere Kritiker werden sich mit der – ihnen exotisch erscheinenden – Idee früherer Existenzen intellektuell nicht anfreunden können.

Für einige Klienten ist das Verfahren der Präexistenztherapie zu intensiv und emotional zu überwältigend. Für sie ist es nicht gut, wenn die empfindlichsten Bereiche ihrer Psyche abermals freigelegt werden. Für sie ist eher der persönliche Aspekt der therapeutischen

Beziehung wichtig, um wieder Vertrauen ins Leben zurückgewinnen zu können. Andere finden die Imaginationstechniken und die Tiefenarbeit zu schwierig oder zu zersetzend. Bei manchen Klienten wiederum ist es aber auch besser – und zwar selbst wenn sie mühelos frühere Existenzen erinnern können –, daß sie ihre Verbundenheit mit diesem Leben stärken, statt in frühere Existenzen abzudriften. Wieder andere Patienten können zwar ohne große Anstrengung Wiedererinnerungen produzieren, bleiben dabei aber emotional unbeteiligt und verkrampfen sich körperlich. In solchen Fällen rate ich für gewöhnlich, einen Körpertherapeuten aufzusuchen. Wenn der Körper nicht lebendig und sensibel ist, wird sich in den wiedererinnerten Leben nur die emotionale und körperliche Unlebendigkeit des betreffenden Klienten widerspiegeln, das heißt es wird um Geschichten gehen mit Mönchen, Einsiedlern, Ausgestoßenen und anderen Menschen, deren Dasein Loslösung, Leere und Widerwillen gegen eine körperliche Existenz symbolisiert.

Es gibt zwar weitere Kategorien von Klienten, bei denen ich nur vorsichtig mit der Präexistenztherapie arbeite. Das sind erstens Menschen mit schizophrenen Tendenzen, bei denen die Psyche ohnehin schon dazu neigt, mit den zahlreichen Subpersönlichkeiten zu flirten oder ihnen gar zu verfallen. Solche Klienten versuchen meist rasch, die Theorie und Metaphysik der Reinkarnation ihrer eigenen Privat-Philosophie nutzbar zu machen. Ihre vielfach ausgesprochen sympathischen Theorien erweisen sich am Ende nicht selten als Versuch, die Augen vor der einfachen Tatsache zu verschließen, daß sie lebendig und auf dieser Welt gegenwärtig sind.

Allerdings spricht manches dafür, daß es sich bei den Visionen und Stimmen, die der Schizophrene innerlich wahrnimmt, häufig um präexistentielle Fragmente handelt. Solche Menschen schweben jedoch stets in der Gefahr, sich mit derartigen Fragmenten zu überidentifizieren. Sollen nämlich die Subpersönlichkeiten, die unser Unbewußtes bevölkern, integriert und miteinander in ein Gleichgewicht gebracht werden, so ist dazu ein Gefühl für das eigene Selbst erforderlich, das bei normalen Menschen von einem stabilen Ego getragen wird. Wo dies fehlt, ist eine erfolgreiche Auseinandersetzung mit dem Unbewußten nicht möglich. So anziehend präexistentielle Persönlichkeiten für den Schizophrenen auch sein mögen, so muß doch in unserem Leben das Ego die Herrschaft ausüben und zur Beurteilung und richtigen Einschätzung der gegenwärtigen Realität in der Lage sein.

Es ist für viele Schizophrene charakteristisch, daß sie in gewisser Weise leugnen, in diesem Leben überhaupt voll präsent zu sein, das heißt sie leiden also unter einem unterentwickelten Realitätssinn; deshalb ist es häufig wichtig, mit der therapeutischen Arbeit bei ihrem Geburtstrauma anzusetzen. Ihr fehlendes Ich-Empfinden hängt meiner Erfahrung nach häufig damit zusammen, daß sie niemals voll in diese Welt hineingeboren worden sind. Bei den wenigen Schizophrenen, mit denen ich gearbeitet habe, war immer wieder ein enormer Widerstand gegen die Arbeit am Geburtsvorgang festzustellen. Ich vermute, daß sich diese Klienten in gewisser Hinsicht noch in einem intrauterinen Zustand befinden, gefangen in einem körperlosen oder nur teilinkarnierten Bardo-Zustand oder »steckengeblieben« in einer von Stanislav Grofs perinatalen Grundmatrizen. Rudolf Steiner hatte offenbar einen ganz ähnlichen Gedanken. Er glaubte, Schizophrene – Menschen also, die unter der zu seiner Zeit Dementia praecox genannten Krankheit leiden – seien unvollständig inkarnierte Seelen.

Die andere Kategorie von Klienten, bei denen ich wenig Erfolge verzeichnen kann, sind psychologisch gesehen gesunde Menschen, die mir mit den verschiedensten Theorien über ihre vergangenen Leben aufwarten – möglicherweise von Cayce, Seth, der Theosophie oder einem von ihnen konsultierten Medium aufgeschnappt. Mein Mißtrauen gilt nicht so sehr der Herkunft dieser Theorien, sondern der Verbissenheit, mit der diese Klienten ihren Standpunkt vertreten. Die Ansichten und Meinungen, zu denen sie sich bekennen, haben nicht selten einen gewissen »Heils«-Charakter, und so habe ich manchmal den Eindruck, daß diese Klienten von mir lediglich bestätigt haben möchten, was sie offenbar ohnehin schon genau wissen.

Unglücklicherweise läßt sich jedwede Philosophie, Theologie oder Metaphysik sehr leicht in eine Ich-Abwehr gegen die Schattenseiten der eigenen Persönlichkeit umfunktionieren. Den Schizophrenen nicht ganz unähnlich, sind solche Klienten häufig hinsichtlich ihrer früheren Existenzen schon mehr oder weniger von der einen oder anderen geheimnis- und glanzvollen Phantasie infiziert. Sie erhoffen sich also von dem therapeutischen Prozeß einen Zugewinn für ihr Ego, die Entwicklung ihrer Gesamtpersönlichkeit hingegen ist ihnen ziemlich gleichgültig. Wie wir in diesem Buch immer wieder gesehen haben, sind die Erfahrungen und die Persönlichkeiten, die in Wiedererinnerungen zutage treten, für das Ego des Klienten oftmals alles andere als schmeichelhaft; nur selten kommen dabei schillernde oder bedeutende Charaktere zum Vorschein. Jenen nach selektiver »Selbsterkenntnis« suchenden Menschen kann ich deshalb nur immer wieder Jungs ernüchternde Feststellung entgegenhalten, daß »wir nicht dadurch zur Erleuchtung kommen, daß wir uns Lichtgestalten vorstellen, sondern indem wir die Dunkelheit ins Licht des Bewußtseins bringen«.

Die Einzigartigkeit der Präexistenztherapie

Wie ich schon an anderer Stelle ausgeführt habe, erhebt die Präexistenztherapie keinerlei Anspruch, irgend etwas zu beweisen. Den Nachweis, ob es so etwas wie eine Wiedergeburt gibt oder nicht, können allein die Parapsychologie und wissenschaftliche Untersuchungen erbringen. Auch ist Präexistenztherapie nicht unbedingt mit der Anerkennung bestimmter religiöser, spiritistischer oder »metaphysischer« Auffassungen von der Reinkarnation verbunden. Wenn ich bisweilen in bestimmten Traditionen beheimatete Begriffe wie Karma oder Samskara verwende, so nur deshalb, weil sie die seelischen Phänomene, die sich während der therapeutischen Arbeit beobachten lassen, am prägnantesten zu beschreiben vermögen. Ich ziehe sie daher solchen bereits existierenden psychoanalytischen Termini wie »Projektion«, »Phantasie« und »Suggestion« oder dem überstrapazierten Konzept der Kryptomnesie vor.

Welche Hypothese im einzelnen jeweils den Vorzug erhält, hängt im Grunde davon ab, wie viele der relevanten Phänomene die eine oder andere dieser Theorien zufriedenstellend zu erklären vermag. Ich bevorzuge die psychologischen und metaphysischen Erklärungen des Hinduismus und Buddhismus, da ihre Konzepte sehr umfassend angelegt sind. Im übrigen habe ich nichts dagegen einzuwenden, wenn jemand meine Bevorzugung der entsprechenden Konzepte gegenüber den konventionellen psychologischen Theorien als persönliche »Marotte« bezeichnet. Sobald man anfängt, sich mit einem Menschen über Metaphysik zu unterhalten, sind die in den Augen des einen Gesprächsteilnehmers höchsten metaphysischen Offenbarungen aus der Sicht des anderen der reinste Humbug.

Aber wie dem auch sei: Alle Erklärungs- und Begründungsversuche sind notwendig zweitrangig gegenüber der unmittelbaren Aufgabe des Therapeuten, die darin besteht, dem Klienten zu einem

Verständnis und zur Besserung belastender Symptome und Verhaltensmuster zu verhelfen, über die er keine Kontrolle hat. Die in diesem Buch beschriebene Präexistenztherapie muß deshalb daran gemessen werden, ob und inwieweit sie in der Lage ist, seelische Probleme erträglicher zu machen. So gesehen sind die Art und Weise, wie ich wiedererinnerte Erfahrungen und Persönlichkeiten in die Therapie einbeziehe, einschließlich des Rahmens, in den ich sie einordne, Mittel zu einem Zweck und nicht etwa Selbstzweck.

Immer wieder zeigt sich, daß das Verfahren der Erschließung präexistentieller Erinnerungen und der »Wiederbelebung« sekundärer Persönlichkeiten bei der Behandlung bestimmter Symptome gegenüber den etablierten therapeutischen Methoden etliche Vorteile aufweist. Wenn man beispielsweise Phobien, Trennungsängste, Schuldgefühle etc. in Gestalt von Wiedererinnerungen durcharbeitet, so verlagert sich der Prozeß von der Ebene der festgefahrenen Mechanismen dieses Lebens in einen ganz neuen Zusammenhang. Indem sich der Klient mit Hilfe therapeutischer Suggestionen in einen »anderen Menschen« verwandelt, wird sein Ego von der Belastung befreit, sich mit seinen »wirklichen« Eltern, seinen »wirklichen« Verlusten und seinen »tatsächlichen« Unvollkommenheiten auseinanderzusetzen zu müssen. Das magische »als ob« gestattet es der Psyche, Bilder zu erzeugen, durch die sich das – zur Beobachtung des Dramas eingeladene – Alltags-Ich nicht bedroht zu fühlen braucht.

Wir haben beispielsweise gesehen, wie Fälle von Kindesmißhandlung, die auf eine konventionelle Therapie nicht ansprachen, sehr wohl behandlungsfähig waren, sobald man sie mit präexistentiellen Traumatisierungen in Verbindung bringen konnte. In Wiedererinnerungen können die schlimmsten Katastrophenängste und Phobien zutage treten, ohne daß sich der Betreffende in seinem Ich oder auch körperlich »tatsächlich« bedroht zu fühlen braucht. Auch tief verborgene sadistische oder masochistische Phantasien lassen sich leichter zum Ausdruck bringen und auflösen, wenn sie in einer Wiedererinnerung im Zusammenhang mit einem Krieg, einer Verfolgung oder einer Folterszene ausagiert werden. Ein Teil der Psyche des betreffenden Menschen ist durch das Bewußtsein, daß er oder sie sich all diese furchtbaren Dinge sowohl zuzurechnen als auch nicht zuzurechnen hat, außerordentlich erleichtert. Im Verlaufe dieses Geschehens lernt ein solcher Mensch dann, seine eigene Dualität und Multiplizität zu akzeptieren. Es handelt sich also um einen relativ wenig bedrohlichen, indirekten Weg, die schwierigsten Aspekte der eigenen Persönlichkeit anzunehmen.

Nachdem wir unsere seelischen Probleme zunächst auf eine präexistentielle Ebene transportiert haben, müssen wir die entsprechenden Wiedererinnerungen in einem nächsten Schritt wieder in unser jetziges Leben integrieren. Wie wir gesehen haben, geschieht dies teilweise, indem der Therapeut den Klienten durch eine Todeserfahrung geleitet und dann verschiedene Begegnungen zwischen Ich und bestimmten in der Wiedererinnerung zutage getretenen Persönlichkeiten herbeiführt. Nachdem der Klient sich mit dem in der Regression erlebten »anderen Selbst« völlig identifiziert hat, halte ich ihn dazu an, noch einmal die Todeserfahrung der betreffenden Figur wiederzuerleben, was zu einer partiellen Desidentifikation mit der betreffenden präexistentiellen Gestalt führt. Ich spreche in diesem Zusammenhang deshalb von einer »partiellen« Distanzierung, weil es für die Gesundung des Klienten von grundlegender Bedeutung ist, daß er sich seine Sekundär- oder präexistentielle Persönlichkeit als Bestandteil seiner selbst zu eigen macht, damit er in Zukunft nicht mehr von ihr beherrscht wird. Es handelt sich also um einen Unterscheidungs-Vorgang: Der Klient lernt zwischen den verschiedenen Aspekten seiner Persönlichkeit zu differenzieren und befreit sein Ego so aus dem Bann der Samskaras, in denen die unverarbeiteten Erfahrungen früherer Zustände gespeichert sind. Die diversen präexistentiellen Psychodramen, die ich beschrieben habe, gestatten es dem Klienten, sich von den Figuren seiner Wiedererinnerungen zu distanzieren, sich mit ihnen zu versöhnen und sich schließlich selbst zu vergeben. So gesehen, stellt die Präexistenztherapie eine Erweiterung der Gestalttherapie und der Technik des Psychodramas dar.

Im Kontext der im Bild des Lotus-Rades dargestellten Vielschichtigkeit seelischer Komplexe erweist sich überdies der hohe Grad an psychischer Verdichtung, der sich mit Hilfe der Präexistenztherapie erzielen läßt, als vorteilhaft. In Stanislav Grofs bahnbrechenden Arbeiten ist unter der Bezeichnung COEX ebenfalls von einem System kondensierter Erfahrung die Rede. Auf der Basis eines solchen Systems kann man innerhalb einer einzigen Doppelstunde erfolgreich diverse – aktuelle, biographische, somatische oder präexistentielle – Probleme bearbeiten. Die präexistenztherapeutische Arbeit wirkt deshalb meistens rascher und konzentrierter als viele andere Therapien – von der psychedelischen Therapie vielleicht einmal abgesehen.

Ein weiterer Grund dafür, warum sich mit Hilfe der Präexistenztherapie besonders rasch Fortschritte erzielen lassen, ist in dem Umstand zu suchen, daß dieses Verfahren der Erfahrung gegenüber der Interpretation den Vorgang einräumt. Häufig gewinnt der Klient selbst spontan Einsicht in die Bedeutung seiner verschiedenen präexistentiellen und aktuellen Erfahrungen und deren Verknüpfungen. Das soll freilich nicht heißen, daß ich die Aufmerksamkeit meiner Klienten nicht etwa auf offenkundige Parallelen oder symbolische Resonanzen hinlenke oder gegebenenfalls auch selbst Interpretationen beisteuere. Im allgemeinen geschieht dies allerdings erst gegen Ende der Wiedererinnerung.

Ein entscheidendes Merkmal des in diesem Buch vertretenen präexistenztherapeutischen Ansatzes ist dessen durch und durch holistischer Charakter. Ungeachtet der mit dem Namen des Verfahrens verbundenen »spirituellen« Anklänge ist die Präexistenztherapie tatsächlich auf allen drei Ebenen wirksam – der körperlichen, der seelischen und der geistigen – und erfüllt somit die Voraussetzungen einer holistischen Therapie. Wir haben in diesem Zusammenhang bereits darauf hingewiesen, daß präexistentielle Gewalt-, Krankheits- und sonstige traumatische »Reste« im Gewebe unseres Körpers gespeichert sind, daß jedem seelischen Komplex ein präexistentielles Thema zugrunde liegt und daß im nachtodlichen Zustand subtile spirituelle Erkenntnisse möglich sind.

Eine der kühnsten Thesen der Präexistenztherapie ist vielleicht die Vorstellung ererbter Komplexe oder Samskaras. Denn im Gegensatz zu fast allen sonstigen Therapien lehnen die Anhänger der Präexistenztherapie – wie übrigens auch die Schüler Jungs – das Tabularasa-Dogma eindeutig ab. Indem wir die Ursachen seelischer Traumatisierungen in früheren Existenzen aufsuchen, stellen wir den gesamten Freudianismus und die herkömmliche Psychologie des Kindes gleichsam auf den Kopf. Wenn man die Probleme, unter denen Kinder leiden, auf Vorgänge in früheren Existenzen zurückführt, so lassen sich diese Schwierigkeiten nicht länger allein durch diverse Arten elterlichen Fehlverhaltens erklären. Freilich bedeutet dies, daß wir Kindheitstraumatisierungen, besonders den tatsächlichen oder eingebildeten sexuellen Mißbrauch von Kindern durch Erwachsene, in einem völlig neuen Licht sehen müssen. Denn solche Geschehnisse haben in erster Linie die Funktion, präexistentielle Erinnerungsreste zu reaktivieren. Das heißt, wir können fortan darauf verzichten, für sämtliche seelisch bedingten Probleme in vereinfachender Manier immer nur die Eltern verantwortlich zu machen.

Die drei Ebenen der Präexistenztherapie: Ein Überblick

Die präexistenztherapeutischen Verfahren, mit denen ich arbeite, sind alles andere als »gemütlich«. Der Klient sollte von mir nicht erwarten, daß ihm im Rahmen der Therapie wohltuende und spirituell aufbauende Mitteilungen »von der anderen Seite« zuteil werden. Vielmehr handelt es sich um einen Prozeß außerordentlich harter Arbeit, in dessen Verlauf ich den Klienten dazu auffordere, sich mit den schwierigsten – und nicht etwa den angenehmsten – Aspekten seiner Persönlichkeit auseinanderzusetzen. Wie wir im Zusammenhang mit der Frage nach der Multiplizität der Psyche gesehen haben, ist diese, und ganz besonders ihre präexistentiellen Komponenten, durch Gegensatzpaare gekennzeichnet, die in einem nicht immer einfachen Spannungsverhältnis zueinander stehen. Dr. Jekyll muß sich irgendwie mit Mr. Hyde arrangieren, Othello mit Jago. F. Scott Fitzgerald hat einmal angemerkt, Genialität sei die Fähigkeit, sich zwei völlig gegensätzliche Ideen gleichzeitig vor Augen zu führen und mit ihnen zu arbeiten. Der Weg der Selbsterkenntnis und -verwirklichung – Jungs Individuationsprozeß also – verlangt von uns die Bereitschaft, Paare radikal gegensätzlicher (präexistentieller) Persönlichkeiten vor unser Bewußtsein zu stellen und miteinander zu versöhnen. Das, glaube ich, war es, was der anonyme chinesische Weise mit der Behauptung meinte, nur jenes Glück sei »von Dauer, das sich der in einem Mörser in eins gestampften Qual und Ekstase verdankt und der Intensität dieses Prozesses«.

Niemand hat diesen Prozeß eines von der Spannung solcher Gegensätze gekennzeichneten Lebens so gut beschrieben wie der große deutsche Psychologe und Zen-Meister Karlfried Graf Dürckheim. Ich hatte das Privileg, diesem Mann vor vielen Jahren im Schwarzwald zweimal kurz zu begegnen – zu einer Zeit, als ich gerade meditieren lernte. Dieser noch persönlich mit Jung bekannte Mann hatte eine bewundernswerte Synthese aus Zen und westlicher Tiefenpsychologie geschaffen. Er hatte auch in der Zurückgezogenheit einen Kreis von Menschen um sich gesammelt, deren erklärtes Ziel es war, der seelischen, der körperlichen und der spirituellen

Ebene des Menschseins gleichermaßen Rechnung zu tragen. Ich habe jene Begegnungen ebenso wie seine Schriften in meinem Leben immer wieder als Bereicherung empfunden. Ich empfehle häufig Klienten, die gerade anfingen, sich intensiver mit Meditation zu beschäftigen, Dürckheims bemerkenswertes Buch *Der Alltag als Übung. Vom Weg zur Verwandlung.* In der folgenden Passage ist nicht nur von der Meditationspraxis der buddhistischen Tradition die Rede, sondern auch von Jungs Psychologie der Gegensätze, die für mich ein unverzichtbarer Bestandteil der Präexistenztherapie ist:

> »Nur in dem Maße, als der Mensch sich immer wieder der Vernichtung aussetzt, kann das Unvernichtbare ins Innesein treten. Das ist auch die Würde des Kühnen. So geht es in aller Übung auch nie darum, daß der Mensch eine Verfassung ausbildet, die ihn zu ›Gleichgewicht und Ruhe‹ kommen läßt, in der ihn nichts mehr berührt, sondern umgekehrt darum, daß er es lernt, sich angreifen, berühren, treffen, kränken, sprengen, zerschlagen zu lassen, mit einem Wort, daß er es wagt, von seinem falschen Verlangen nach schmerzloser Harmonie und glatter Oberfläche zu lassen, um im mutigen Kampf mit den Mächten zu finden, was ihn jenseits der Gegensätze erwartet. Es geht um den *Mut zum Leben,* also darum sich in der Welt auch gefährlichen Begegnungen zu stellen und in der Versenkung, statt sich im Fixieren eines Gegenstandes gegen das Unbewußte zu schützen, das Hochkommen aller ›Dämonen‹ zu begrüßen. Nur im immer neuen Durchschreiten einer Zone der Vernichtung kann die Fühlung mit dem aller Vernichtung enthobenen Sein sich festigen. Und je mehr der Mensch es lernt, ohne Reserve der ihn gefährdenden, sinnwidrigen, mit Isolierung drohenden Welt zu begegnen, um so mehr öffnet sich ihm die Tiefe des Grundes, und ein Tor zu neuem Leben und Werden geht auf.«[2]

Karlfried von Dürckheim, *Der Alltag als Übung*

Es hätte den Rahmen dieses Buches gesprengt, wenn ich auch noch versucht hätte, den langwierigen Prozeß der Integration zahlreicher präexistentieller Persönlichkeiten und ihrer ungelösten Schwierigkeiten in das Bewußtsein ausführlich zu beschreiben. In den meisten der hier vorgestellten Fallbeispiele ging es in erster Linie um ganz konkrete Probleme und Fragen, das heißt um ein oder zwei wesentliche seelische Komplexe, aber nicht unbedingt um die Gesamtpersönlichkeit. Klinisch ausgedrückt habe ich in diesem Buch eine Art intensiver Kurztherapie vorgestellt. Eine langfristige Arbeit mit präexistentiellen Resten sollte sich nach Möglichkeit an dem von Jung entwickelten traditionellen Individuationsbegriff orientieren. Dieser Weg beinhaltet die allmähliche, im einzelnen durchaus schmerzliche Assimilierung ganzer Serien polarisierter, abgespaltener oder sekundärer Persönlichkeiten und Komplexe.

Es würde eines weiteren Buches bedürfen, wollte ich diesen Prozeß im einzelnen darstellen, und einige solcher Bücher sind bereits erschienen.[3] In den vorstehend beschriebenen Fallbeispielen sind im allgemeinen nur kurze Ausschnitte dieses Prozesses sichtbar geworden. Gleichwohl ist es vielleicht natürlich, wenn ich an dieser Stelle eine Art Überblick über allgemeine Entwicklungen gebe, die während einer – sich im wesentlichen auf präexistentielle Erinnerungen stützenden – langfristigen Therapie auftreten können. Falls der Leser mehr über die klassische – in erster Linie auf der Deutung von Träumen beruhende – Variante des Jungschen Individuationsprozesses erfahren möchte, so sei er auf die in den Fußnoten genannten Standardwerke Jungs und seiner Schüler verwiesen.[4]

Im Verlauf meiner Auseinandersetzung mit dem Phänomen der Individuation ist mir sowohl an meinem eigenen als auch am Beispiel meiner Klienten aufgefallen, daß dieser Prozeß drei deutlich unterscheidbare Stadien umfaßt, durch die wir wahrscheinlich alle hindurchgehen müssen. Die erste dieser Phasen bezeichne ich als das »realistisch-kathartische Stadium«. Auf dieser Ebene behandeln wir die zutage tretenden Erfahrungen und präexistentiellen Persönlichkeiten, als *ob* sie absolut realistisch wären. Die zweite Phase bezeichne ich als das »symbolisch-archetypische Stadium«. Auf dieser Ebene kommt es zu einer ersten Ablösung von den betreffenden psychischen Inhalten; außerdem gewinnt der Klient Einsichten in die metaphorische, häufig sogar spirituelle Bedeutung seiner Wiedererinnerungen. Die nur selten erreichte dritte Phase habe ich als »integral-mystisches Stadium« bezeichnet. Auf dieser Ebene kommt es zu einem transzendenten Akt der Erkenntnis, in dessen Verlauf sich die Bedeutung des gesamten Prozesses erschließt.

Als ich nach einem Bild suchte, mit dessen Hilfe sich die subtilen Wechselwirkungen zwischen den drei Ebenen am besten beschreiben lassen, stieß ich auf ein berühmtes zen-buddhistisches Koan oder Paradox. Hier der Wortlaut:

> Bevor der Mensch sich mit Zen befaßt, sind die Berge für ihn Berge, und die Wasser sind für ihn Wasser. Nachdem er durch die Unterwei-

sung eines guten Lehrers Einsicht in die Wahrheit des Zen gewonnen hat, sind für ihn die Berge keine Berge mehr, und auch die Wasser sind für ihn keine Wasser mehr. Danach, wenn er wirklich zur Heimstatt der Ruhe gelangt ist, sind die Berge für ihn abermals Berge und die Wasser Wasser.[5]

1. Das realistisch-kathartische Stadium: »Berge sind Berge, und Wasser sind Wasser.«

Auf dieser Ebene haben wir alles Recht, sämtliche Geschichten wörtlich zu nehmen, so als gebe es eine lineare Ursache-Wirkungs-Sequenz, die innerhalb jeder einzelnen und durch alle Existenzen hindurch am Werk ist. Wir betrachten den Komplex in diesem Stadium in seiner wörtlichen Bedeutung, als Produkt eines noch lebendigen Traumas, das der Heilung und häufig der Katharsis bedarf. Zunächst muß das Trauma bewußt gemacht und dann nötigenfalls zum Ausdruck gebracht werden, damit die darin eingeschlossenen Schmerzen und Gefühle freigesetzt werden. Wir haben bereits festgestellt, daß Jungs Grundsatz »Ein Komplex entsteht immer dort, wo wir im Leben eine Niederlage erlitten haben« ohne weiteres auch für Niederlagen in früheren Existenzen seine Berechtigung hat. Im Verlauf dieses Buches haben wir wiederholt gesehen, daß präexistentielle Komplexe oder Samskaras immer in jenen Bereichen entstehen, in denen der oder die Betreffende einen Schmerz, einen Verlust, einen Kummer, eine Wut oder Verbitterung erfahren hat. Beispiele für solche präexistentiellen Traumatisierungen sind: der Verlust eines Elternteils in der frühen Kindheit; der Zusammenbruch einer Gemeinschaft, eines Landes oder eines Reiches; die Ermordung unserer ganzen Familie; die Erfahrung bitterer Armut; der Verrat eines Ehegatten oder Vertrauten; das Erlebnis einer Krankheit, die uns daran hindert, zu arbeiten oder produktiv zu sein; die Erfahrung einer öffentlichen Erniedrigung; eine Gefängnisstrafe, ein Dasein als Exilant; ein Zustand der Unterdrückung; Impotenz oder Sterilität; ein Unfall mit Folgen für unsere geistige Gesundheit; Verfolgung wegen bestimmter Überzeugungen und so fort.

In allen solchen Fällen hat das Ego des präexistentiellen Selbst tiefe Wunden davongetragen, was überdies vielfach die Verdrängung bestimmter Gefühle verursacht hat. Deshalb errichten wir unter solchen Umständen gerne Schutzmauern um uns herum, oder aber wir entwickeln bestimmte Rationalisierungen und Lebensgewohnheiten, die verhindern sollen, daß wir eine solche Situation je wieder erleben. Und so kommt es, daß die nämliche Verteidigungshaltung von Leben zu Leben unsere Ich-Wirklichkeit jeweils nach demselben Muster strukturiert.

Wir haben gesehen, wie wichtig es ist, diese Erfahrungen während der therapeutischen Arbeit für ganz echt zu nehmen – so *als ob* sie ein bestimmtes Geschehen naturgetreu abbilden. Eine uneingeschränkte Achtung vor der psychischen Wirklichkeit der Erfahrung ist unerläßlich, da es andernfalls unmöglich wäre, jenes »andere Leben« zu rekonstruieren und in seiner Empfindungsqualität noch einmal zu erleben. Dieses therapeutische »als ob« läßt bedingungslose Anteilnahme entstehen und ist die Bedingung dafür, daß die entsprechenden Erfahrungen in all ihrer Konfusion und Fragmentierung samt allen sie begleitenden Schmerzen zum Ausdruck gebracht und losgelassen werden können. Und wie immer ausgeschmückt, verzerrt oder unbewußt entstellt die Geschichte eines Klienten auch sein mag, der Therapeut muß sie sich gleichwohl ohne Vorurteile oder voreilige Interpretationen bis zum Schluß anhören und sie zunächst einmal als authentisch annehmen.

Die junge Frau, die bei mir in der Therapie über schwere Alpträume klagte, konnte sich noch an die Ungeheuer erinnern, die – als sie drei Jahre alt gewesen war – von der Decke ihres dunklen Zimmers zu ihr herabgeschaut hatten. Ihre Mutter hatte sich über diese »Visionen« bloß lustig gemacht und zu der Kleinen gesagt, daß diese sich »Dinge einbilde«, aber die Angst und die Unsicherheit hatten diese junge Frau in all den Jahren seither nicht verlassen und gefährdeten ernsthaft ihre Beziehungen zum andern Geschlecht. In der Regression konnte sie nun noch einmal in ihre Kindheit zurückkehren und die Monster in Augenschein nehmen. Als ich sie bat, genau hinzuschauen, verwandelten sich die Ungeheuer in wütende Hunde, und sie fühlte sich plötzlich ins Mittelalter zurückversetzt und erlebte sich als ein Kind, das von Männern und Hunden zu Tode gehetzt wurde. Nachdem sie ihren Horror und Schmerz wie eine authentische Geschichte wiedererlebt hatte, verschwanden ihre Phobie und die damit zusammenhängenden Symptome.

Wir haben auch gesehen, daß das anfängliche Wörtlichnehmen solcher Erfahrungen sich zum Teil auch auf den Körper bezieht. Dabei zeigt sich dann zum Beispiel, daß sich hinter chronischen Halsschmerzen Bilder einer Enthauptung verbergen. Bei der therapeutischen Arbeit an einer sexuellen Hemmung kommt eine Vergewaltigungs-

oder Foltererinnerung zum Vorschein. Atemschwierigkeiten oder asthmatische Beschwerden fördern Bilder eines Erstickungstodes zutage. Das Magengeschwür ruft Erinnerungen an die Deportation ins Konzentrationslager wach. In derartigen Geschichten geht es um die in dem betreffenden seelischen Komplex »gespeicherten« karmischen Residuen, die sich auch körperlich manifestieren.

Aber so wirksam das Verfahren der kathartischen Freisetzung der in der Komplex-Geschichte verschütteten Gefühle auch sein mag, es gibt Traumatisierungen, die sich einer solchen Behandlung erfolgreich widersetzen. Manche Klienten können solche Traumatisierungen nicht loslassen. In den Teufelskreis ihrer eigenen Gefühlshölle gebannt, durchleben sie ihre Verletzungen vielmehr unaufhörlich aufs neue. Das zu der betreffenden Traumatisierung passende Gegenbild, das heißt die Verwandlung des Opfers in den Täter oder des Sklaven in den Schinder, wird in solchen Fällen nicht sichtbar. Wenn man sich dann unmittelbar an das Geburtstrauma oder an gewisse intrauterine Erfahrungen oder an noch dramatischere oder blutrünstigere frühere Existenzen heranwagt, so erreicht man bisweilen das Gegenteil der erwünschten Wirkung, so daß der Klient noch tiefer in den Strudel hineingesogen wird. In solchen Fällen geraten wir mit dem realistisch-kathartischen Verfahren aus unerfindlichen Gründen in eine Sackgasse. Wir müssen irgend etwas übersehen haben, oder aber der Klient ist an seine alte Traumatisierung auf subtile Weise gebunden. In diesem Zusammenhang könnte man vielleicht mit T. S. Eliot sprechen: »Die Erfahrung hatten wir sehr wohl, nur daß die Bedeutung uns entging.«[6]

Wenn ich an diesen Punkt gelange, so sehe ich mich genötigt, ein »distanzierteres«, indirektes therapeutisches Verfahren anzuwenden. Vielleicht lasse ich den Klienten schlicht mit den in seiner Wiedererinnerung zum Vorschein gelangten präexistentiellen Persönlichkeiten in einen Dialog treten, oder aber wir bearbeiten die Geschichten der betreffenden Figuren fiktiv, oder aber wir fertigen eine Zeichnung oder Skulptur von ihnen an, oder aber wir stellen in Form einer Maske ein Abbild von ihnen her. Manchmal dramatisieren wir die betreffende Geschichte aber auch oder behandeln sie wie einen Traum. Danach geht die Arbeit dann auf der zweiten Ebene weiter.

2. **Das symbolisch-archetypische Stadium:** »Berge sind *keine* Berge, und Wasser sind *keine* Wasser.«

Im realistischen Stadium sollte der Klient sich mit seinem präexistentiellen Selbst voll identifizieren, zur Erzeugung eines inneren Psychodramas einen vollständigen Rollenwechsel vornehmen und seine Ich-Identität zugunsten der diversen Schatten-»Identitäten« und der verstoßenen Aspekte der eigenen Persönlichkeit schwächen. Nachdem er jedoch die Fähigkeit dieser abgespaltenen Teile kennengelernt hat, sich seiner Persönlichkeit zu bemächtigen, diese zu unter- und niederzudrücken, muß er jetzt anfangen, sich aus dem mehr oder weniger subtilen Bann dieser Fragmente zu befreien. Statt zu behaupten: »Ich *war* ein Sklavenhalter, eine Tempelprostituierte oder ein archaischer Mensch etc.«, sollte er von nun an sagen: »Ich habe einen Sklavenhalter, eine Tempelprostituierte, einen archaischen Menschen *in* mir.« Auf diese Weise gehen wir von einer Haltung der Identifikation in einen Zustand der Desidentifikation über, machen die uns beinflussenden Persönlichkeitsfragmente dingfest, beobachten ihre Kapriolen und verschaffen uns auf diese Weise einen Eindruck von ihren vorherrschenden Stimmungen und Neigungen. In dieser Phase nun fangen wir allmählich an, gewisse Gedanken und ihre Herkunft besser zu begreifen. »Ich habe nie genug Zeit«, nörgelt vielleicht der alte ständig weglaufende Flüchtling in uns. Oder: »Ich lasse ihn nicht herein«, murmelt eine als Kind sexuell mißbrauchte Frau vielleicht inmitten des Liebesaktes. Aber inzwischen kennen wir die in uns lebendigen Figuren ein bißchen besser, inklusive ihrer immer gleichen Leier. Und wir können sie jetzt im Geiste gleichsam zur Seite nehmen, mit ihnen sprechen, ihnen gut zureden, sie trösten, sie auf die veränderten Umstände aufmerksam machen und sie sogar in ähnlicher Weise in unsere Dienste zwingen, wie Prospero es in Shakespeares *Der Sturm*[7] mit dem Ungeheuer Caliban vorexerziert.

Dieses Stadium wird im Yoga als Ablösung vom Samskara bezeichnet, und James Hillman spricht in seiner Psychologie der Archetypen in diesem Zusammenhang von Entzifferung des Komplexes.[8] In dieser Phase richten wir unsere Aufmerksamkeit mehr auf die metaphorische Bedeutung als auf die Katharsis oder den Realismus der betreffenden Vorstellungen. Warum hat der Klient den Eindruck, er werde immer wieder von »rückwärts« erstochen? Warum hat er so oft den »Kopf« verloren? Weshalb hat er in seinen Wiedererinnerungen immer wieder unter dem Verlust seines Landes oder seines Territoriums zu leiden? Wieso wird der oder die Betreffende unentwegt von solchen Gedanken beherrscht wie »Es ist nie genug« –

»Niemand wird mich je aufhalten können« – »Jedesmal ist es zu spät«?

Als Beispiel für den Übergang von der ersten auf die zweite Ebene möchte ich jetzt kurz die Geschichte einer in der Psychiatrie als Schwester tätigen Frau mittleren Alters erzählen. Diese Frau sah sich in der Wiedererinnerung als einen Bauern im Mittelalter, der – seines Landes beraubt – sich an seinem Feudalherrn zu rächen versuchte und schließlich gräßlich zu Tode gequält wurde. Nachdem er sich längere Zeit in den Wäldern versteckt gehalten hatte, hatte er einen nächtlichen Angriff auf das Schloß organisiert. Die Attacke wurde von den Wachen vereitelt, die ihn festnahmen, ihm brutal die Gedärme aus dem Leib rissen und ihn dann einen nicht mehr benutzten Treppenschacht hinunterwarfen, wo er dann starb. Natürlich war in diesem Fall eine gründliche kathartische Arbeit vonnöten, und dabei gelang es uns auch tatsächlich, einen Großteil der im Unterleib festgehaltenen Gefühle freizusetzen. Danach ließ ich die Frau im nachtodlichen Stadium noch einmal auf ihr präexistentielles Leben zurückblicken und sich Gedanken über die Bedeutung dieses brutalen Todes machen. »Als ich mich schließlich dazu durchgerungen hatte, dem Tyrannen die Stirn zu bieten, hat mich plötzlich der Mut (engl.: *guts* = »Gedärme« und »Mut«) verlassen«, sagte die Klientin. Sofort hatte sie eine ganze Flut von Assoziationen, die sich auf ihre Arbeitssituation im Krankenhaus bezogen. Sie war extrem empört über ihre medizinischen Vorgesetzten, hatte aber nicht den »Mut«, ihre Klagen offen vorzubringen. Die gehemmte Wut, die sie gegenüber ihren Oberen und Autoritätspersonen überhaupt empfand, hatte sich in ihrem Unterleib angesammelt. Die Wiedererinnerungen jenes alten Traumas setzte diese Energien nun frei. Die eigentliche Befreiung aber fand statt, als sie die symbolische Bedeutung ihres Komplexes verstand: das Drama von Macht und Ohnmacht, von Mut und Feigheit, das sich in ihrem Unterleib abspielte.

Das Verständnis der symbolischen Bedeutung der körperlichen Aspekte seelischer Komplexe kann mitunter aus einer ganz unerwarteten Richtung kommen. In Kapitel 4 habe ich kurz erläutert, daß auch der Körper eine Geschichte zu erzählen hat. Ich habe in dem betreffenden Unterkapitel auch von Jane berichtet, die sich als Pioniersfrau wiedererlebte, die unter einen umstürzenden Wagen geraten und an einem Wirbelsäulenbruch gestorben war. Sie brachte die durch diese Wiedererinnerung reaktivierten Rückenschmerzen mit einer – fast tödlich verlaufenen – mysteriösen Nierenerkrankung in Verbindung, unter der sie in ihrem jetzigen Leben mit siebenundzwanzig Jahren gelitten hatte. Und was am wichtigsten war, sie erkannte, daß sowohl ihr präexistentielles Unglück als auch die Nierenerkrankung in diesem Leben auf einen ungelösten Konflikt zwischen Liebe und Unabhängigkeit zurückzuführen waren. Ich verstand damals zunächst nicht genau, weshalb sie in ihrem jetzigen Leben nicht nur mit dem Rücken, sondern auch mit den Nieren Schwierigkeiten bekommen hatte. Als ich den Fall dann später mit meinem Freund Charles Poncé diskutierte, einem Psychologen, der ein hervorragender Kenner des esoterischen Symbolismus ist – der Astrologie, der Alchemie und der Kabbalah u. a. –, da ging mir ein Licht auf. Poncé erklärte mir, daß die traditionelle chinesische Medizin (zu der auch die Akupunktur gehört) die Existenz von Meridianen annimmt, die die verschiedenen Organe mit der Lebensenergie *Chi* verbinden und versorgen. Außerdem, so erklärte er mir, hat dieses Heilsystem den einzelnen Organen symbolische Namen zugeordnet, die auf bestimmte emotionale Zustände Bezug nehmen. Die Nieren sind in diesem Zusammenhang als »der Sitz der Leidenschaften« bekannt. Ganz sicher waren Janes zahlreiche – wenn auch verdrängte – Liebesenttäuschungen ihr an die Nieren gegangen, und diese Organe hatten folglich entsprechend protestiert.

In einem anderen Fall hatte ich mit einem jungen Mann zu tun, einem Lehrer, der unter lähmendem Lampenfieber litt, sobald er außerhalb des Unterrichts vor einem größeren Publikum sprechen mußte. Die körperlichen Probleme, über die er berichtete, hatten auf den ersten Blick mit diesem Problem nichts zu tun. So waren beispielsweise seine Hände und Füße schlecht durchblutet, und er hatte immer wieder mit Halsstarre zu tun. In der Wiedererinnerung erlebte er sich als einflußreichen Wanderprediger im Nahen Osten. Dieser Mann zog so große Menschenmassen an, daß er mit seiner Anhängerschaft die politische Stabilität des kleinen Emirats bedrohte. Der Emir ließ ihn festnehmen und brutal zu Tode martern. Zuerst wurden ihm Hände und Füße abgeschnitten, dann wurde er über Nacht an einen Balken gekreuzigt und am folgenden Morgen – schon fast tot – enthauptet.

In den folgenden Monaten machte der Klient einen qualvollen kathartischen Prozeß durch. Sobald während der Massagesitzungen sein Hände, seine Füße oder sein Hals berührt wurden, wurden die alten Erfahrungen in ihm reaktiviert. Als wir einige Zeit später noch einmal seine damalige Todeserfahrung durcharbeiteten, hatte er ein bemerkenswertes Erlebnis: Er schwebte über der Erde, wo ihn eine Gruppe weißgekleideter, liebevoller Gestalten erwartete. Auf die Frage, warum er so grausam habe sterben müssen, kamen die Antworten schlagartig:

»Deine Hände sind dir abgehackt worden, weil du den Kontakt zu den Menschen verloren hattest.
Deine Füße sind dir abgehackt worden, weil du den Kontakt zur Erde verloren hattest.
Der Kopf wurde dir abgeschlagen, weil er zu sehr von Wissen aufgebläht war.«

Diese Worte trafen den Klienten so tief, daß er fast ein Jahr lang darüber meditierte. Und dann – es schien fast wie ein Zeichen dafür, daß die Zeit der Reue vorüber sei – wurde ihm eine Arbeit angeboten, bei der er vor großen Versammlungen Vorträge zu halten hatte. Und er stellte fest, daß sein Lampenfieber wie weggeblasen war. Und nachdem auch die Durchblutung seiner Hände und Füße wieder normalisiert war, stellte sich heraus, daß er sogar über heilende Kräfte verfügte.

In beiden Fällen ereignete sich der Durchbruch im nachtodlichen Stadium, in einer Phase also, da die Klienten sich distanziert betrachten und von der Subpersönlichkeit beziehungsweise von dem Komplex Abstand nehmen konnten, den sie so dramatisch wiedererlebt hatten. Sie waren jetzt in der Lage, dieses ganze Geschehen wie eine Geschichte zu betrachten oder als eine bedeutungsschwangere Traumwirklichkeit. Dieses Vorgehen erinnert an das von J. L. Moreno entwickelte klassische Verfahren des Psychodramas. Bei Anwendung dieser Methode benennt der Klient andere Personen, die ihn selbst, seine verschiedenen Alter-Egos und die zentralen Figuren in seinem Leben darstellen. Wenn wir nämlich unsere ganze Geschichte von außen betrachten, dann können wir leichter erkennen, wie wir in das Drama unseres Komplexes verstrickt sind. Psychologisch gesehen fördern wir durch diese Betrachtung aus der Distanz oder aus der nachtodlichen Perspektive heraus beim Klienten die Entwicklung dessen, was einige Meditationsrichtungen den »Zeugen« nennen. Und durch die Figur eines Engel-Wesens o. ä. erlauben wir einer »höheren« Subpersönlichkeit, uns mit Weisheit und Einsicht zu erfüllen.

Jung hat diesen »Zeugen« als »transzendente Funktion« bezeichnet, und es ist vielleicht interessant, an dieser Stelle darauf hinzuweisen, daß dieses Phänomen nach seiner Auffassung immer dann auftritt, wenn die beiden Pole eines Komplexes oder eines archetypischen Gegensatzpaares miteinander versöhnt werden.[9]

In den beiden vorstehenden Fallbeispielen wird in den »Geschichten« der Vorleben die Polarisierung des betreffenden Komplexes sichtbar. Im Fall der oben erwähnten Psychiatrie-Krankenschwester verwandelte sich der rachedurstige Möchtegern-Mörder in ihr in ein verstümmeltes Opfer. Beide Extreme waren in einem Leben gleichzeitig vorhanden. Bei dem unter Lampenfieber leidenden Lehrer schlug spiritueller Hochmut in sein Gegenteil um, als der Klient in Gestalt jenes Wanderpredigers einen zutiefst erniedrigenden Tod erlitt – wiederum in ein und demselben Leben.

Wir haben gesehen, daß Klienten, die angeregt werden, nacheinander eine Reihe verschiedener Wiedererinnerungen zu produzieren, immer wieder Erlebnisse zutage fördern, die sich zu der jeweils zuletzt produzierten Wiedererinnerung umgekehrt spiegelbildlich verhalten.

Wenn der Klient – entweder im nachtodlichen Zustand oder nach der Sitzung – solche »Paare« dann auf ihre symbolische Bedeutung hin untersucht (in manchen Fällen hat man es auch gleichzeitig mit mehreren Gegensatz-Paaren zu tun), ist ein großer Teil der Arbeit getan. Eine Schattenfigur wird integriert, eine Spaltung geheilt, ein verlorener Seelenteil wird – wie ein verlorener Sohn – durch Liebe und Anerkennung zurückgewonnen.

Wenn es nicht gelingt, den Standpunkt des »Zeugen« außerhalb der Dyade einzunehmen, ergibt sich meist eine Spirale von Existenzen, die sich nach dem Aktion-Reaktions-Muster gegenseitig abwechseln. Auf brutale Soldaten-Existenzen folgen dann häufig einige Leben als Opfer. Ganz der Spiritualität gewidmete Existenzen (als Mönch, Schamane, Priester) werden von nur um materielle Werte kreisenden Existenzen (als Bauer, Kaufmann oder Bettler) abgelöst. Aus diesem Kreislauf ist kein Entkommen, solange sich der Klient nicht mit der Frage der psychischen Gegensätze auseinandersetzt. Wir bleiben dann auf der realistisch-kathartischen Ebene stecken.

Die Auseinandersetzung mit dem Schatten und den verfeindeten Gegensätzen in uns ist wahrlich kein leichtes Unterfangen, egal wie dieser Prozeß im einzelnen auch verlaufen mag. Diese Konfrontation ist häufig ernüchternd und erniedrigend und erfordert außerdem unvermeidlich eine Art inneres Sterben, einen Vorgang also, den

D. H. Lawrence als »lange, schwer zu vollbringende Reue« bezeichnet hat. Diese Arbeit ist in der Tat langwierig und hart und bringt den Klienten in manchen Fällen fast an den Rand der Verzweiflung und der völligen Desillusionierung. Nicht zufällig hat der große katholische Mystiker St. Johannes vom Kreuz im Zusammenhang mit dem langwierigen Absterben unserer minderwertigen Persönlichkeitsanteile von der »dunklen Nacht der Seele« gesprochen. Aber zugleich hat er auch gesagt: »Wer in allen Dingen zu sterben weiß, der wird in allen Dingen das Leben gewinnen.«

Jung hat einmal bemerkt, daß die Bearbeitung der – von ihm als Schatten bezeichneten – dunklen, verleugneten Teile des Selbst »ein moralisches Problem ist, das die gesamte Persönlichkeit herausfordert«.[10] Die Erkenntnis, daß alle Leute da draußen, die wir besonders ablehnen, hassen oder abschätzig beurteilen – angefangen von unserem schlampigen Nachbarn bis hin zu irgendeinem nationalistischen Despoten – lediglich Widerspiegelungen unseres eigenen inneren Schattens und unserer präexistentiellen »Identitäten« sind, erfordert eine Menge Mut und Distanz zu sich selbst. Viele meiner Klienten, die es mit »wahrem Heldenmut« riskiert haben, sich auf die präexistenztherapeutische Arbeit wirklich einzulassen, sind so weit gekommen, daß sie selbst die rohesten Eltern oder die grausamsten Umstände mit neuer Achtung und Toleranz betrachten. Wir beginnen zu erkennen, daß unsere Samskaras und die gnadenlose Wirkung der karmischen Schwerkraft uns bereits vor unserer Geburt zu ebendiesen Eltern – samt den entsprechend schmerzlichen Lebensumständen – hingezogen haben. Denn wir tragen noch uralte Geschichten mit uns herum, mit denen wir uns auseinandersetzen und die wir noch zu Ende bringen müssen, und das spiegelt sich genau in unseren Lebensumständen.

Auf diese Weise entwickeln wir eine neue Qualität des Mitgefühls – und zwar nicht nur für grausame und egoistische Eltern und Erzieher. Wir müssen uns auch mit den Problemen der in unserem Unbewußten sonst noch lebendigen Charaktere auseinandersetzen, die uns historisch ziemlich fernstehen und mit unserem »kultivierten« und ungemein privilegierten modernen westlichen Ego-Selbst nur geringe Ähnlichkeit aufweisen. Einige meiner Klienten haben sich in Wiedererinnerungen nicht nur als primitive Kannibalen, Folterer oder Unmenschen erlebt, sondern auch als Krüppel, Zwerge, Kretins usw. Auf diesem Weg haben sie die fratzenhafte Seite der menschlichen Natur kennengelernt, in der sich der Selbstabscheu und die

Häßlichkeit symbolisch reflektieren, die in unserer Psyche ebenfalls ihr Recht behaupten. Aber selbst in der grausamen, einfachsten oder primitivsten menschlichen Existenz treffen wir noch Elemente der Großzügigkeit, der Toleranz, der Treue und des Glaubens an, Gefühlshaltungen also, die unter Höhlenbewohnern genauso vorkommen wie in modernen Retortensiedlungen.

Jene, die bereit sind, sich mit den in ihnen lebendigen »fremden« Persönlichkeiten ernstlich auseinanderzusetzen, entwickeln häufig ein Gefühl entschiedener Solidarität und empathischer Identifizierung mit anderen Kulturen und Völkern, die in bestimmten – meist abgelegenen – Gegenden dieser Welt bis heute zu leiden haben. Wer sich darüber im klaren ist, daß er einen afrikanischen Hirten oder einen russischen Bauern in sich trägt, oder wer sich in Wiedererinnerungen als Opfer der Konquistadoren oder der Römer oder der kriegerischen alten Israeliten erlebt hat, der betrachtet die von den Medien verbreiteten Berichte über die Tötung guatemaltekischer Bauern, südafrikanischer Schwarzer oder palästinensischer Freiheitskämpfer mit anderen Augen. Er erfährt, was John Donne in einer großen Predigt so ausgedrückt hat:

> Der Tod jedes einzelnen Menschen vermindert auch mich, denn ich bin Teil der Menschheit. Und deshalb frage nie, wem die Stunde geschlagen hat, denn sie schlägt dir.[11]

Wenn die Wahrheit in dieser Weise in uns anklingt, dann nähern wir uns vielleicht dem dritten Stadium, dem Zustand eines integralen Bewußtseins.

3. **Das integral-mystische Stadium:** »Die Berge sind wieder Berge und die Wasser Wasser.«

Wenn wir vorbehaltlos über die symbolische Bedeutung unseres gegenwärtigen Lebens, unserer Träume oder der in uns lebendigen Fragmente präexistentieller Erfahrungen meditieren, so erhaschen wir bisweilen unversehens einen kurzen Blick auf einen großen kosmischen Bedeutungszusammenhang. Ein solches Aufblitzen allumfassender Einsicht läßt sich mit den Kategorien der Logik und der Sprache häufig nicht angemessen wiedergeben, und aus ebendiesem Grunde werden mystische Erfahrungen häufig in einer fremdartigen, assoziationsreichen Bildersprache dargestellt, einer Sprache voll prächtiger, fruchtbarer Paradoxien.

Auf der ersten Ebene haben wir die Ereignisse wörtlich genommen: Schmerz war Schmerz, eine Krebserkrankung eine Krebserkrankung, eine Hinrichtung eine Hinrichtung. Dann haben wir die entsprechenden Bilder in ihrer symbolischen Bedeutung betrachtet. Nun galten uns solche Symptome als Hinweis darauf, daß der Betreffende sich vielleicht vom Leben abgeschnitten fühlt, sich als seelisch verkrüppelt empfindet, nach Liebe lechzt, seinen Kontakt zur Erde verbessern muß, das Leben als andauernden Verzicht ansieht etc. Und schließlich werden die Dinge und Geschehnisse dann schlicht und einfach als das genommen, was sie wirklich sind. In diesem Stadium können wir nur noch Worte stammeln, die nur wir selbst in ihrem vollen Gehalt verstehen. »Dies alles ist eine Offenbarung der Wahrheit«, wie mein Klient Milton sich ausdrückte.

Auf dieser Ebene lassen sich die Dinge nur andeuten, so daß wir – um uns verständlich zu machen – auf die von den großen Künstlern und Mystikern geschaffenen Bilder und Metaphern zurückgreifen müssen. Im *Mahayana*-Buddhismus etwa gibt es das Bild des Menschen, der aufgehört hat, über die zahllosen Inhalte des eigenen Geistes zu meditieren, weil Unterscheidungen für ihn gegenstandslos geworden sind. Dieses Wesen ist der *Bodhisattva,* der Erleuchtete, der über alle Gegensätze der eigenen Natur hinaus ist und erkannt hat, daß auch die in der äußeren Welt zu beobachtenden Gegensätze Täuschung sind, und der in diesem Bewußtsein in die Welt zurückkehrt.

In der Zen-Tradition gibt es beispielsweise das Bild eines kugelbäuchigen, strahlenden Mannes, »der mit segenbringenden Händen die Stadt betritt« und dort auf dem Marktplatz zwischen den Weinbrüdern und Metzgern lebt.[12]

Visionäre Künstler wie Dante und Shakespeare, die um die mystische Einheit aller Dinge wußten, haben das Weltgeschehen immer wieder metaphorisch als Drama, als göttliche Komödie, als Schauspiel oder als Traum beschrieben. Die von Shakespeare gerne angewandte Technik des Stücks im Stück hat die Funktion eines visuellen Koan. Wenn wir, die Zuschauer, beobachten, wie die Schauspieler auf der Bühne ihrerseits (wie beispielsweise in *Hamlet*) Zuschauer einer Theateraufführung sind, dann sind wir selbst vielleicht auch nichts anderes als Schauspieler in einem Stück, das von einem anderen Bewußtsein beobachtet wird.[13] In einem – nicht notwendig unendlichen – Regreß wenden wir uns so zurück auf jenes wahrhaft sehende Ich oder Auge, den (hinter den Erscheinungen verborgenen) Wissenden, der wahrhaft weiß, wie es in den hinduistischen Upanishaden immer wieder heißt.

Jung hatte einmal einen tiefsinnigen Traum, in dem sich für ihn das Paradox von Wissendem und Gewußtem auflöste. In dem Traum befand er sich auf Wanderschaft und gelangte schließlich an eine kleine Kapelle am Wegesrand. Als er eintrat, erwartete er, das übliche Muttergottesbild oder auf dem Altar ein Kreuz zu sehen, aber zu seiner Überraschung sah er einen Yogi im Lotussitz, der in tiefe Meditation versunken war. Jung fährt dann fort: »Als ich ihn genauer betrachtete, erkannte ich, daß er mein Gesicht hatte. Tief erschrocken fuhr ich zusammen und erwachte mit dem Gedanken: ›Aha, dann ist er also derjenige, der über mich meditiert. Er hat einen Traum, der ich bin.‹ Ich wußte, wenn er erwachte, würde ich nicht mehr da sein.«

Auf der integralen Ebene des Bewußtseins sind dem Selbst alle früheren Existenzen gegenwärtig, und alle Rollen werden als Aspekte des Selbst erkannt. Gute und schlechte Rollen existieren lediglich als Teile eines größeren Dramas, so daß ihnen für sich genommen keine absolute Realität zukommt. Ein Universum ohne Gut und Böse ist genausowenig denkbar wie eines ohne Höhe und Tiefe. Denn um diese Pole dreht sich die spirituelle beziehungsweise die phänomenale Wirklichkeit. Sie erzeugen jene dynamische Spannung der Gegensätze, ohne die die geschaffene Wirklichkeit ihrer selbst nicht bewußt werden könnte.

Für das mystische Bewußtsein sind die Dinge zugleich eins und verschieden, und alles hat seinen Platz in dem endlos sich wandelnden Schauspiel der Schöpfung. An uns ist es, unsere Rolle in diesem Ganzen zu erkennen und anzunehmen und zu verstehen, daß diese Rolle aus sich selbst hinaus vollkommen ist.

Der Zen-Meister Sengstan hat den gleichen Gedanken in den folgenden sublimen Worten zum Ausdruck gebracht:

> Der große Weg bereitet denen keine Schwierigkeiten, die keine Vorlieben kennen. Wenn Liebe und Haß gleichermaßen abwesend sind, dann erscheint alles klar und unverstellt. Sobald du jedoch die kleinste Unterscheidung triffst, sind unversehens Himmel und Erde unendlich weit voneinander entfernt. Wenn du die Wahrheit sehen willst, dann enthalte dich jeglicher zustimmenden oder ablehnenden Meinung. Die Dinge, die du liebst, gegen jene aufzubieten, die du nicht liebst – das ist die Krankheit deines Geistes.[14]

Aus dieser Perspektive betrachtet, gibt es keine Wiedergeburt, weil der Einzelseele, die scheinbar wiedergeboren wird, keine eigene Wirklichkeit zukommt; sie ist nichts weiter als einer der Milliarden Funken des großen Geistes. Wenn wir das große Rad des Daseins betrachten könnten, so würden wir erkennen, daß die Speichen alle aus dem einen Zentrum hervorgehen. Nur am äußeren Rand dieses Rades erscheinen die Speichen getrennt und in einer bestimmten – zeitlichen – Reihenfolge angeordnet. »Wahrlich«, so hat der große indische Weise Sankara einmal gesagt, »es gibt keinen anderen Durchreisenden als Gott.« Und damit meinte er *atman,* das im Herzen alles Seienden und alles Seins wohnende Selbst.

Wenn unser moralisches Sein und unsere Selbstwahrnehmung durch die präexistenztherapeutische Arbeit erschüttert werden, dann werden wir unvermeidlich mit solch großen philosophischen und religiösen Fragen konfrontiert. Immerhin handelt es sich bei dieser Therapie um ein Verfahren, das in fast jedem, der sich auf diese Weise mit sich selbst befaßt, ganz konkrete Todes- und Geburtsvisionen hervorruft und Erfahrungen der entsprechenden Zwischen- und nachtodlichen Zustände.

Nicht zufällig betrachten die Tibeter ihr *Totenbuch* als ein Handbuch, das dem Leser die Möglichkeit eröffnet, bereits lange vor seinem tatsächlichen Tod über die mit dem Sterben verbundenen bildhaften Vorstellungen zu meditieren. Dies ist ein weiterer Beleg dafür, daß Selbsterkenntnis eine gründliche Auseinandersetzung mit bestimmten inneren Bildern voraussetzt. »Wer bereits stirbt, bevor er stirbt, der stirbt nicht, wenn er einmal stirbt«, diese Feststellung bringt die von den Tibetern gehegte Grundüberzeugung sehr schön zum Ausdruck. Wir müssen uns auf der Ebene des symbolischen Erlebens bereits in diesem Leben mit dem Tod auseinandersetzen. Die meisten traditionellen Praktiken der *ars moriendi,* der »Kunst des Sterbens«, sind heutzutage im Abendland nicht mehr bekannt, wenngleich die Technik der Wiedererinnerung in dieser Hinsicht einen gewissen Ausgleich schafft.

Viele meiner Klienten, ja sogar Menschen, die nur einen unserer Workshops besucht haben, betrachten den Tod und das Sterben heute mit ganz neuen Augen. Ob sich aus den entsprechenden Erfahrungen im wissenschaftlichen Sinn gültige Beweise über den Tod herleiten lassen, ist unmöglich zu sagen, dennoch haben viele Menschen das Gefühl, bei diesen Gelegenheiten irgendwie erlebt zu haben, »wie es wirklich ist«.

Jenseits der Therapie: Einige Schlussfolgerungen

Natürlich rufen solche Erfahrungen religiöse Fragen hervor wie: Was ist von Dauer? Wer bin ich? Wird dieses »Ich« weiterleben? Wenn man diese Frage vom Standpunkt der multiplen Psyche aus betrachtet, dann drängt sich die Vermutung auf, daß nur Spuren des »Ich« oder des Ego überleben, die in der Folge konstitutiv für das Unbewußte irgendeiner künftigen Persönlichkeit werden. Es ist bis heute umstritten, ob die individuelle Seele als eine komplexe Persönlichkeit überlebt, wie es die populäre Metaphysik behauptet, oder ob lediglich »Seele« übrig bleibt, ein unindividuiertes Konglomerat psychischer Erfahrungen und Samskaras. Vielleicht fällt diese »Seelen-Masse« nach dem Tod wieder in ihre Bestandteile auseinander, die dann jeweils in neue Seelen-Formationen eingehen, indem sie sich in einem neu empfangenes Kind akkumulieren oder von diesem angezogen werden.

Wenn ich versuche, mir ein Bild davon zu machen, wie sich das multiple Selbst inkarniert, dann stelle ich mir die individuelle Psyche manchmal wie ein Auto vor, das aus Teilen zusammengebaut worden ist, die von einer gigantischen kosmischen Müllhalde stammen. Ein solches Auto hätte dann vielleicht einen Chrysler-Motor, ein Buick-Chassis, VW-Räder, eine Saab-Federung etc. und wäre somit eine Art »Mischling«. Natürlich ist es möglich, daß das Buick-Chassis eine Erinnerung daran hat, was es bedeutet, Bestandteil eines ganzen Buick gewesen zu sein – und ähnlich mag es den VW-Rädern, der Saab-Federung etc. ergehen. Aber in welchem Sinne könnte man sagen, daß ein solcher Wagen eine Replik eines der verschiedenen früheren Autos ist? Einen analogen Gedanken verfolge ich auch, wenn ich überlege: In welchem Sinne gibt es mich überhaupt – als ein multiples Wesen oder als Reinkarnation all der anderen Existenzen, die ich wiedererinnere?

Sowohl der Buddhismus als auch der Hinduismus umgehen diese Frage.[15] Der Hindu-Meister Sankara behauptete, das Selbst (oder die göttliche Essenz) sei der einzige Durchreisende, nicht das Ego-Selbst. Buddha weigerte sich, sich in dieser Sache definitiv festzulegen, obwohl er des öfteren um eine Stellungnahme gebeten wurde. Tatsächlich entwickelte der Buddhismus später sogar die Lehre von der »Nicht-Seele«, vermutlich weil selbst die Idee des durchreisenden *atman* als zu anthropomorph empfunden wurde. Hingegen erkennen die Buddhisten die Existenz karmischer Kräfte an, die als Bestandteile des sich selbst reproduzierenden Rads des Lebens gelten, den »Träger« dieses Karmas, nämlich die Einzelseele aber lassen sie nicht gelten. Im Gegensatz dazu haben der Okkultismus, die Theosophie und die »Metaphysik« im Westen ein ausgeklügeltes Bild von der Entwicklung der Einzelseele entworfen. Im Lichte dieser widerstreitenden Ansichten muß der Leser sich selbst entscheiden, wobei diese Entscheidung jedoch wesentlich mehr Gewicht hat, wenn sie sich auf eigene Erfahrungen und nicht lediglich auf Dogmen oder Auskünfte aus zweiter Hand stützt.

meine Erfahrungen decken sich mit SETH, ORIN, SANAT KUMARA

Ausblick:
Der Mensch ist keine Insel

> Das sind nur Winke und Ahnungen, Winke, denen Ahnungen folgen; alles Weitere aber / ist Gebet, Ehrerbietung, Selbstzucht, Denken, Tun.
>
> T. S. Eliot, *The Dry Salvages*

Wenn ich mir die vielen Aufzeichnungen anschaue, die meine Frau Jennifer und ich im Laufe der vergangenen Jahre während der von uns geleiteten Workshops und therapeutischen Sitzungen gemacht haben, dann bin ich erstaunt über das Spektrum menschlicher Erfahrungen und Leiden, die sich in diesen Dokumenten widerspiegeln. ① Angefangen von den tragischen letzten Augenblicken eines von den Nazis in die Gaskammer geschickten Kindes, über die Reue einer Prostituierten über die Ermordung ihres unerwünschten Kindes und die leidenschaftliche Rede eines römischen Senators und Kriegsgegners bis hin zu der mystischen Einheit eines Schamanen mit den Geistern der ihn umgebenden Tiere haben wir die verschiedenen Ebenen menschlicher Erfahrung kennengelernt und in jedem einzelnen Fall versucht, eine menschlich mitfühlende Antwort zu finden. Einige der Geschichten sind so beschämend und gräßlich, daß wir sie hier gar nicht erst abgedruckt haben, einige sind in ihrem spirituellen Charakter so persönlich und intim, daß wir auf ihre Veröffentlichung verzichtet haben. In all diesen Fällen ist es ausreichend, daß die betreffenden Geschichten überhaupt erzählt worden sind.

Immer mehr gewinne ich eine geradezu Demut einflößende Achtung vor der unerschöpflichen Würde des menschlichen Geistes und vor seiner Fähigkeit, sich durch widrige Umstände und durch Leid veredeln zu lassen. In den meisten Fällen gewinnt man den Eindruck, daß die Seele oder was immer es auch sein mag, was den Menschen überlebt, im Laufe zahlreicher Existenzen allmählich reifer wird. Gerade in diesem Zusammenhang nehmen die berühmten Zeilen, die Shakespeare König Lear in den Mund legt, eine besondere Bedeutung an:

① *Na klar: Zum Arzt gehen nur die Kranken. Aber es gibt ja auch Gesunde*

> ... Dulden muß der Mensch,
> Sein Scheiden aus der Welt, wie seine Ankunft:
> Reif sein ist alles! ...
>
> Shakespeare, *König Lear*

Im Lichte der in diesem Buch ausgebreiteten unendlich vielfältigen Erfahrungen erscheint die Frage, ob durch all dies die Richtigkeit der Reinkarnationslehre bewiesen wird, irgendwie bedeutungslos. Meiner Ansicht nach läuft diese Frage bestenfalls auf die Errichtung einer intellektuellen Barriere hinaus, die es dem oder der Betreffenden dann erspart, tief unten in der eigenen Seele nach dem Ausschau zu halten, was allen Menschen gemeinsam ist. Der römische Moralist Terenz hat diesen Gedanken zu einem Aphorismus verdichtet: »Homo sum, humani nihil a me alienum puto« – »Ich bin ein Mensch, nichts Menschliches erscheint mir fremd«.

In einer Welt, in der wir von unseren politischen Führern lange genug gehört haben, daß die Russen der Inbegriff alles Bösen seien, in der wir Angst haben, mit andersgläubigen oder andersfarbigen Menschen gemeinsam über die Straße oder in denselben Club zu gehen, ist es bereits außerordentlich ernüchternd – und herausfordernd –, sich darüber klar zu werden, daß wir mit der gesamten Menschheit durch die Erinnerungen verbunden sind, die in unserem Unbewußten angesammelt sind. Wenn wir wirklich für die eine Welt, den einen Planeten arbeiten wollen, dann müssen wir zunächst akzeptieren lernen, daß wir ein Volk sind, und die absurden Vorurteile und Überlegenheitsgefühle überwinden, die uns so lange schon getrennt haben. Wenn – wie der Theologe Dietrich Bonhoeffer einmal gesagt hat – »die Menschheit erwachsen werden soll«, muß zuvor noch ein großer Wandel stattfinden. Vielleicht kann die Praxis der Wiedererinnerung an unsere früheren Leben ein wenig dazu beitragen, daß uns diese so notwendige Entwicklung eher gelingt. Wenn das, was vor unserer Zeit geschehen ist, uns einander und unserem gemeinsamen Bemühen näherbringt, dann hat dieses Buch seinen Zweck mehr als erfüllt.

Epiloge

Follow poet, follow right
To the bottom of the night.
With your unconstraining voice
Still persuade us to rejoice:

With the farming of a verse
Make a vineyard of the curse,
Sing of human unsuccess
In a rapture of distress;

In the deserts of the heart
Let the healing fountain start,
In the prison of his days
Teach the free man how to praise.

W. H. Auden, *In Memory of W. B. Yeats*

Nun bin ich ohne Geister, meinen Willen zu erzwingen, ohne meine Zauberkunst; und mein Ende ist Verzweiflung, wenn ich nicht erlöst werde durch das Gebet, welches alles so durchdringt, daß es selbst die Gnade bestürmt und alle Sünden tilgt. So wie ihr auf Vergebung der eigenen Vergehen hofft, mögt ihr auch mir voll Nachsicht euren Freibrief geben.

Shakespeare, *Der Sturm,* Prosperos Abschied

Anhang

A: Das Vermächtnis der Tiefenpsychologie

»Ein Zwerg sieht weiter als ein Riese, wenn er sich auf die Schultern eines Riesen stellen kann«, hat der Dichter Coleridge einmal geschrieben. Was Coleridge über die Dichter sagt, gilt gleichermaßen für Psychotherapeuten. Jeder heute praktizierende Therapeut kann auf eine reiche Tradition der Erforschung der menschlichen Psyche zurückgreifen. Wir alle schulden den Giganten der Vergangenheit – William James, Freud, Jung, Adler, Reich, Moreno, um nur die bekanntesten zu nennen – mehr Dank, als uns überhaupt bewußt ist. Natürlich würde es den Rahmen dieses Buches sprengen, wenn ich versuchen wollte, ihre jeweiligen Verdienste im einzelnen darzustellen, aber immerhin ist es sinnvoll, kurz zu erläutern, in welcher Hinsicht die Präexistenztherapie von einigen Haupterkenntnissen dieser Männer profitiert hat.

Unter Tiefenpsychologie versteht man gewöhnlich die Erforschung unbewußter Vorgänge in der Psyche. Von der populären Legende abweichend, daß Freud das Unbewußte irgendwann um 1900 »entdeckt« habe, muß an dieser Stelle festgehalten werden, daß bereits im neunzehnten Jahrhundert an hypnotisierten Personen das »Funktionieren« des Unbewußten häufig genug klinisch getestet worden ist. Auch wurden zu dieser Zeit bereits Phänomene wie die multiple Persönlichkeit, der Somnambulismus, Persönlichkeitsdissoziierungen (oder -spaltungen) und die Hysterie wissenschaftlich erforscht. Außerdem ist kaum bekannt, daß der Begriff des »Unbewußten« in europäischen Philosophenkreisen bereits in den fünfziger Jahren des neunzehnten Jahrhunderts durchaus verbreitet war.[1]

Als wahrer Begründer der modernen Psychotherapie muß wohl Franz Anton Mesmer (1734–1815) gelten, von dem bereits in Kapitel 3 kurz die Rede gewesen ist. Er hat nicht nur gemeinsam mit seinem engen Mitarbeiter, dem Marquis de Puységur, die heilende Wirkung gewisser Trance- oder hypnotischer Schlafzustände entdeckt, sondern auch die Existenz eines universell wirksamen Magnetflusses postuliert, dessen Behinderung Krankheiten oder den Verlust der psychischen Vitalität verursache. Diese Idee bildete Freud ein Jahrhundert später zur Theorie von der Libido oder der psychischen Energie um, die Neurosen oder Depressionen verursache, falls sie unterdrückt oder unbewußt blockiert werde. Mesmer und seine Mitarbeiter beobachteten auch, daß während einer solchen »Magnetkur« die bis dahin blockierten Gefühle und Gedanken wieder in Fluß geraten, was bei manchen Patienten eine krisenhafte Verunsicherung auslöst. Im späten neunzehnten Jahrhundert hatte diese Vorgehensweise unter dem Namen »kathartische Methode« (das griechische Wort *Katharsis* bedeutet »Reinigung«) Eingang in die Hypnotherapie gefunden. Freud sprach später von der Abreaktion, die zu beobachten ist, wenn verdrängte Affekte an die Oberfläche treten.

Eine aktualisierte und außerordentlich wirksame Version der kathartischen Methode wurde nach dem Zweiten Weltkrieg von Psychiatern zur Behandlung von Kriegsneurosen eingesetzt. Mit Hilfe des Medikaments Natrium-Pentothal (der »Wahrheitsdroge«) und hypnotischer Verfahren wurden durch ihre Kriegserlebnisse schwer traumatisierte Soldaten wieder in jene Kampf-Situation zurückversetzt, die die seelische Beschädigung ausgelöst hatte. Hatte der betreffende Soldat diese Situation dann in all ihrem Schrecken und Schmerz noch einmal »durchlebt«, so verschwanden die Symptome im allgemeinen. Auch später wurden Korea- und Vietnam-Veteranen auf diese Weise ähnlich erfolgreich behandelt.

J. L. Moreno erzielte Anfang dieses Jahrhunderts ebenfalls kathartische Wirkungen, indem er dafür sorgte, daß psychische Konflikte zum Ausdruck gelangen konnten. Er ließ seine Patienten ungelöste – jedoch emotional geladene – Situationen im Rollenspiel oder, wie er es nannte, psychodramatsich noch einmal durcherleben. Dieses Verfahren genießt in Fachkreisen bis heute großes Ansehen und spielt besonders im Zusammenhang mit der Präexistenztherapie eine wichtige Rolle.[2]

Selbst wenn Freud nicht als Entdecker des Unbewußten gelten kann, so kommt ihm aufgrund seiner Beobachtung des dynamischen Wechselspiels zwischen dem Bewußtsein und dem Unbewußten in der Geschichte der Psychotherapie dennoch ein zentraler Platz zu.

Indem er die Neurosen auf die Verdrängung beziehungsweise Leugnung der großen unterirdischen Strömungen im Gefühls- und Instinktleben des Menschen zurückführte, setzte er der einseitigen Fixierung der Aufmerksamkeit auf den rationalen Geist ein Ende und leitete die erste intensive Untersuchung der im Bereich des Unbewußten geltenden energetischen Prinzipien ein.

Zunächst entwickelte Freud das Verfahren der freien Assoziation zu einer exakten Methode, die es ihm gestattete, die Wege zu verfolgen, auf denen die Inhalte des Unbewußten unaufhörlich in das Bewußtsein einsickern. So gelangte er schließlich zu der Erkenntnis, daß jene »primitiven« Instinkte und emotionalen Impulse – etwa sexuelles Verlangen, Wut, Rachsucht etc. –, die aus dem »zivilisierten« Bewußtsein verdrängt werden, nicht wirklich verschwinden, sondern im Unbewußten ein selbständiges seelisches Dasein führen. Von dort aus ziehen sie ständig Energien aus dem Bewußtsein ab und verursachen auf diese Weise Depressionen, Angstneurosen, Phobien etc., oder aber sie treten als physische Symptome, irrationale Stimmungen oder sogenannte Fehlleistungen zutage.

Freud entdeckte die Reste solcher unerledigten Gefühlsmuster zunächst in Träumen, wo sie sich in Gestalt phantastischer, jedoch sinnvoller Dramen manifestierten. Jung gelangte unabhängig von Freud aufgrund seiner klinischen Assoziationsexperimente zu ganz ähnlichen Ergebnissen. (Die meisten Menschen sind heutzutage mit solchen Tests vertraut, die darauf beruhen, daß der Versuchsperson eine lange Liste von ganz alltäglichen Wörtern oder Begriffen vorgelesen wird, mit denen der Betreffende irgendeine Vorstellung assoziieren muß. Vergeht zwischen der Nennung eines bestimmten Wortes und der entsprechenden »Antwort« eine auffällig lange Zeitspanne, so ist dies ein Hinweis darauf, daß das betreffende Wortfeld emotional besetzt ist.) Jung war der erste, der solche verdrängten Emotionen genau beschrieb, samt der von ihnen gebundenen blockierten Energie, gefühlsbetonten Komplexe und Spannungen, die im autonomen Leben des Unbewußten allesamt ein wirkungsvolles Dasein führen.[3]

Hinsichtlich der Grundstruktur der menschlichen Psyche stimmten Freud und Jung überein: daß jeder von uns in sich noch eine andere, phantastische Welt mit sich »herumträgt«, in der unsere Schmerzen, Ängste, Hoffnungen etc. sich »symbolische« Gefechte liefern und dabei unentwegt unser Sprechen und Tun beeinflussen.[4]

Zwei Aspekte von Freuds Theorie – nämlich die starke Betonung der Sexualität und der Kindheit für die Entstehung der Neurosen – führten später zwischen Freud und Jung zum Zerwürfnis. Inzwischen ist die Freudsche Perspektive, also die besondere Beachtung der Dreiecksbeziehung zwischen dem Kind und den Eltern (und des daraus resultierenden Ödipus-Komplexes) zu einem Grundpfeiler des psychologischen Denkens geworden. Es ist heute zu einer Art Gemeinplatz geworden, daß die Ursachen seelischer Störungen in der frühen Kindheit zu suchen sind. Nicht nur die Freudianer, sondern auch auf Hypnose spezialisierte Therapeuten neigen in diese Richtung und wenden die Technik der Altersregression an, um tramatisierende Ereignisse der Vergangenheit – seien sie real oder nur eingebildet – wiederzubeleben. Natürlich praktizieren auch die klinischen Hypnotherapeuten des neunzehnten Jahrhunderts – etwa Liébeault, Charcot und Janet – die regressive Wiederbelebung traumatisierender Erfahrungen, aber Freud nahm für sich in Anspruch, das hochkomplexe Innenleben des Kindes entdeckt zu haben.

Jung, der Freuds Vorstellungen skeptisch gegenüberstand, warf die bis heute heißumstrittene Frage auf, ob Komplexe nicht in Gestalt angeborener Dispositionen unter anderem auch auf einen erblichen Faktor zurückzuführen seien. In Jungs Augen ging es bei dem ödipalen Drama der Eifersucht und der Begierde nicht primär um die konkreten Eltern, sondern vielmehr um eine der gesamten Menschheit gemeinsame Erfahrung, um ein überpersönliches, das heißt universell zu beobachtendes, also archetypisches Geschehen.

> In Wirklichkeit findet ja dieses Drama in einer individuellen Psyche statt, in welcher die Eltern nicht sie selber, sondern nur ihre imagines sind, nämlich derjenigen Vorstellungen, welche aus dem Zusammentreffen der Elterneigenart mit der individuellen Disposition des Kindes entstanden sind.[5]

Ungeachtet der Versuche seiner späteren Anhänger, zwischen die beiden Schulen einen Keil zu treiben, gelangte Freud zu auffallend ähnlichen Schlußfolgerungen:

> Er erscheint mir durchaus möglich, daß all die Dinge, die man uns heute in der Analyse als Phantasien präsentiert, in der Urzeit der menschlichen Familie einmal wirkliche Geschehnisse gewesen sind.[6]

Die Hauptmeinungsverschiedenheiten der beiden Schulen beziehen sich also nicht so sehr auf den Charakter der Komplexe, sondern vielmehr auf deren Entstehungsbedingungen. Freud und seine Anhänger wollten als Verursacher von Komplexen allein die Eltern gelten lassen, während Jung für die an der Wurzel seelischer Störungen liegenden Komplexe einen weiteren Entstehungsrahmen annahm. Wenn wir uns mit dem Unbewußten beschäftigen, so entdeckte Jung, stoßen wir nicht nur auf Bilder der Eltern und des Kindes, sondern gleichmaßen auf Helden, Tyrannen, Sklaven, Königinnen, Kaufleute, Scharlatane, Verführerinnen, Sündenböcke, Priester, Generäle, Feudalherren, Bauern und so fort. Jede dieser Gestalten ist ein personifizierter Komplex, der die inneren Dramen unserer Träume und Phantasien belebt und sie mit ebensoviel Energie ausstattet, wie dies die Erinnerungen an unsere persönlichen Eltern vermögen.

Jung stellte schlicht fest, daß die dramatischen Szenarien, die unsere Komplexe im Unbewußten zur Aufführung bringen, nicht allein an den Ödipus-Mythos erinnern, sondern an die verschiedensten universell verbreiteten Mythen, Legenden, Märchen und an die großen Dramen der Weltliteratur. So können wir uns innerlich von entsetzlichen Schuldgefühlen verfolgt fühlen wie der von den Furien gejagte griechische Held Orest. In seinem Stück *Der Familientag* hat T. S. Eliot diesen Mythos verarbeitet. Ebensogut aber können wir die archetypische Reise eines Helden erleben, der seine Männlichkeit unter Beweis zu stellen versucht. Widerstrebende Helden von Hamlet bis zu Dustin Hoffmans *Marathon Man* haben dieses mythische Thema immer wieder zur Darstellung gebracht. Eine Frau, deren Tochter die Familie wegen eines unbekannten Mannes verläßt, empfindet vielleicht eine solche Wut und einen solchen Kummer, wie sie die griechische Göttin Demeter verspürte, als Hades ihre Tochter Persephone entführte. Eine andere Frau ist vielleicht ständig auf der Suche nach Liebesabenteuern mit mächtigen Männern und wiederholt auf diese Weise die Geschichte der Liebesgöttin Aphrodite/Venus.

Letztendlich gelangte Jung zu der Ansicht, die Neurosen, unter denen wir modernen Menschen leiden, seien womöglich eine Art Strafe dafür, daß wir jene größeren Mächte, die unser Leben regieren, nicht angemessen würdigen. »Die Götter«, sagte er einmal, »sind Krankheiten geworden.« Nur indem wir die archetypischen Muster hinter unserer persönlichen Lebensgeschichte aufdecken, können wir uns bis zu einem gewissen Grade von den schicksalhaften »göttlichen« Zwängen befreien. Der Dichter Keats hat einmal geschrieben, »daß das Leben des Menschen, richtig verstanden, eine fortgesetzte Allegorie ist«. Diese Auffassung ist bis heute für die Jungsche Psychologie und ihren ausgesprochen kreativen Ableger, nämlich James Hillmans archetypische Psychologie, bestimmend geblieben. Hillman glaubt, daß nur eine Psychologie, die begreift, daß archetypische Bilder in allen kulturellen und kreativen Aktivitäten – in den Künsten, der Wissenschaft, der Religion, der Politik und der Wissenschaft – zum Tragen kommen, der multiplen Wirklichkeit dessen gerecht wird, was wir »Seele« nennen. Das wahre Ziel der Psychologie besteht für Hillman genau wie für Keats darin, die »Seele zu erschaffen«.[7]

B: War Jung ein Anhänger der Reinkarnationslehre? ①

In den Jahren zwischen 1920 und 1940 beschäftigte sich Jung mit zahlreichen klassischen indischen, chinesischen und buddhistischen Texten über Yoga und Meditation. In dieser Zeit fing er auch an, seiner eigenen zur Reife gelangenden Vision der Psychologie – die der persönlichen wie der überpersönlichen Seite der Psyche Rechnung trug – einige der in diesen Schriften dargestellten Konzepte einzufügen. Am wichtigsten ist in diesem Zusammenhang die von ihm vertretene Vorstellung des Selbst als eines transzendenten Bildes des in jedem von uns lebendigen Göttlichen. Die Einführung dieses Konzepts war durch die hinduistische Vorstellung des *atman* inspiriert, eines Begriffes, der von anderen Gelehrten bisweilen auch mit »Höheres Selbst«, »Ewiges Selbst« oder »Überseele« übersetzt worden war. Den Begriff des Selbst hat Jung erstmals in seiner Arbeit *Psychologische Typen* (1921) entwickelt.

Zwischen 1932 und 1940 veranstaltete Jung regelmäßig Seminare an der Zürcher Eidgenössischen Hochschule. 1933 ging er in seinen Vorlesungen nicht nur auf seine eigenen psychologischen Ideen ein, sondern befaßte sich auch mit Kundalini-Yoga. 1938/39 beschäftigte er sich dann mit diversen östlichen Texten, darunter auch den *Yoga-Sutras des Patañjali,* die allgemein als erste schriftliche Fixierung der Yoga-Lehre gelten. In diese Vorlesungen sind viele seiner Überlegungen zu Fragen des Karma, der Klesas und der Samskaras eingegangen, ebenso Reflektionen über die Schwierigkeit, diese fremdartigen Begriffe angemessen in westliche Äquivalente zu übersetzen. In der ersten seiner Kundalini-Vorlesungen soll Jung angeblich gesagt haben:

> Die Psyche eines Kindes ... ist auf gar keinen Fall *tabula rasa*. Im Unbewußten lebt eine reiche Welt archetypischer Bilder, und die Archetypen sind Bedingungen, Gesetze oder Kategorien der kreativen Phantasie; man könnte sie deshalb als psychologisches Äquivalent des Samskara bezeichnen.[1]

Er fügte noch hinzu, daß das östliche Denken diese Lehre vermutlich ganz anders auffasse, und beließ es bei dieser Anmerkung. Die gleiche Vorsicht ließ er in seinem bereits mehrfach erwähnten – Kommentar zum *Tibetanischen Totenbuch* walten:

① Was spielt das schon für eine Rolle

Man kann also den Karma-Begriff vorsichtigerweise nur insofern annehmen, als er im weitesten Sinne als psychische Vererbung überhaupt verstanden wird. Es gibt psychische Vererbung, das heißt Vererbung von psychischen Eigentümlichkeiten, wie Krankheitsdispositionen, Charaktermerkmalen, Begabungen etc.[2]

Trotz dieser extremen Annäherung der Jungschen Theorie der Archetypen an die Yoga-Konzeption der Samskaras ist eine Brücke zwischen östlicher und westlicher Psychologie nie wirklich geschlagen worden. Jung bestand weiterhin darauf, daß die Archetypen keinen bestimmten Inhalt hätten, sondern lediglich formative Prinzipien seien, trockene Flußbetten ohne einen Fluß sozusagen. In seiner Theorie der Samskaras hatten die Vasanas und die Klesas, also konkrete Gedächtnisspuren, keinen Platz. Und so erklärte er in demselben Kommentar:

> Soviel ich weiß, gibt es keine individuellen pränatalen Erinnerungsvererbungen, wohl aber gibt es vererbte Archetypen, die aber inhaltslos sind, da sie zunächst keine subjektiven Erlebnisse enthalten. Sie kommen, wie schon gesagt, erst dann zum Bewußtsein, wenn persönliche Erfahrungen sie sichtbar gemacht haben.[3]

1942 hatte Jung seine Position dann ein wenig modifiziert und erkannte nun die Wirksamkeit eines »karmischen Faktors« in den Archetypen an. Ferner behauptete er, dieser Faktor gelange in mythischen Bildern zum Ausdruck:

> Wir erwähnten oben die Tatsache, daß das Unbewußte gewissermaßen zwei Schichten enthält: nämlich die persönliche und die kollektive. Die persönliche erreicht ihr Ende mit den frühesten Infantilerinnerungen; das kollektive Unbewußte dagegen enthält die Präinfantilzeit, das heißt die *Reste des Ahnenlebens*. Während die Erinnerungsbilder des persönlichen Unbewußten gewissermaßen *ausgefüllte,* weil *erlebte* Bilder sind, sind die Archetypen des kollektiven Unbewußten unausgefüllte, weil vom Individuum nicht persönlich erlebte Formen. Wenn hingegen die Regression der psychischen Energie, selbst über die frühkindliche Zeit hinausgehend, in die Spuren oder Hinterlassenschaften des Ahnenlebens einbricht, dann erwachen mythologische Bilder: die Archetypen. Eine geistige Innenwelt, von der wir zuvor nichts ahnten, tut sich auf, und Inhalte erscheinen, die vielleicht in schärfstem Kontrast zu unseren bisherigen Auffassungen stehen.[4]

In einer Art Nachtrag zu diesem Gedanken schreibt Jung dann in einer Fußnote zu dieser Passage:

> Der Leser wird bemerken, daß sich hier in den Begriff des Archetypus ein neues Element, das früher nicht erwähnt wurde, hineinmischt. Diese Vermischung bedeutet keine unabsichtliche Unklarheit, sondern eine absichtliche Erweiterung des Archetypus durch den in der indischen Philosophie so wichtigen *karmischen* Faktor. Der Aspekt des Karma ist unerläßlich zu einem tieferen Verständnis des Wesens eines Archetypus.

Dennoch bleibt ein deutlicher Unterschied zwischen präexistentiellen Erinnerungen und archetypischen oder mythischen Bildern bestehen. Auch erklärt Jung an keiner Stelle, wie der »karmische Faktor« sich in den Archetypen denn nun eigentlich Geltung verschafft.

Jung hat so etwas wie tatsächliche präexistentielle Erinnerungen wohl erst in seinem letzten Lebensjahrzehnt akzeptiert. Aber selbst zu diesem Zeitpunkt waren seine Aussagen weiterhin äußerst zurückhaltend. Erlo van Waveren, ein Kollege, den Jung selbst ausgebildet hat, konfrontierte diesen mit einer Reihe von Träumen, in denen eindeutig präexistentielle Erinnerungen nachzuweisen waren. Während der gemeinsamen Sitzungen gab Jung gegenüber van Waveren offenbar viel von seinen eigenen Erfahrungen preis. Und so berichtet van Waveren:

> In unserem Gespräch war er so offen und geradeheraus, wie ich ihn nur je erlebt habe. Unsere Unterhaltung war so intim, daß er am nächsten Tag Frau Jung bat, im Jung-Institut mit mir zu sprechen und mich zu bitten, mit niemandem über das Gespräch zu reden. In unserer abendländischen Welt werden östliche Vorstellungen häufig leichter akzeptiert, wenn man sie in einem mehr oder weniger wissenschaftlichen Licht darstellt. Professor Jung war auf diesem Gebiet ein außerordentlicher Meister. Wenn er mit mir über die Frage einer bestimmten Inkarnation redete, so sprach er von einem Vorfahren – oder von »ererbten Komponenten«, »psychischen Vorfahren«, »Vorfahren-Seelen«. All diese verschiedenen Begriffe benutzte Professor Jung, um über die Idee der Metamorphose zu sprechen...[5]

Jungs wissenschaftliche Vorbehalte haben ihren Niederschlag auch in *Erinnerungen, Träume, Gedanken* gefunden, seiner kurz vor seinem Tod 1961 diktierten Autobiographie. Dort heißt es, daß er nie einen empirischen Beleg für die persönliche Wiedergeburt gefunden habe. Doch dann fügt er hinzu:

> Vor kurzem habe ich bei mir selber eine Reihe von Träumen beobachtet, welche nach allem Dafürhalten den Reinkarnationsvorgang bei einer mir bekannten verstorbenen Persönlichkeit beschreiben. Gewisse Aspekte ließen sich sogar mit einer nicht ganz abzuweisenden Wahrscheinlichkeit bis in die empirische Wirklichkeit verfolgen. Etwas Ähnliches habe ich aber nie wieder beobachtet oder vernommen, so daß ich keine Vergleichsmöglichkeiten habe. Da somit meine Beobachtung subjektiv und einmalig ist, möchte ich nur ihr Vorhandensein mitteilen, nicht aber ihre Inhalte. Ich muß aber gestehen, daß ich nach dieser Erfahrung das Problem der Reinkarnation mit etwas anderen Augen betrachte, ohne allerdings in der Lage zu sein, eine bestimmte Meinung vertreten zu können.[6]

Ist dies nun die letzte Auffassung, zu der Jung gelangt ist? In den Kreisen der Jungianer ist allgemein bekannt, daß große Teile von *Erinnerungen, Träume, Gedanken* von Jungs Angehörigen aus dem Manuskript entfernt worden sind, weil diese Angst vor einer Beschmutzung des Familiennamens hatten. So wurden etwa vor der Veröffentlichung alle Hinweise auf seine enge Mitarbeiterin Toni Wolff getilgt.

War Jungs wachsender Glaube an die Reinkarnation in den Augen seiner Angehörigen vielleicht ebenfalls ein Ärgernis? Dies scheint nach Mitteilung eines Kollegen tatsächlich so zu sein. Dieser Kollege reiste kürzlich nach Zürich und stattete einer von Jungs Töchtern einen Besuch ab, um mit ihr insbesondere über Jungs Wiedergeburtsglauben zu sprechen. Sie berichtete ihm, ihr Vater habe sich in seiner Autobiographie zu diesem Thema an vielen Stellen geäußert, daß aber seine Zürcher Verleger dies alles geändert hätten.

»Woher wissen Sie das?« fragte mein Kollege.

Statt zu antworten, führte sie ihn in einen angrenzenden Raum und zeigte ihm eine Glasvitrine, in der das Manuskript von *Erinnerungen, Träume, Gedanken* lag. Anschließend zeigte sie ihm dann bestimmte Stellen, die von den Herausgebern in der Absicht geändert worden waren, gewisse Bemerkungen zur Frage der Reinkarnation abzumildern. Ganz offensichtlich hatten Jungs Angehörige und seine Verleger aus Angst, er könne in den Augen der Öffentlichkeit vielleicht senil erscheinen, ihn gedrängt, diese Änderungen vorzunehmen.

B: War Jung ein Anhänger der Reinkarnationslehre?

Wie aber verhält es sich mit Jungs eigenen präexistentiellen Erfahrungen? Wiederum gibt es von ihm hierzu keine offizielle Stellungnahme, aber ich frage mich, ob es sich bei der berühmten Persönlichkeit Nr. 2, von der in seinen Memoiren die Rede ist, nicht vielleicht um ein präexistentielles Fragment handelt. Und so hat Jung sein Sekundär-Selbst beschrieben, das zum Vorschein kam, als er zwölf Jahre alt war:

> [...] Da fiel mir zu meiner größten Verwirrung ein, daß ich eigentlich und in Wirklichkeit zwei verschiedene Personen war. Die eine war der Schuljunge, der die Mathematik nicht begreifen konnte und nicht einmal seiner selbst sicher war, die andere war bedeutend, von großer Autorität, ein Mann, der nicht mit sich spaßen ließ [...] Er war ein alter Mann, der im 18. Jahrhundert lebt und Schnallenschuhe trägt und eine weiße Perücke und in einer Kalesche fährt mit hohen, konkaven Hinterrädern, zwischen denen der Kutscherkasten an Federn und Lederriemen aufgehängt ist.[7]

Der Junge hatte später tatsächlich einmal eine solche alte Kutsche aus dem Schwarzwald gesehen, und dieser Anblick hatte in ihm den Gedanken ausgelöst: »Ja, das ist sie! Ganz sicher, die stammt aus *meiner* Zeit.« Das klingt, als hätte der Anblick der Kutsche in Jung ein Erinnerungsfragment aus dem achtzehnten Jahrhundert reaktiviert. Interessanterweise war in einem entscheidenden Erwachsenen-Traum, in dem Jung ein vielgeschossiges Haus sah (ein Eindruck, der in ihm die Vorstellung von den verschiedenen historischen Schichten des kollektiven Unbewußten weckte)[8], das obere Stockwerk »eine Art Salon, der mit schönen alten Stücken im Rokoko-Stil möbliert war«. Dies reicht als Beschreibung eines Hauses aus dem achtzehnten Jahrhundert ohne weiteres aus. In dem Traum stammt die untere Etage aus dem fünfzehnten/sechzehnten Jahrhundert.

Wenn es im achtzehnten Jahrhundert eine Persönlichkeit gegeben hat, von der Jung fast besessen war, dann war es Goethe. Die Parallelen zwischen Jungs und Goethes Interessen sind unschwer auszumachen. Beide waren Wissenschaftler und Visonäre, beide befaßten sich mit Alchemie, mit der Frage nach dem Bösen und dem Ewig-Weiblichen. In den beiden Teilen von Goethes *Faust* stehen genau jene Aspekte des Seelenlebens im Vordergrund, die Jung als persönliche und archetypische Ebenen des Unbewußten herausgearbeitet hat.

① Traumsymbol Hochhaus

Natürlich hat Jung als Kind seinen Goethe gründlich studiert. Aber sollte Jung auch ein präexistentielles Fragment des verblichenen Goethe in sich gehabt haben? Selbstverständlich kann dies niemand wissen, aber in der Familie wurde eine Geschichte erzählt, derzufolge Jungs Großvater möglicherweise ein illegitimer Abkömmling Goethes gewesen sei.[9]

Und falls Jung aus dem achtzehnten Jahrhundert einige Goethe-Anteile mit sich »herumtrug«, worauf deutete dann die Etage aus dem fünfzehnten/sechzehnten Jahrhundert, die er in seinem Traum gesehen hatte? Ich würde meinen auf ein Fragment des großen Schweizer Alchemisten und Heilers Paracelsus.

Ich hatte diese in höchstem Maße spekulativen Gedanken lange Zeit für mich behalten, aber vor etlichen Jahren hatte ich das Glück, mir Erlo von Waveren persönlich zusammenzutreffen. Bei dieser Gelegenheit erfuhr ich, daß er unabhängig von mir bezüglich Goethe und Paracelsus zu ähnlichen Schlußfolgerungen gelangt war.

Könnte es vielleicht sein, daß so weite und tiefe Persönlichkeiten, wie Jung eine war, Menschen also, die wir als »Genies« bezeichnen, imstande sind, sich psychisch ererbte Fragmente gewisser kreativer Geister der Vergangenheit zu eigen zu machen und weiterzureichen? Das würde nicht nur erklären, warum geniale Menschen wie Jung einen so außerordentlich weiten Blick für die Phänomene des Lebens haben, sondern auch ein Licht auf die inneren Qualen werfen, die er und ihm ähnliche andere Persönlichkeiten auszustehen hatten, weil sie ganz bleiben und nicht den Weg des »geteilten Selbst«[10] gehen wollten, der geradewegs in den Wahnsinn hineinführt. Ganz sicher ist dies kein Weg, um den wir solche Menschen beneiden müßten, aber seine Früchte verpflichten uns gegenüber denen, die ihn beschritten haben, zu tiefstem Dank.

Glossar

Aktive Imagination: eine von C. G. Jung entwickelte Technik. Der Klient läßt im Wachzustand ein Traumbild auf sich wirken und verfolgt, wie sich dieses in Gestalt eines Wachtraums entfaltet und weiterentwickelt.
Analytische Psychologie: ein von C. G. Jung in Anlehnung an S. Freuds Psychoanalyse entwickeltes Verfahren, das ebenfalls zur Aufdeckung unbewußter Prozesse und Komplexe dient; es geht allerdings von der Existenz eines kollektiven oder transpersonalen Unbewußten aus, einer seelischen Dimension, in der die archetypischen Wandlungskräfte »beheimatet« sind.
Archetyp-Psychologie: eine von James Hillman begründete, sich von C. G. Jung herleitende psychologische Richtung, die sich um eine Aufhellung der Archetypen oder der grundlegenden Metaphern bemüht, die am Grunde der menschlichen Kultur liegen. Diese Schule räumt der Phantasie in der psychologischen Theorie eine zentrale Stellung ein.
Archetyp: etwa ein typisches Bild oder Motiv, wie es in Märchen, Mythen und in der Weltliteratur immer wieder auftaucht, das aber auch in Träumen, Phantasien und Wahnvorstellungen eines Individuums (beispielsweise in Gestalten wie dem Helden, dem Zauberer oder der Hexe) nachzuweisen ist; im engeren Sinn: das formgebende, strukturbildende Prinzip hinter Bildern, Ideen, Ereignissen, Symptomen etc. (siehe C. G. Jung, GW Bd. 9, Teil 1).
COEX: ein System »kondensierter Erfahrung« (engl.: *condensed experience,* Grof); eine ausführlichere Defintion findet sich in Kapitel 5.
Gestalttherapie: ein von Fritz Perls entwickeltes psychotherapeutisches Verfahren, das besonders mit unmittelbar wahrgenommenen emotionalen, mentalen und körperlichen Zuständen arbeitet.
Holismus: eine meistens mit alternativen Heilverfahren in Zusammenhang gebrachte Philosophie, die Körper, Geist und Seele als untrennbare Bestandteile der ganzen Person betrachtet.
Hypnose, Hypnotismus: ein künstlich induzierter Zustand der Trance, der oberflächlich an den Schlaf (griech.: *hypnos* = der Schlaf) erinnert. In diesem Zustand läßt sich das Unbewußte durch Suggestionen beeinflussen und ist imstande, verlorene Erinnerungen lebhaft zu reproduzieren. (In der Hypnose sind verschiedene Abstufungen von Trance möglich; die Hypnotisierbarkeit ist individuell höchst unterschiedlich ausgeprägt.)
Hypnotherapie: eine Richtung der Psychotherapie, die mit direkter oder indirekter Hypnose arbeitet und dabei das Ziel verfolgt, das Unbewußte zu »öffnen« und etwaige dort lokalisierte Konflikte und verschüttete Traumatisierungen aufzulösen.
Hypnotische Regression: ein hypnotisches Verfahren, das es gestattet, nahe oder weit zurückliegende frühere Erfahrungen wiederzubeleben.

Unter **Zeitregression** versteht man jene Form der Hypnose, die weit zurückliegende Kindheits- oder sogar intrauterine Erinnerungen reaktiviert. Die **präexistentielle Regression** stimmt mit der Zeitregression darin überein, daß in diesem Zustand ein »früheres Leben« wiedererinnert wird, das über die Erfahrungen der Gegenwart und der früheren Kindheit rückwärts hinausweist; vergleiche **präexistentielle Erinnerung**.

Jungsche Analyse: siehe **analytische Psychologie**

Karma: (Sanskrit: Tat, Handlung, Werk) 1. Das spirituelle Gesetz moralischer Ursachen und Wirkungen, demzufolge gute oder böse Taten oder Gedanken in einer späteren Inkarnation auf den Verursacher zurückfallen. 2. Das konkrete – gute oder schlechte – psychische Erbe, das von guten oder bösen Taten in diesem oder einem anderen Leben herrührt. 3. Schicksal oder Geschick.

Katharsis: (Griechisch: *katharsis* = Reinigung) die Befreiung von Gefühlen und seelischen Belastungen, wie sie im Verlauf der verschiedenen Psychotherapien zu verzeichnen ist.

Klesha: Sanskritbezeichnung für »Wunden«, »Befleckungen«, »Leidenschaften«, die aus dem gegenwärtigen oder einem früheren Leben herrühren und immer aufs neue negative Gedanken und Gefühle erzeugen; Bestandteil der Samskaras.

Kollektives oder transpersonales Unbewußtes: Das kollektive Unbewußte enthält Inhalte, die »aus der ererbten Möglichkeit des psychischen Funktionierens überhaupt, nämlich aus der ererbten Hirnstruktur stammen.« (C. G. Jung, GW Bd. 6, S. 527). Die Inhalte des kollektiven Unbewußten sind laut Jung die Archetypen.

Komplex: Der »Natur der Komplexe (entsprechend) besteht ... das Unbewußte wesentlich aus inkompatiblen Tendenzen, die wegen ihrer Immoralität der Verdrängung verfallen«. (C. G. Jung, GW Bd. 8, S. 121). Ein Komplex kann in Gestalt eines neurotischen Symptoms oder Verhaltensmusters, als physisches Symptom, in einem Traum oder als sekundäre Persönlichkeit zutage treten.

Mesmerismus: die von Franz Anton Mesmer und anderen entwickelte Methode der Seelenheilung. Die Vertreter dieser Schule arbeiteten mit tranceerzeugenden Verfahren, die später als Hypnose bezeichnet wurden.

Parapsychologie: eine (von Dogmatikern bisweilen abgelehnte) Forschungsrichtung der Psychologie, die mit Hilfe empirischer, statistischer und experimenteller Verfahren paranormale Erscheinungen und verschiedene »mediale« Fähigkeiten untersucht.

Präexistentielle Erinnerung: die Fähigkeit, frühere Existenzen wiederzuerinnern, und zwar 1. spontan; 2. im Zustand hypnotischer Regression oder 3. mit Hilfe anderer therapeutischer Verfahren, etwa der geleiteten Imagination oder der auf Bilder, Gefühle, Wörter oder Empfindungen gerichteten Aufmerksamkeit.

Präexistentielle Regression: siehe **hypnotische Regression**

Präexistentieller Komplex: siehe **Samskara**

Primärtherapie: eine von Arthur Janov entwickelte Methode der Psychotherapie, die eine Auflösung von Geburts- und Kindheitstraumen durch heftige Gefühlsentladung anstrebt.

Psychiatrie: jener Zweig der Medizin, der sich mit seelischen Krankheiten, besonders mit Psychosen, befaßt und viele solcher Abnormitäten auf organische Ursachen zurückführt und gewöhnlich eine medikamentöse Behandlung anderen Formen der Therapien vorzieht.

Psychoanalyse: die von Sigmund Freud begründete Methode und Schule der Tiefenpsychologie. Methodisch gesehen handelt es sich um eine Gesprächs-Psychotherapie, die unbewußte Prozesse, Komplexe und Konflikte aufdecken soll. Theoretisch postuliert dieses Verfahren eine verwikkelte strukturelle Wechselwirkung zwischen dem Bewußtsein und dem Unbewußten.

Psychodrama: ein von J. L. Moreno entwickeltes Verfahren der Gruppen-Psychotherapie. Dabei dramatisieren die Klienten ihre psychischen und sozialen Probleme durch Rollenspiel, Rollentausch und andere Techniken.

Psychologie: traditionell definiert als »die Wissenschaft von der Seele«, aber akademisch enger gefaßt als »Verhaltenswissenschaft«; die Tiefenpsychologie befaßt sich sowohl mit dem Bewußtsein als auch mit dem Unbewußten.

Psychosomatische Medizin: eine Richtung der Medizin, die davon ausgeht, daß gewisse organische und systemische körperliche Erkrankungen möglicherweise auf seelische Belastungen und sonstige unbewußte Konflikte zurückzuführen sind.

Psychotherapie: ein sehr allgemeiner Begriff, der viele Formen der Behandlung seelischer Störungen abdeckt; er umfaßt Gesprächstherapien (wie die Psychoanalyse und die analytische Psychologie) ebenso wie erfahrungsorientierte und expressive Therapien (wie Psychodrama, Primär- und LSD-Therapie) oder körperorientierte Therapien (z. B. die Reichsche Therapie), aber auch Verhaltenstherapien und medikamentös gestützte psychiatrische Verfahren.

Rebirthing: eine von Leonard Orr entwickelte intensive Atemtherapie, die mit Hilfe von Hyperventilation tiefsitzende emotionale und somatische Blockaden, besonders aber das Geburtstrauma aufzulösen sucht.

Samskara: Sanskritbezeichnung für Dispositionen, Neigungen oder die »Tendenz, entsprechend gewissen durch frühere Reaktionen eingeschliffenen Verhaltensmustern zu agieren« (Heinrich Zimmer). Zufolge der Yoga-Theorie können Samskaras sich von Existenz zu Existenz »fortpflanzen«. Man kann sie daher auch als präexistentielle Komplexe betrachten (siehe Kapitel 6).

Schamanismus: ein spiritualistisches Heilverfahren, bei dem Klient und Heiler in Trance mit Geistern und anderen Realitäten in Kommunikation treten; vorwiegend in archaischen, nichtwestlichen Gesellschaften praktiziert; manchmal bezieht sich der Begriff auch auf heilkundige Hexen/ Zauberer, auf Medizinmänner und -frauen und sonstige archaische Heiler.

Sekundär-Persönlichkeit, Subpersönlichkeit (auch **Persönlichkeitsfragment, abgespaltene Persönlichkeit**): all diese Synonyme bezeichnen vom Ego-Selbst unterschiedene Persönlichkeitsformen, die im Unbewußten gleichsam autonom existieren und in unseren Träumen und Phantasien, in aktiven und geleiteten Imaginationen oder in der Hypnose zutage treten.

Symbolische Resonanz: die vom Unbewußten ausgehenden symbolischen oder methaphorischen Assoziationen, durch welche unterschiedliche Gedanken, Bilder, Gefühle und Empfindungen in einem Komplex zusammengehalten werden.

Theosophie: die aus den – angeblich – medial empfangenen Schriften der Madame Blavatsky, der Mitbegründerin der theosophischen Gesellschaft, abgeleiteten spirituellen und metaphysischen Lehren (siehe Kapitel 3).

Tiefenpsychologie: allgemein gesprochen: die von Mesmer über Freud, Jung etc. verlaufende psychologische Richtung, die bemüht ist, das Unbewußte zu verstehen und therapeutisch zu nutzen. Die wichtigsten Schulen dieser Richtung sind: die Psychoanalyse, Jungs analytische Psychologie und die Hypnose.

Transpersonale Psychologie: eine allgemeine Bezeichnung für eine Reihe psychologischer Theorien und Praktiken, denen die Anerkennung einer spirituellen Seite der Psyche gemeinsam ist. Diese Richtung befaßt sich daher unter anderem auch mit Meditation, Mystik, spirituellen Erweckungserlebnissen, psychedelischen Erfahrungen, Schamanismus, Geistheilung und den traditionellen spirituellen Disziplinen.

Vasanas: Sanskritbegriff, mit dem Gedächtnisspuren aus dem gegenwärtigen oder einem früheren Leben bezeichnet werden, die zur Bildung von Samskaras beitragen (siehe auch Kapitel 6).

Weiterführende Literatur

Die folgende, bei weitem nicht erschöpfende Liste stellt eine repräsentative Auswahl von Schriften über präexistentielle Erfahrungen, Reinkarnation und Psychologie dar. Eine Reihe klassischer Standardwerke, die nicht im Text erwähnt sind, haben ebenfalls Aufnahme gefunden. Weitere Titel sind in den Anmerkungen verzeichnet.

1. Über Präexistenztherapie

Fiore, Edith: *You Have Been Here Before*, New York 1979.
Kelsey, Denys/Grant, Joan: *Many Lifetimes*, Garden City, N. Y. 1967.
Lucas, Winafred (Hg.): *Past Life Therapy: A Handbook for Professionals*, erscheint demnächst
Moore, Marcia: *Hypersentience*, New York 1976.
Moss, Peter/Keeton Joe: *Encounters with the Past*, Garden City, N. Y. 1981.
Netherton, Morris/Shiffrin, Nancy: *Bericht vom Leben vor dem Leben. Reinkarnation-Therapie*, 1987.
Schlotterbeck, Karl: *Living Your Past Lives*, New York 1987.
Sutphen, Dick: *Past Lives, Future Loves*, New York 1987.
Williston, Glenn/Johnstone, Judith: *Soul Search*, Wellingborough, GB 1983.

2. Reinkarnation und Karma in der religiösen Tradition

Evanz-Wentz, W. Y.: *Das Tibetanische Totenbuch*, mit einem Kommentar von C. G. Jung und einem Vorwort von Sir John Woodroffe, Zürich/Stuttgart 1970.
John, Da Free: *Easy Death*, Clearlake Highlands, Kalif. 1983.
Kapleau, Philip/Simons, Paterson (Hg.): *The Wheel of Death*, New York 1971.
Lauf, Detlef: I.: *Secret Doctrines of the Tibetan Books of the Death*, Shambala Publications, Boston and London 1977; dt: *Geheimlehren tibetischer Totenbücher: Jenseitswelten und Handlung nach dem Tode*, 1979.
McGregor, Geddes: *Reincarnation in Christianity*, Wheaten, Ill. 1978.
Meher, Baba: *Discourses*, Bd. III, San Francisco 1967.
Neufeldt, Ronald W. (Hg.): *Karma and Rebirth: Post Classical Developments*, State University of New York Press, Albany, N. Y. 1986.
O'Flaherty, Wendy Doniger (Hg.): *Karma and Rebirth in Classical Indian Traditions*, University of California Press, Berkeley, Kalif. 1980.
Das Totenbuch der Tibeter Hg. von Francesca Fremantle und Chögyam Trungpa, Eugen Diederichs Verlag, München, 13. Aufl. 1991.

3. Parapsychologie und Reinkarnationsforschung

Bernstein, Morey: *Protokoll einer Wiedergeburt. Der Bericht über die wissenschaftlich untersuchte Rückführung in ein früheres Leben*, Bern 1990.
Currie, Ian: *Niemand stirbt für alle Zeit. Bericht aus dem Reich jenseits des Todes*, München 1990.
Haynes, Renée: *The Seeing Eye, the Seeing I*, New York 1976.
Lenz, Frederick: *Lifetimes. True Accounts of Reincarnation*, New York 1971.
Mishlove, Jeffrey: *Roots of Consciousness*, New York 1975.
Rogo, D. Scott: *Parapsychologie – Hundert Jahre Forschung*, Stuttgart 1976.
Stevenson, Ian: Twenty Cases Suggestive of Reincarnation, University Press of Virginia, Charlottesville 1974; dt. *Reinkarnation. Der Mensch im Wandel von Tod und Wiedergeburt*, 1986.

4. Allgemeine und kritische Werke über Reinkarnation

Collin, Rodney: The Theory of Eternal Life, Samuel Weiser, New York 1974; dt.: *Vom Ewigen Leben. Die Erinnerungen des universalen Bewußtseins*, 1984.
Cranston, Sylvia/William, Carey: Reincarnation, A New Horizon, Julian Press, New York 1983; dt.: *Wiedergeburt – Ein neuer Horizont in Wissenschaft, Religion und Gesellschaft*, 1989.
Ducasse, C. J.: *A Critical Examination of the Belief in a Life After Death*, Springfield, Ill. 1961.
Fisher, Joe: *Die Ewige Wiederkehr. Vom Sinn der Reinkarnation*, München 1990.
Head, Joseph/Cranston, Sylvia (Hg.): *Reincarnation: the Phoenix Fire Mystery*, New York 1979.
Hick, John: *Death and Eternal Life*, New York 1967.
Moore, Marcia/Douglas, Mark: *Reincarnation, the Key to Immortality*, York Cliffs, Maine 1968.
Walker, Benjamin: *Masks of the Soul*, Wellingborough, GB, 1981.
Wilson, Ian: *All in the Wind*, Garden City, N. Y. 1963.

5. Über Reinkarnation und populäre Metaphysik

Cerminara, Gina: *Erregende Zeugnisse von Karma und Wiedergeburt*, München 1983.
Hall, Manly P.: *Death to Rebirth: Five Essays*, Los Angeles 1979.
Kardec, Allan: *Das Buch der Geister. Die Grundsätze der spiritistischen Lehre von der Unsterblichkeit der Seele, der Natur der Geister, ihren Beziehungen zu den Menschen*, Freiburg i. Br. 1989.
Langley, Noel: *Edgar Cayce on Reincarnation*, New York 1967.
Montgomery, Ruth: *Here and Hereafter*, New York 1968.
Roberts, Jane: *Die Natur der Psyche*, Genf 1985.

– *Gespräche mit Seth*, München 1990.
– *Seth spricht durch Jane Roberts*, Genf 1988.
Steiger, Brad: *You Will Live Again*, New York 1978.
Yabro, Chelsea Quinn: *Messages from Michael on the Natur of the Evolution of the Human Soul*, New York 1979.

6. Über Jungs analytische Psychologie, über Tiefenpsychologie und die Psychologie der Archetypen

Avens, Robert: *Imaginal Body: Para-Jungian Reflections on Soul, Imagination and Death*, University Press of America, Washington, D. C. 1982.
Brown, Norman O.: *Life Against Death*, Wesleyan University Press, Middletown, Conn. 1959.
Coward, Harold: *Jung and Eastern Thought*, State University of New York Press, Albany, N. Y. 1985.
Ellenberger, Henri: *Die Entdeckung des Unbewußten*, Bern 1973.
Franz, Marie L. von: *Spiegelungen der Seele. Projektion und innere Sammlung in der Psychologie C. G. Jungs*, München 1988.
Hillman, James: *Am Anfang war das Bild. Unsere Träume – Brücke der Seele zu den Mythen*, München 1983.
– Re-Visioning Psychologie, Harper and Row, New York, 1977; dt.: *Die Suche nach Innen. Die Begegnung mit sich selbst. Psychologie und Religion*, 1981.
Jung, C. G.: *Erinnerungen, Träume, Gedanken* (hg. von Aniela Jaffe), Olten/Freiburg i. Br. 1987.
– *Zur Psychologie westlicher und östlicher Religionen*, ibid. 1988, GW Bd. 11.
– *Synchronizität, Akausalität und Okkultismus*, München 1990.
Storr, Anthony (Hg.): *The Essential Jung*, Princeton, N. J. 1983.
Watkins, Mary: *Haking Dreams*, New York 1976.

7. Über transpersonale Psychologie

Assagioli, Roberto: *Handbuch der Psychosynthesis. Angewandte transpersonale Psychologie*. 1978.
Grof, Stanislav: *Geburt, Tod und Transzendenz. Neue Dimensionen in der Psychologie*, München 1985.
– *Topographie des Unbewußten. LSD im Dienste der tiefenpsychologischen Forschung*, Stuttgart 1988.
Grof, Stanislav/Grof, Christina: *Jenseits des Todes. An den Toren des Bewußtseins*, München 1986.
Grof, Stanislav/Halifax, Joan: *Die Begegnung mit dem Tod*, Stuttgart 1980.
Huxley, Aldous: *Die ewige Philosophie. Texte aus drei Jahrtausenden*, München 1987.

James, William: *Die Vielfalt religiöser Erfahrung*, Olten/Freiburg i. Br. 1979.
Ring, Kenneth: *Den Tod erfahren. Das Leben gewinnen*, Bergisch Gladbach 1988.
–: *Heading Toward Omega*, New York 1984.
Sannella, Lee: *Kundalini: Psychosis or Transcendence?*, San Francisco 1976.
Smith, Huston: *Forgotten Truth*, New York 1977.
Stone, Hal/Winkelman, Sidra: *Embracing Our Selves*, Marina del Rey 1985.
Verney, Thomas/Kelly, John: *The Secret Life of the Unborn Child*, New York 1981.

8. Über holistisches und geistiges Heilen

Achterberg, Jeanne: *Heilung durch Gedankenkraft. Grundlagen und Methoden einer neuen Medizin*, Bern/München 1989.
Bailey, Alice: *Esoterisches Heilen*, 1988.
Krippner, Stanley/Villoldo, Alberto: *The Realms of Healing*, Berkeley, Kalif. 1976.
Locke, Steven/Colligen, Douglas: *The Healer Within: The New Medicine of Mind and Body*, New York 1986.
Markides, Kyriacos C.: *Der Magus von Strovolos. Die faszinierende Welt eines spirituellen Heilers*, München 1988.
Tansley, David: *Energiekörper*, München 1985.

9. Über Meditation

Dhiravasamsa: *The Way of Non-Attachment*, New York 1975.
Dürckheim, Karlfried von: *Der Alltag als Übung. Vom Weg zur Verwandlung*, Stuttgart 1991.
Suzuki, Shunryu: *Zen-Geist, Anfänger-Geist. Unterweisungen in Zen-Meditation*, 1983.
Tulku, Tarthang: *Wege zum Gleichgewicht. Wege zu höherem Bewußtsein, Selbstheilung und Meditation*, Basel 1989.

Anmerkungen

Abkürzungen
GW = Gesammelte Werke
CW = Collected Works
SE = Standard-Edition

1. Ein Skeptiker erinnert sich an frühere Existenzen

1 Eine klassische »Vernichtung« der Metaphysik nach Oxforder Manier ist A. J. Ayers, *Sprache, Wahrheit und Logik.* Ditzingen bei Stuttgart 1979. An der Universität Oxford ist Metaphysik im Lehrplan nicht mehr vorgesehen.
2 Vgl. das im Anhang dieses Buches abgedruckte Glossar mit kurzen Definitionen von Fachbegriffen.
3 Novalis, in: *Dichtung der Romantik,* Stuttgart 1990.
4 So Jung in seinem »Psychologischen Kommentar« zum *Tibetanischen Totenbuch,* Zürich/Stuttgart 1953, S. LXV.
5 Unter Mitarbeit von John Kelly; New York 1981.
6 Meine Besprechung ist im *Journal of the Society for Psychosocial Research* (Dezember 1970, S. 422–442) erschienen.
7 C. G. Jung. *Synchronizität als Prinzip akausaler Zusammenhänge,* GW Bd. 8, 1971.
8 C. G. Jung, *Psychologie Reflections,* Princeton, N. J. 1970, S. 220 (dt.: *Psychologische Betrachtungen,* Zürich 1945).
9 Siehe Leonard Orr und Sondra Ray, *Rebirthing in the New Age,* San Francisco 1977.
10 Stanislav Grof, *Topographie des Unbewußten,* Stuttgart 1984.
11 Morris Netherton und Nancy Shiffrin, *Bericht vom Leben vor dem Leben. Reinkarnations-Therapie,* 1987
12 Stanislav Grof, *Beyound the Brain,* Albany, N. Y. 1985, S. 28 ff.

2. Die Präexistenztherapie

1 Die Namen und Lebensumstände der in diesem Buch genannten Klienten sind aus Gründen der Vertraulichkeit durchgängig geändert.
2 Von meinem Standpunkt aus betrachtet, könnte man in der Tat behaupten, daß viele historische Romane und Theaterstücke – in die Form einer Fiktion gekleidete – Auseinandersetzungen mit präexistentiellen Erinnerungen sind. Bei bestimmten Romanen, etwa Virginia Woolfs *Orlando* und Margarete Yourcenars *The Abyss,* handelt es sich offenbar um kaum »redigierte« Erinnerungen. Auffällig ist auch, daß Shakespeare in seinen

Stücken immer wieder drei historische Perioden bevorzugt: das alte Rom, das alte Britannien und das England des vierzehnten Jahrhunderts.
3 *Leviathan*, I, 13.
4 *Mythologies*, New York 1959, S. 345; zitiert nach: Gerhard Adler, *Dynamics of the Self*, London 1979. Adlers Essay »Remembering and Forgetting« ist sehr zu empfehlen.
5 Siehe Joseph Head und Sylvia L. Cranston (Hg.), *Reincarnation, the Phoenix Fire Mystery*, New York 1979. Dort sind noch eine ganze Reihe weiterer Persönlichkeiten aufgeführt.
6 Siehe René Guénon, *Theosophie, Geschichte einer Pseudo-Religion*, eine vernichtende Kritik der Bewegung und ihrer Ableger. Guénon hatte sich selbst jahrelang intensiv mit dem Okkultismus beschäftigt, bevor er sein Interesse dem Vedanta zuwandte und schließlich zum Sufismus konvertierte. Seine persönliche Erfahrung und seine profunde Kenntnis der traditionellen Religion prädestinieren ihn zum hervorragenden Kommentator der Theosophie. Leider ist sein Buch *Theosophisme, histoire d'une pseudoreligion*, Paris 1921, nie übersetzt worden.
7 *Theosophisme*, S. 103.
8 *Introduction générale à l'étude des doctrines hindous*, Paris 1921, S. 287.
9 Diese Charakterisierung habe ich Rudolf Ottos klassischem Werk *Das Heilige*, Gotha 1917, entnommen.

3. Terra incognita: Die Erforschung unbekannter psychischer Bereiche

1 C. G. Jung, *Erinnerungen, Träume, Gedanken*, Freiburg/Olten 1990, S. 155.
2 Siehe James Hillman, »Psychology« Monotheistic or Polytheistic?«, in: *Spring*, 1971.
3 C. G. Jung, *Psychological Reflections*, S. 25 (dt.: *Psychologische Betrachtungen*, Zürich 1945).
4 James Hillman hat sehr klar gesehen, daß die Jungsche Schule nicht ganz ohne Jungs eigenes Zutun in sich gespalten ist. Es geht dabei um den Konflikt zwischen der »hellsichtigen« Seite in Jungs Familie (Mutter) und der rational-wissenschaftlichen Seite (Vater). Viele Jungianer bevorzugen heute eindeutig seine »klinischen« Schriften und bemühen sich, seine religiösen und »spirituellen« Forschungen herunterzuspielen. Siehe Hillman, »Some Early Background to Jung's Ideas«, *Spring*, 1973.
5 Eine wissenschaftlich ernstzunehmende Darstellung eines solchen Wiederauflebens ist Frances A. Yates, *Giordano Bruno*, Berlin 1989.
6 Einen guten Überblick über diese Bewegungen findet man bei Colin Wilson, *Das Okkulte*, München 1986.
7 Mircea Eliade, *Occultism, Witchraft and Cultural Fashions*, Chicago 1976, S. 49. Die wohl beste kurze Darstellung des Themas ist Eliades Essay »Das Okkulte und die moderne Welt, Salzburg 1978.

8 Siehe René Guénons, *L'Erreur Spirite*, Paris 1921, sowie *Théosophisme*.
9 In den neunziger Jahren des letzten Jahrhunderts wies der Orientalist William Emmette Coleman in *Isis Unveiled* zweitausend Plagiate nach und erhob den Vorwurf, *Die Geheimlehre* sei aus im neunzehnten Jahrhundert allgemein verbreiteten Quellen kompiliert worden. Detaillierte Auskünfte finden sich bei Bruce F. Campbell, *Ancient Wisdom Revived*, Berkeley, Kalif. 1980. S. 33 ff.
10 Wickland, S. 421.
11 Mircea Eliade, *Schamanismus*, Zürich/Stuttgart o. J.; Michael Harner, *Der Weg des Schamanen*, Reinbeck bei Hamburg 1986; Stephen Larsen, *The Schaman's Doorway*, New York 1976.
12 Siehe Sylvia Cranstons und Carey Williams, *Wiedergeburt: Ein neuer Horizont in Wissenschaft, Religion und Gesellschaft*, 1986, besonders Kapitel 12 »Jüdische Lehrer und Propheten«.
13 Henri Ellenberger, *Die Entdeckung des Unbewußten*, Bern 1973.
14 *The Searching for Yesterday*, Englewood Cliffs, N. J. 1985, S. 88.
15 In C. G. Jung, *Psychologie and the Occult*, Princeton, N. J. 1977 und GW Bd. 1.
16 Ian Stevenson, *Reinkarnation: Der Mensch im Wandel von Tod und Wiedergeburt. Zwanzig überzeugende und wissenschaftlich bewiesene Fälle*, 1986.
17 Lawrence, *Apocalypse*, 1931.
18 John Hick, *Death and Eternal Life*, New York 1976, S. 392. Hick bezichtigt Weatherhead und andere der Unkenntnis der frühen Kirchenlehre. Hicks Ausführungen lassen aber auch Zweifel an der verbreiteten Ansicht aufkommen, die frühen Christen seien Anhänger der Reinkarnation gewesen, wie sie etwa von Langley in *Edgar Cayce on Reincarnation*, New York 1967, sowie von Head und Cranston in *Reincarnation: The Phoenix Fire Mystery* vertreten wird.
19 Aus *Shiva and Dionysus*, London 1982, S. 8.
20 Zitiert nach Joe Fisher, *Die Ewige Wiederkehr: Vom Sinn der Reinkarnation*, München 1990.
21 Zitiert nach Philip Kapleau und Paterson Simons (Hg.), *Wheel of Death*, New York 1971, S. 46 f.
22 Zwei von Vertretern dieser Richtung herausgegebene repräsentative Anthologien sind Charles H. Tarts (Hg.), *Transpersonale Psychologie*, Olten 1978, sowie Roger Walshs und Frances Vaughans (Hg.), *Beyond Ego: Transpersonal Dimensions in Psychology*, Los Angeles 1980.

4. Reinkarnationserlebnisse in psychotherapeutischer Sicht

1 Jeffery Iverson, *More Lives Than One?*, London 1976.
2 Helen Wambach, *Seelenwanderung: Wiedergeburt durch Hypnose*, München 1987, und *Leben vor dem Leben*, München 1989.

3 Einen genaueren Überblick über Rochas Arbeit gibt D. Scott Rogo in *The Search for Yesterday*, S. 16f.
4 Denys Kelsey/Joan Grant, *Many Lifetimes*, New York 1967.
5 Siehe Peter Moss und Joe Keaton, *Encounters with the Past*, New York 1981, Netherton und Shiffren, *Bericht vom Leben vor dem Leben, Reinkarnations-Therapie*, 1987, sowie Edith Fiore, *You Have Been Here Before*, New York 1978.
6 Jung befaßt sich mit der aktiven Imagination in GW Bd. 8 im Zusammenhang mit der »Transzendenten Funktion«. Siehe auch Joseph Campbell (Hg.) *The Portable Jung*, New York 1977.
7 Ausführliche Hinweise auf Milton H. Erickson sind nachzulesen bei Jay Haley, *Die Psychotherapie Milton H. Ericksons*, München 1988.
8 Zitiert nach *The Tibetan Book of the Dead*, Evans-Wentz (Übers.) (dt.: *Das Tibetanische Totenbuch*, Olten 1971, S. 21).
9 Siehe zum Beispiel Ron Kurtz, *Körperzentrierte Psychotherapie. Die Hakomi-Methode*, Oldenburg 1985, und Ken Dychtwald, *Körperbewußtsein: Eine Synthese der östlichen und westlichen Wege zur Selbstwahrnehmung*, Oldenburg 1981.

5. Die multidimensionale Psyche

1 *Spring*, 1971, S. 157.
2 Borges, *A Personal Anthology*, New York 1968.
3 Kant, *Die Kritik der reinen Vernunft*, Stuttgart 1973, § 6b, S. 97.
4 S. Grof, *Beyond the Brain*, S. 76.
5 Ibid., S. 97.
6 Ibid., S. 97.
7 Siehe Fritz Perls, *Gestalt-Therapie in Aktion*, Stuttgart 1988.
8 Eine gute Darstellung der religiösen Dimension des Selbst findet sich in Edward Edingers *Ego and Archetyp*, New York 1972.
9 Johannes vom Kreuz (ausgewählt und eingeleitet von Johannes Boldt), Olten/Freiburg i. Br. 1984.

6. Unerledigte Affären der Seele: Die Psychologie des Karma

1 In: Wendy Doniger O'Flaherty (Hg.), *Karma and Rebirth in the Classical Indian Traditions*, Berkeley, Kalif. 1980, S. 243.
2 Heinrich Zimmer, *The Philosophies of India*, Princeton, N. J. 1951, S. 324 (dt.: *Philosophie und Religion Indiens*, Zürich 1961).
3 Jung, *Psychologische Betrachtungen*, Zürich 1945, S. 44.
4 Zimmer *Philosophie und Religon Indiens*, Zürich 1961, S. 294.

7. Vergangene Existenzen und physische Krankheiten

1 Eine erfrischende Neubewertung des Körper-Seele-Problems findet sich in Huston Smiths *Forgotten Truth: The Primordial Tradition*, New York 1977.
2 Siehe O. C. Simonton/S. Simonton/J. Creighton, *Wieder gesund werden*, Reinbek bei Hamburg 1982, und Steven Locke/Douglas Colligan, *The Healer Within*, New York 1986.
3 Syndey 1968. Eine gute Einführung in die Reichsche Therapie bietet David Boadella in *Wilhelm Reich: Leben und Werk des Mannes, der in der Sexualität das Problem der modernen Gesellschaft erkannte und der Psychologie neue Wege wies*, Frankfurt/M. 1988.
4 London 1954.
5 Zitiert nach dem Stichwort »Lupus erythematosus« in: *The New Columbia Encyclopedia*, New York 1975.
6 Heinrich Zimmer, *Philosophie und Religion Indiens*, Zürich 1961, S. 292 f.

8. Der mißbrauchte Eros: Die präexistentiellen Wurzeln sexueller Probleme

1 *Realms of the Human Unconscious*, S. 176.
2 Boston 1958 und in *Collected Works* Bd. 10.
3 Siehe Anthony Storr (Hg.), *The Essential Jung*, 4. Teil.

9. Die vielen Leben der Seele

1 Aus: *Views from the Real World*, New York 1975, S. 75.
2 Aus: *Loose Ends: Primary Papers in Archetypal Psychology*, Dallas 1978, S. 182.
3 Ein exzellenter Bericht über die therapeutische Arbeit mit Subpersönlichkeiten findet sich bei: Hal Stone/Sidra Winkelmann, *Embracing Ourselves*, Marina del Rey, Kalif. 1985.
4 Übersetzt von Albrecht Schaeffer, in: Werke in zwei Bänden, Carl Hanser Verlag, München 1970.
5 Siehe Anthony Storr (Hg.), *The Essential Jung*, 4. Teil.

10. Das große Rad: Die Geburt und was davor kommt

1 Vgl.: Arthur Janov, *Gefangen im Schmerz*, Frankfurt/M 1988; Leslie Fehr, *The Psychology of Birth* (über Elizabeth Fehr); R. D. Laing, *Die Tatsachen des Lebens*, München 1990. Nähere Angaben zu Orr, Grof und Netherton finden sich in den Anmerkungen zu Kapitel 1.
2 *Das Trauma der Geburt und seine Bedeutung für die Psychoanalyse*, Frankfurt/M 1988.
3 *Realms of the Human Unconscious*, Kapitel 4, »Perinatal Experiences in LSD Sessions«.

4 *The Secret Life of the Unborn Child,* S. 12f.
5 *Past Lives Therapy,* S. 125.
6 Verneys Daten zeigen, daß der Fetus sich ganz und gar nicht passiv verhält. Nach Mitteilung von Dr. Albert Liley aus Auckland, Neuseeland, »gewährleistet der Fetus den endokrinen Erfolg der Schwangerschaft und löst auch die physiologischen Veränderungen im Körper der Mutter aus«. Diese Ergebnisse »lassen es denkbar erscheinen, daß die außergewöhnlich hohe Rate physischer und psychischer Beschädigungen, die bei Kindern ablehnender und unglücklicher Mütter zu verzeichnen ist, nicht allein auf abträgliche mütterliche Hormone zurückzuführen ist. Es scheint daher immerhin möglich, daß ein Fetus, falls er zumindest teilweise über den Ablauf der Schwangerschaft mitbestimmt und den Eindruck hat, sich in einer ihm feindlich gesonnenen Umgebung zu befinden, seine physiologische Kooperation einstellt und sich auf diese Weise selbst schädigen kann« (*Secret Life,* S. 90f.).
7 Aus: *The Upanishads* (übers. von Prabhavananda und Manchester), New York 1957.
8 Aus: »Auguries of Innocence«, in: *The Complete Poetry and Prose of William Blake,* hg. von David V. Erdman, Garden City, N. Y. 1982, S. 491.

11. Das große Rad: Der Tod und was danach kommt

1 Übers. von Müller, in: E. A. Burton, *The Teachings of the Compassionate Buddha,* New York 1955.
2 *Das Tibetanische Totenbuch,* Zürich/Stuttgart 1970, S. 176.
3 Siehe Raymond A. Moody, *Nachgedanken über das Leben nach dem Tod,* Reinbek bei Hamburg 1978; Kenneth Ring, *Den Tod erfahren – Das Leben gewinnen,* Bergisch-Gladbach 1988.
4 Übersetzung von Wolfgang Breitwieser.

12. Jenseits der Therapie: Einige Schlußfolgerungen

1 Über das universelle oder archetypische Wesen der Schuld hat der Philosoph Vincent Vycinas geschrieben: »Karmische Schuld ist eine Art Erkrankung des inneren Selbst des Menschen. Man könnte sie mit der Neurose vergleichen. Allerdings befällt den Menschen diese Krankheit nicht nur deswegen, weil er die göttlichen Gesetze der Welt mißachtet. Es steht zwar fest, daß der Mensch schuldig *ist* und sein Karma selbst verursacht. Aber dennoch ist der Lauf der Wirklichkeit das Spiel der Natur, die Hauptursache der karmischen Schuld des Menschen« (*Search for Gods,* Den Haag 1972, S. 271). Wer sich mit dieser Frage befaßt, gerät unweigerlich in dornige theologische Probleme und muß beispielsweise – christlich gewendet – Auskunft über die Erbsünde und den Ursprung des

Bösen geben. Haben wir allesamt Anteil an »Adams Sünde«, oder muß Gott selbst einen Teil der Verantwortung für das Böse in der Welt übernehmen? Auch Jung hat sich mit diesem Rätsel in *Antwort auf Hiob*, GW Bd. 11, auseinandergesetzt.

2 *Der Alltag als Übung*, Stuttgart 1991, S. 101.
3 Zum Beispiel Erlo van Waveren, *Pilgrimage to the Rebirth*, New York 1978.
4 Besonders zu empfehlen sind: Anthony Storr (Hg.), *The Essential Jung;* Joseph Campbell, *The Portable Jung;* Jungs Autobiographie *Erinnerungen, Träume, Gedanken;* Edward C. Whitmont, *The Symbolic Quest*, New York 1969; June Singer, *Boundaries of the Soul*, Garden City, N. Y. 1972; Marie-Louise von Franz, C. G. Jung: *Hid Myth in Our Time*, New York 1975.
5 Aus D. T. Suzuki, *Essays in Zen Buddhism* I, London 1949, S. 22ff. (dt. *Die Übung des Zen. Grundlagen und Methoden der Meditationspraxis im Zen*, Bern/München 1988).
6 »The Dry Salvages« in: T. S. Eliot, *Four Quartets*, Harcourt, Brace & Co., New York 1943
7 In Shakespeares letztem Stück *Der Sturm* finden sich viele Stellen, die sich als mystische und symbolische Anspielungen auf den Prozeß der Individuation deuten lassen. Prospero vermag sich Ariel, den Geist, dienstbar zu machen, weil er auch seine eigenen dunkelsten Schatten, das Monster Caliban, akzeptiert. In diesem großartigen Kulminationspunkt des gesamten Shakespeareschen Werkes kommt es zwischen zwei verfeindeten Brüdern (Prospero und Antonio) zur Versöhnung, und der Prinz und die Prinzessin werden vermählt. Im Zentrum des Geschehens steht Prospero, der Magier, das Bild des höheren Selbst, den man mit dem großen Mann der chinesischen Philosophie vergleichen könnte.
8 Hillman, *Revisioning Psychology*, 3. Teil; »Psychologizing or Seeing Through«, S. 149–154.
9 Jung, GW Bd. 8.
10 Jung, GW Bd. 9, S. 11.
11 *Devotions*, XVII.
12 Zum Verständnis der Bilder vom Ochsenhirten siehe D. T. Suzuki, Daisetz T., *Manual of Zen Buddhism*, New York 1980, S. 148ff.
13 Jedenfalls hat Jorge Luis Borges Shakespeare so verstanden. Die biographische Parabel, die er über ihn geschrieben hat, schließt folgendermaßen: »Die Geschichte fügt hinzu, daß er sich vor oder nach seinem Tod vor Gottes Angesicht wiederfand und sagte: ›Ich, der ich vergebens so viele verschiedene Menschen gewesen bin, möchte ein Mensch sein, nur ich selbst.‹ Aus einem Wirbelwind erklang die Stimme Gottes und entgegnete: ›Das ist auch mir nie beschieden gewesen. Ich habe die Welt ganz ähnlich geträumt, wie du dein Werk geträumt hast, mein guter Shakespeare: Eine Gestalt meiner Träume warst du, der wie ich viele ist

und zugleich niemand‹ (»Everything and Nothing«, in: *A Personal Anthology*, New York 1967).
14 Übersetzt von: The Zen Center, Rochester, N.Y.: erschienen in Boulder, Colorado 1974.
15 Eine der schönsten Darstellungen der hinduistischen, buddhistischen und platonischen Auffassungen der Reinkarnation und des Selbst sind Ananda K. Coomaraswamys Essays »Recollection, Indian and Platonic« und »On the One and Only Transmigrant«, in: Roger Lipsey (Hg.), *Coomaraswamy: Selected Papers* II, Princeton, N.J. 1977.

Anhang, A: Das Vermächtnis der Tiefenpsychologie

1 Eine gute zusammenfassende Darstellung der Entwicklung des Begriffs eines »Unbewußten« findet sich bei L. L. Whyte, *The Unconscious Before Freud*, New York 1960. Einen enzyklopädischen Überblick über die Geschichte der Tiefenpsychologie seit Mesmer bietet Henri Ellenberger in: *Die Entdeckung des Unbewußten*, Bern 1973. In dieser unverzichtbaren Arbeit stellt Ellenberger wie kein anderer Autor die Psychologie in den größeren Kontext der gesellschaftlichen, philosophischen und allgemeinen kulturellen Entwicklung.
2 Eine gute Einführung in J.L. Morenos Arbeit bietet Jonathan Fox in: *The Essential Moreno: Writing on Psychodrama, Group Method and Spontaneity*, New York 1987.
3 Jungs Auffassung von den Komplexen ist gut dokumentiert in: Anthony Storr (Hg.), *The Essential Jung*, Princeton, N.J. 1983, 1. Teil. Jung hatte ursprünglich beabsichtigt, seine Psychology als »Komplex-Psychologie« zu bezeichnen.
4 Vgl. Liliane Frey-Rohn, *Von Freud zu Jung. Eine vergleichende Studie zur Psychologie des Unbewußten*, 1980.
5 Jung, *Symbole der Wandlung*, GW Bd. 5, S. 419f.
6 Freud, *Introductory Lectures in Psycho-Analysis* III, SE XVI, S. 371.
7 Siehe Hillman, *Archetypal Psychologie: A Brief Account*, Dallas 1983.

Anhang, B: War Jung ein Anhänger der Reinkarnationslehre?

1 Jung, »Commentary on Kundalini Yoga«, in: *Spring*, 1975, S. 8, Übersetzung Ch. Quatmann.
2 »Psychologischer Kommentar« zum *Tibetanischen Totenbuch*. Zürich/Stuttgart 1970, S. LXIV.
3 Ibid., S. LXVI.
4 *Zwei Schriften über die analytische Psychologie*, GW Bd. 7, 1964, S. 83f.
5 Van Waveren, *Pilgrimage to the Rebirth*, S. 23.
6 *Erinnerungen, Träume, Gedanken*, S. 322.
7 Ibid., S. 40.
8 Ibid., S. 163.

9 Ibid., S. 39.
10 Über die spirituellen Qualen, wie sie geniale schöpferische Menschen bisweilen zu leiden haben, siehe besonders »The Sick Soul« (Lectures VI und VII) und »The Divided Self and the Process of Its Unification« (Lecture VIII) in William James' Meisterwerk *Die Vielfalt religiöser Erfahrungen*, Olten/Freiburg i. Br. 1979.

Peter Orban

Seele

Geheimnis des Lebendigen

199 Seiten

Der Therapeut Peter Orban hat hier zusammengetragen, was er in den vergangenen 15 Jahren bei seinen Wanderungen durch die eigene und seinen Begegnungen mit anderen Seelenlandschaften an Ein-Sichten gewonnen hat.

Der Autor stellt in diesem Buch eine neuartige Sichtweise der Symbole (als Bausteine der Seele) in einem Schichtenmodell vor, um sie für die Therapie fruchtbar zu machen.

Ein eigenes Kapitel (Der Atem) führt den Leser/die Leserin in eine Methode ein, mit deren Hilfe er sich auf sanfte Weise seiner eigenen Seele nähern kann; überdies werden all denen, die eine Therapie machen wollen – oder Therapeuten/Therapeutinnen sind –, die Grundprinzipien der Annäherung an die Seele beschrieben.

Zu diesem Buch gibt es ein

Kassettenset

mit zwei Audio-Kassetten.
Sie enthalten vier Atem-Reisen, wie sie im Kapitel 6 beschrieben sind (vom Autor besprochen mit Musik von Martin Orban)

Atem

Eine Meditation in vier Stationen

Das Set ist erschienen im H. Hugendubel Verlag
und kann über jede Buchhandlung bezogen werden.
Es ist außerdem lieferbar direkt bei

symbolon

(Dr. Peter Orban und Ingrid Zinnel)
Eduard-Rüppel-Str. 3, 6000 Frankfurt/Main 1

Unter dieser Adresse gibt es auch Auskünfte über die
Astrologie-Seminare, Horoskop-Beratungen, Therapien
und sonstige Kassetten der Autoren (Info anfordern).